Pädagogik in Modulen

Herausgeberin : Astrid Kaiser

Band 1

Grundschulpädagogik in Modulen

Von

Astrid Kaiser und Silke Pfeiffer

Schneider Verlag Hohengehren GmbH

Umschlag: Gabriele Majer, Aichwald

Gedruckt auf umweltfreundlichem Papier (chlor- und säurefrei hergestellt).

Bibliografische Information der Deutschen Nationalbibliothek

Die Deutsche Nationalbibliothek verzeichnet diese Publikation in der Deutschen Nationalbibliografie; detaillierte bibliografische Daten sind im Internet über ›http://dnb.d-nb.de‹ abrufbar.

ISBN 978-3-8340-0286-0

Schneider Verlag Hohengehren, Wilhelmstr. 13, D-73666 Baltmannsweiler

Das Werk und seine Teile sind urheberrechtlich geschützt. Jede Verwertung in anderen als den gesetzlich zugelassenen Fällen bedarf der vorherigen schriftlichen Einwilligung des Verlages. Hinweis zu § 52a UrhG: Weder das Werk noch seine Teile dürfen ohne vorherige schriftliche Einwilligung des Verlages öffentlich zugänglich gemacht werden. Dies gilt auch bei einer entsprechenden Nutzung für Unterrichtszwecke!

© Schneider Verlag Hohengehren, 73666 Baltmannsweiler 2007
Printed in Germany – Druck: Hofmann, Schorndorf

Inhaltsverzeichnis

Vorwort der Herausgeberin der Reihe IX

Einführung in diesen Band XI

Modul 1: Die Grundschule – Entstehung und Entwicklung 1

1.1	Was ist Grundschulpädagogik?	1
1.2	Geschichte der Grundschule	9
1.3	Grundschule als gemeinsame Fast-Gesamtschule	11
1.4	Grundschule im Bildungssystem und im Rahmen anderer Schulformen	13
1.5	Die Grundschule als *die* Reformschule	15

Modul 2: Grundlegende Aufgaben der Grundschule 17

2.1	Grundlegende Erziehung	17
2.1.1	Allgemeine Erziehungsziele für die Grundschule	17
2.1.2	Klassenleitung und Lehrperson	22
2.1.3	Anfangsunterricht	27
2.1.4	Soziales und ethisches Lernen	38
2.1.5	Lebensvorbereitung und Entwicklungsförderung	42
2.2	Grundlegende Bildung	44
2.2.1	Was ist grundlegende Bildung?	44
2.2.2	Von den Rahmen- und Lehrplänen für die Grundschule zu Kerncurricula und Bildungsstandards	48
2.2.3	Lernbereich Sprache	55
2.2.4	Lernbereich Mathematik	60
2.2.5	Lernbereich Sachunterricht	64
2.2.6	Musisch-ästhetische Bildung	69
2.2.7	Bewegungsfähigkeit fördern	73
2.2.8	Ethik- und Religionsunterricht	75

Modul 3: Erziehung und Bildung im Kindesalter 77

3.1 Geschichte und Anthropologie der Kindheit 77

3.1.1 Geschichte der Kindheit 77

3.1.2 Anthropologie der Kindheit 79

3.2 Entwicklung von Kindern heute 86

3.2.1 Das Kind im Grundschulalter. Kinderwelten 86

3.2.2 Ansätze der Kinderforschung 89

3.2.3 Kind und Gesellschaft – veränderte Kindheit? 92

3.2.4 Kind und Entwicklung. Entwicklungspsychologische Erkenntnisse für die Grundschulpädagogik 96

3.3 Heterogenität und Individualisierung in der Grundschule 98

3.3.1 Kinder sind verschieden 98

3.3.2 Pädagogische Antworten auf die Heterogenität 106

3.3.2.1 Heterogenität als Chance 106

3.3.2.2 Heterogenität und Differenzierung 107

Modul 4: Organisation und Management der Grundschule 112

4.1 Räumliche und zeitliche Organisation der Grundschule 112

4.1.1 Schulgebäude 112

4.1.2 Der Klassenraum 115

4.1.3 Jahrgangsübergreifende Organisationsformen 121

4.1.4 Schulhof 123

4.1.5 Schule als Organisation mit eigenem Profil 126

4.1.6 Ganztagsschule, verlässliche Grundschule, volle Halbtagsschule 128

4.2 Rechtliche Grundlagen, Organisationsentwicklung und Management in der Grundschule 131

4.2.1 Pädagogische Autonomie der Schule im Spektrum von Schulentwicklung von außen und innen 131

4.2.2	Elternrechte und Elternmitwirkung in ihrer Entwicklung		136
4.2.3	Rechte und Formen der Mitbestimmung der Kinder		140
4.2.4	Umgang mit Konflikten auf allen Ebenen pädagogischer Arbeit		143
4.2.5	Leistungsbegriff, Leistungsbewertung und Leistungsbeurteilung		147

Modul 5: Lernen in der Grundschule 150

5.1	Diskurswandel vom Lehren zum Lernen	150
5.2	Handlungsorientierung als Grundprinzip des Lernens	154
5.3	Lernwege der Kinder: entdeckendes, problemorientiertes, erfahrungsorientiertes, exemplarisches Lernen	156
5.4	Lernen mit allen Sinnen	160
5.5	Lernen und Spielen	162
5.6	Philosophisch-ästhetisches Lernen	165
5.7	Lernen des Lernens	167
5.8	Gemeinsames und individualisiertes Lernen	169
5.9	Kommunikatives Lernen	171

Modul 6: Formen und Methoden des Lernens 173

6.1	Der Schulvormittag	173
6.2	Freie Arbeit	175
6.3	Projekte	180
6.4	Wochenplanunterricht	183
6.5	Werkstattunterricht und Stationenlernen	186
6.6	Lerngänge und außerschulische Lernorte	189
6.7	Einsatz neuer Medien	191
6.8	Präsentationsmethoden	194
6.9	Feste und Feiern	196

Modul 7: Unterrichtsplanung und -vorbereitung in der Grundschule ... 198

7.1 Was ist eine sinnvolle Unterrichtsvorbereitung? 198

7.2 Störungen und Disziplinschwierigkeiten im Unterricht 201

7.3 Zur Problematik der Hausaufgaben 203

Modul 8: Nahtstellen der Grundschule 205

8.1 Vom Schulreifetest zur multiperspektivischen Vorschuldiagnostik 205

8.2 Sozialpädagogik zwischen Elternhaus und Schule 207

8.3 Leistungsversagen in der Grundschule 209

8.4 Beratung und Selbstreflexion der Lehrperson 211

Modul 9: Grundschule der Zukunft: ein utopisches Konzept 214

9.1 Reformschritte der Grundschule 214

9.2 Modell einer Reformschule – Grundschule als differenzierte Lebensschule 224

Literatur 227

0 Vorwort der Herausgeberin der Reihe

Die Modularisierung auch der erziehungswissenschaftlichen Studiengänge schreitet in allen Bundesländern voran. Auch diejenigen, die sich noch skeptisch gegenüber einer sofortigen Umstellung in BA-MA-Studiengänge zeigen, beginnen mit Modulstrukturen. Ein Zurück scheint es nicht mehr zu geben. Damit es dabei aber wenigstens ein Vorwärts gibt, soll mit diesen Büchern eine gute Orientierungshilfe fürs Studium gegeben werden.

Denn in der Tat betreten wir mit den modularisierten Studiengängen Neuland. Es sind nicht nur neue Etiketten gewählt worden, sondern das Studium verändert sich tatsächlich deutlich:

1. Es werden Kreditpunkte vergeben, die genau berechneten Arbeitszeiten von Studierende entsprechen (sollen).
2. Es gibt keine Abschlussprüfungen, sondern Modulprüfungen und zugleich eine Erhöhung der Prüfungsanteile.
3. Die Module sollen nicht das Fach in seiner Breite aufgreifen, sondern die grundlegenden Kompetenzen.
4. Die BA-Studiengänge sollen direkt in eine erste Berufsqualifizierung führen, von daher müssen die Inhalte anwendungsorientiert dargestellt werden.

Mit der Reihe „In Modulen" haben wir Lehrbücher für Studierende der Pädagogik und insbesondere des Lehramts vorgelegt, die sich gezielt an den neuen Anforderungen der Modulstrukturen orientieren.

Dies hat zur Konsequenz, dass in dieser Reihe elementarer Lehrbücher Wissen in kompakten Einheiten vorgestellt wird. Damit wird deutlich gemacht, dass wir uns als Autorinnen und Autoren dieser Reihe um Lehrbücher bemühen, die Studierenden eine Hilfe in den neuen BA-MA-Studiengängen sein kann.

Dazu gehören mehrere Merkmale:

1. Es soll der Struktur von BA- und MA-Studiengängen mit klar berechneten Zeiteinheiten für Studierende entsprochen werden.
2. Studierende der neuen Studiengänge brauchen Überblickswissen im Fach auf dem neuesten Stand, das mögliche Anwendungsrelevanz einschließt.
3. Das Wissen soll praxisnah anwendbar sein. Es soll eine optimale Orientierung im Fach und auf die zukünftige pädagogische Praxis geleistet werden.
4. In den neuen Studienstrukturen werden die Inhalte direkt im Modul überprüft. Deshalb stehen auch in der Reihe „In Modulen" kleine Zusammenfassungen am Schluss jedes Abschnittes, um das Rekapitulieren der Inhalte zu erleichtern.

Ich habe als Herausgeberin der Reihe nun schon mehrere Jahre Erfahrung mit dieser neuen Studienstruktur, weil unsere Universität schon sehr früh mit der Umstellung begonnen hat. Ich will diesen Prozess nicht bewerten. Es wäre meines

Erachtens auch möglich gewesen, die bisherige Lehrerbildung beizubehalten. Die im Bologna-Papier festgehaltene Zweistufigkeit aller Studiengänge ließe sich auch auf die erste und zweite Phase der LehrerInnenbildung anwenden. Doch politisch ist anders entschieden worden. Denn die Umstrukturierung der Studiengänge liegt primär in der Machtbefugnis der Bildungspolitik und nicht in der der Wissenschaft.

Auch wenn bessere Strukturen denkbar wären, meine ich, ausgehend von den Erfahrungen der letzten Semester, dass es auch in der modularisierten Struktur möglich ist, sinnvolle Lehrerbildung zu gestalten. Dieses Erfahrungswissen will ich zusammen mit den Autorinnen und Autoren in dieser Reihe von Büchern weitergeben. Besonders wichtig ist uns dabei, dass zwei Ziele erreicht werden:

- Die Studierenden können sich mit diesen Büchern Wissen eigenständig erarbeiten und dies innerhalb klar begrenzbarer Zeitvorgaben.
- Den Studierenden wird viel Lernhilfe geboten, um die Inhalte besser zu verstehen.

Um dies zu ermöglichen, haben wir uns in dieser Reihe bemüht, so viel wie möglich an Übersichten, Grafiken, Schaubildern, Cartoons, kleinen Szenen und Fotos zur Veranschaulichung in die Bücher einzubringen, um den Verstehensprozess der Studierenden zu unterstützen.

Wir wünschen uns sehr, dass die Bücher dieser Reihe zu guten Hilfen für Studierende werden, sich im Organisationsdschungel der neuen Strukturen zu den lichten Plätzen des Verstehens und der wechselseitigen Verständigung durchzuarbeiten.

Oldenburg, im Mai 2007

Im Namen der Autorinnen und Autoren der Bände
als Herausgeberin der Reihe

Astrid Kaiser

Einführung in diesen Band

Dieser Band ist in 9 Module eingeteilt. Davon sind einige weniger umfangreich. In der Sprache der BA-Studiengänge heißt dies, dass sie weniger Kreditpunkte bringen, weil weniger Zeit in ihre Erarbeitung fließt. Das Buch kann als Ganzes als Literaturgrundlage für ein Übersichtsmodul zur Grundschulpädagogik mit 9 KP genommen werden, wie auch in differenzierte Module eines umfangreicheren grundschulpädagogischen BA-Studiums gewählt werden. Die kurzen und knappen Übersichten und Zusammenfassungen erlauben es, dieses Buch für jede besondere Form der BA-Studiengänge in Grundschulpädagogik einzusetzen. Die Zusammenfassungen sind zudem gute Grundlage für die im Modulstudium erforderliche Leistungsbewertung am Ende jedes Moduls.

Wir haben uns um klare und verständliche Sprache bemüht und viele Anschauungsmaterialien verwendet, um den BA-Studierenden das sehr stark strukturierte Studium leichter zu machen. Wir haben diesen Band auch sehr praxisnah geschrieben, um den Anforderungen an stärker praxisnahes Studieren, die für diese gestuften Studiengänge für die BA-Phase formuliert werden, auch zu genügen. Wir wünschen den Lesenden viele produktive Gedanken und dass die Ideen für eine kindgerechte förderliche Grundschule auch in die Praxis einfließen.

Und last not least: Wir danken allen, vor allem unseren Studierenden, die uns zum Schreiben dieses Buches ermutigt haben. Besonderer Dank gilt Stine Albers, Marlen Brüggemann, Iris Bruns, Franziska Grieger, Bettina Meyer und Georg Rabe für ihre Hilfe und Unterstützung bei der Literaturrecherche, Korrektur und Zusammenstellung der Abbildungen und Fotografien.

Astrid Kaiser und Silke Pfeiffer

Modul 1:
Die Grundschule – Entstehung und Entwicklung

Wer nicht aufs Kleine schaut
scheitert am Großen.
Laotse

1.1 Was ist Grundschulpädagogik?

Die Frage danach, was Grundschulpädagogik ist, kann man eigentlich nicht beantworten. Grundschulpädagogik ist kein klarer Begriff. Sie ist simpel ausgedrückt die Pädagogik für das Handeln an Grundschulen. Von daher ist sie eng an das geknüpft, was und wie Grundschulen sind. Die wissenschaftliche Disziplin der Grundschulpädagogik hat sich erst allmählich als Spezialisierung auf das pädagogische Praxisfeld Grundschule herausgebildet (vgl. Neuhaus-Siemon 2004). Aber wir müssen zur Erklärung von Grundschulpädagogik erst einmal auf die Besonderheiten von Grundschule schauen. Sie ist nicht der Beginn des Lernens von Kindern, wie landläufig behauptet wird, denn Kinder haben bis zur Einschulung bereits außerordentlich viel ohne Schule gelernt: Sie können mindestens eine Sprache sprechen, vielfältige Bewegungsformen ausführen und mit ihrer Umwelt kommunizieren. Das Lernen ist also nichts Neues für Kinder, wenn sie zur Grundschule kommen. Aber vorher war das Lernen stärker in Situationen eingebettet, wirkte weniger von außen bestimmt und war doch sehr wirksam. Diese Beobachtung hatte Pestalozzi (Pestalozzi 1801/1979) angeregt, von der Pädagogik der „Mutterschul" als Musterbeispiel für die Schule zu sprechen. Doch diese Gedankengänge haben sich bislang noch wenig durchgesetzt. Denn schulisches Lernen unterscheidet sich noch deutlich vom vorschulischen. Hauptmerkmal ist, dass es nun in einer besonderen organisierten Form stattfindet. Aber auch diese Organisation ist nicht einheitlich.

Das Bildungswesen ist von Land zu Land unterschiedlich organisiert. In der Bundesrepublik Deutschland endet die Grundschule in den meisten Bundesländern nach vier Schuljahren. Eingeschult werden die Kinder in Deutschland mit sechs Jahren. Grundschulpädagogik ist danach die Pädagogik, die für die sechs- bis zehnjährigen Kinder sinnvoll ist. In anderen Ländern fängt die Grundschulzeit eines Kindes mit fünf Jahren an, wie in den Niederlanden[1] und endet dort mit zwölf Jahren (van de Ven 2002, 346). Viele Länder haben eine Grundschule, die von sieben Jahren bis sechzehn Jahren, wie in Dänemark, reicht (Werler 2002, 91). Skandinavische Länder, also Schweden, Norwegen und Finnland, mit einem durchgängigen einheitlichen Schulsystem für alle machen innerhalb dieser Schule eine Zäsur nach dem 6. Schuljahr und nennen die ersten Jahre Primarbereich, die höheren Jahre

---

[1] Die Kinder können hier ab 4 Jahre in die Schule gehen.

Sekundarbereich (Döbert u. a. 2002). Grundschulpädagogik könnte danach als die Pädagogik für die sechs- bis zwölfjährigen Kinder bezeichnet werden. Das heißt: Schule für Kinder, während die anschließenden Schulen oder Schulformen bzw. Schulabschnitte ihr Angebot für Jugendliche gestalten. Die folgende Übersicht zeigt, wie unterschiedlich die Grundschulzeit in verschiedenen europäischen Ländern geregelt wird:

Übersicht: Unterschiedliche Grundschulzeiten in Europa [2]

Land	Dauer der Grundschulzeit	Altersstufen	Ausnahmen/besondere Merkmale:
BRD	4 Jahre	von 6–10 Jahren	
	6 Jahre	von 6–12 Jahren	Brandenburg, Berlin
	5 Jahre (partiell, nach 1945, bis in die 1960er Jahre)	von 6–11 Jahren	Bremen
ehem. DDR	4 Jahre später 3 Jahre	von 6–10 Jahren, ab 1959 von 6–9 Jahren	Unterstufe innerhalb der zehnjährigen polytechn. Oberschule
Italien	5 Jahre	von 6–11 Jahre	die 3jährige scuola media folgt der 5jährigen scuola elementare
England	6 Jahre	von 5–11 Jahren	5–6 Jahre Infant School 7–11 Jahre Junior School
Schottland	7 Jahre	von 5–12 Jahren	Primary Schools mit integrierter zweijähriger Infant stage, davor fakultative Nursery schools
Finnland	6 Jahre	von 7–13 Jahren	Unterstufe der insg. 9jährigen Gesamtschule
Schweden	3 Jahre + 3 Jahre Mittelstufe	von 7–9 Jahren von 10–12 Jahren	Unterstufe der insg. 9jährigen „Grundschule" genannten Gesamtschule
Norwegen	6 Jahre	von 6–12 Jahren	Primarstufe in 9jähriger Gesamtschule, in sich in drei Stufen unterteilt
Niederlande	7–8 Jahre	von 4–12 Jahren	Vorschule mit vier Jahren nicht obligatorisch, fast durchgängig gewählt
Luxemburg	8 Jahre	von 4–12 Jahren; ab 3 Jahren fakultative Spielschule	Vor- und Spielschule obligatorisch (Erlernen der luxemburgischen Sprache)

---

[2] Daten u. a. aus Kreienbaum, Maria Anna u. a. (Hrsg.): Bildungslandschaft Europa. Bielefeld 1997

Modul 1: Die Grundschule – Entstehung und Entwicklung

Alter bei der ersten Selektion im Bildungssystem

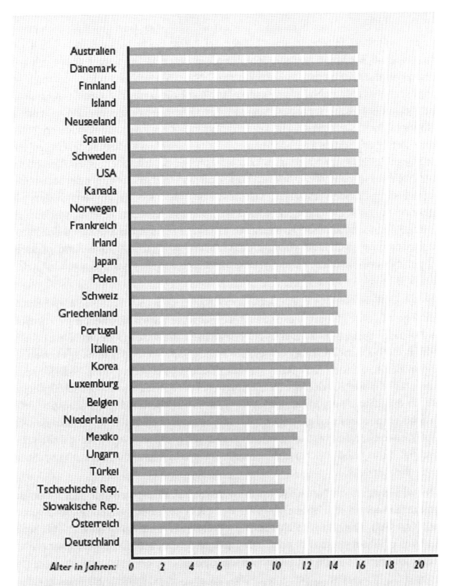

In den meisten Ländern gehen die Kinder und Jugendlichen mindestens sechs, teilweise acht oder neun Jahre gemeinsam in die Schule. In Deutschland und in Österreich ist die gemeinsame Schulzeit am kürzesten.

Quelle: OECD: Bildung auf einen Blick. OECD-Indikatoren 2006, S. 453

Mit den Grundschulzeiten zusammen hängt auch die Zeit der Selektion in verschiedene Schulformen. Dabei wird im internationalen Vergleich deutlich, dass Deutschland das Land ist, in dem besonders jungen Kindern schon verschiedene Schulformen zugewiesen werden. Hier erfolgt die Selektion auffällig früh mit 10 Jahren, während in Australien, Dänemark, Finnland, Neuseeland, USA und Kanada diese Selektion erst mit 16 Jahren einsetzt. Die meisten Länder der Welt warten, bis die Kinder 14–16 Jahre alt sind. Nur Deutschland und Österreich sortieren schon so früh nach Leistungsniveaus. Aber nicht nur die Zeit ist in Deutschland besonders früh, auch das Ausmaß der vielen kleinen Selektionsschritte ist besonders durchschlagend. „In keinem anderen Land werden Kinder so konsequent durchgreifend von der Schulanmeldung an sortiert: Zurückstellungen vom Schulbesuch, Spezialförderung in Vorklassen oder Schulkindergärten, Versetzung oder Nichtversetzung, Feststellung von sonderpädagogischem Förderbedarf und Überweisung in Sondersysteme" (Bartnitzky 2003, 18). In diesem System der Selektion ist nicht das Fördern von verschiedenen Kindern zentral, sondern die „richtige" Einordnung von Kindern, denn „wir haben hierarchische Schulkarrierenmuster entwickelt und verinnerlicht. Grundsätzlich gilt: Das Kind muss ins System passen und nicht: Das System muss sich auf das Kind einstellen" (Beer 2003, 29).

Die Schulpflicht wird in den Ländern gesetzlich geregelt. Deutschland befindet sich gerade in einer Übergangsphase von einer festen Stichtagsregelung zu flexibleren Formen. Bislang galt etwa in Niedersachsen die gesetzliche Vorschrift: „Alle Kinder, die bis zum 30. Juni das sechste Lebensjahr vollendet haben, werden mit Beginn des folgenden Schuljahres schulpflichtig. Auf Antrag der Erziehungsberechtigten können Kinder, die zu Beginn des Schuljahres noch nicht schulpflichtig sind, in die Schule aufgenommen werden, wenn sie die für den Schulbesuch erforderliche körperliche und geistige Schulfähigkeit besitzen und in ihrem sozialen Verhalten ausreichend entwickelt sind. Diese Kinder werden mit der Aufnahme schulpflichtig" (Das Niedersächsische Schulgesetz, § 64 Beginn der Schulpflicht, Stand Dezember 2005, 23).

Bald wird es durch die Neustrukturierung des Schulanfangs möglich sein, dass auch jüngere Kinder in die Eingangsstufen der Grundschulen aufgenommen werden (vgl. Kap. 8.1). Damit wird sich der Charakter der Grundschulpädagogik als Schulpädagogik für jüngere Kinder noch deutlich akzentuieren. Dies wäre aber nur ein Definitionsmerkmal von Grundschulpädagogik.

In der Wissenschaft ist es üblich, zunächst nach einer Definition des Gegenstandes zu suchen. Eine bekannte Definition von Grundschulpädagogik stammt von Elisabeth Neuhaus-Siemon. Sie lautet: „Die Grundschulpädagogik befasst sich [...] mit der Grundschule als Erziehungs- und Unterrichtsfeld einschließlich der Faktoren, die ihre Gestalt bedingen" (Neuhaus-Siemon 2004, 79).

Eine derartige formale Definition beschreibt zwar das Allgemeine, sagt aber noch wenig über die Besonderheiten von Grundschulpädagogik. Wenn wir diese ergründen wollen, bedarf es einer theoretischen Bestimmung von wesentlichen Merkmalen.

Im Alltagsverständnis finden wir viele konkrete Vorstellungen, was Grundschulpädagogik ausmachen könnte, da denkt man an Stichworte wie „Freie Arbeit", „Wochenplan", „Stationenlernen", „Projektwoche" oder „Offener Unterricht". Aber dies sind letztlich nur zufällige Assoziationen, weil diese methodischen Formen eher in Grundschulen praktiziert werden als in anderen Schulformen. Auch ihr erstes Auftreten in der im weiteren Sinne neueren Debatte ist auf grundschulpädagogische Kontexte zu beziehen, der Begriff Freie Arbeit wurde von Ilse Lichtenstein-Rother (Lichtenstein-Rother 1969) mit ihrem 1954 erstmals aufgelegten Werk zum Schulanfang verbreitet, das Wochenplankonzept neueren Typs wurde durch das Marburger Grundschulprojekt (Klafki u. a. 1982, Koch-Priewe 2004) in die Debatte eingebracht. Aber diese methodischen Konzepte werden mittlerweile auch für die Sekundarstufe propagiert (vgl. u. a. Krieger 1994; 2005) und in der Sekundarstufe erprobt. Sie sind eigentlich keine spezifischen Merkmale der Grundschulpädagogik – auch wenn sie in Grundschulen häufiger zu beobachten sind als in Sekundarschulen (vgl. Kap. 5 und 6).

Es bleibt im ersten Analyseschritt nicht viel mehr übrig, als dass es sich bei der Grundschulpädagogik um eine besondere Schulpädagogik für die Zielgruppe von Kindern handelt, die im Alter zwischen 6 und 10 bzw. 12 Jahren in der Schule sind. Allerdings bedeutet das in Deutschland, dass dies die erste Schule ist. Somit steckt in der Altersstufe auch eine Besonderheit von Grundschule und Grundschulpädagogik, nämlich die erste Schule im Leben zu sein. „Die Grundschule ist Bindeglied zwischen dem Elementarbereich, dessen Besuch freiwillig ist und für den mittlerweile ein Rechtsanspruch besteht, und der gegliederten Sekundarstufe I. Somit beginnt mit dem Eintritt in die Grundschule für alle Schülerinnen und Schüler die Schulpflicht" (Bellenberg/Klemm 2001, 30). Damit hat die Grundschulpädagogik auch Orientierungsfunktion für die weiteren Bildungsgänge. Lebenslanges Lernen wird in der Grundschule begonnen und vorbereitet.

Noch wichtiger ist aber die Übergangsaufgabe zwischen dem vorschulischen Leben und dem schulischen Lernen, die allein und besonders der Grundschule zusteht. Denn damit hat sie in besonderer Weise eine Verbindung von Leben und Lernen zu leisten: „Der Grundschule kommt in doppelter Hinsicht eine herausragende Bedeutung zu: Sie bildet das Fundament unseres Bildungssystems und stellt zugleich den zentralen Lern- und Lebensraum für einen wichtigen Entwicklungsabschnitt der Kindheit bereit. Lernkultur, Lebenskultur und Beziehungskultur – diese Grundstrukturen personaler Entwicklung und sozialen Zusammenlebens – entfalten sich erst in der Gemeinschaft mit anderen" (Topsch 2004, 8).

Grundschulpädagogik zielt weiterhin in Deutschland auf von anderen Altersstufen organisatorisch separierte Schulen oder wenigstens Schulstufen- bzw. formen, in denen diese Altersstufe unterrichtet wird. Diese organisatorische Absonderung kann auch zu einer besonderen konzeptionellen Entwicklung führen und spezielle

Ausprägungen zeigen. Insbesondere Selektion kommt auf die deutschen Grundschulen – anders als in anderen europäischen Ländern – zu.

Die Grundschule ist also Kinderschule und Anfangsschule. Letzteres bedeutet, dass die Verbindung von Leben und Lernen (Sozialisationsfunktion) geleistet wird wie auch die Verbindung von Grundschule und späteren Schulformen. Die zentralen Aufgaben von Grundschulpädagogik sind, das kulturelle Schulleben nicht zu vernachlässigen, das Kindern Lernlust, Geborgenheit und Orientierung gibt. Erziehung und Lernen sind in der Grundschule als Anfangsschule deutlicher miteinander verschränkt als in späteren Schulformen, weil hier der Übergang von Familienwelt und Kindergarten in formelle Bildungseinrichtungen erfolgt. Aber auch die Orientierung auf das weitere schulische Lernen beginnt in der Grundschule. So gesehen sind kultusministerielle Aufgaben- und Zielbestimmungen, die die erzieherische Seite kaum sehen, sondern nur die fachliche Vorbereitung, zu eng gegriffen. Demgemäß heißt es im Erlass des Kultusministeriums Niedersachsen „Die Arbeit in der Grundschule": „Die Grundschule vermittelt ihren Schülerinnen und Schülern grundlegende Kenntnisse, Fähigkeiten und Fertigkeiten. Dies umfasst sprachliche Grundsicherheit in Wort und Schrift, Lesefähigkeit, mathematische Grundfertigkeiten und -fähigkeiten, erste fremdsprachliche Fähigkeiten und die Eröffnung von Zugängen zu den Lernfeldern in den Gesellschafts- und Naturwissenschaften. Schülerinnen und Schüler werden in den Umgang mit Medien, Informations- und Kommunikationstechniken eingeführt und erwerben grundlegende psychomotorische und musisch-ästhetische Ausdrucks- und Gestaltungsformen. Die Grundschule schafft damit die Grundlagen für die weitere Schullaufbahn ihrer Schülerinnen und Schüler" (Die Arbeit in der Grundschule; Erlass des MK Niedersachsen vom 3.2.04).

Das dritte Bestimmungsmerkmal von Grundschulpädagogik wird seltener beachtet, nämliche ihre integrative Seite. Grundschule ist nicht nur Kinderschule und Anfangsschule, sondern auch Integrationsschule. Sie ist prinzipiell eine Schule für alle, obgleich auch hier wiederum viele Ausnahmeregulungen bestanden und noch bestehen. So gibt es noch heute gerade in Deutschland ein ausgebautes Sonderschulsystem, das ein nicht unbeträchtlicher Teil der Altersjahrgänge besucht. Neben den Grundschulen gibt es in Deutschland zu einem geringeren Anteil auch Privatschulen. Deshalb kann die Grundschule nur als relative Einheitsschule bezeichnet werden. Dies ist und bleibt allerdings von besonderer Relevanz für pädagogisches Handeln. Denn sie weist als einzige Schulform in Deutschland die vergleichsweise höchste Heterogenität in der Zusammensetzung der Schülerinnen und Schüler auf. Dies hat Konsequenzen für Fragen der inneren Differenzierung, der Didaktik und Methodik. Gleichwohl wird der Einheitsanspruchs noch nicht umfassend realisiert, denn „trotz nachhaltig verbesserter Rahmenbedingungen (ist) nach wie vor eine hohe Selektivität in der Grundschule vorhanden ... – ein Ergebnis, das dem Anspruch einer Gesamtschule, die alle Kinder fördern will, zuwiderläuft" (Roßbach 1996, 173). Diese wird gegenwärtig durch bildungspolitische Maßnahmen in Form von Vergleichsarbeiten noch verschärft.

Gleichzeitig führt die Grundschule nach der Abschaffung von Aufbauformen, wie den Orientierungsstufen, direkt in das hierarchisch gegliederte Sekundarschulsystem und enthält damit zusätzliche Selektionsaufgaben. Die Kinder müssen bereits während der Grundschulzeit soweit selektiert werden, dass eine klare Entscheidung über die Zuweisung zu einer weiterführenden Schulform gefällt werden kann. Dies macht viele Überprüfungen nötig, denn wissenschaftlich ist erwiesen, dass so früh die spätere Schullaufbahn gar nicht vorausgesagt werden kann (vgl. Bönsch 2006a, 112).

Nicht alle Kinder durchlaufen die Grundschulzeit erfolgreich, nicht alle bleiben in der Grundschule, so wurden in NRW – je nach Schulbezirk variierend – zwischen 0,8% und 3,4% einer Altersstufe in Schulen mit Förderschwerpunkt Lernen überwiesen. Allerdings ist eine deutliche Entwicklung hin zu integrativen Formen in den letzten Jahren zu beobachten gewesen. „Schule unter einem Dach"[3], „Schule für alle"[4], „Integrative Regelklassen"[5] oder „Gemeinsamer Unterricht für behinderte und nichtbehinderte Kinder"[6] sind die Begriffe, unter denen eine Tendenz, die Grundschule als tatsächliche gemeinsame Schule zu gestalten, gefasst wird. Erst im Fortschreiten von Integrationsbemühungen können wir tatsächlich von der Grundschule als gemeinsamer Schule für alle sprechen (vgl. Kap. 5.8). Vorerst ist die Grundschule dies nur tendenziell. Denn „gegenwärtig ist Deutschland bezogen auf schulische Inklusion im internationalen Vergleich ein rückständiges Land. Im bundesweiten Durchschnitt nehmen gegenwärtig nur 14% der Schüler/innen mit sonderpädagogischem Förderbedarf am Gemeinsamen Unterricht teil" (Seitz 2005, 158).

Gleichwohl kann man Grundschule als Schule zwischen zwei Spannungsfeldern sehen, nämlich einmal auf der Seite der Kinder die Heterogenität und zum anderen auf der Seite der Institution die Integration, wie sie besonders deutlich im Konzept der „Schule für alle" (vgl. Seitz 2005, Stähling 2006) gesehen wird. Grundschulpädagogik hat dementsprechend die Aufgabe, in diesem Spannungsfeld pädagogische Handlungsmöglichkeiten zu entwickeln. Insofern geht die Aufgabe von Grundschulpädagogik weit über die Bestimmung hinaus, Schulpädagogik für die jüngeren Kinder zu sein. Allerdings ist dieser allgemeine Anspruch bislang noch kaum in reale Pädagogik umgesetzt worden.

Die Grundschulpädagogik in Deutschland wird vor allem durch den „Arbeitskreis Grundschule. Der Grundschulverband" mit mehreren Tausend Mitgliedern geprägt. Dieser Verband versucht durch Publikationen und Kongresse die Entwicklung von Grundschulen und Grundschulpädagogik zu beeinflussen. Andere Impulse geben die vier grundschulpädagogischen Zeitschriften:

---

[3] Programmbezeichnung in Niedersachsen
[4] Diese Bezeichnung taucht vor allem in bildungspolitischen Forderungen im Kontext der Bewegung um Inklusion auf (vgl. Seitz 2005)
[5] eine Form integrativer Grundschulen in Hamburg
[6] Bezeichnung des ersten Flächenversuchs zur Integration in Nordrhein-Westfalen

- Grundschule
- Die Grundschulzeitschrift
- Grundschulmagazin
- Grundschulunterricht

Diese Zeitschriften sind im Gegensatz zu den allgemeinen pädagogischen Zeitschriften relativ auflagenstark. Sie veröffentlichen vorwiegend Praxisanleitungen und weniger Theorie oder Forschungsergebnisse. Theorie bildend wirken weiterhin die Universitäten. Viele Universitäten haben allerdings keine auf Grundschulpädagogik ausgerichteten Professuren. Selten publizieren auch Wissenschaftler mit einem anderen Aufgabengebiet im Grundschulbereich.

Faktisch wird die gegenwärtige Grundschulpädagogik in unzähligen Studienseminaren weitergegeben.

Wir haben also einen sehr vielfältigen Entwicklungszusammenhang von Grundschulpädagogik, der die Vielfalt dieses Faches ausmacht. Eine einheitliche inhaltliche Ausrichtung ist gegenwärtig nicht absehbar, wenn auch die vom Grundschulverband gesetzten inhaltlichen Schwerpunkte weiterhin sehr viel Resonanz finden.

Quantitativ verzeichnen die Grundschulen allerdings einen Rückgang. Dies liegt zum einen am Rückgang der Schülerzahlen seit der Jahrtausendwende in Gesamtdeutschland sowie nach der Wende in Ostdeutschland. Aber auch ökonomisch gesteuerte bildungspolitische Entscheidungen haben dazu geführt, dass kleine Grundschulen geschlossen wurden. So ist es nicht verwunderlich, dass die Anzahl an Grundschulen in den letzten Jahren dramatisch gesunken ist (vgl. Statistisches Bundesamt 2006, 37). Dies birgt immerhin in sich die Chance, diese quantitativ abnehmenden Schulen mit mehr Aufmerksamkeit und Energie zu gestalten. Rückläufige Schülerzahlen können allerdings auch zu interessanten Reformmodellen, wie den Kleinen Grundschulen in Brandenburg mit altersgemischten Klassen, führen (vgl. Laging 1999). Die empirischen Untersuchungen zeigen, dass dieses Modell durchaus erfolgreich ist. Die Leistungen der Kinder werden positiv beeinflusst und das soziale Lernen wird gefördert. Es wäre jedoch verkürzt, wenn wir Grundschulpädagogik nur auf die Entstehung von Grundschulen beziehen. Sie hat sich bereits schrittweise vor der Gründung eigenständiger Grundschulen in der Weimarer Republik herausgebildet.

> Grundschulpädagogik bezeichnet ein auf Kinder im Alter von 6–10 oder 12 Jahren gerichtetes pädagogisches Denken. Damit bezieht sie sich auf eine besondere Altersgruppe von Kindern und muss diese ansprechen und ihren Fähigkeiten gerecht werden. Sie hat die Funktion, eine Anfangsschule zu entwerfen, die den Kindern eine kulturell anregungsreiche Lebensumgebung gibt, die auch das lebenslange Lernen fördert und auf die weitere Bildungslaufbahn vorbereitet. Strukturell hat sie durch den Widerspruch von Heterogenität und Integration die Aufgabe, produktive Lösungen in diesem Spannungsfeld zu schaffen.

1.2 Geschichte der Grundschule: Ursprung aus Weimarer Grundschule, Vorschule, Volksschule und Einheitsschule

Das Schulwesen in Deutschland hat sich sehr widersprüchlich und aus verschiedenen Vorformen entwickelt. Die Volksschulen enthielten seit Beginn auch Lernmöglichkeiten für die jüngeren Altersstufen. Dort war die Grundschule quasi eine Stufe. Manchmal gab es in kleinen Ortschaften „Zwergschulen", in denen eine Klasse mehrere Jahrgänge umfasste. Die weiterführenden Schulen existierten parallel zu den Volksschulen als eigenständiges System und waren nach Geschlechtern getrennt. Den weiterführenden Schulen, die Oberrealschule, Realgymnasium, Lyceum, Progymnasium, Höhere Töchterschule oder Gymnasium genannt wurden, war zumeist eine separat für diese Schülerinnen bzw. Schüler eingerichtete Vorschule vorgeschaltet. „Bis zum Ende des Kaiserreiches 1918 gab es trotz Schulpflicht keine für alle verbindlich zu besuchende Schulform. Die einen besuchten die Volksschule; andere eine dreijährige Vorschule, die direkt ins Gymnasium führte; wieder andere erhielten Privatunterricht. Die ständische Gesellschaft spiegelte sich in diesen voneinander getrennten Bildungsgängen wider" (Bartnitzky 2003, 16). Verglichen mit diesen Strukturen war jeder Schritt zur eigenständigen Grundschule ein Fortschritt, auch die Trennung nach Altersstufen bedeutete eine Abkehr von mehrklassigen Zwergschulen. Die wichtigste Veränderung der ständischen Gliederung nach Schularten war die Öffnung der strengen sozialen Auslese. In der neu in der Weimarer Republik errichteten Grundschule wurden erstmals für alle Schichten Mädchen und Jungen wie auch Kinder verschiedener sozialer Herkunftsschichten zusammen unterrichtet.

Die Grundschule gibt es erst seit der politischen Umbruchphase nach Ende des Ersten Weltkrieges. Vorher gab es die Volksschule für das „einfache Volk" und diverse höhere Schulen, denen eine Vorschule vorgeschaltet war. „Mit der Begründung der Demokratie als Staatsform 1918 war dann auch die Einheitsschule auf der politischen Agenda: Sie stand für das Grundrecht der Menschen auf Bildung, ohne Bildungschancen nach Herkunft oder Geldbeutel zu verteilen, und für den gemeinsamen Unterricht von Kindern als Ausdruck eines demokratischen Gemeinwesens" (ebd., 16). Erst seit dem Weimarer Schulkompromiss von 1919 ist die Grundschule als einheitliche Schulform für alle Kinder einer Altersstufe entstanden. Diese große schulreformerische Leistung zeigt schon den Versuch auf, die Ständegesellschaft des 19. Jahrhunderts zu überwinden. Aber die viel gelobte Einheitsschule war auch ein Kompromiss der damals führenden Sozialdemokratie mit dem ökonomisch immer noch mächtigen Bürgertum. Es wurden Ausnahmen zugelassen und einer Beschränkung auf vier Jahre zugestimmt. So gab es zur Zeit der Weimarer Republik Ausnahmegenehmigungen zu dreijähriger Grundschule, zu besonderen Konfessionsschulen oder gar durch ärztlich attestierte Freistellung zum sofortigen Besuch privater Einrichtungen (vgl. Götz/Sandfuchs 2001, 17, 18).

Trotz all dieser Einschränkungen können wir davon ausgehen, dass mit Beginn der Weimarer Republik erstmalig in Deutschland eine Einheitsschule geschaffen wurde. „Die Einführung der Grundschule bedeutete gleichwohl einen großen Schritt zur Demokratisierung des Schulsystems. Sie beruht mit den Prinzipien *Staatlichkeit, Gleichheit* und *Unentgeltlichkeit* auf Ansprüchen, die für unser heutiges Schulsystem weiterhin gelten" (Topsch 2004, 17).

Die Geschichte der Grundschule ist noch sehr jung, sie begann in der Weimarer Republik. Damit wurden erstmals Grundschulen für alle Bevölkerungsschichten errichtet, so dass im Prinzip eine Einheitsschule entstanden ist.

1.3 Grundschule als gemeinsame Fast-Gesamtschule

Die Grundschule vereinigt in sich Kinder aller Bevölkerungsschichten und von verschiedener kultureller Herkunft. Dies gilt allerdings nur generell. Wenn wir uns anschauen, wie die Bezirke und Stadtviertel sozial strukturiert sind, werden wir feststellen, dass die Wohngebiete stark voneinander abweichen. Da gibt es die Villenvororte im Grünen und die alten, kaum renovierten Mietskasernen am Rande der Großstädte, in denen sich Migrantenfamilien relativ preiswert eine Bleibe schaffen können. Und die Grundschulen in diesen Gebieten sehen entsprechend aus. Ich möchte es an einem Beispiel aus meiner eigenen Erfahrung schildern. In Bielefeld gibt es zwischen zwei Berghängen des Teutoburger Waldes eingeschlossen ein idyllisches grünes Stadtviertel, Hoberge-Uerentrup. Die Kinder der dortigen Grundschule sprechen ein elaboriertes Deutsch, werden nach der Grundschulzeit zumeist an Gymnasien der Innenstadt übergeben. Bei neuen Investitionen in der Schule zückt so manches Elternpaar die Geldbörse, um ihren Kindern noch bessere Entwicklungschancen zu gewährleisten. Migrantenkinder sind in dieser Schule kaum zu finden. Förderschulüberweisungen werden selten als notwendig erachtet.

Dagegen hat eine Grundschule an einer verkehrsreichen Ausfallstraße der Stadt mit größeren Wohnblöcken als Bebauung über 50% Kinder nichtdeutscher Herkunft, vielen Arbeitslosen unter den Eltern und vielen Familien mit niedrigen Einkommen schon im zweiten Schuljahr eine hohe Quote an Förderschulüberweisungen zu verzeichnen. Das Schulgelände wirkt abgenutzt. Spendentöpfe für Erneuerungen an Spielgeräten bleiben leer.

Wenn wir diese Kontraste sehen, dann wird deutlich, dass die Grundschulen auch heute noch durch verschiedene Wohngebiete unterschiedliche soziale Gruppierungen an Schülerinnen und Schülern aufnehmen. Deshalb ist die Grundschule nur in den Absichten eine echte Einheitsschule. Insofern ist die These Meyers, „Die Grundschule ist eine Schule für alle Kinder – die einzige echte Gesamtschule" (Meyer 1997 II, 158), als empirische Aussage sehr fragwürdig. Sie ist noch eine Forderung. Die Grundschulen gliedern trotz aller Integrationsbemühungen der letzten Jahre immer noch einen gewissen Anteil an Kindern in Förderschulen aus. Und durch die unterschiedlichen Wohngebiete werden Schulen sozial sortiert. Dies kann sich verschärfen, wenn politische Versuche sich durchsetzen, die bisherige Hoheit der Kommunen außer Kraft zu setzen, die Schulbezirksgrenzen zu setzen und damit eine gewisse Durchmischung der Schülerschaft zu ermöglichen. Das Sortieren nach sozialer Herkunft ist gekoppelt mit dem Sortieren der Kinder nach Leistung. Die echte Gemeinschaftsschule bleibt noch Forderung, wenn gesagt wird: „Die Grundschule sollte die Basisschule sein und kein Durchlauferhitzer als Vorstadium der eigentlich relevanten Bildungsgänge!" (Beer 2003, 30). Doch gleichzeitig gibt es in der Grundschule mehr Heterogenität als an anderen Schulen, von daher ist sie tendenziell schon eine Basisschule der Integration. Doch diese Potenziale werden nur unzureichend genutzt. Denn in weiterführenden Schulen klafft die soziale Schere weit auseinander. Internationale Leistungsvergleichsstudien zeigen deutlich, dass „in keinem anderen Land der Zusammenhang zwischen sozialer Herkunft und Bildungserfolg so eng ist wie in Deutschland" (Miller 2006, 137). Weder auf der Leistungsebene noch auf der Sozialebene ist hinlänglich die Integration von Kindern verschiedener sozialer Herkunft gelungen.

So stellen sich heute generell für jedes einzelne Kind Probleme der Integration bereits mit Schulanfang. Auch subjektiv für die Kinder selbst bedeutet der Eintritt in die Grundschule eine schwierige Integrationsaufgabe, denn „jetzt wird zum ersten Mal ernsthaft, weil unausweichlich, der Interessenausgleich zwischen verschiedenen Kindern bedeutungsvoll" (Rauschenberger 1989b, 52). Die Entwicklungschancen, die aus dem gemeinsamen Lernen von Kindern verschiedener sozialer Herkunft erwachsen können, gilt es in der Grundschule in Handeln umzusetzen.

Dazu gehört allerdings auch, dass sich die Grundschule ihrer Erziehungsaufgabe bewusst wird und diese aktiv ernst nimmt, denn viele Kinder kommen aus Familien, die mit dem Alltag überfordert, von Armut und Resignation gekennzeichnet sind und in denen wenig Zuwendung für die Kinder übrig bleibt. Dies ist gegenwärtig keine Randerscheinung. „Der Paritätische Wohlfahrtsverband veröffentlichte Zahlen, nach dem jedes 7. Kind unter 15 Jahren in Armut lebt, regionale Differenzen zwischen Ost- und Westdeutschland sind erheblich […] Da die Probleme der Kinderarmut und der Bildungschancen sehr eng zusammen hängen, stellt sich auch für die Schulpädagogen die Aufgabe, Kinderarmut in den Fokus der Aufmerksamkeit zu rücken – und zwar Armut in seiner Mehrdimensionalität von ökonomischer, kultureller und sozialer Unterversorgung" (Miller 2006, 135).

Aber auch die Kinder, die mit großen Mengen an Konsumgütern und Markenwaren überschüttet werden, sind bedürftig nach Erziehung zu ausbalanciertem Verhalten und sozialer Wertschätzung. Die Heterogenität von Grundschulen macht die ausgleichende Erziehung dringend erforderlich, wenn jede Klasse und auch die Schule insgesamt zu einer sozialen Gemeinschaft heranwachsen soll.

Um Kinder erzieherisch überhaupt nachhaltig ansprechen zu können, müssen sie mit ihrem Denken und ihren Erfahrungen ernst genommen werden. Ihre biografischen Erfahrungen gilt es aufzugreifen, um den je einzelnen Kindern in der Grundschule gerecht zu werden.

Die Grundschule ist eine Fast-Gesamtschule. Dem Anspruch nach Integration widerspricht die Aussonderung an Förderschulen und soziale Selektion von Kindern gerade von Migrantenfamilien und sozial randständigen Milieus.

1.4 Grundschule im Bildungssystem und im Rahmen anderer Schulformen

Die organisatorische Eigenständigkeit der Grundschule hat sich erst seit den 1960er Jahren herausgebildet. Vorher war die Grundschule weitgehend die Unterstufe der Volksschule. Mit der deutlicheren Akzentuierung der weiterführenden Schulen in Hauptschule, Realschule und Gymnasium wurden organisatorisch und oft baulich getrennt Grundschulen gebildet.

Parallel zur organisatorischen Entwicklung an den Schulen zeigt auch die disziplinäre Entwicklung der Grundschulpädagogik aus der Schulpädagogik hin zur eigenständigen Disziplin (vgl. Neuhaus-Siemon 2004) einen Wandlungsprozess in der zweiten Hälfte des 20. Jahrhunderts. Die staatliche Grundschule hat sich durch Gesetze und Verordnungen zur alles umfassenden Regelschule für diese Altersstufen entwickelt. Sie hat quasi das Monopol auf Beschulung aller 6–10jährigen Kinder.

Durch die staatlichen Schulpflichtgesetze der Bundesländer (in Nordrhein-Westfalen ist die Vollzeitschulpflicht 10 Jahre lang) sollen tendenziell alle Kinder im schulpflichtigen Alter in die Grundschule gehen. Es gibt praktisch kaum Ausnahmen von der Pflicht im Grundschulalter. Nur wenn aus gesundheitlichen Gründen die Teilnahme am Grundschulunterricht nicht möglich ist, wird eine Ausnahme gestattet, wenn für Ersatzunterricht vor Ort gesorgt wird. Einzelne Anträge von Eltern, die aus religiösen Gründen ihre Kinder privat beschulen wollen, werden im deutschen Rechtssystem von den Gerichten überwiegend abschlägig beurteilt.

Das deutsche Schulwesen ist weitgehend staatlich – insbesondere für die Primarstufe. Nur vereinzelt gibt es für Grundschulkinder besondere Reformschulen, die nicht in staatlicher Trägerschaft sind: „Mit Reform- und Alternativschulen sind (…) alle Versuche gemeint, die sich, zumeist im Rahmen einer Selbstdefinition, als Gegenmodelle zur staatlich organisierten, budgetierten und kontrollierten Regelschule verstehen" (Jung 2001, 64). Aber auch diese Schulen stehen unter staatlicher Fachaufsicht. Einzelne Reformschulen, wie die Laborschule in Bielefeld oder die Reformschule in Kassel, sind rein staatliche Schulen, aber mit einem besonderen Reformprofil. Auch im Rahmen der staatlichen Schulen gibt es in einigen Bundesländern Schulen mit konfessionellen Schwerpunkten. Besonders in NRW gibt es neben „Gemeinschaftsgrundschulen" auch Evangelische Grundschulen und Katholische Grundschulen. Islamische Grundschulen oder Hinduistische Grundschulen gibt es in Deutschland nicht.

Es bestehen aber auch etliche Grundschulen, die als private alternative Reformgrundschulen gegründet worden sind. Meist orientieren sie sich an einem reformpädagogischen Konzept[7] und sind an Montessori, Freinet oder Peter Petersen aus-

---

[7] Diese sind in kurzen Konzeptabrissen zu finden in: Kaiser, Astrid/Pech, Detlef (Hrsg.): Geschichte und historische Konzeptionen des Sachunterrichts. Baltmannsweiler 2004

gerichtet Eine Übersicht über den aktuellen Stand dieser Schulen und ihrer Konzepte ist auf der Webpage: http://paed.com/ph/uebers3.php zu finden.

> Die Grundschulen erfassen praktisch alle Kinder ab 6 Jahren. Nur in wenigen Ausnahmen sind private Alternativschulen erlaubt. Die Grundschule in Deutschland ist primär Staatsschule und verpflichtende Schule für alle Kinder zwischen 6 und 10 Jahren. Allerdings gibt es Ausnahmen.

1.5 Die Grundschule als _die_ Reformschule

„Keine Schulform hat sich in den letzten Jahren von innen heraus so stark erneuert wie die Grundschule" (Czerwenka 2001, 94). Sie ist auch heute noch in Entwicklung. Grundschulzeitschriften genießen höhere Auflagen als Zeitschriften für andere Schulformen, und es gibt eine Vielzahl. Dies ist ein Beleg, dass ein großes Interesse an Fortbildung und Entwicklung im Grundschulsektor besteht.

Während in den 1950er Jahren Methoden des Lesenlernens wie Ganzsatzmethode oder Lautiermethode diskutiert wurden, in den 1970er Jahren die Wissenschaftsorientierung des Grundschulunterrichts Thema war, in den 1980er Jahren die Kehrtwende zur Kindorientierung stärker betont wurde, sind in der gegenwärtigen Entwicklungsphase vor allem methodische Konzepte im Mittelpunkt des Interesses, die der Heterogenität der Klassen mehr Rechnung tragen: „Die unterrichtsbezogenen Neuerungen gliedern sich vor allem um den Offenen Unterricht und differenzieren sich aus in Freiarbeit, Werkstattunterricht, Handlungsorientierung, Projektarbeit, Stationenlernen, Wochenplanarbeit und veränderte Beurteilungsformen. Die eher organisatorischen Entwicklungen fächern sich stärker auf in verschiedene Richtungen – nicht immer sind pädagogische Konzepte Anlass für die Veränderung, oft sind es auch gesellschaftspolitische Folgerungen – und reichen etwa von Integrationskonzepten über Lernwerkstätten oder Teamarbeit in der Schule bis hin zu jahrgangsübergreifenden Lerngruppen und der Verlässlichen Halbtagsgrundschule" (Czerwenka 2001, 94).

Aber auch organisatorisch zeichnen sich deutliche Wandlungen ab. Die Entwicklung zur selbstständigen Grundschule wird in vielen Bundesländern bildungspolitisch festgelegt und in die Tat umgesetzt. „Schulen sollen in weit größerem Umfang als bisher Entscheidungen treffen über ihre zu vermittelnden Inhalte, ihren schul- und stundenplanorganisatorischen Rahmen, die Auswahl der anzuwerbenden Lehrkräfte und die Ausgaben der zur Verfügung gestellten Gelder" (ebd., 87). Besonders die Möglichkeit, Schulprogramme für die eigenen Schulen aufzustellen, ist eine Chance, wenn dies nicht als bürokratische Pflicht aufgefasst wird, sondern als gemeinsames Überlegen, welche pädagogischen Aufgaben und Ziele sich diese Grundschule besonders setzt.

Doch dies ist nur ein organisatorischer Rahmen, es kommt darauf an, die möglichen Entscheidungsräume für eine pädagogisch fruchtbare Arbeit mit den Kindern zu nutzen und nicht eine verstärkte Bürokratie und Überprüfungshysterie zu starten (vgl. Kap. 4.2.1). Denn von der wiederholten Messung des Leistungsstandes von Kindern – so diese Messung überhaupt sinnvoll misst – ist kein Kind kompetenter geworden. Walter Herzog verglich dies im bislang unveröffentlichten Eröffnungsvortrag zu den Studientagen Bern 2006 damit: „Wenn wir mehrfach am Tag Fieber messen, haben wir vielleicht exaktere Daten über die Stärke des Fiebers, aber noch nichts für die Gesundung des Patienten getan. In der Grundschulpädagogik kommt es aber darauf an zu fördern, zu unterstützen, Denkprozesse zu initiieren und zu begleiten und Orientierung fürs Leben zu geben. Diese Aufgaben dürfen nicht von bürokratischen Steuerungsprozessen unterdrückt werden."

Die Anforderungen an eine zukunftsgerechte Grundschulpädagogik folgen also nicht aus Theorien und Ideologien, sondern daraus, wie Kinder heute sind und wie sich ihre Lebenswelt entwickelt.

Grundschulpädagogik für Kinder und im Spannungsfeld zwischen Integration und Heterogenität hat sich zumindest an den folgenden Maßstäben zu messen:

---

1) Grundschulpädagogik muss Pädagogik für alle Kinder sein.

2) Grundschulpädagogik muss an den Lebensgeschichten von gestern anknüpfen und auf morgen vorbereiten. Grundschulpädagogik muss Pädagogik für Kinder sein.

3) Grundschulpädagogik muss Pädagogik sein, also die erzieherische Seite deutlich in den Vordergrund stellen und in Einklang mit den unterrichtlichen Aufgaben entwickeln.

4) Grundschulpädagogik muss Pädagogik für die Grundschule sein, d. h. sie muss grundlegende Bildung vermitteln.

5) Grundschulpädagogik muss Pädagogik mit den heutigen Kindern für morgen sein.

Modul 2:
Grundlegende Aufgaben der Grundschule

2.1 Grundlegende Erziehung

Woher stammt das Lächeln,
das auf den Lippen des kleinen Kindes erstrahlt, während es schläft?
Betrachte den Schlummer des Kindes,
dann hülle dich in Schweigen, Liebe und Zärtlichkeit,
so wird dir, hinter den Tränen,
das Geheimnis der Freude geschenkt.
Indianische Weisheit

2.1.1 Allgemeine Erziehungsziele für die Grundschule

Nicht für alle ist einsichtig, dass Schule etwas mit Erziehung zu tun hat. Zwar haben schon viele Pädagogik-Klassiker wie Herbart gesagt, dass es ihnen wichtig sei, erzieherischen Unterricht zu halten.

Erziehung selbst ist umstritten. Antipädagogen (von Schoenebeck 1992) meinen, darin liege Unterdrückung des heranwachsenden Menschen. Und in der Tat finden wir in der Geschichte und Gegenwart viele Beispiele, in denen Erziehung von außen heraus Kinder unterdrückt und ihnen eine bestimmte Richtung vorgibt. Diese Deutung von Erziehung im Sinne des Disziplinierens und Einfügens in eine gegebene Kultur und Moral wurde bereits von Kant vertreten, trifft aber nicht die andere Seite von Erziehung (A. Flitner 1989), in der es um das Unterstützen und Begleiten der Kinder geht. Im Sinne Flitners ist Erziehung hier verstanden. Dem Grundschulkind soll durch die Erwachsenen Hilfe und Anregung gegeben werden, sich schrittweise und entsprechend den eigenen Fähigkeiten mit den gesellschaftlichen Anforderungen auseinanderzusetzen. Damit ist nicht eine bloße Einfügung gemeint, sondern ein wechselseitiger Prozess der Auseinandersetzung.

Viele glauben, nur das Unterrichten sei legitimer Auftrag. Doch schon allein der Blick auf die Lage vieler Kinder in den Familien zeigt, dass die Erziehung auch Sache der Schule sein muss.

Wir wissen zwar von spektakulären Fällen der Kindsmisshandlung bis hin zur Tötung in Familien. Aber zwischen einem förderlichen Erziehungsklima in der Familie und der brutalen Tötung gibt es ein breites Spektrum an mehr oder weniger negativen Erfahrungen von Kindern, die ihre Entwicklung beeinträchtigen. Das nicht Zuhören bei einer Kinderfrage durch die anderweitig beschäftigten Eltern, die fehlende Anwesenheit von fürsorglichen Erwachsenen, wenn ein Kind Schmerzen hat und nicht weiß, was im eigenen Körper vor sich geht, das vergessene Frühstücksbrot und die fehlende Zärtlichkeit sind nur einige Beispiele dafür, dass vielfach die propagierte Erziehung in der Familie nicht stattfindet oder Kinder zusätzlich in ihrer Entwicklung beeinträchtigt. Für alle die fehlenden Erziehungsschritte der Familie sollte eigentlich die staatliche Sozialpädagogik einspringen. Aber sie scheint nicht nur dann zu fehlen, wenn ein Kind vom drogensüchtigen Vater getötet wird, sondern sie fehlt prinzipiell im Schulalltag. Stähling sieht die gefährliche Ausgrenzung der Sozialpädagogik aus der Schule strukturell verursacht: „Die historisch entstandene Spaltung von Jugendhilfe und Schule ist im Zusammenhang mit der Entwicklung des für Deutschland typischen selektiven Schulwesens zu sehen" (Stähling 2006, 33). Aber viele Erziehungsfragen, die scheinbar nur zur Familie gehören, haben Auswirkungen auf die Schule. Ihre Folgen können durch sozialpädagogisch gezielte Maßnahmen verringert werden, wie der internationale Vergleich zeigt. Zwar gibt es Familien mit wenig förderlicher Esskultur in verschiedenen Ländern, aber es muss sich nicht zwangsläufig als soziale Unterprivilegierung auswirken. So sind zwar „Ernährung: Ernährungsgewohnheiten [..] abhängig von der sozialen Lage der Familie. Fast 17% der deutschen Jugendlichen gehen ohne Frühstück zur Schule (zum Vergleich: Schweden 7%)" (ebd., 68). Gerade in solchen schulischen Situationen wie dem gemeinsamen Frühstück gibt es Chancen, in einer entspannten Situation einander zuzuhören, sich wechselseitig zu sehen und zu beginnen, einander zu akzeptieren (vgl. Kap. 6.1).

Aber nicht nur die Defizite in den Familien sind Begründung für die volle Annahme der Erziehungsverpflichtung in der Grundschule. Wenn Schule zur Vorbereitung auf das Leben beitragen soll, dann ist dies unteilbar, auch die Persönlichkeit des Menschen insgesamt und nicht nur Wissen und Können müssen entwickelt werden.

Dabei kommt es darauf an, an den Erfahrungen der Kinder anzuknüpfen, sie beim Lösen ihrer Lebensprobleme zu begleiten und aus dem Wissen der Erwachsenen Orientierungen anzubieten. Eine klassische Schlüsselsituation für Erziehung im Grundschulalter ist das Zahnen. Biologisch ist es so angelegt, dass jedes Kind in diesem Alter die Milchzähne verliert und oft unter Schmerzen die bleibenden zweiten Zähne des Erwachsenengebisses nachwachsen. Kinder suchen nach Orientierung und Hilfe in dieser Zeit. Zunächst ist es wichtig, die emotionale Unterstützung der Erwachsenen bei den auch schmerzhaften Wandlungsprozessen zu verstehen und dass auch Lehrerinnen und Lehrer diesen Schritt zum Erwachsenwerden ernst nehmen. Wenn Kinder zudem ausgehend von dieser Erfahrung angeregt werden zu verstehen, dass es im Leben immer wieder Wandel und Neuanfang gibt, dass der Übergang schmerzhaft und schwierig sein kann, aber dass es danach weiter geht, ist dies ein Muster für das Verstehen sozialer und historischer Wandlungen. Erziehung und Unterricht rücken so dicht aneinander. Erziehung ist also produktives Begleiten der Kinder, um ihnen ein stabiles Verhältnis zu sich selbst und eine bewusste Orientierung in der Welt zu ermöglichen.

Für die Grundschule ergibt sich die Erziehungsaufgabe aus ihren zentralen Aufgaben. Denn Grundschule muss in Schule einführen, sie ist die Anfangsschule. Daraus ergeben sich Erziehungsziele rund um die Frage des Übergangs. Dieser Übergang hat mehrere Facetten:

1) **Vom Spielen zum spielerischen Lernen und Forschen**

   Zunächst geht es um den Übergang von der landläufig durch Spielen charakterisierten Kindergartenzeit in die Schulzeit. Daraus wird für die Grundschulpädagogik das Ziel gefordert, dass Spielen auch in der Grundschule möglich sein müsse: „Kinder lernen größtenteils im Spiel (natürliches Lernen). Daher muss das Spielen auch in der Grundschule weiterhin möglich sein. Das Spielen sollte als gleichwertige Ergänzung zum traditionellen Lernen gesehen werden" (Toman 2005, 22). Diese Forderung übersieht, dass es den Gegensatz zwischen Spielen und Lernen nicht gibt, denn jedes Lernen erwächst aus spielerischen Aktivitäten. Für die Erziehung im Grundschulalter ist es bedeutsam, dass die spielerische Haltung von Kindern für das weitere Lernen kultiviert wird und nicht als minderwertig und einer früheren Lebensphase zugehörig abgewertet wird. Eine Erziehung zum Spielen bedeutet, Kindern Freude am Spielen zu ermöglichen, aber auch die kooperativen und konstruktiven sowie forschend probierenden Seiten des Spielens zu fördern.

2) **Vom Aufgehobensein in der Familie zu eigenen positiven Lernerfahrungen**

   Die nächste Übergangsaufgabe ist, von der mehr oder weniger geborgenen Familiensituation, die auf jeden Fall sich auf einen überschaubaren Personenkreis bezieht, in die stärker anonyme und institutionalisierte Schulsituation zu gehen. An erster Stelle sind dabei positive Lernerfahrungen aufzubauen, damit jedes Kind den Lernaufgaben gewachsen ist. Dies ist ein längerer Prozess und nicht mit einer Einführungsphase abzutun. „Der Anfangsunterricht umfasst die ersten zwei Schuljahre und hat die Aufgabe, den Übergang aus Familie, Kindergarten oder Vorklasse in die Grundschule pädagogisch so zu gestalten, dass die Schulanfänger positive Erfahrungen mit der Schule machen, Freude am schulischen Lernen haben und Interesse für vielfältiges entdeckendes und problemorientiertes Lernen entwickeln können" (ebd., 17).

3) **Vom unstrukturierten Leben zum Bewältigen von Anforderungen einer strukturierten Organisation**

   Als dritte Aufgabe gilt es, überhaupt Schulfähigkeit herzustellen. Dazu gehört das Einhalten von Regeln in einer größeren Gruppe von Kindern und die Fähigkeit, in einem komplexen sozialen System zu kommunizieren und zu interagieren, aber auch die Techniken des Lernens einzuüben. Daneben sind ganz pragmatische Kompetenzen zu fördern wie das selbstständige Bewältigen des Schulwegs, die Erledigung von schulischen Anforderungen (wie etwa am Dienstag das Turnzeug einzupacken) und die Orientierung in einem komplex organisierten System mit Stundenplan, Raumplan, Phasengliederung des Unterrichts und Raumstrukturierung des Klassenraums. Dieses kann nur im Kontext dieser neuen Bedingungen gelernt werden. „Schulfähigkeit wird also nicht nur als „Eingangsbedingung" gesehen, die das Kind zu erbringen hat, sondern vor allem auch als Aufgabe der Grundschule, die Schulfähigkeiten des Kindes zu fördern" (Schorch 2006, 91).

4) Von der Nähe in der Familie zur Herstellung von sozialen Kontakten in der großen Institution

Gerade die diffuse Nähe und Dichte in Institutionen wie der Familie schafft Emotionen. Kinder müssen nicht gezielte Mühen aufwenden, um sozial-emotionale Kontakte zu haben, sie sind mehr oder weniger gegeben – oder sie fehlen in vernachlässigenden Familiensystemen weitgehend. In der Schule potenzieren sich durch die große Zahl an Personen die emotionalen Belastungen, dies kann zu Stress und Überlastung führen. Deshalb ist es wichtig, dass Erziehung in der Grundschule hilft, mit den hohen emotionalen Anforderungen klar zu kommen. Dazu gehört vor allem, dass die Bedingungen die Erziehungsprozesse unterstützen: „Eine sozial-emotionale Atmosphäre schafft eine zentrale Voraussetzung für das Wohlbefinden der Kinder. Diese umfasst alle Faktoren, die auf die Bedürfnisse der Kinder eingehen, wie Bewegung und die Helligkeit der Räume sowie die Bezugsperson, die Lehrkraft, die ihnen Verlässlichkeit und Vertrauen vermittelt" (Toman 2005, 21).

5) Vom informellen Lernen zum Leisten-Wollen

Kinder wollen schon seit dem Säuglingsalter etwas entdecken, Dinge der Umwelt richtig benennen und mit ihrem Körper das erreichen, was sie wollen, wie Dinge ergreifen, aufstehen oder balancieren. Sie freuen sich, wenn die Erwachsenen ihnen dabei Erfolg zusprechen. Mit dem Eintritt in der Schule gewinnt die Leistung einen neuen Stellenwert, denn jetzt ist nicht nur die spontane Leistung des Kindes von Bedeutung, sondern die von außen an das Kind heran getragenen Leistungsanforderungen. Die Grundschule hat dabei die Aufgabe, zwischen dem Wollen der Kinder und den äußeren Leistungsanforderungen zu vermitteln. Dies gelingt umso eher, je weniger schulische Leistungsanforderungen nur kognitiv sind, sondern an die Fähigkeiten, die Kinder bislang entwickelt haben, anknüpfen. „Schulische Leistungserziehung sollte Lernfortschritte in allen Persönlichkeitsbereichen fördern und honorieren, nicht nur kognitive, sondern auch psychomotorisch-praktische, affektive und soziale Leistungen" (Sacher 2001, 226). Aber noch wichtiger, als diese Ziele von Leistungserziehung zu erreichen, ist es, dass Bedingungen geschaffen werden, dass Kinder überhaupt leisten wollen. „Zur Förderung und Entwicklung der Leistung bedarf es einer sozialen Atmosphäre, in der Leistung und Menschenwürde auseinander gehalten werden, in der junge Menschen sich um ihrer selbst willen und nicht nur wegen ihrer Leistungen angenommen und geschätzt wissen dürfen. Nur in einer solchen Atmosphäre werden Kinder auch lernen, Mitmenschen unabhängig von ihrer Leistung zu akzeptieren und zu achten" (ebd., 225f.).

Neben diesen klimatischen Bedingungen ist es für eine gelingende Leistungserziehung unabdingbar, dass jedes Kind sich innerlich stark fühlt und nicht durch Misserfolgserfahrungen entmutigt wird. Denn „wer Lernen zum Wettkampf macht, produziert notwendigerweise Verlierer. Die Grundschule bereitet ihre

Schülerinnen und Schüler auf die bestehende Wettbewerbsgesellschaft dadurch am besten vor, dass sie immer wieder das Selbstvertrauen der Kinder stärkt und ihnen – insbesondere bei den bisweilen unvermeidlichen Niederlagen – immer wieder neue Strategien des Lernens und der Erfahrungserweiterung aufzeigt und neue Gelegenheiten der Könnenserfahrung eröffnet" (Grundschulverband – Arbeitskreis Grundschule e.V. 2004, http://www.grundschulverband.de/standards_grundl_kon.html).

Gerade bei der Erziehung gibt es immer wieder die Frage, ob wir Kinder eher bewahren oder ihnen neue Erfahrungen und Entwicklungen zumuten sollten. Erziehung ist ständig ein Ausbalancieren von Antinomien (vgl. Winkel 1986). Dazu gibt es kein generelles Rezept. Vielmehr muss immer wieder in der konkreten pädagogischen Situation abgewogen werden, was für diese Kinder in dieser Situation an Anforderung zumutbar ist und wie viel Sicherheit und Schutz sie jeweils benötigen, um im Lern- und Entwicklungsprozess weiter zu schreiten. Die zentrale Aufgabe von Lehrerinnen und Lehrern ist es dabei in der schulischen Erziehung, „die schwierige Balance zwischen vorgegebener Ordnung und Freiheit immer wieder zu prüfen" (von der Gröben 1999, 8f.) und auszutarieren. Die Lehrerinnen und Lehrer sind in diesem Verhältnis nicht passiv, sondern bringen immer wieder aktiv Anregungen ein, um dem Kind auf dem Weg zur Selbstständigkeit Hilfen zu geben. „Die gebotene Orientierung am Kind schließt die Aufgabe ein, durch Anregen, Hinweisen, Führen, Aufmerksammachen die Entwicklung des Kindes aktiv zu fördern. Kindorientierung wäre falsch verstanden, würde man dem Kind abverlangen, stets nur aus sich heraus aktiv sein zu müssen" (Meiers 2004, 171). Ein bloßes Abwarten wäre kontraproduktiv.

Gerade weil Erziehung in der Schule so schwierig zu gestalten ist, neigen manche Lehrerinnen und Lehrer dazu, sich rein auf das Fachliche und Unterrichtliche zurückzuziehen und zu behaupten, sie seien nur für Bildungsprozesse zuständig. Aber wir können Erziehung in der Schule nicht ausklammern, denn in allen Bildungsprozessen kommen zumindest „latente erzieherische (Neben-)Wirkungen" (Schlömerkemper 2005, 263) zustande.

> Erziehung ist eine fundamentale Aufgabe von Grundschule im Sinne von Lebensvorbereitung. Dabei geht es um einen wechselseitigen Prozess der Aushandlung zwischen Kindern und Lehrenden. Kinder müssen dabei in allen Dimensionen des Übergangs von der Kindheit und Familie zur Schule begleitet werden.

2.1.2 Klassenleitung und Lehrperson

Lehrer galten viele Jahrhunderte als Furcht erregende Personen. Noch in den 1950er Jahren konnten Nachbarn kleinen Kindern drohen: „Warte nur, wenn du zur Schule gehst, dann wird der Lehrer es dir zeigen!" Und auch aus der Literatur kennen wir Erinnerungen an Lehrer, die nur Angst und Schrecken ausdrücken. Berthold Brecht setzt einen Lehrer sogar mit dem Unmenschen gleich:

„Groß tritt er dem jungen Menschen in der Schule in unvergesslichen Gestaltungen der *Unmensch* gegenüber. Dieser besitzt eine fast schrankenlose Gewalt. Ausgestattet mit pädagogischen Kenntnissen und langjähriger Erfahrung erzieht er den Schüler zu seinem Ebenbild. Der Schüler lernt alles, was nötig ist, um im Leben vorwärts zu kommen. Es ist dasselbe, was nötig ist, um in der Schule vorwärts zu kommen. Es handelt sich um Unterschleif, Vortäuschung von Kenntnissen, Fähigkeit, sich ungestraft zu rächen, schnelle Aneignung von Gemeinplätzen, Schmeichelei, Bereitschaft seinesgleichen an die Höherstehenden zu verraten usw. usw.

Das wichtigste ist doch die Menschenkenntnis, sie wird in Form von Lehrerkenntnis erworben. Der Schüler muss die Schwächen des Lehrers erkennen und sie ausnützen verstehen, sonst wird er sich niemals dagegen wehren können, einen ganzen Rattenkönig völlig wertlosen Bildungsgutes hineingestopft zu bekommen."[1]

Diese Zeiten sind mittlerweile vorbei. Wenn wir Grundschulkinder heutzutage von der Schule reden hören, vernehmen wir sehr oft das Wort „meine Lehrerin". In der Tat unterrichten an Grundschulen mehr Frauen als Männer. Der Frauenanteil nimmt zu. Doch das ist nicht das Wesentliche, viel interessanter ist es, dass die Kinder ihre erste Lehrperson abgöttisch lieben. Die erste Lehrerin hat Recht und oft verlieren die eigenen Mütter deutlich an Bedeutung, wenn das Kind zur Schule kommt. Es gibt nur wenige Untersuchungen (vgl. Fröhlich-Uhl 1981), die darstellen, wie gerade „die erste Lehrerin" ein Kind beeindruckt und beeinflusst. In der ehemaligen DDR war dies sogar ein deklariertes Ziel, dass die Lehrerinnen und Lehrer sich mit ihrer ganzen Persönlichkeit einzubringen haben (vgl. Fournés 1996). In einem autobiografischen Bericht (Pfeiffer 2006a) wird davon eindrucksvoll Zeugnis abgelegt. Auch aus neueren empirischen Untersuchungen lässt sich belegen, dass die Bedeutung der einzelnen Lehrperson und des Unterrichts für die Lernentwicklung der Schülerinnen größer als bislang angenommen ist (vgl. Lipowsky 2006). Doch diese Erkenntnisse spielen in Lehrerbildung und Schulforschung eine geringe Rolle.

Es scheint so, als seien nur Eltern und Kinder von dieser These überzeugt, denn sie betonen in ihren Kommentaren über Schule oft die Persönlichkeit ihrer Lehrerin oder ihres Lehrers. Wenn wir beispielsweise Kinder fragen, wie sie ihre Lehrerinnen und Lehrer sehen, werden wir immer wieder auf Bewertungen stoßen, bei denen Lehrerinnen und Lehrer, die sich persönlich für die ihnen anvertrauten

---

[1] Brecht, Bertolt: Unser bester Lehrer. In: Deutsche Schulzeit. Erinnerungen und Erzählungen aus drei Jahrhunderten. Herausgegeben und mit einem Vorwort versehen von Martin Gregor-Dellin. Nymphenburger Verlagshandlung: München 1979, 366

Kinder einsetzen, besonders hervorgehoben werden. Dies scheint nicht häufig zu sein. So fällt etwa die Aussage von Stähling geradezu aus dem Rahmen des Gewohnten, wenn er über ein Mädchen, das ohne Frühstück und genug warme Kleidung im Winter dennoch in die Schule kommt, deutet: „Hochachtung vor diesem Mädchen, das es trotz aller Hindernisse schafft, noch zur Schule zu kommen, wenn auch zu spät und ohne Socken, obwohl Winter ist. Auf ihrem mit einem roten Glitzerherz geschmückten T-Shirt lese ich die Botschaft „I need you". Dann frage ich mich nicht mehr, ob wir hier in der Schule gemeint sein könnten. Wir hören die Botschaft, wir wissen, was zu tun ist und wir tun, was wir können" (Stähling 2006, 24). Schule wird aber oft nur als Arbeitsplatz wahrgenommen, den es bald zu verlassen gilt. Unter diesen Umständen ist Erziehung erschwert und auch die Kinder spüren dies und verlieren Lernlust.

Neben sozialer Empathie, Wärme und pädagogischer Motivation braucht eine Lehrperson an der Grundschule vor allem Flexibilität und persönliche Stärke. Denn der Beruf ist außerordentlich anspruchsvoll und voller Anforderungen. „In Untersuchungen wurde festgestellt: Die Entscheidungsdichte am *Arbeitsplatz Schule* gleicht der von Fluglotsen. Es gibt über 200 verschiedene Lehreraktivitäten, die meist unter Zeitdruck und ständig im Fadenkreuz der Beobachtung zu bewältigen sind. Fünf oder sechs Stunden Unterricht im 45-Minuten-Takt ohne Phasen der Entspannung sind psychische und seelische Höchstleistungen" (Steinert 2006, 210). Ein gutes Management des Alltags (vgl. Toman 2007), bei dem die verschiedenen kleinen Details von der Vorsortierung der Materialien nach Anspruchsniveau bis hin zur Organisierung von Rückmeldung der Kinder zum Unterrichtsverlauf berücksichtigt werden, ist dabei eine wichtige Voraussetzung, um pädagogisch produktiv zu handeln.

Auch zur eigenen Entlastung ist es sinnvoll, wenn Lehrerinnen und Lehrer sich nicht unter Druck setzen, Showmaster im Unterricht zu sein, sondern sich als Begleitung und Beratung der Lerngruppe verstehen. Sie arrangieren Lernangebote und versuchen nicht, alles selber „beizubringen".

Die Lehrperson ist aber nicht allein auf sich angewiesen, sondern kann ein Arrangement schaffen, das die eigenen erzieherischen Intentionen verstärkt. Dazu gehört in erster Linie, dass der Klassenraum ästhetisch gestaltet wird und eine positive Atmosphäre für alle schafft, in der gemeinsames Leben und Lernen möglich ist. In der Reggio-Pädagogik wird sogar der Raum als dritter Erzieher des Kindes bezeichnet. Deshalb sollte die Klassenraumgestaltung von hoher Priorität sein. Ein von der Klasse gemeinsam gestalteter Raum ist eine wichtige Prävention unachtsamen Umgangs mit Dingen oder gar von Gewalt.

Das persönliche Engagement scheint ein besonderer Faktor zu sein. In der Autobiografie von Marcel Reich-Ranitzky gibt es eine wunderbare Aussage von Siegfried Lenz über seinen Deutschlehrer zur NS-Zeit. Lenz lobte an seinem Lehrer: „Er war ein stiller Anstifter zum Zweifel, der uns nicht ausschließlich der Lehrdoktrin aussetzte". Genau dies ist es, was nachhaltig wirkt, die starke begleitende Person. Und jüngere Kinder brauchen besonders eine Lehrperson, die ihnen Stärke gibt.

Quelle: Renate Alf: Vom Kinde verdreht. Freiburg 1999

Aber vielfach bleibt dieses Idealbild vom Lehrer sehr allgemein. Angelika Fournés (1996) hat den Versuch unternommen, eine engagierte Lehrperson näher zu beschreiben, sie zählt auf:

- Ausstrahlungskraft
- Kann Schüler begeistern
- Von der Wichtigkeit seines Berufes überzeugt

- Interesse für sein Fachgebiet
- Beschäftigt sich intensiv mit Lerninhalten
- Freut sich über neue Erkenntnisse
- Sprache strahlt Lebendigkeit aus
- Regt Kinder zu Fragen an
- Freut sich über deren Sachinteresse
- Persönliches Interesse an den Schülerinnen und Schülern
- Nimmt sich derer Sorgen, Erfahrungen und Freuden an
- Nimmt ihre Interessen ernst
- Ständig um Forderung und Förderung bemüht (vgl. Fournés 1996, 303).

Die neuen Formen der Qualitätsüberprüfung von Schule betrachten vor allem den Output bei den Kindern und weniger die Bedingungen, wie und wann Lernen intensiv werden kann. Dazu ist es wichtig, die Lehrperson zu stärken und sie nicht unter undurchschaubaren Druck zu setzen. Stähling merkt in diesem Zusammenhang an, dass bislang Überprüfungen von Lehrpersonen eher schlechtes Gewissen und Abwehr anstelle von Entwicklungslust der Lehrpersonen hervorrufen: „Das Wort „Evaluation" tritt an die Stelle der Schulratsvisite und das schlechte Gewissen wird weiter genährt, nie genug geleistet zu haben" (Stähling 2006, 46). Stähling geht sogar so weit, dass er meint, dass im Bildungswesen eine Dequalifizierung von Lehrerinnen und Lehrern durch bevormundende Strukturen erfolgt: „Eine Bevormundung der Pädagogen durch bürokratische Organisationsformen, …, muss abgewehrt werden" (ebd., 48).

Aber wie entwickeln Lehrerinnen und Lehrer ihre pädagogischen Fähigkeiten, wenn nicht durch Druck und Dienstanweisung?

Weder der Druck von „oben" noch das starre Verfechten von Prinzipien helfen weiter. Manchmal bedeuteten pädagogische Normen wie Kindgemäßheit, interkulturelle Integration oder Inklusion zu großen Druck und erzeugen innere Abwehr. Lehrerinnen und Lehrer, die das Leiden bei Schulversagen aus eigener Erfahrung nicht kennen und verstehen können, neigen eher zu Ungeduld bei Lernschwächen. Ein bloßes Vertreten starrer pädagogischer Normen würde in einer Schule nicht weiter helfen. Es müssen gleichberechtigte Strukturen gesucht werden, die Lehrerinnen und Lehrern tatsächliche Entwicklungschancen einräumen.

Wenn wir davon ausgehen, dass Kinder am besten von Kindern lernen (vgl. Scholz 1996; Ragaller 2004), dann müssen wir auch Erwachsenen zugestehen, dass sie voneinander lernen können. Unseres Erachtens ist das offene kollegiale Gespräch, der Austausch von verschiedenen Einschätzungen und Meinungen untereinander ein besonders wirkungsvoller Weg zum Entwickeln professioneller Kompetenz. In erfolgreichen Schulen wird dies bereits in der Praxis umgesetzt. Stähling setzt auf „Multiprofessionelle Teams", zu denen Praktikanten, Sozialarbeiter, mitwirkende Eltern und Lehrpersonen zählen (vgl. Stähling 2006; 2004a). Er geht davon aus, dass diese kollegiale Zusammenarbeit eine besondere Veränderungskraft hat, wenn er aussagt, „dass die größte Veränderung in einer Schule darin besteht, dass sich die Pädagogen jeder Klasse zu *festen* klassenbezogenen Teams zusammenschließen" (ebd., 97).

Stähling plant als Schulleiter mitten in der Woche eine gemeinsame Teambesprechung ein, an der alle Menschen verbindlich teilnehmen, die pädagogisch in einer Gruppe arbeiten: „In jedem Stundenplan eines Mitarbeiters findet sich der wöchentliche Zeitpunkt für die Teamsitzung" (ebd., 97). Gleichzeitig überschätzt er diese Möglichkeiten nicht, sondern setzt auch auf professionelle Beratung von außen: „Die Beratung und Supervision der Teams wird Psychologen überlassen" (ebd., 97). Die erste Aufgabe der Erziehung an der Grundschule ist die wechselseitige Erziehung von Lehrerinnen und Lehrern, um die wirklichen Probleme zu erkennen und sich gegenseitig beim Lösen zu unterstützen.

1. Die Aufgaben eines so qualifizierten Teams von Lehrerinnen und Lehrern sind nicht allein auf das Unterrichten orientiert. Beraten, Fördern, Helfen, Erziehen, Unterstützen, Zuhören oder Zuwendung geben sind die wesentlichen Handlungen von Lehrerinnen und Lehrern gerade in der Grundschule, wollen sie nicht ihre eigentliche Aufgabe, allen Kindern umfassende Lernchancen zu eröffnen, vergessen. Dazu gehört an erster Stelle in einer Grundschule, in der Kinder aus verschiedenen Familien und Erfahrungswelten zusammen gekommen sind, dass jedes Kind positiv angenommen wird. Stähling sieht darin sogar den Kern aller Integrationspädagogik, wenn er aussagt, dass es „letzten Endes bei aller Sonder- oder Integrationspädagogik immer nur um die Schaffung von stabilen Gemeinschaftsstrukturen, in denen unsere Kinder *Verlässlichkeit erfahren* können" (ebd., 101), geht. Er sieht für eine gelingende Grundschularbeit als zentralen „Leitgedanke[n] im Vordergrund: Verlässlichkeit und Zuwendung" (ebd., 83).

2. Aber nicht nur eine verlässliche Haltung kennzeichnet gute Erziehung in der Grundschule, sondern auch das Vorbildverhalten der Erwachsenen. Damit wird für die Kinder erfahrbar, wie Toleranz, Respekt oder Höflichkeit auf andere Menschen wirkt und regt als Modell zu Imitation an. Denn gerade in jüngeren Jahren ist diese Lernform noch weit verbreitet, in der Waldorfpädagogik (vgl. Hansen-Schaberg/Schonig 2006) wird dem Imitationslernen für das Vorschulalter sogar der zentrale Stellenwert zugeordnet. Unabhängig davon welchen Stellenwert man dieser Lernform einräumt, ist diese zweifellos für die Grundschule von hohem Wert, aber auch schwer einzuhalten, denn „Erwachsene verlangen oft viel von Kindern, aber achten teilweise selbst nicht auf diese Vorgaben: Sie sollen pünktlich sein, Rücksicht nehmen, sich entschuldigen, nichts vergessen, Absprachen einhalten oder alle Regeln im Kopf haben. Welcher Erwachsene schafft das?" (ebd., 105).

Für gelingende Erziehung ist die Lehrperson das A und O. Verlässliche Lehrerinnen und Lehrer, die Kinder stärken können und Vorbilder sind, werden gebraucht. Die Bildung von Teams, die sich gegenseitig stärken und stützen, ist eine wichtige Voraussetzung für gelingende Grundschularbeit.

2.1.3 Anfangsunterricht

Integrierter Anfang

Der Terminus „Anfangsunterricht" ist heute für die ersten zwei Jahre der Grundschule geläufig, daneben wird der Unterricht dieser Zeit auch mit „Erstunterricht" oder „Schulanfang" bezeichnet (Toman 2005, 18). „Historisch betrachtet, bildete sich der Begriff Anfangsunterricht in den ersten Jahren der Weimarer Republik (1919–1933). Im Jahre 1921 wird der Begriff in den von der Reichsregierung erlassen(en) „Richtlinien zu Aufstellung von Lehrplänen für die Grundschule" verwendet" (ebd., 18). Im öffentlichen Bewusstsein wird Anfangsunterricht aber vor allem mit Lesen, Rechnen und Schreiben gleich gesetzt, wie eine der vielen mittlerweile sich ausbreitenden Glückwunschanzeigen zum Schulstart zeigt:

„Lieber Leon!
Ein neuer Abschnitt nun beginnt,
wir wünschen, dass es Dir gelingt,
stets fröhlich und vergnügt zu bleiben,
auch beim Lesen, Rechnen oder Schreiben.
Mama, Papa, Oma, Patenonkel Thomas"

An Sachunterricht, Musik, Sport und Kunst wird dabei nicht gedacht. Und in der Tat wird in der Praxis der Anfangsunterricht sehr oft zugunsten der Lehrgänge für die Kulturtechniken um diese für die Kinder wichtigen Inhalte gekürzt. Aber auch in den offiziellen Lehrplänen fristen zentrale Inhalte wie der Sachunterricht nur ein Randdasein: „Im Gegensatz zu den Fächern Deutsch und Mathematik stehen für den Sachunterricht im ersten Schuljahr nur 1–2 Unterrichtsstunden zur Verfügung. Dabei wächst die angeforderte Inhaltspalette stetig an" (ebd., 182).

Auch in Zeitschriften nimmt der Sachunterricht im Anfangsunterricht ein Randdasein ein:

In den Themenheften zum Schulanfang der vier populären westdeutschen Grundschulzeitschriften aus den letzten 30 Jahren finden wir insgesamt 144 Artikel. Von den in diesen Schwerpunktheften veröffentlichten Aufsätzen beschäftigen sich nur wenige direkt mit einem Thema aus dem Sachunterricht (z. B. Thema „Klassenraumgestaltung" oder Thema „Schulweg" oder als allgemeiner Artikel „Sachbegegnung im Anfangsunterricht" 1987).

Grundschulzeitschriften Thematik Schulanfang	Artikel insgesamt	Sachunterricht	Mathematik	Deutsch	Sonstiges
Grundschule	32	2	6	5	19
Die Grundschulzeitschrift	58	4	1	0	53
Grundschulunterricht	46	1	4	15	26
Grundschulmagazin	8	0	1	1	6
	144	**7**	**12**	**21**	**104**
	(100%)	(4,9%)	(8,3%)	(14,6%)	(72,2%)

(Abb. Eigene Berechnungen)

Gerade weil es eine zentrale Aufgabe des Anfangsunterrichts ist, auf das Lernen generell vorzubereiten und die Schulbefähigung herzustellen, ist ein Lehrplan einseitig und zu eng, der gerade die motivierenden Bereiche wie den Musik-, Sport- und Sachunterricht, in denen auch Kinder mit Lernproblemen Erfolge erleben können, ausklammert. Für eine nachhaltige Leistungserziehung muss es schon zum Schulanfang möglich sein, dass Kinder Erfolge bei ihren Schulleistungen haben und nicht nur mit kognitiv überfordernden Inhalten konfrontiert werden.

Aber nicht nur zur Weckung der Lernfreude sind ganzheitliche Formen des Lernens und ein über die Kurse hinausgreifender Anfangsunterricht nötig. Auch um Kindern in ihren Fragen und Interessen gerecht zu werden, sind musische Inhalte, Bewegung und Sachunterricht von allergrößter Bedeutung. Denn Kinder haben zu Beginn ihrer Schullaufbahn schon eigene Probleme und Fragen über sich und die Welt mitgebracht, die sie gelöst sehen wollen. Sie kommen aus einer vielgestaltigen (und vielfach auch konfliktbelasteten) Umwelt, die ihr Lerninteresse bisher animiert hat oder zumindest offene Fragen hat auftreten lassen. Diese Fragen muss sich die Schule stellen, wenn sie den Kindern zeigen will, dass es Sinn macht, zur Schule zu gehen. „Im Sinne der Kontinuität der bisherigen Lernbiographie der Kinder nimmt die Schule deren Fragen ernst, kultiviert und erweitert deren Interessen, fördert das selbstgeleitete Lernen" (Meiers 2004, 170). Das öffentlich geforderte Primat der Kulturtechniken in der Schule scheint sich mit diesem Anspruch der Kinder auf Selbst- und Umwelterkenntnis zu brechen. *Für eine nachhaltige Bildung muss schon zum Schulanfang erfahrbar sein, dass die Schule hilft, sich selbst und die Welt besser zu verstehen.*

Da der Schulanfang die Basis für alles spätere Lernen legt, gilt es, schon in dieser Phase, das Lernen zu lernen. Besonders eigenaktives, selbstgesteuertes Lernen (Siller 2004) muss aufgebaut werden. „Es geht also darum, der von Geburt an vorhandenen Selbstlernkompetenz Möglichkeiten zu ihrer weiteren Entfaltung zu bieten" (Meiers 2004, 168). *Für eine nachhaltige Lernkompetenzentwicklung müssen schon zum Schulanfang Strategien und Techniken des selbstständigen Lernens erfahren und geübt werden.*

Die vierte Aufgabe eines sinnvollen Schulanfangs wäre es, eine Verbindung vom Leben zum schulischen Lernen zu schaffen. Dies ist allerdings durch die gängigen Zeitpläne kaum zu leisten. Denn „die Anzahl der Schülerwochenstunden in der ersten Klasse schwankt … von 18 bis 22 Stunden je nach Bundesland" (Langer 2002, 77). Damit hat Deutschland insgesamt eine nicht vergleichbare Schulanfangszeit. Denn „ein Vergleich mit anderen Ländern zeigt, das(s) für die derzeitige Form des Anfangsunterrichts zu wenig Zeit zur Verfügung steht. Dies bedeutet für einige Kinder einen zusätzlichen Stressfaktor" (Toman 2005, 21). In anderen Ländern mit ganztägigen Schulen ist eine Verbindung von Spielen und Lernen, von Erkundung und Übung, von Leben und Lernen strukturell viel einfacher zu gestalten als in der deutschen Stundenschule. Diese ist besonders für den Schulanfang, bei dem die Kinder sich erst aus weniger organisierten Familienstrukturen zu lösen beginnen, kontraproduktiv. Denn „je jünger die Kinder, desto mehr sind die Aufgaben in die konkrete Lebenssituation einzubetten" (Meiers 2004, 171).

Anfangsunterricht braucht Lernen im Kontext

In der Reformpädagogik-Zeit war es selbstverständlich, dass gerade zum Schulanfang nicht Fächer unterrichtet werden, sondern dass alles Lernen sich um den heimatkundlichen Kern zu gruppieren hatte (vgl. Kaiser 1992). Damals nannte man es heimatkundlichen Gesamtunterricht. Sicherlich gibt es viel an diesem Gesamtunterricht zu kritisieren, weil oft ein Lied, ein Lesebuchtext, eine Rechenaufgabe und das Thema nur oberflächlich aneinander geschmiedet wurden. Dennoch war der Grundansatz, die Inhalte als Kern für das Lernen von Kulturtechniken zu nehmen, eine bemerkenswerte Erkenntnis.

Auch für heutigen Unterricht halten wir es für sinnvoll, dass zumindest für die ersten Schulwochen handelnde Sachthemen die konzentrierende Mitte des schulischen Lernens sind, ohne dass daraus ein Schema „alles-hängt-mit-allem-zusammen" gemacht wird. Daneben sollten in der Freien Arbeit differenzierte Lernprozesse in den Kulturtechniken angeboten werden. Erst wenn die Sachinhalte zu den anerkannten Hauptinhalten der Schuleingangsphase werden, können die Kulturtechniken als Hilfe zum „Welt-Verstehen" ihren sachgemäßen Stellenwert bekommen und von den Kindern als wichtig erfahren werden. Denn „als ein Leitziel für die Aufgaben des Sachunterrichts kann gelten, Kinder dabei zu unterstützen, sich ihre Umwelt zu erschließen" (Kahlert 2005a, 551). Wir nennen unser Schulanfangskonzept „sachunterrichtlicher Schulanfang". Dieser Begriff ist bislang nur von Gläser (2004) aufgegriffen worden, auch wenn derartige Gedanken immer häufiger formuliert werden. So fordert Toman: „Der Sachunterricht im Anfangsunterricht stellt das inhaltliche Zentrum des gesamten Unterrichts und damit das Fundament der lehrgangsrelevanten Aktivitäten dar" (Toman 2005, 182). Andere begründen einen derartigen Weg nicht von der Stellung der verschiedenen Fachinhalte zueinander, sondern von den Kapazitäten eines sehr jungen Kindes her: „Eine ganzheitliche Gestaltung kommt dem Kind dieser Altersstufe entgegen. Das Hinübergleiten von einem Fachbereich in den anderen spart Zeit und Kraft, da nicht ständig auf ein neues Thema eingestimmt werden muss" (Langer u. a. 2002, 80). Sachunterrichtlicher Schulanfang ist also die Form des Lernens, die besonders an die aus der Vorschulzeit vertrauten Lernformen anknüpft. Gleichzeitig ist dies aber auch eine Einführung in Schule. Denn diese hat nur ihren Sinn als Vorbereitung auf das Leben. Ohne Sinnverständnis wird eigenaktives Lernen von Kindern in der Grundschule nicht zu entwickeln sein. Dabei hat die „Sache" eine wichtige Funktion für die Entwicklung des Kindes, und das Kind lernt, die Sache wieder unter verschiedener Perspektive zu betrachten. Aber nicht nur die Sache kann positive Lernatmosphäre schaffen. Auch die räumliche Struktur muss so gestaltet werden, dass die Kinder sich in einer angenehmen reichhaltigen Lernumgebung befinden. Es gilt, „das Klassenzimmer als einen Raum [zu] erfahren, in dem man sich wohl fühlt und der zum Lernen vielfältige Anregungen enthält" (Grass/ Knörzer 2000, 164).

Wenn derart motivierende Inhalte den Anfangsunterricht füllen, dass Kinder nicht aufhören zu fragen, heben sich auch die klassischen Vorschriften auf, dass die Konzentrationsfähigkeit im Anfangsunterricht schon nach 20 Minuten nachlässt (vgl. Langer 2002, 68) und dass danach Methodenwechsel angesagt ist. Dieser Ratschlag trifft zu, wenn kursartige Elemente aneinander gereiht werden. Er verliert seine Gültigkeit, wenn Kinder tatsächlich lernen können, was sie interessiert. Dies für verschiedene Kinder herzustellen, verlangt allerdings differenzierte Lernumgebungen, Gruppenarbeit und Projekte.

Anfangsunterricht und Übergang

Der Anfangsunterricht hat strukturell den Übergang von der Vorschulzeit zur Schule zu leisten. Noch sind viele Kinder in Deutschland ohne Kindergartenerfahrung, weil nur der Schulbesuch Pflicht ist. Aber nicht nur für diese Kinder, die erst einmal das soziale Sich-Einfinden in Gruppen lernen müssen, ist der Schulanfang eine große Herausforderung. Jedes Kind muss sich von der emotional dichten Familienstruktur auf eine nüchterne Institution mit hohen Leistungsanforderungen umstellen. „Die Diskrepanz zwischen Schule und Unterricht auf der einen Seite und der bisherigen Lebens- und Lernerfahrung des Kindes in Elternhaus und Kindergarten andererseits ist schon früh […] erkannt worden; der Anfangsunterricht stellt als spezifisches Konzept zu Beginn der Grundschule den Versuch dar, diese Diskrepanz zu mindern, d. h. dem Kind zu helfen, die Bedingungen der Schule allmählich zu verkraften und zugleich seine Lernfähigkeit auf der Basis der zu erhaltenden Lernbereitschaft weiter zu entwickeln" (Meiers 2004, 169).

Wichtig gerade für den Anfangsunterricht ist es, dass die Aktivitätsformen der Vorschulzeit nicht abgekappt, sondern produktiv aufgegriffen werden. „Gerade für das Grundschulkind war das Spiel vor dem Schuleintritt eine bedeutsame Lebensform, ein bewährter Motor seiner Entwicklung. Dieser darf mit der beginnenden Schulzeit nicht gestoppt, sondern muss in sinnvoller Weise mit der jetzt mehr systematischen und oft fremdbestimmten Lernarbeit gekoppelt werden" (Walter 2000, 210).

Eine entscheidende Bedingung für gelingenden Anfangsunterricht ist eine intensive Erziehungspartnerschaft zwischen Eltern und Lehrpersonen. Hausbesuche vor der Einschulung sollten die Regel sein, damit Eltern und Lehrpersonen nicht nur einander kennen lernen, sondern dass auch gemeinsame Normen und Erziehungsschritte abgestimmt werden können. Dies ist nicht so einfach, wie es scheint, denn tatsächlich findet mit der Einschulung auch eine Konkurrenz um das Kind statt (vgl. Kaiser 1985). Kinder wollen größer sein, schätzen die neue Institution und verehren ihre Lehrerin (an Grundschulen ist es in den meisten Fällen eine Frau). Sie halten das für richtig, was diese sagt. Das schmerzt Eltern, die die ersten harten sechs Lebensjahre mit durchwachten Nächten, Sitzen am Krankenbett und

Verzicht auf viele Gestaltungsmöglichkeiten ihres Lebens wegen dieses Kindes verbracht haben. Von daher muss es eine behutsame Aufgabe der Schule sein, die Eltern zu verstehen und zu akzeptieren und doch zu partnerschaftlichen Vereinbarungen zu kommen. Dies ist die Basis für eine gelingende Schulzeit. Denn „im Anfangsunterricht spielt das Verhältnis zwischen den Eltern und der Lehrkraft eine entscheidende Rolle für die gesamte Grundschulzeit des Kindes. (…) Eine kooperative und vertrauensvolle Eltern-Lehrer-Partnerschaft hilft der kindgerechten Weiterentwicklung von Schule. Eltern übernehmen Teilverantwortung, bringen ihr Wissen und Können ein und unterstützen aufgrund von Absprachen den Unterricht" (Toman 2005, 168). So können Eltern Aufgaben bei Unterrichtsgängen oder Festen, bei der Gestaltung des Klassenzimmers oder des Schulgartens, bei der Pflege von Klassentieren oder bei Lesegruppen übernehmen (vgl. Kap. 4.2.2).

Der intensive Elternkontakt ist auch wichtig, um den Hintergrund der Kinder besser zu verstehen. Denn „Kinder haben bereits eine Biographie, die stark durch die familiäre Situation geprägt ist; insofern kommen mit den Kindern immer auch die Familien mit in die Schule. Nicht bei jedem Kind ist die Biographie aber kontinuierlich und ohne Brüche verlaufen; dem sollte die Schule aber nicht einen erneuten Bruch hinzufügen, sondern Kontinuität ermöglichen" (Meiers 2004, 168). Von daher ist eine erkennbare Orientierungshilfe ein Beitrag zur Stabilisierung des Kindes in der Schulanfangsphase. Auch um eine stabile langfristige Lernmotivation im Schulanfang aufzubauen, ist es wichtig, dass der Anfangsunterricht Leistungsangst abbaut und nicht Quelle des Lernmisserfolgs wird. Dazu sollten den sozialen Problemen als einem Gegenstand von Sachunterricht von Anfang an genügend Platz eingeräumt werden. Denn „lässt sich der Lehrer in seiner Unterrichtsgestaltung primär von den 'Stoffen', den 'Lehrgängen' leiten … treten bei den Schülern Versagensängste auf" (Claussen 1977, 43). Ohne Zweifel ist der Schulanfang Angst auslösend. Schon Lichtenstein-Rother sagte: „Lehrer und Eltern unterschätzen häufig, wie viel Kraft erforderlich ist, damit sich die Sechsjährigen in die neue Sozialsituation einleben und sich in ihr zurechtfinden und wohl fühlen, so dass sie sich dann besser auf das Lernen konzentrieren können. Mit den neuen Sozialerfahrungen eng verbunden ist der Ich-Aufbau, die Erweiterung und Stabilisierung der Selbsterfahrung" (Lichtenstein-Rother 1988, 198).

Insbesondere zur Stabilisierung der Kinder hat im Anfangsunterricht ein lebendiges Schulleben hohen Wert. Dann müssen sie nicht von ihrer eigenen Lebenswelt Abschied nehmen, um in der Lernwelt zu funktionieren, sondern kommen in eine neue Lebenswelt, in der es wert ist zu lernen (vgl. Kap. 6.1 und 6.9).

Eine weitere Dimension des Übergangs ist der Wechsel von der mehr oder weniger individuellen Position des Kindes im Vorschulalter hin zur Lage in einer großen Klasse und einem auf Homogenität ausgerichteten Schulsystem, in der der individuelle Anspruch nicht mehr so stark zählt (Toman 2005, 11). Dieser permanente Versuch des Gleichmachens wird vom Konzept der Schulreife noch gefördert, denn „»Schulreife« geht als Vorstellung von einem idealisierten Bild des »gleichen« Entwicklungsstandes der Kinder aus und verkennt damit die Heterogenität der Lernausgangslagen von Kindern beim Schuleintritt" (Drews/Schneider/Wallrabenstein 2000, 90). Durch diese Fiktion der Gleichheit verliert sich das Besondere jedes einzelnen Kindes, die Kinder einer Klasse werden als Klasse gesehen und nicht als eine Gruppe von verschiedenen und je besonderen Menschen. Damit geht der Blick auf ihre jeweiligen Stärken leicht verloren. Gerade weil Kinder in eine für sie anonyme Organisation hinein kommen, die ihrer Person fremd bis gar feindlich gegenüber zu stehen scheint, ist es unabdingbar, „den Schülern die Erfahrung [zu] vermitteln, in der Schule persönlich willkommen zu sein" (Grass/Knörzer 2000, 164).

Für Lehrpersonen ist diese Begleitung des Übergangs keine einfache Aufgabe. Aber sie ist bewältigbar, wenn nur näher hingeschaut wird, wo die Kinder gerade stehen, was ihnen Sorgen bereitet und was sie im familiären Umfeld vielleicht in ihrer Entwicklung bremst. Auf der anderen Seite ist diese Anfangszeit auch besonders beglückend. Denn in dieser Zeit machen Kinder enorme Entwicklungsschritte: „In keiner anderen Klasse sind die Lernfortschritte so groß und können so genau beobachtet werden wie in der ersten" (Langer 2002, 223). Auch die emotionalen Beziehungen sind in dieser Altersstufe intensiver. Von daher ist es auch für Lehrerinnen und Lehrer ein persönlicher Gewinn, sich den Erziehungs- und Bildungsaufgaben im ersten Schuljahr zu stellen. Die größere Heterogenität der Kinder zu beachten und sie nicht alle über einen Kamm zu scheren, verlangt viel Kooperation und Teamarbeit (vgl. Stähling 2006). Auch dies kann sehr bereichernd sein.

Rituale und Strukturen

Gerade weil der Anfangsunterricht eine Ablösung aus vertrauten Räumen der Kindheit vornimmt, ist es besonders nötig, dass darin ein ritualisiertes Leben stattfinden kann. „Der Unterricht muss den Kindern das Gefühl der Sicherheit geben. Der Schüler muss mit den Abläufen im Schulalltag vertraut werden. Deshalb müssen klare Regeln, feststehende Gewohnheiten und Rituale dem Kind einsichtig gemacht werden" (Langer u. a. 2002, 59). Dazu ist es von besonderem Wert, wenn man an bisherige Erfahrungen anknüpft. „Gewohnheiten aus dem Kindergarten sollten zunächst ruhig übernommen und erst allmählich abgebaut werden" (ebd., S. 61). Dazu sind Beobachtungen vor der Einschulung in umliegenden Kindertagesstätten von hohem Wert.

Diese Rhythmisierung des Tagesablaufs mit ritualisierten Erfahrungsbereichen bringt auch die lernpsychologisch notwendige Strukturierung (vgl. Meyer 2004). Viele dieser Rhythmisierungen sind nur durch Planung ohne großen Aufwand herzustellen: „Bei der Tagesplanung für die gesamte Unterrichtszeit eines Vormittages sollte man einen Schwerpunkt setzen. Um diesen Mittelpunkt ranken sich sämtliche Unterrichtsinhalte des Tages" (ebd., 76).

Ein durch demokratische Rituale (vgl. Kaiser 2006c), die nicht nur autoritär von oben gesetzt werden, sondern von den Kindern bewusst gestaltet werden, strukturiertes Schulleben gibt einen symbolischen Rahmen für eine Gemeinschaft, in der Kinder zu sich erweiternder Autonomie und Sozialkompetenz erzogen werden können.

Anfangsunterricht und Leistung

Es gilt, schon zu Beginn der Schulzeit Lernfreude zu stabilisieren, um eine motivationale Grundlage für langfristige Lernprozesse zu legen. In dieser Hinsicht ist es eine wichtige Bedingung, dass schulisches Lernen Freude bereitet und für die Kinder Sinn hat.

Die Probleme, die Kinder selbst haben, sind die entscheidenden, aus denen sich dann Anlässe, das Schreiben oder Lesen zu lernen, entwickeln lassen. Dies heißt also, dass das Erlernen der Kulturtechniken und produktiver Lerntechniken ernst genommen, aber in sachunterrichtliche Inhalte eingebunden werden soll.

Zweifelsohne ist es wichtig, dass im Anfangsunterricht Leistungsmotivation und Lerntechniken für die weiteren Bildungsprozesse angelegt werden. Doch wie dies geschieht, ist noch umstritten. Oft wird davon ausgegangen, dass erst schrittweise Leistungsmotivation aufgebaut werden sollte. Dem entsprechend werden gerade im Anfangsunterricht oft kleine Aufgaben in kleinsten Schritten angeboten, damit Kinder Erfolgserlebnisse haben. Diese kleinschrittigen Aufgaben werden dann oft typisch schulisch auf Arbeitsblättern dargeboten und lassen jeden sinnvollen Kontext vermissen. „Dabei wird übersehen, dass Kinder von sich aus eine starke intrinsische Leistungsmotivation haben, die durch zu starken Druck von außen verloren geht. (…) Es gehört mit zu den schwierigsten Aufgaben des Grundschullehrers, an der intrinsischen Motivation anzuknüpfen und sie zu fördern" (Petzold/Schwarzer 2000, 22). Eine der wichtigsten erzieherischen Maßnahmen im Rahmen schulischer Leistungserziehung liegt darin, dass Lehrpersonen vom ersten Schultag an Kinder gezielt unterstützen, ein realistisches Selbstkonzept aufzubauen, damit Kinder auch aus der eigenen Einschätzung der Leistung sich selbst mehr zutrauen und positiver selbst bewerten. „Als eine wichtige Aufgabe von Schule gilt der Aufbau realitätsbezogener Selbstkonzepte bei Kindern. Es ist seit längerem bekannt, dass Kinder, die über positive Selbstkonzepte in einzelnen Unterrichtsfächern verfügen, dort auch bessere Leistungen erbringen als Kinder, die sich selbst nur wenig im Unterricht zutrauen" (Hellmich/Kiper 2006, 102).

Viele Lehrpersonen denken bei der Leistungserziehung, dass es mehr auf das Lehren als auf das aktive Lernen ankomme. Sie strengen sich an, dass sie möglichst viel Stoff vermitteln, damit die Kinder weit genug im Lernstand sind für die folgenden Schuljahre. Empirische Forschungsergebnisse deuten aber eher auf den umgekehrten Weg hin. Denn offensichtlich scheint nicht das vermehrte Üben, sondern das intensive Spielen eine wichtige Grundlegung für weiterführendes Lernen zu legen. Denn „Fünfjährige, die häufig Phantasie-, Bau- und Regelspiele spielten, hatten am Ende des 1. Schuljahres signifikant höhere Werte in den Bereichen Selbstständigkeit, Aufmerksamkeit und Arbeitshaltung" (Einsiedler 1990, 132).

„Lerntechniken scheinen eher im Sachkontext aufbaubar zu sein als durch isolierte Kurse in Lerntechniken. Insbesondere der Sachunterricht im Schulanfang ist in verstärktem Maße mit der Aufgabe konfrontiert, Arbeits- und Lerntechniken und sachbezogene Kooperationsverfahren zu vermitteln und einzuüben. Bei der Behandlung von Sachthemen wird grundsätzlich geprüft, welche sachbezogenen Arbeits- und Lerntechniken und Kooperationsverfahren zugleich gelernt werden könnten; diese werden in der Regel in Lehrplänen nicht genannt, sind aber, wie die Ergebnisse der PISA-Studie zeigen, für den Lernerfolg und das weitere Lernen unverzichtbar" (Meiers 2004, 170). Dies geht am ehesten, wenn anspruchsvolle Inhalte auch schon im Anfangsunterricht präsentiert werden, damit Kinder zu neuen methodischen Zugangsweisen herausgefordert werden.

Auch die viel beschworene Sprachkompetenz, die in der Tat wichtig für weiteres schulisches Lernen ist, kann man nicht durch wiederholte Testung herstellen und durch abstraktes Vokabeltraining an Sprachübungsbildblättern. Gerade durch die Verbindung mit Sachkontexten erhöht sich die Effektivität des Sprachlernens.

Besonders für naturwissenschaftliche Versuche im Sachunterricht, die auch im ersten Schuljahr am Thema Steine, Magnete, Kerzen, Wasser oder Schatten sehr produktiv umsetzbar sind, gilt, dass das Formulieren von Beobachtungen und Versuchsvarianten geradezu das Sprechen der Kinder animieren und herausfordern. Mit einem derartigen Sachunterricht lassen sich verschiedene Sprechanlässe schaffen:

- Spontane Ideen äußern
- Erfahrungen und Alltagswissen einbringen
- Fragen stellen
- Beobachtungen mitteilen
- Vermutungen anstellen
- Ergebnisse gemeinsam diskutieren
- Argumentieren lernen
- Planungen beschreiben

Insgesamt gilt es, schon zu Beginn der Schulzeit eine pädagogische Leistungskultur aufzubauen. Diese „beinhaltet [...], dass Kinder sich selbst als kompetent erfahren können, Leistungsbeurteilungen nicht den Zielen sozialen Lernens widersprechen (Konkurrenz) und Lernfortschritte in der Sach- und der Methodenkompetenz für Kinder erfahrbar werden" (Grundschulverband 2006b, 8). Vielfach erfahren Kinder schon früh in der Schule durch Noten, die ihnen unterdurchschnittliches Können attestieren, dass es sich nicht lohnt, sich anzustrengen. Kinder mit Lernproblemen werden dadurch leicht entmutigt. Deshalb ist es ein wichtiges Prinzip, dass die Kinder „die Schule als einen Ort erfahren, an dem Beurteilungen nicht Urteile, sondern Hilfen für weiteres Lernen sind" (Grass/Knörzer 2000, 164).

Modul 2: Grundlegende Aufgaben der Grundschule 35

Für den Anfangsunterricht gilt deshalb mehr oder weniger ausgeprägt in allen Ländern der Grundsatz, dass die schulische Leistung nicht durch Noten, die Lernmisserfolgsrückmeldungen bedeuten können, beeinträchtigt werden sollen. „Die

Quelle: Renate Alf: Vom Kinde verdreht. Freiburg 1999

Kritik an der oft Angst auslösenden Zifferbenotung führte dazu, dass die Zeugnisse für das erste Schuljahr keine Noten mehr enthalten. Dies ist ein Weg, in der Schule Druck abzubauen, sie wieder humaner werden zu lassen und der Pädagogik mehr Raum zu geben" (Langer u. a. 2002, 241). Von daher sind Lernberichte oder allgemeine verbale Beurteilungen in den Zeugnissen zumindest nach dem ersten Schuljahr vorgeschrieben. Viele Bundesländer haben dies für die ersten beiden Schuljahre vorgesehen, die oft als pädagogische Einheit angesehen werden. Allerdings gibt es bereits in einigen Bundesländern eine Rückbewegung hin zu Notenzeugnissen am Ende der 1. Jahrgangsstufe (Grundschulverband 2006b, 6). Dies widerspricht internationalen Entwicklungen. Denn „Schülerinnen und Schüler in Ländern, die in den internationalen Leistungsuntersuchungen besser abschneiden, erhalten oft erst in den höheren Klassen Noten. Das schadet offensichtlich ihrer Leistungsfähigkeit nicht" (Bartnitzky 2006, 7). Die verbalen Zeugnistexte sollen förderlich formuliert sein und nicht entmutigen. Gerade qualitative Rückmeldung zu Bereichen des Könnens und noch zu lernenden Fähigkeiten können Kinder positiv fördern. „Rückmeldungen zu Leistungen sind unverzichtbar, wenn Lernende sich entwickeln sollen. Sie sind lernförderlich, wenn sie sachbezogen erfolgen, d. h. individuelle Stärken und Schwächen benennen und vor allem Hinweise für konkrete Lern- und Fördermöglichkeiten geben: Beschreibung statt Bewertung" (Brügelmann u. a. 2006, 38). Oft lässt sich aber auch die verbale Bezeichnung leicht in eine Note übersetzen.

Auch in emotionaler Hinsicht kommen zur Schulanfangszeit große Anforderungen. Kinder müssen in dieser großen Gruppe einer Schulklasse lernen, individuell Ich-Identität herzustellen (vgl. Toman 2005, 11). „In den ersten Schulmonaten werden die entscheidenden Weichen für die Entwicklung der verschiedenen Selbstkonzepte und der sie begleitenden Selbstwertgefühle gestellt. Die Aufgaben des Anfangsunterrichts umfassen die Stärkung der Ich-Kompetenz, die Entwicklung der sozial-emotionalen Kompetenz, der Förderung kommunikativer Kompetenz, die Stärkung der Planungs- und Handlungskompetenz sowie das Stimulieren der Sachkompetenz" (ebd., 11). Diese hohen sozial-emotionalen Fähigkeiten lassen sich nicht nur durch Übungen und Interaktionsspiele erreichen, sondern verlangen vor allem eine Erziehungshaltung und ein Erziehungsklima, in dem Ich-Kompetenz oder sozial-emotionale Kompetenz gefördert werden. Wesentlich zur Sozialkompetenz beitragen kann eine Erziehungshaltung, „den Schülern [zu] helfen, eine Balance zu finden zwischen der Darstellung ihrer persönlichen Einmaligkeit und der Unterordnung unter die geltenden Regeln " (Grass/Knörzer 2000, 164).

Strukturelle Veränderungen des Schulanfangs

Anfangsunterricht war traditionell auf die erste und zweite Klasse, also die 6–7jährigen Kinder bezogen. Mittlerweile hat sich die Schuleingangsphase für die 5–7jährigen immer mehr durchgesetzt: „Auf der Grundlage der 1997 von der Kultusministerkonferenz beschlossenen „Empfehlungen zum Schulanfang" hat es in vielen Ländern der Bundesrepublik Deutschland Schulgesetzänderungen bezüglich der Einschulung gegeben. Die Schuleingangsphase soll integrativ gestaltet werden: Alle schulpflichtigen oder auf Elternwunsch vorzeitig einzuschulenden Kinder werden – nach Feststellung einer für den Unterricht hinreichenden Kenntnis der deutschen Sprache – in die Eingangsstufe aufgenommen. Diese umfasst die ersten beiden Schuljahre und soll jahrgangsübergreifend gestaltet werden" (Hinz/Sommerfeld 2004, S.165). Mit dieser schulorganisatorischen Änderung wird versucht, „durch die Flexibilisierung des Einschulungsalters eine Balance zwischen einer altersorientierten und einer entwicklungsorientierten Einschulung herzustellen" (Topsch 2004, 61).

Diese erweiterte Eingangsphase ist allerdings konzeptionell noch nicht weit gediehen. Es gibt nur wenige wissenschaftliche Begleituntersuchungen (Carle/Berthold 2004). So haben Jennessen und Kastirke die flächendeckende Einführung der jahrgangsübergreifenden Eingangsstufe im Bereich Neuss untersucht und gezeigt, welche Fortbildung nötig ist, damit Lehrerinnen und Lehrer vom Denken in Klassenunterricht Abschied nehmen (vgl. Jennessen/Kastirke 2006). Doch eigenständige Konzeptentwicklung für diese Phase ist kaum zu finden außer Belegen, dass altersgemischter Unterricht produktiv sein kann und dass er allgemein akzeptiert wird (vgl. ebd.). Von den Befürwortern werden „Alters- und Entwicklungsdifferenzen […] nicht mehr als Nachteil, sondern als Kennzeichen eines jahrgangsübergreifenden Lernens aufgefasst" (Topsch 2004, 61). Allerdings verlangt diese Organisationsform auch, dass mit veränderten Konzepten gearbeitet wird. „Die Veränderung der Schuleingangsphase in einen Lernort, an dem jedes Kind nach seinen Möglichkeiten bestens gefördert wird, setzt aber nicht nur differenzierte Schwierigkeitsgrade in den Angeboten voraus. Vielmehr steht hinter diesem Modell auch ein moderner Lernbegriff. Erfolgreiches schulisches Lernen ist demnach eine eigenaktive, zunehmend methodischere Auseinandersetzung mit offenen Fragen und nicht das Abarbeiten von Aufgaben nach vorgegebenem Lösungsmuster" (Carle/Berthold 2004, 36 f.).

Schulanfang soll sinnstiftend sein. Deshalb ist es nötig, nicht in isolierten Kursen, sondern an sinnvollen Inhalten im Kontext zu lernen. Auch die Formen des Anfangsunterrichts sollten sinnvolle Sachkontexte schaffen und für die Kinder durchschaubar sein. Der Schulanfang muss den Übergang der Kinder aus der weniger strukturierten Vorschulzeit harmonisierend begleiten. Rituale und Strukturen bieten dafür wichtige Voraussetzungen. Leistungserziehung im Anfangsunterricht muss sich an der Förderung des Selbstkonzept orientieren und zum Lernen ermutigen. Strukturell entwickelt sich der Schulanfang zu stärker integrierten flexiblen Formen.

2.1.4 Soziales und ethisches Lernen

Viele Kinder stellen besondere Ansprüche, allein von der Lehrerin oder dem Lehrer angenommen und beachtet zu werden. Insbesondere in ersten Klassen sind unter diesen Voraussetzungen die sozialerzieherischen Aufgaben sehr intensiv. Lehrerinnen und Lehrer an Grundschulen stellen sich schon seit Jahren den Aufgaben, Kindern ein tragbares Arbeits- und Sozialverhalten in einer größeren Gruppe wie der Schulklasse zu vermitteln. Mittlerweile hat sich diese Aufgabe von Schule auch in der Theorie niedergeschlagen. In der modernen Grundschulpädagogik wird verstärkt eine „soziale Wende der Grundschuldidaktik" gefordert. Dabei wird auch auf die besondere Lebenssituation der Kinder Rücksicht genommen, auf stärkere Brüche in tradierten sozialen Zusammenhängen, auf die hohen Anforderungen durch Medien an das einzelne Kind oder auf durch Mobilität bedingte Bindungsverluste. Die Gesellschaft verändert sich risikohaft und in beschleunigten Zyklen. Dies macht erforderlich, dass jeder Mensch in der Lage ist, persönlich diesen Wandel auszuhalten und sich davon nicht beeinträchtigen zu lassen. Die wesentliche Voraussetzung dafür ist Ich-Stärke. Diese basiert auf Ich-Identität. Darunter wird die Fähigkeit und Kompetenz verstanden, dass ein Mensch mit sich selbst in ausgewogener Balance ist. Zur Ich-Stärke gehören aber auch die Fähigkeiten des Umgangs mit der umgebenden Welt. Nur ein Mensch, der sich auch von seiner Rolle distanzieren kann, der widersprüchlichen Anforderungen widerstehen und auch sich selbst und die Umwelt kritisch betrachten kann, ist in der Lage, derartige Wandlungsprozesse von Natur und Gesellschaft aktiv zu gestalten. Diese Art von Ich-Stärke verlangt hohe emotionale Kompetenz, um mit eigenen Emotionen und denen der anderen umgehen zu können. Selbstkompetenz und Sozialkompetenz sind keine Gegensätze, sondern bedingen sich gegenseitig. Die Grundschule hat die Aufgabe, wenn sie zur gegenwärtigen und zukünftigen Lebensbewältigung der Kinder beitragen will, gerade das Wechselverhältnis von Selbstkompetenz und Sozialkompetenz zu fördern.

1. Die erste Möglichkeit, dieses Ziel zu erreichen, liegt in der Chance, in der Schule vielfältige soziale Lernformen zu arrangieren: „Die Förderung der Selbst- und Sozialkompetenz der einzelnen Kinder gelingt, wenn vielfältige Formen der *Differenzierung* im Grundschulunterricht praktiziert werden. Diese Differenzierung kann unterschieden werden in soziale Differenzierung (nach Sozialformen Einzelarbeit, Partnerarbeit, Arbeit in flexiblen Lerngruppen), in methodische Differenzierung (bezogen auf die Anzahl der Aufgaben, die Zeitvorgaben, die Formen des Lernens durch Handeln), in mediale Differenzierung (durch Einsatz je verschiedener Medien und Materialien oder deren eigenen Herstellung) und in thematische Differenzierung (durch eine Differenzierung nach Neigung/Interessen, Leistung und Ergänzungen)" (Hellmich/Kiper 2006, 21).

2. Weiterhin gelingt Sozialkompetenz durch eine grundlegende Haltung in der Schule, wonach bewusst gemeinsame Konfliktlösung in der Klasse reflektiert

wird und interaktiv nach Lösungen gesucht wird. Hier wird vor allem situativ flexibel gelernt, mit Konflikten umzugehen und sozial stabile Beziehungen aufzubauen.

3. Der dritte pädagogische Zugang zu Selbst- und Sozialkompetenz liegt in der Umgestaltung der Schule als sozialen Erfahrungsraum. Gemeinsame Feste vorbereiten und durchführen gehört dazu ebenso, wie verbindliche Aufgaben und Ämter aller Kinder, wie Blumenpflege, Einräumen und Austeilen der Musikinstrumente, Verwaltung der Klassenbücherei etc. Dieser Erziehungsweg ist besonders intensiv, weil damit die eigenen Erfahrungen in den Lernprozess involviert sind (vgl. Kap. 6.9).

4. Als vierten Weg der Entwicklung von Sozial- und Selbstkompetenz gibt es eine Vielzahl an interaktionspädagogischen Übungen, die im Schulalltag eingesetzt werden können (vgl. Kaiser 2001).

Eine sehr wichtige Aufgabe der Grundschule ist die Prävention von Gewalt und anderen sozial-emotionalen Störungen. Dies erfordert umfassendes sozial-emotionales Lernen und ein stabiles moralisches Bewusstsein bei allen Kindern. Doch in Deutschland haben die Fachinhalte in der Schule hohe Priorität. Die soziale Entwicklung von Kindern spielt auch in Grundschulen institutionell eine Randexistenz. Immer wenn ein besonders schrecklicher Fall von Gewalt bei Jugendlichen in der Öffentlichkeit bekannt wird, sind sich alle über die Bedingungen dieser Taten einig. Deutlich ist, dass sich diese Menschen von ihrer persönlichen Motivation her verlassen fühlten. Einige drohen sogar die Gewalttaten mit der Warnung an, dass man sie später nie vergessen werde. Dieser Schrei nach Zuwendung und Beachtung oder wenigstens Zuhören wurde offensichtlich nicht gehört. Ein frühes soziales Lernen in der Grundschule, bei dem jedes Kind spürt, dass es zur Klasse gehört und dass man ihm zuhört, ist eine zentrale Prävention von Gewalt. Die andere Facette der Prävention von Gewalt ist, dass diese Täter gerade von ihren Mitschülerinnen und Mitschülern rechtzeitig in ihrer Verzweiflung erkannt und aufgehalten werden könnten. Damit Gleichaltrige die Gewaltspirale stoppen können, müssen alle in der Lage sein, soziale Isolierung einzelner wahrzunehmen und nicht geschehen zu lassen. Jeder Junge und jedes Mädchen muss rechtzeitig in der Lage sein, Anzeichen von Gewalt klare Grenzen zu setzen. Dazu gehört die Fähigkeit, diese zu erkennen, sie abzulehnen und eine klare Fähigkeit, dies in der direkten Kommunikation auch für den anderen akzeptabel auszudrücken. Gerade diese kommunikative Handlungsfähigkeit ist nicht einfach zu erwerben. Es müssen viele Versuche gemacht werden, bis auch das Zurückweisen freundlich, bestimmt, aber auch eindeutig geschehen kann. Dies ist als Konflikttraining früh zu beginnen, um die Konflikte im Grundschulalter sozial verträglich auszutragen und damit diese soziale Kompetenz im Jugendalter sicher vorhanden ist. Dazu ist es wichtig, dass damit schon mit dem ersten Schultag begonnen wird. Denn schon zu dieser Zeit kann die Erfahrung der eigenen Nutzlosigkeit und Isolierung aufgebaut werden. „Die Stärkung der Ich-Kompetenz [... muss] bei der Beschreibung der Aufgaben des

Anfangsunterrichts zum Ausgangspunkt genommen [werden], weil in den ersten Schulmonaten die entscheidenden Weichen für die Entwicklung der verschiedenen Selbstkonzepte und der sie begleitenden Selbstwertgefühle gestellt werden. Manche Kinder erleben in den ersten Schulmonaten, dass andere Kinder schneller und sicherer lernen oder mehr soziale Anerkennung erfahren als sie selber, und fühlen sich in ihrem Selbstwertgefühl verletzt. [...] Im Anfangsunterricht ist es daher wichtig, allen Kindern, insbesondere aber denen mit brüchigem Selbstwertgefühl, zu vermitteln, dass sie als Person unabhängig von ihren Leistungen akzeptiert und wertgeschätzt werden" (Knauf 2000, 74). Eine nachhaltige Ermutigung zum Lernen geschieht eher durch die Selbstwahrnehmung als durch lobende Worte.

Selbstverständlich müssen vom ersten Schultag an gemeinsam mit den Kindern die Regeln für das Zusammenleben in der Schule entwickelt werden. Gerade die aktive Beteiligung hilft, dass Kinder diese Regeln ernst nehmen.

Soziales Lernen ist keineswegs ein Zuckerschlecken, sondern bedeutet, dass hohe Anforderungen bewältigt werden müssen und Konflikte ehrlich und offen ausgetragen werden. Gerade der hohe – oft selbst gesetzte Druck – alles vom Lehrplan zu erfüllen, führt dazu, dass Lehrerinnen und Lehrer das soziale Lernen vernachlässigen. Nur wenn dramatische Fälle an die Öffentlichkeit dringen, wird wieder von Gewaltprävention geredet, aber wenig Nachhaltiges getan. Dabei gibt der schulische Alltag genug Anlässe für soziales Lernen, die sich aus den alltäglichen Problemen und Konflikten der Kinder untereinander, mit ihren Lehrerinnen und Lehrern oder der Schule als Institution ergeben. Denn „eine lebendige Schule zeichnet sich nicht durch Abwesenheit von Problemen aus, sondern durch die Entwicklung eines Instrumentariums zur Bewältigung von Schwierigkeiten" (Stähling 2006, 61). Dazu ist es nötig, dass die Probleme und gemeinsamen Aufgaben im Klassenrat besprochen werden, dass Lehrerinnen und Lehrer in Schulkonferenzen sich jedes einzelnen Kindes und seiner Biografie annehmen.

Nur in wenigen Fächern, wie dem Sachunterricht oder Religionsunterricht, haben ethische Erziehung und soziales Lernen einen legitimen Stellenwert und werden mehr oder weniger häufig auch tatsächlich praktiziert. Doch die Grundschule hat einen besonderen Auftrag auch zur moralischen und ethischen Erziehung. An erster Stelle steht dabei eine ethische Haltung von Lehrerinnen und Lehrern, die im schulischen Alltag erfahrbar ist. Aber auch gezielte moralerzieherische Interventionen durch Lehrerinnen und Lehrer sind wichtig. Hinzu kommt, dass die jeweiligen sozialen Konfliktsituationen der Kinder untereinander ethisch reflektiert werden. So werden soziales und ethisches Lernen eine Einheit, auch wenn die Zielperspektiven unterschiedlich sind. Weiterhin sind Bildungsprozesse gezielt zur ethischen Bildung anzuregen (vgl. Kap. 2.2.8).

Wir müssen uns vor allem klar werden, welche Ziele das soziale und ethische Lernen verfolgen soll, damit diese auch im Alltag, wenn entsprechende Situationen auftreten, genutzt werden.

Soziale und ethische Kompetenz entwickeln, heißt:
- Identität aufbauen
- Ich-Identität ausbauen
- Gefühle bei sich und anderen differenziert wahrnehmen
- Zwischen Ich und Du ausgleichen können
- Selbst- und Mitbestimmung
- Stärkung der Planungs- und Handlungskompetenz
- Ethisches Lernen
- Wertebewusstsein im Umgang mit Normen

Für die Entwicklung dieser Ziele sind in erster Linie Erfahrungen im Schulleben erforderlich, bei denen es um reale ethische Auseinadersetzungen oder den Ausgleich der Interessen zweier oder mehrerer Kinder geht oder um reale Mitbestimmungsmöglichkeiten. Eine wesentliche Säule der Erziehung in der Grundschule basiert auf Interaktionen und Aushandeln zwischen Erwachsenen und Kindern. So kann es „sinnvoll sein, die Kinder an diesen Regelfindungen zu beteiligen" (Stähling 2006, 105). Dann erfahren sie die Bedeutung von Regeln und können sich – da sie von ihnen selber geschaffen wurden – besser daran halten. Über schrittweise aufgebaute Selbst- und Mitbestimmung können die Kinder nicht nur ihre Planungs- und Handlungskompetenz steigern, sondern auch lernen in differenzierten und komplexen sozialen Zusammenhängen zu handeln. Auch durch Mitbestimmung der Kinder über die Unterrichtsinhalte und -methoden kann nicht nur mehr Motivation hergestellt werden, sondern auch soziale Kompetenz der Partizipation.

Nicht nur die Erfahrung, auch das bewusste Reflektieren ist wichtig. Kindern in der Grundschule muss klar sein, dass es darum geht, ernsthaft miteinander auskommen zu lernen. Daneben ist es auch wichtig, dass konkrete interaktionspädagogische Angebote flankierend diese Kompetenzen fördern. Aber ethische Einstellungen und Haltungen können nicht durch vorwiegend unterrichtliches Belehren vermittelt werden, sondern bedürfen auch der pädagogisch gestalteten Erfahrungen in der Schule. Denn „schulische Moralerziehung ist kein Unterrichtsfach, sondern das Bemühen um die erziehungswirksame Gestaltung von Unterricht und Schulleben, verfangen in einem Netz oft widersprüchlicher gesellschaftlicher Erwartungen und kindlicher Erfahrungen im Elternhaus bzw. mit den Altersgleichen" (Mauermann 2001, 241).

> Soziales und ethisches Lernen gehören zu den zentralen Aufgaben der Grundschule. Diese Ziele sollten vor allem erfahrungsnah im Rahmen realer sozialer Interaktionen und moralischer Bewertungsalternativen angestrebt werden.
>
> Wesentlich ist, dass in der Grundschule ein ausgewogenes Verhältnis zwischen sozialem Lernen und Erwerb von allgemeinem Wissen, Kenntnissen und Fähigkeiten entsteht.

2.1.5 Lebensvorbereitung und Entwicklungsförderung

Kinder verbringen viel Zeit in der Grundschule. Sie haben das Recht, diese Zeit nicht nur als Vorbereitung auf ihr Leben, sondern auch in der Gegenwart positiv zu erleben. Auch dies spricht für ein lebendiges Schulleben mit Tanz, Bewegung, Theater, Präsentation der selbst erstellten Kunstwerke. Ein derart differenziertes lebendiges Schulleben verlangt Koordination und Organisation, an der auch die Kinder mitwirken können und damit quasi im Selbstlauf wichtige Kompetenzen für ihr zukünftiges Leben erwerben. Besonders wertvoll sind die Auswirkungen auf die Entwicklung der Persönlichkeit, weil Kinder die Wertschätzung ihrer Arbeit durch die Schulöffentlichkeit spüren können. Sie lernen, vor einer größeren Öffentlichkeit aufzutreten und ihre Werke zu präsentieren. Dies allein kann schon das Selbstbewusstsein stärken.

Die Grundschule ist für sehr junge Menschen da, sie stellt Ansprüche an sie und hat prinzipiell für alle Kinder Erziehungsaufgaben, um sie in ihren Werten, Orientierungen, sozialen Umgangsformen, Verhaltensweisen und Einstellungen auf ein erfülltes Leben in einer sich ständig wandelnden demokratischen Gesellschaft vorzubereiten. Darüber hinaus hat die Grundschule die besondere Aufgabe, denjenigen Kindern, die in der Familie zu wenig Erziehung erfahren können, diese zu bieten.

Die Schule selbst muss den Kindern eine lebenswerte Lebensumwelt bieten, in der sie sich auf das Leben später vorbereiten. Von daher muss das gemeinsame Essen und Herstellen von Mahlzeiten, das wechselseitige Trösten bei Kummer, wie auch das Erleben von Festen und Ritualen selbstverständlich zur Schule gehören (vgl. Kap. 6.1). Ein anregungsreiches Schulleben und differenzierte Rituale, die von den Klassen und der Schulgemeinde getragen werden und auch jeweils modifiziert und gestaltet werden können, bilden die Rahmenbedingungen für fruchtbare Erziehung in der Grundschule (vgl. Kaiser 2006c). Aber auch das Aufgreifen von aktuellen Erfahrungen der Kinder wie z. B. der Tod von Angehörigen, ist ein wichtiger Bestandteil einer erziehenden Grundschule (vgl. Jennessen 2007).

Rituale können den Bildungsauftrag der Schule nachhaltig unterstützen. Das Frühstücksritual macht dies sehr deutlich. Die klassische Gesundheitserziehung mit ihren verbalen Appellen an gesunde Ernährung ist nur an die Kinder gerichtet und soll das Ernährungsverhalten der Eltern ändern. „Sie ist mit ihrem traditionellen auf Information und Abschreckung basierenden Ansatz an ihre Grenzen gestoßen" (Stähling 2006, 70). Wenn die Klasse selbst ein gesundes Frühstücksbuffet vorbereitet und mit Gemüse bunt verzierte Quarkbrote herstellt, dann werden neue Geschmacksvorlieben gefördert, das soziale Kooperieren eingeübt und real eine gesunde Ernährung erfahrbar gemacht (vgl. Kap. 6.1).

Dieses Beispiel zeigt: Die Erziehung ist untrennbar verbunden mit dem Bildungsauftrag, denn wenn wir eine produktive Leistung aller Kinder erwarten, müssen auch die Interessen und Lernmotivation entwickelt werden – und dazu ist Erziehung unerlässlich. Dabei ist Erziehung nicht nur eine interpersonale Angelegenheit von Lehrerinnen und Lehrern zu ihren Kindern sowie der Kinder untereinander, sondern auch eine räumliche, denn auch die Gestaltung von Schule und Klassenraum hat erzieherische Wirkung (vgl. Kap. 4.1).

Um das Kind in seinen anthropologischen Bedürfnissen nach Bewegung zu stützen, ist ein Schulhof, der Bewegung und Kooperation im Spiel erlaubt, eine wichtige Voraussetzung für das Lernen. Kuhn (2007) hat anhand von Kinderzeichnungen gezeigt, wie stark und aspektreich die Bewegungswünsche von Grundschulkindern in der Schule sind.

Dies ist eine Bedingung dafür, dass Kinder sich in der Schule wohl fühlen und genug Sauerstoff aufnehmen können, um überhaupt zum konzentrierten Lernen in der Lage zu sein. Bewegungsmöglichkeiten in der Schule und ein gutes Erziehungsklima sind wesentliche Bedingungen, um das Lernen für alle zu ermöglichen. Denn immer noch sind viele Kinder im Grundschulalter aus Migrantenfamilien und benachteiligten Lebenslagen diejenigen, deren Leistungen als defizitär angesehen werden und die in die Förderschule ausgegliedert werden. „Inzwischen bekommen 5,5% der Kinder sonderpädagogische Förderung, 2,9% mit dem Förderschwerpunkt Lernen. 64% sind Jungen" (Stähling 2006, 17). Die Tatsache, dass diese Gruppierung sozial bedingt ist, nämlich Jungen, Migrantenkinder und Kinder aus Familien in prekären sozialen Verhältnissen besonders stark von der Grundschule in die Förderschule überwiesen werden, zeigt, dass hier Erziehung verändernd eingreifen kann, weil offensichtlich die genetische Verteilung von Begabungen nicht nach Geschlecht verläuft. Auch die Veränderungen der schulischen Leistungen von Jungen und Mädchen in den letzten Jahrzehnten zugunsten der Jungen zeigt, dass dies soziale Ursachen hat, die veränderbar sind. Auch regional kann es deutliche Differenzen geben, ob ein Kind in der Förderschule landet oder auf der Grundschule verbleibt. Selbst in einem Bundesland mit ähnlichen gesetzlichen Vorschriften kann die Sonderschulbesuchsquote wiederum schwanken. 1993 hat Astrid Kaiser für Nordrhein-Westfalen aus den offiziellen Akten des Kultusministeriums eine Spannbreite von 0,8% der Grundschulkinder in dem einen Schulamtsbezirk und 3,4% in einem anderen gefunden. Dahinter stehen hunderte von Kindern, die in der einen Region ausgesondert werden, in der anderen in der Grundschule bleiben dürfen.

Wenn die Grundschule ihren Erziehungsauftrag ernst nimmt, ist es eher möglich, dass „Kinder in benachteiligten Lebenslagen ... mehr Zuwendung und effektive Förderung in Schulen und Erziehungseinrichtungen bekommen" (ebd., 35).

Ein lebendiges Schulleben macht nicht nur die Schule lebenswert, sondern bereitet auch auf das Leben vor. Rituale sind symbolische Erfahrungssituationen, die durch Mitbestimmungsmöglichkeiten auch demokratische Kompetenz fördern. Schulische Erziehung sollte immer wieder Entwicklungsförderung für alle Kinder bereitstellen.

2.2 Grundlegende Bildung

Wir sind auf einer Mission. Zur Bildung der Erde sind wir berufen.
Novalis: Blütenstaub

2.2.1 Was ist grundlegende Bildung?

Der Begriff „grundlegende Bildung" wird in der erziehungswissenschaftlichen Literatur der letzten Jahrzehnte unterschiedlich verwendet. Die einen bezeichnen damit die Aufgabe der Schuljahre, die durch die Schulpflicht festgesetzt sind (vgl. Neuner 1973), andere die der höheren Schule (vgl. Flitner 1965, Spranger 1965), wieder andere verstehen darunter die gesamte Zeit der Kindheit vor dem Einsetzen des Reifealters (vgl. Peter 1954). Im Rahmenplan der Grundschule in der Weimarer Republik von 1921 wird „grundlegende Bildung" für alle Kinder erstmals als Aufgabe der vierjährigen Grundschule festgeschrieben (vgl. Kap. 2.2.2). Aktuell hat sich ein Verständnis „grundlegender Bildung" durchgesetzt, das sich ebenfalls auf die vierjährige Grundschule bezieht (vgl. Einsiedler/Rabenstein 1985, Haarmann 1996).

Lichtenstein-Rother/Röbe stellen heraus, dass sich Begriffe wie „Grundlegung der Bildung", „Grundlegung des schulischen Lernens, „grundlegender Unterricht" sowohl institutionell als auch pädagogisch betrachtet auf die ersten Schuljahre und ihren Zusammenhang mit der folgenden Schulstufe beziehen, indem sie auf ein Hinführen zu entdeckendem, selbständigem, kooperativem und problemlösendem Lernen ausgerichtet sind (vgl. Lichtenstein-Rother/Röbe 1982, 77ff.). Ähnlich formuliert es der Deutsche Bildungsrat 1970, wenn er darauf verweist, dass die Grundschule versuchen müsse, „die Lernprozesse so zu beginnen, dass sie später in ihrer grundlegenden Richtung nicht mehr geändert werden müssen" (Deutscher Bildungsrat, 133). Damit wird die Bedeutung der Grundschule für den Fachunterricht der weiterführenden Schulen herausgestellt.

Andere Autoren korrespondieren mit dem Anspruch, dass Grundschule auf das Lernen in der weiterführenden Schule vorbereiten müsse, stellen aber „ihren eigenen stufenspezifischen Bildungsauftrag" heraus (vgl. Faust-Siehl/Garlichs u.a. 1996, 20). Die Gegenstände „grundlegender Bildung" sind auf den Menschen in allen Bereichen seiner Persönlichkeit ausgerichtet und beziehen sich sowohl auf Inhalte (grundlegende Kenntnisse und Einsichten) als auch auf Methoden (grundlegende Fähigkeiten und Fertigkeiten), Arbeitsweisen (sinnvolle Zeitplanung, Lernorganisation etc.) und Einstellungen (Interesse, Motivation, Anstrengungsbereitschaft, Werthaltungen etc.) (vgl. KMK 1980, nach Glöckel 1994). Sie stellen keinen festen Kanon bestimmter Inhalte, Methoden und Einstellungen dar, sondern verändern und entwickeln sich historisch und dynamisch (vgl. Schorch 1994).

Traditionelle Bestandteile „grundlegender Bildung" sind die so genannten Kulturtechniken Lesen, Schreiben und Rechnen. Sie bilden die Grundlage unserer Kultur und ermöglichen erst die Teilhabe am gesellschaftlichen Leben, ein weiterführendes Verständnis für Sprachen und jede höhere geistige Tätigkeit. Ihre Vermittlung ist elementare Aufgabe der Grundschule.

Modul 2: Grundlegende Aufgaben der Grundschule 45

Faust-Siehl/Garlichs u. a. weisen in ihren „Empfehlungen zur Neugestaltung der Primarstufe" folgende Inhalte grundlegender Bildung aus, die über die benannten Kulturtechniken weit hinausgehen, indem sie kreative, sinnlich-leibliche, philosophische und religiöse Aspekte einbeziehen:

- „• Einführung in Grundformen menschlicher Verständigung wie
  - die Erziehung zum gemeinsamen Dialog (miteinander sprechen)
  - die Einführung in die Schriftkultur
  - und die Einführung in basale mathematische und naturwissenschaftliche Interpretationsmuster der Welt.
- Einführung in grundlegende musisch-ästhetische Ausdrucks- und Gestaltungsformen wie
  - Musik
  - Künstlerisches Gestalten
  - Spiel- und Bewegungserziehung.
- Die Auseinandersetzung mit Sinn- und Glaubensfragen und die Aufklärung über die verschiedenen Religionen.
- Die Auseinandersetzung mit Grundfragen des menschlichen Zusammenlebens:
  - Schlüsselthemen der Kindheit, wie zum Beispiel Freundschaft und Rivalität, die Beziehungen zu den Erwachsenen, Entdeckung der Sexualität, Umgang mit Zärtlichkeit und Aggressivität, Orientierung in der Konsumwelt und vieles andere mehr;
  - Globale Menschheitsprobleme, die auch die Kinder unmittelbar berühren, wie zum Beispiel Krieg und Frieden, Gerechtigkeit unter den Völkern, der Erhalt der natürlichen Lebensgrundlagen und anderes mehr" (Faust-Siehl/Garlichs u. a. 1996, 24f.).

Die Vielfalt potentieller Inhalte „grundlegender Bildung" darf aber nicht zu einer Stoffüberfrachtung des Unterrichts führen. Vielmehr sind aus dieser Vielfalt Themen auszuwählen, an denen sich Kinder exemplarisch grundlegendes Wissen und grundlegende Fähigkeiten aneignen können. Der Schlüsselproblemansatz von Wolfgang Klafki bietet hier eine wichtige Grundlage für die Auswahl von Inhalten im Sinne „grundlegender Bildung", die von ihm als „Allgemeinbildung" bezeichnet und als umfassende „Menschenbildung" verstanden wird. In neueren Schriften hat Klafki fünf epochaltypische Schlüsselprobleme formuliert (Klafki 1994, 56ff.):

- Krieg und Frieden
- Technikfolgen
- Die Umweltfrage
- Dimensionen gesellschaftlich produzierter Ungleichheit (Mann/Frau, arm/reich etc.)
- die Ich-Du-Beziehung

Dagmar Richter schlägt vor, diese Auflistung um das Schlüsselproblem „Ökonomie" zu erweitern (vgl. Richter 2002, 114), Ute Stoltenberg stellt das Problem der „nachhaltigen Entwicklung" heraus (vgl. Stoltenberg 2002, 15). Pech und Kaiser verweisen darauf, dass die Schlüsselprobleme grundsätzlich nicht wie „abzuhakende Unterrichtseinheiten" zu verstehen sind, sondern als „Orientierung zum Weltverständnis". In diesem Zusammenhang stellen sie die besondere Bedeutung der Partizipation im Sinne „einer Teilhabe an der Ausgestaltung der Welt" heraus, wobei sie Partizipation im Gegensatz zu Prote (vgl. Prote 2003, 39) nicht nur als „Schlüsselqualifikation um Demokratie zu lernen" verstehen, sondern als „Strukturprinzip von Bildungsprozessen" (Pech/Kaiser 2004, 8ff). Sie schließen sich der Ansicht von Stoltenberg und Michelsen an (vgl. Soltenberg/Michelsen 1999), dass die ökonomische, die ökologische, die soziale und die kulturelle Dimension nicht unabhängig voneinander zu betrachten sind und das Leitbild der Nachhaltigkeit eine Strukturierung der Zusammenhänge leisten kann. Kindern trauen sie durchaus zu, mit diesen weitreichenden, problemhaltigen und vernetzten Inhaltsfeldern umzugehen, da sie bereits über vielfältige Erfahrungen und Kompetenzen in diesen Bereichen verfügen (vgl. Pech/Kaiser 2004, 10ff.). An diese Ausgangsbedingungen haben schulische Bildungsprozesse anzuknüpfen. Angesichts der zunehmenden Komplexität der Welt ist es eine der wichtigsten Aufgaben von Schule, eine eigenständige Urteils- und Entscheidungskompetenz der Kinder zu fördern und sie darin zu unterstützen, „neben funktionaler Alltagtüchtigkeit innere Autonomie zu entwickeln" (Faust-Siehl/Garlichs u. a. 1996, 22). Innere Autonomie kann in diesem Zusammenhang auch verstanden werden als die Fähigkeit, sich selbst mit seinen Stärken und Schwächen zu akzeptieren, sich angemessen einschätzen und von anderen Personen abgrenzen zu können, also ein angemessenes Selbstkonzept entwickelt zu haben. Innere Autonomie muss dem Lernenden aber auch im Hinblick auf sein Lernen zugestanden werden, etwa indem die Heranwachsenden zur Reflexion des Lerngeschehens angeleitet und in die Planung von Lernprozessen einbezogen werden. Selbstreflexive Fähigkeiten sind demnach ebenso Bestandteile „Grundlegender Bildung" wie die Fähigkeiten der Kommunikation über Reflektiertes. Grundlegende Fähigkeiten gelingender Bildungsprozesse fasst Klafki folgendermaßen zusammen:

- Fähigkeit zur Selbstbestimmung jedes einzelnen über seine Lebensbeziehungen und Sinndeutungen
- Kritikfähigkeit (auch Selbstkritik)
- Argumentationsfähigkeit und Mitbestimmungsfähigkeit
- Empathie und Solidaritätsfähigkeit
- Erkennen von Zusammenhängen und Verflechtungen (vgl. Klafki 1994, 52, 63).

Fölling-Albers fokussiert im Zusammenhang gesellschaftlichen Wandels drei zunehmend bedeutsame Aufgaben der Grundschule, die ebenfalls verschiedene Aspekte „grundlegender Bildung" berühren. Sie stellt heraus, dass angesichts der Tatsache, dass es eine immer zentralere Aufgabe von Schule ist, soziale Begegnungen und Kontakte zu schließen, dass Kinder über ein umfangreiches Expertenwissen und entsprechende Kompetenzen im medialen Bereich verfügen, die sie sich in erster Linie außerhalb der Schule angeeignet haben. Diese Kompetenzen gilt es für schulische Bildung zu nutzen. Außerdem betont sie eine zunehmende Ausweitung der Entwicklungsschere, die nahezu alle Aspekte der Persönlichkeitsentwicklung und des Verhaltens betreffe. Hier gilt es, den Individualisierungsanspruch der

Kinder mit dem sozialen Anspruch einer gemeinsamen Lerngruppe in Einklang zu bringen (vgl. Fölling-Albers 1996). Kaiser fasst die veränderten gesellschaftlichen Rahmenbedingungen, auf die Schule zu reagieren habe, in 14 Thesen zusammen (vgl. Kaiser 2006b):

- Urbanisierung und Verkehrsdichte
- Informationsgesellschaft und Zeithetze
- Reizüberflutung und Vermarktung
- Soziale Konflikte und emotionale Armut
- Bürokratisierung und Standardisierung
- Verwissenschaftlichung und Verlust an Intuition
- Technisierung und Automatisierung
- Rapider Wandel und Verlust an Sicherheit
- Bevölkerungsexplosion und Vereinsamung
- Herrschaft und Ungleichheit
- Gewaltexpansion und Friedenssuche
- Verschiedenheit und Mehrkulturalität
- Risiken und Gefahren
- Soziale Sorgen in der Wohlstandsgesellschaft

Diesen großen Herausforderungen stellt sie im Rückgriff auf zahlreiche Ergebnisse der Kindheitsforschung den immensen Potentialen von Kindern gegenüber und zieht Schlussfolgerungen für eine angemessene Weltbegegnung im Unterricht (vgl. Kap. 2.2.5).

Deutlich wird im Hinblick auf die Komplexität und die aktuellen Anforderungen an „Grundlegende Bildung", dass diese Ansprüche nicht im Unterricht allein eingelöst werden können, sondern nur im Zusammenwirken mit einem vielfältigen und anregenden Schulleben, das allen Kindern eine anregungsreiche und fördernde Lebenswelt bietet.

„Grundlegende Bildung" ist ein komplexes und bewegliches Bezugssystem, das sich den gesellschaftlichen Entwicklungen anzupassen hat und unterschiedliche Kompetenzbereiche einschließt. Aktuell werden vor allem 4 Aspekte „grundlegender Bildung" diskutiert, die es (nicht nur) in der Grundschule zu fördern gilt:

1. Die Förderung innerer Autonomie (Selbstkompetenz)
2. Die Förderung von sozialer Handlungsfähigkeit und -bereitschaft (soziale Kompetenz)
3. Die Aneignung und Anwendung von Wissen, das sich einerseits an den Kindern und andererseits an den gegenwärtigen Erfordernissen der Gesellschaft (einschließlich den Anforderungen der weiterführenden Schulen und der Zieldimension lebenslangen Lernens) orientiert (Sachkompetenz)
4. Die Aneignung und Förderung von grundlegenden und vielfältigen Fähigkeiten und Fertigkeiten der Informationsbeschaffung und Informationsverarbeitung auch im Sinne der Befähigung zu lebenslangem Lernen (Methodenkompetenz und Medienkompetenz).

2.2.2 Von den Rahmen- und Lehrplänen für die Grundschule zu Kerncurricula und Bildungsstandards

Mit der Weimarer Reichsverfassung von 1919 wurde die für alle Kinder gemeinsame (meist vierjährige) Grundschule verankert. Nachdem am Ende des 19. Jahrhunderts eine Reihe von pädagogischen Reformbewegungen die Abkehr von der oft freudlosen und auf Strafen basierenden „Lernschule" vorbereitet hatten, erschienen 1921 die ersten Richtlinien, die der Grundschule einen selbständigen Bildungsauftrag zuerkannten. Sie skizzierten den Rahmen der pädagogischen Arbeit, wobei sie den Entscheidungsspielraum der Lehrperson hervorhoben. Als allgemeines Ziel der Grundschule wurde formuliert:

„Die Grundschule als gemeinsame Schule für alle Kinder der ersten vier Schuljahre hat die Aufgabe, den sie besuchenden Kindern eine grundlegende Bildung zu vermitteln ... Sie muss deshalb alle geistigen und körperlichen Kräfte der Kinder wecken und schulen und die Kinder mit denjenigen Kenntnissen und Fertigkeiten ausrüsten, die als Grundlage für jede Art von weiterführender Bildung unerlässlich erforderlich ist. Im gesamten Unterricht ist der Grundsatz zur Durchführung zu bringen, dass nicht Wissensstoffe und Fertigkeiten bloß äußerlich angeeignet werden, sondern möglichst alles, was die Kinder lernen, von ihnen innerlich erlebt und selbständig erworben wird" (Amtliches Schulblatt 1922).

In der Umsetzung eines vollkommenen Gesamtunterrichts in der ersten Jahrgangsstufe, der die äußerliche Trennung der Unterrichtsarbeit in Fächer zumindest teilweise überwindet und in der engen Verbindung von Deutsch- und heimatkundlichem Anschauungsunterricht, wurde eine zentrale Möglichkeit gesehen, die Natur des Kindes, seine Lernvoraussetzungen und Lernbedürfnisse angemessen zu berücksichtigen. Einen zentralen Stellenwert hatte im Unterricht der Heimatgedanke (vgl. Spranger 1952). Auswahl und Inhalte des Unterrichts hatten sich am Konzept der konzentrischen Kreise „vom Nahen Lebensraum – zum Fernen" zu orientieren. Außerdem blieb religiöse Unterweisung zentrale Aufgabe der Grundschule. So waren trotz Gesamtunterrichts im ersten Schuljahr 3 Stunden für den Religionsunterricht zu verwenden und in den daran anschließenden Klassenstufen umfasste Religion den gleichen Stundenrahmen wie Rechnen. In dem dargestellten Rahmen gewann die Grundschule bis zur Machtergreifung durch die Nationalsozialisten 1933 ihre eigene Prägung, die wesentlich durch die Einheitsschulbewegung und durch reformpädagogische Bemühungen gekennzeichnet war. Umstritten war die Länge der Grundschulzeit, der Pflichtcharakter und der konfessionelle Charakter der Grundschule. Sie galt zwar nach wie vor als Teil der Volksschule, das änderte sich erst 1964, aber „sie ist die Schulstufe, in der die für alle Kinder gemeinsame Grundbildung erfolgt, die als für alle ausreichende Vorbildung für die weiterführenden Schulen angesehen wird" (Neuhaus-Siemon 2000, 84). Zusammenfassend lässt sich für die Grundschule in der Weimarer Republik feststellen, dass für sie folgende Zielsetzungen bestimmend waren: „Ausbau des Gesamtunterrichts und der ganzheitlichen Methoden, Förderung der Selbsttätigkeit und, damit verbunden, des Bewegungs- und Spieltriebes des Kindes, Verwirklichung des Heimatprinzips, die Ergänzung des Frontalunterrichts durch differenzierende Maßnahmen, was zu einer Reflexion über die didaktische Gestaltung von Arbeitsmitteln führte, und nicht zuletzt der Ausbau eines pädagogisch gestalteten Schullebens" (ebd., 89).

Unter den Nationalsozialisten blieb der eigentliche Kern der Primarstufe bis 1937 relativ unberührt. „Die Hauptlast eines gesinnungsbildenden Unterrichts im Sinne des Nationalsozialismus betraf Themen und Unterrichtsfächer, die erst in den oberen Jahrgangsklassen des Schulwesens zur Geltung kommen. Deutschtum, Rassenlehre, muttersprachliche Dichtung, Auslandsdeutschtum, germanische Frühgeschichte, Erbgesundheitslehre, Familienforschung, Wehrerziehung usw. – das alles spielt sich thematisch nicht in der Primarstufe ab, bildet aber den Rahmen der nationalsozialistischen Wünsche nach einer inhaltlichen Änderung des Schulprogramms" (Steinhaus 2000, 124). Am 10. April 1937 erließ das Reichserziehungsministerium die neuen „Richtlinien für den Unterricht in den vier unteren Jahrgängen der Volksschule". Die äußere Form der Grundschule mit Gesamtunterricht und enger Verknüpfung von Heimatkunde und Deutscher Sprache wurde zwar beibehalten, die Inhalte des Unterrichts wurden aber entsprechend der nationalsozialistischen Ideologie ausgerichtet. So sollte der Heimatkundeunterricht nicht nur Kenntnisse vermitteln, sondern den „Stolz ... auf Heimat, Sippe, Stamm, Volk und Führer" (Götz 1997, 203) wecken. „Der heldische Gedanke" sollte im Mittelpunkt der Auseinandersetzung mit Heimat und Geschichte stehen. Götz bemerkt in diesem Zusammenhang zum „Materialerlass vom 10. April 1937", dass die nationalsozialistische Erziehung die für solches Denken besonders empfänglichen Dritt- und Viertklässler gezielt manipulierte: „Die entwicklungsbedingte emotionale Ansprechbarkeit der Dritt- und Viertklässler konnte in einer auf das Heldentum konzentrierten geschichtlichen Unterweisung genutzt werden, um beim Grundschüler Zustimmungsbereitschaft zu den politisch erwünschten, von heroenhaften Personen verkörperten Eigenschaften und Handlungsmustern zu erzeugen. In diesem Wirkungsgehalt erweist sich daher der in den Richtlinien konzipierte heimatkundliche Geschichtsunterricht als Instrumentarium der Gesinnungsbildung" (ebd., 209). Die in den Richtlinien der Weimarer Republik herausgestellte Bedeutung der Selbsttätigkeit der Schülerinnen und Schüler wird mit den Reichsrichtlinien von 1937 aufgegeben, indem „die über eigenaktive Lernprozesse verlaufende selbständige Kenntnisaneignung ersetzt wird durch eine an kollektive Belehrung gebundene rezeptive Wissensaufnahme der Grundschüler" (ebd., 217).

Mit dem Zusammenbruch des Faschismus begann in der Sowjetischen Besatzungszone ein eigenständiger Abschnitt der deutschen Schulgeschichte. Als erste und zentrale politische Aufgabe wurde durch KPD und SPD 1946 formuliert: „die Jugend frei von nazistischen und militaristischen Auffassungen im Geiste des friedlichen und freundschaftlichen Zusammenlebens der Völker und in einer echten Demokratie zu erziehen" (Quellen zur Geschichte der Erziehung 1962, 490). Mit dem 1.9.1959 wurde in der DDR der erste einheitliche Lehrplan für die zehnklassige allgemeinbildende Polytechnische Oberschule veröffentlicht. Diese Schulform wurde bis 1964 in der gesamten DDR eingeführt. Die „Unterstufe" (Jahrgangsstufen 1–3, später 1–4) war in ihr keine eigenständige Schulform. Für jedes Fach und für jede Jahrgangsstufe gab es verbindliche Lehrplanfestlegungen, die im Wesentlichen bis in die 1980er Jahre Bestand hatten. So erschien der zum 1. September 1968 eingeführte Lehrplan für die 1. Klasse 1980 in 10. Auflage und war uneingeschränkt in Kraft. Mitte der 1980er Jahre erfolgte eine Überarbeitung der meisten Lehrpläne. Die Vorgaben für jedes Fach gliederten sich in „Ziele und Aufgaben", „Stoffübersicht" und „Inhalte des Unterrichts". Zu den einzelnen Inhalten war der dafür zur Verfügung stehende Stundenumfang exakt ausgewiesen. Die klare Vorgabe von Zielen und Inhalten in der Schule der DDR entsprach der Vorstellung der grundsätzlichen Planbarkeit von Bildungs- und Erziehungsprozessen (vgl. Pfeiffer 2006a).

Während der Neubeginn in der sowjetischen Besatzungszone zunehmend von der in der Sowjetunion dominierenden sozialistischen Ideologie bestimmt war, richteten sich alle Bildungs- und Erziehungsbemühungen in den westlichen Besatzungszonen auf die Umerziehung des deutschen Volkes zur freiheitlichen Demokratie. Alle Bildungs- und Erziehungsbemühungen sollten sich auf die Erziehung in der Tradition des Humanismus im Sinne christlicher Werte richten. Eine Ideologisierung und politische Instrumentalisierung der Pädagogik galt es vor dem Hintergrund der Erfahrungen des Dritten Reiches unbedingt zu vermeiden. Auf der 1948 stattfindenden Konferenz der Kultusminister aller vier Besatzungszonen in Hohenheim wurde die gemeinsame Ausrichtung der alliierten Bildungspolitik gefordert. Tatsächlich gestalteten sich in den darauf folgenden Jahren die Vorschläge zur Gestaltung der Bildungs- und Erziehungsarbeit in den einzelnen Besatzungszonen sehr unterschiedlich. Vor diesem Hintergrund und angesichts der sich verschärfenden Ost-West-Spannungen lag eine Rückbesinnung auf die demokratische Schulpolitik der Weimarer Republik nahe. So wollte man dem auf Gesellschaftsveränderung angelegten kommunistischen Reformkurs entgegenwirken (vgl. Rodehüser 1987, 439). Der Modernisierungsschub und die Infragestellung traditioneller Werte und Verhaltensorientierungen in den sechziger Jahren des 19. Jahrhunderts hatten auch Auswirkungen auf das Bildungswesen. Amerikanische Forschungsergebnisse, die auf die besonderen Lern- und Erziehungspotentiale jüngerer Schulkinder verwiesen, fanden zunehmend Gehör und hatten Auswirkungen auf die Vorstellungen von zeitgemäßem Unterricht. Schwartz, der den ersten Lehrstuhl für Grundschuldidaktik in Frankfurt am Main innehatte, forderte eine eigenständige Grundschule, die hinsichtlich möglicher Benachteiligungen des Erziehungsmilieus kompensatorisch wirke. Er verweist darauf, dass es eine wesentliche Aufgabe der Grundschule sei, Begabungen zu fördern, Kräfte und Lernaktivitäten freizusetzen und Formen der Individualisierung und Differenzierung zu gewährleisten (vgl. Schwartz 1969, 1970). Die nun einsetzende und bis in die siebziger Jahre andauernde erste Phase der Bildungsreform war einerseits gekennzeichnet durch das wachsende Bewusstsein für die Entwicklungsmöglichkeiten von Kindern. Andererseits gab es die Tendenz zu einem szientistisch verengten und auf die kognitive Lernleistung zentrierten Grundschulverständnis. Es wurde gefordert, das bisher bevorzugte Prinzip des Gesamtunterrichts abzulösen und durch den Fachunterricht auf der Grundlage detaillierter Fachlehrpläne zu ersetzen. Die neuen Lehrpläne bestätigten den Eindruck, dass die Veränderungen in den Lehr- und Lernprozessen in der Grundschule in erster Linie den Anspruch auf Wissenschaftsorientierung einzulösen versuchten.

In der zweiten Phase der Grundschulentwicklung, die in den siebziger Jahren begann und bis in die Gegenwart hinein reicht, wird der Versuch unternommen, bestimmten Einseitigkeiten und Verzerrungen zu begegnen, indem nach Möglichkeiten gesucht wird, wie „Gegenstand" und „Kind" in sachlich angemessener und kindgerechter Weise zusammengeführt werden können. Die Typenvielfalt des Lernens steht dabei im Mittelpunkt der Auseinandersetzung. Seit den siebziger Jahren sahen sich fast alle Bundesländer genötigt, ihre Lehrpläne zu überarbeiten, indem sie die weiterentwickelten Reformergebnisse aufzugreifen versuchten. Das äußerte sich zunächst darin, dass das inhaltliche Angebot reduziert wurde. Darüber hinaus – und das ist das hervorstechende Charakteristikum – konzentrierte man sich wieder auf die berechtigten Ansprüche und Lernmöglichkeiten der Kinder und korrigierte frühere Ansätze einseitiger Verwissenschaftlichung. So wies der Rahmenplan für Sachunterricht in Niedersachsen von 1982 als Aufgaben und allgemeine Ziele aus (vgl. der niedersächsische Kultusminister 1982):

„– im Schüler Interesse zu wecken, zu erhalten und zu erweitern
- die Erlebnisfähigkeit und das Neugierverhalten der Schüler zu fördern
- ihr Problembewusstsein (Fragehaltung) zu entwickeln sowie Deutungs- und Erklärungsversuche zu ermutigen
- das Spiel als kindgemäße Lebensform zu erhalten und auch zur Erschließung der Lebenswirklichkeit zu nutzen
- zur verantwortungsvollen und sachgerichteten Zusammenarbeit mit anderen zu erziehen
- an ausgesuchten Einzelfällen, z. B. mit Hilfe einfacher Versuche, zu zeigen, wie Meinung in überprüfbares Wissen überführt wird
- grundlegende und beispielhafte Situationen, Ereignisse, Vorgänge, Gegenstände und Beziehungen durchschaubar zu machen
- von der Umgangssprache auszugehen und allmählich und zielgerichtet sachgemäße Begriffe einzuführen (ebd., 5).

Fächerübergreifendes Arbeiten, vor allem in Verbindung mit dem Deutschunterricht, wurde empfohlen. Als Kriterien der Auswahl der Lerninhalte wurden „Bedeutsamkeit", „Zugänglichkeit" und „Ergiebigkeit" herausgestellt. In diesem Rahmenplan gab es zwar eine sozial- und naturwissenschaftliche Schwerpunktsetzung, aber die Wissenschaftsbereiche gehen häufig ineinander über. Den einzelnen Lernfeldern waren „Grunderfahrungen und Grunderkenntnisse", „Erkenntnisverfahren" und „Einstellungen und Verhaltensweisen" zugeordnet.

Zu vermittelnde „Grunderfahrungen" und „Grunderkenntnisse" waren z. B., dass Menschen aufeinander angewiesen sind und jeder Mensch Rechte und Pflichten hat.

Als „Erkenntnisverfahren" wurden z. B. bezeichnet: Vorgänge beobachten, beschreiben, deuten, beurteilen, Auskünfte einholen, ergänzen, vergleichen, festhalten.

„Einstellungen und Verhaltensweisen", die häufig formuliert wurden, sind: Gefühle äußern und verstehen, zur Verständigung bereit und fähig sein, mit Partnern zusammenarbeiten zu wollen und zu können. Jedem Thema sind Lernziele und Hinweise für den Unterricht zugeordnet, die Empfehlungscharakter haben, und Begriffe, die bei der Behandlung des Themas verwendet werden sollen.

Diese Rahmenrichtlinien wurden 2006 als Folge der Ergebnisse von TIMSS, IGLU, VERA und PISA durch Kerncurricula, wie sie gegenwärtig bereits in einigen Bundesländern für jedes Fach formuliert werden oder bereits vorliegen, ersetzt. In Niedersachsen legen z. B. die Kerncurricula für den Primarbereich und den Sekundarbereich I den Rahmen für den Unterricht fest. Für ihre Erprobung ist ein Zeitraum von zwei Jahren vorgesehen. Die Kerncurricula ersetzen die Rahmenrichtlinien der Fächer für die Schuljahrgänge 1–4, die curricularen Vorgaben der Schuljahrgänge 5/6 sowie die Rahmenrichtlinien für die Schuljahrgänge 7–10.

„In Kerncurricula soll ein gemeinsam geteilter Bestand an Wissen bestimmt werden, worüber Schülerinnen und Schüler in Anforderungssituationen verfügen" (Niedersächsisches Kultusministerium 2006, 5).

Außerdem weisen Kerncurricula Kompetenzen aus, d. h. „Fähigkeiten, Kenntnisse, Fertigkeiten, aber auch Bereitschaften, Haltungen, Einstellungen, über die Schülerinnen und Schüler verfügen müssen, um Anforderungssituationen gewachsen zu sein" (ebd.). Die Auswahl der konkreten Inhalte soll im Sachunterricht „nach den Prinzipien der Exemplarität und Bedeutsamkeit, aber auch unter dem Gesichtspunkt des Beitrags zum systematischen Wissensaufbau und zu der Fundierung einer Wissensgrundlage für das weitere Lernen" (ebd., 8) erfolgen. Exemplarische Inhalte, wie z. B. Tiere und Pflanzen o. ä. werden nicht ausgewiesen. Für die von der Lehrperson auszuwählenden konkreten Inhalte werden im Kerncurriculum fünf fachliche Perspektiven ausgewiesen, die bei der Behandlung des Themas zu berücksichtigen sind:

- Zeit und Geschichte
- Gesellschaft und Politik
- Raum
- Natur
- Technik (vgl. ebd. 17–26).

Daneben werden als fachspezifische Kompetenzen aufgeführt, die im Erklärungstext weiter ausdifferenziert werden:

„Erkenntnisgewinn
Urteilen und Handeln in Kontexten
Kommunikation
Lernstrategien" (ebd, 10).

Zu den fünf fachlichen Perspektiven werden die erwarteten Kompetenzen jeweils am Ende des 2. und des 4. Schuljahres ausgewiesen. Das stellt sich z. B. bei der Perspektive „Zeit und Geschichte" für das Ende des 2. Schuljahres am Beispiel einer Kompetenz folgendermaßen dar (vgl. ebd., 17, vgl. dazu auch Kap. 2.2.5):

Zeit und Geschichte

Erwartete Kompetenzen	Kenntnisse und Fertigkeiten	Mögliche Aufgaben zur Überprüfung
Die Schülerinnen und Schüler können anhand biografischer Zeugnisse und Dokumente ihre eigene Lebens- und Familiengeschichte nachvollziehen und sie in ein Verhältnis zu ausgewählten zeitgeschichtlichen Ereignissen setzen.	• eigene Lebensgeschichte recherchieren und darstellen • Dokumente und persönlich bedeutsame Zeugnisse des eigenen Lebens (z. B. Fotos, Gegenstände, Urkunden) vorstellen, vergleichen, auswerten • Zeitleiste persönlicher und darin enthaltender zeitgeschichtlich bedeutsamer Daten anlegen	• Ereignisse der eigenen Lebens- und Familiengeschichte chronologisch in eine Zeitleiste einordnen • Fotos, Bilder und Gegenstände vergangener Zeiten interpretieren und vergleichen • Zuordnen von relevanten Zeitereignissen zu Ereignissen der eigenen Lebensgeschichte (Geburt, Kindergartenbesuch, Einschulung)

Ob die Festlegung von Kerncurricula für einzelne Fächer tatsächlich zu Qualitätssicherung und Qualitätsentwicklung beitragen kann, ist angesichts der insgesamt eher geringen Relevanz von curricularen Vorgaben für Lehrerinnen und Lehrer (vgl. Pfeiffer 2006a) wohl eher skeptisch zu beurteilen.

Der verbindliche Rahmen für die bundesweite Arbeit in den Fächern Deutsch und Mathematik sind die von der KMK 2004 beschlossenen Bildungsstandards für ausgewählte Schnittstellen der allgemein bildenden Schularten – Primarbereich (Jahrgangsstufe 4), Hauptschulabschluss (Jahrgangsstufe 9) und Mittlerer Schulabschluss (Jahrgangsstufe 10). Die Länder wurden zu Beginn des Schuljahres 2005/

2006 dazu aufgefordert, die Bildungsstandards für den Primarbereich als Grundlage der fachspezifischen Anforderungen für den Unterricht zu übernehmen und sich zu verpflichten, die Standards insbesondere im Zusammenhang mit Lehrplanarbeit, Schulentwicklung, Lehrerausbildung und Fortbildung zu implementieren und anzuwenden.

> In Lehr- und Rahmenplänen, Kerncurricula und Bildungsstandards sind mehr oder weniger verbindlich Inhalte, Methoden und Lernziele der einzelnen Unterrichtsfächer festgelegt. Mit ihrer Hilfe soll gesichert werden, dass im Unterricht in den einzelnen Jahrgangsstufen an allen Schulen der Bundesrepublik vergleichbare Kompetenzen vermittelt werden. Aufbau, Verbindlichkeit und intentionale Ausrichtung von solchen Festlegungen ist abhängig von den gesellschaftlichen und bildungspolitischen Rahmenbedingungen.
>
> Im Rückblick auf die zurückliegenden Jahrzehnte lassen sich folgende Rahmenvorgaben für Unterricht hinsichtlich ihrer grundsätzlichen Intentionen voneinander abgrenzen:
>
> 1. Die Richtlinien für die Grundschule in der Weimarer Republik von 1921
> 2. Die Reichsrichtlinien für die Volksschule im Nationalsozialismus von 1933
> 3. Die Lehrpläne in der DDR
> 4. Die an die Richtlinien für die Grundschule anknüpfenden curricularen Vorgaben in der 1950er und 1960er in der BRD
> 5. Die Lehr- und Rahmenpläne seit den 1970er Jahren in der BRD
> 6. Die aktuellen Kerncurricula in einigen Bundesländern der Republik
> 7. Die 2004 verabschiedeten Bildungsstandards der KMK

2.2.3 Lernbereich Sprache

Obwohl Kommunikationsfähigkeit zu den anerkannten Schlüsselqualifikationen unserer Gesellschaft gehört, verfügen nach einer international vergleichenden OECD-Studie 14% der erwachsenen Deutschen über ausgesprochen schlechte und weitere 34% nur über mäßige kommunikative Fähigkeiten (vgl. Ott 1998, 2). Angesichts dieser alarmierenden Befunde kommt der Sprachförderung in der Grundschule im Allgemeinen und dem Lernbereich Sprache im Besonderen eine große Bedeutung zu. Der Lernbereich Sprache umfasst das Lesen und Schreiben, die Förderung des mündlichen Sprachgebrauchs, die Sprachbetrachtung, den Grammatikunterricht und den Umgang mit Texten und Büchern.

Förderung des mündlichen Sprachgebrauchs

In der aktuellen Sprachdidaktik wird der mündlichen Kommunikation als Basis für das Sprachlernen ein großer Stellenwert eingeräumt. Sprachentwicklungspsychologischen Untersuchungen zur Folge entwickeln sich vor Schuleintritt die über den Satz hinausgehenden Strukturierungsfähigkeiten. Die Kinder beginnen in Gesprächen zu erzählen, zu erklären und zu argumentieren. Sie lernen kontextangemessen zu kommunizieren und neue und alte Informationen sprachlich voneinander abzugrenzen (vgl. Lichtenstein-Rother/Röbe 2005). An diese Kompetenzen hat Schule und Sprachunterricht anzuknüpfen. In diesem Zusammenhang stellt Wallrabenstein den engen Zusammenhang von Sprache und Erziehung heraus. Dabei geht er bezogen auf das Kind von bestimmten anthropologischen Grundannahmen und bezogen auf die Erwachsenen von bestimmten pädagogischen Überlegungen aus und leitet davon Funktionen und Ziele mündlicher Kommunikation in Schule und im Unterricht ab (vgl. Wallrabenstein 1993, 50ff.). Er stellt heraus, dass Sprechen seinen Ursprung in den unmittelbaren Erfahrungen der Alltagswelt der Kinder hat, dass es dem Kind ermöglicht, die Fülle dieser Erfahrungen auszudrücken und es durch Sprache gelingen kann, die verschiedenen Bereiche der Umwelt (Zeit und Raum, Realität und Wunsch, Gedanken und Gefühle) miteinander zu verknüpfen. Diese Potentiale des Sprechens können aber nur entfaltet werden, wenn die Erwachsenen sich behutsam auf die individuellen Lernmuster und Sprecherfahrungen der Kinder einlassen und dabei die von den Kindern mitgebrachten prägenden kommunikativen Handlungserfahrungen in institutionellen Systemen (Familie, Kindergarten, Schule) berücksichtigen. So können Lehrpersonen ritualisierte Formen von Kommunikation (Morgenkreis, Erzählstunde etc.) einsetzen und vielfältige Formen der Kommunikation mit den Kindern und der Kinder untereinander fördern. Hinsichtlich der Funktionen mündlicher Kommunikation ergeben sich nach Wallrabenstein folgende Aspekte:

„• **grundschulpädagogischer Aspekt:** Mündliche Kommunikation ist zugleich zentrales Medium und Gegenstand des Unterrichts und muss deshalb für den gesamten Grundschulbereich als Sprachförderunterricht verstanden werden;

- **lernorientierter Aspekt:** Eine Sprechförderung kann heute nur integrativ an den äußerst individuellen Lernmustern und Lernvoraussetzungen deutlich unterschiedlicher Kinder mit einer lebensweltlichen Perspektive ansetzen;
- **methodischer Aspekt:** Mündliche Kommunikation erhält durch die Öffnung des Unterrichts, durch Formen differenzierten und praktischen Lernens, durch die Freie Arbeit, durch die Projektorientierung einen anderen Stellenwert und erweiterte Möglichkeiten;
- **fachdidaktischer Aspekt:** Der Aufbau einer elementaren Gesprächsgestaltung und das von Schülerinnen und Schülern mitbestimmte Konzept offener Sprachlernsituationen sind Grundlagen für die Umsetzung spezifischer fachdidaktischer Ziele im Bereich von Reden, Erzählen, Berichten, Argumentieren" (vgl. ebd., 52).

Innerhalb des Deutschunterrichts gilt es, einerseits möglichst viele und unterschiedliche Sprechanlässe zu initiieren, die es den Kindern ermöglichen, ihre Gedanke und Gefühle zu artikulieren und sich mit anderen Kindern zu verständigen und andererseits gezielte Hilfestellungen und Übungen zur Verbesserung der Kommunikationsfähigkeiten anzubieten. Solche Übungen können z. B. das Anfertigen von Stichwortzetteln, das Aufstellen von Schrittfolgen für das mündliche Erzählen, Assoziationsübungen oder das Praktizieren vielfältiger Gesprächsformen (Gesprächskreis, Diskussion, reflexives Gespräch, Debatte etc.) sein.

Der Schriftspracherwerb, Sprachbetrachtung und Grammatikunterricht

Wenn Kinder Lesen und Schreiben lernen, müssen sie vier zentrale Einsichten gewinnen. Das Kind muss begreifen,

1. dass Wörter, Wortverbindungen und Sätze (alle sprachlichen Zeichen) bestimmte festgelegte Bedeutungen haben.
2. dass Schrift nicht aus beliebigen Formen besteht, sondern aus einer begrenzten Zahl konventioneller Zeichen, den Buchstaben, und dass Wörter zwar aus unterschiedlichen aber festgelegten Buchstabenfolgen bestehen.
3. dass die Buchstabenfolge mit einer bestimmten Klangform des Wortes einhergeht.
4. dass Schrift bestimmten orthografischen Mustern folgt, die sich aus der Lautanalyse allein nicht ableiten lassen, z. B: Groß- und Kleinschreibung, Interpunktion (vgl. Brügelmann 1994, 44 ff.).

Brügelmann stellt heraus, dass es nach der Gewinnung dieser vier Einsichten keinen weiteren qualitativen Schritt beim Schriftspracherwerb mehr gibt, sondern nur noch den „graduellen Ausbau des Systems" (vgl. ebd. 47 ff.), der sich z. B. in der Sicherheit der Ableitung von Wortverwandtschaften, in der Zunahme der Aufmerksamkeit für Schrift, im Deuten von Wort und Schrift in bestimmten Kontexten und in der Automatisierung des Lesens ausdrückt.

Modul 2: Grundlegende Aufgaben der Grundschule 57

Hinsichtlich der Methodik im Bereich des Schriftspracherwerbs sind aktuell die zwischen den Vertretern der synthetischen (Aufbau des Wortes vorwiegend aus den einzelnen Elementen) und der analytischen Lehrmethode (Ausgliederung der einzelnen Elemente aus dem Wort) intensiv diskutierten Kontroversen nahezu gegenstandslos geworden. Diese Ansätze sind zugunsten einer Methodenintegration", die die positiven Momente übernimmt und die Schwächen beider zu vermeiden sucht, überwunden (vgl. Bartnitzky 2000). Konsens besteht heute darüber, dass

Lernbereich Sprache

Erstlesen- und Schreibenlernen in einer möglichst engen Verbindung zueinander stehen sollten. Unterschiedliche Auffassungen gibt es hinsichtlich der Effektivität verschiedener Unterrichtsstile. Während die Einen den eher straff gelenkten Unterricht entlang der jeweiligen Fibel bevorzugen, sprechen sich Andere für freiere Formen des Schriftspracherwerbs – etwa durch „Eigenfibeln" – aus, die die unterschiedlichen Lernvoraussetzungen der Kinder von vornherein berücksichtigen. Integriert in das schriftliche Sprachhandeln ist das Rechtschreiben. Zentrale Aussage der aktuellen fachdidaktischen Diskussion ist:

„Der Schriftspracherwerb ist nicht durch Übernahme von Konventionen gekennzeichnet, sondern durch die (Re-)Konstruktion der Schrift durch die Kinder. Für das Rechtschreiben heißt das: In Auseinandersetzung mit Geschriebenem und durch eigene Schreibungen erwerben die Kinder typische Strategien, mit deren Hilfe sie Gesprochenes zunächst mehr lautentsprechend verschriften, dann orthografische Regelungen erkennen und zunehmend berücksichtigen" (Bartnitzky 2005, 20).

Auch wenn grundsätzlich davon ausgegangen wird, dass es fraglich ist, welche Regelungen Kinder am Ende der Grundschulzeit beachten können, steht aber außer Frage, dass sich die normgerechte Verwendung von Sprache in einem sprachfördernden Unterricht gezielt fördern lässt. Bei schwierigen Wörtern verwenden Kinder zunehmend Methoden, um Wörter richtig schreiben zu können, z. B. Anhören, Ableiten, Nachfragen, Nachschlagen. Mit zunehmender Sprachkompetenz können Kinder angeleitet werden, Methoden und Fachbegriffe zu nutzen, um

Sprachhandeln zu untersuchen und darüber zu reflektieren: sie sammeln, gliedern und verändern Wörter, sie ergänzen und ersetzen Sätze und Texte, sie kennen Satzarten, sie verwenden Fachbegriffe wie Selbstlaut, Mitlaut, Wortstamm, Verb, Pronomen etc. So entwickeln sie analytische Fähigkeiten, vor allem über ihren eigenen Sprachgebrauch zu reflektieren.

Leseerziehung

Die Erfahrungen, die Kinder in den ersten zwei Schuljahren mit dem Lesen machen, sind von entscheidender Bedeutung dafür, welches Verhältnis sie in Zukunft zum gedruckten Wort haben werden (vgl. Bettelheim 1990, 20). Lange wurde Lesen als „Entziffernlernen" oder „Sinnentnahme" definiert, was häufig nicht dazu führte, dass Kinder das Lesen als sinnvoll oder potentiell wertvoll empfanden. Aktuell wird Lesen dem entgegen in der Deutschdidaktik als eigenaktiver Prozess der Sinnkonstruktion verstanden. In diesem Sinne haben solche Umgangsweisen mit Texten eine besondere didaktische Qualität, die von einem individuellen Leseinteresse und Lesebedürfnis ausgehen und eine Lesekultur in der Schule befördern, die operativ-handelnd und experimentell mit Texten umgehen und bei denen der Austausch über das Gelesene im Mittelpunkt steht (vgl. Bartnitzky, 22). Hahn verweist darauf, dass Lesen im Zeitalter von Multimedia und Internet auf keinen Fall verzichtbar geworden ist, aber in Familie und Gesellschaft immer weniger als elementare Kulturtechnik gepflegt wird (vgl. Hahn 2000). In diesem Zusammenhang kommt vor allem der Grundschule eine besondere kompensatorische Bedeutung zu. Hier müssen Kinder für das Lesen interessiert werden und grundlegende Fähigkeiten erwerben, sich literarische Texte (Erzählungen, Märchen, Gedichte etc.) und Gebrauchstexte (Aufgabenstellungen, Sachtexte, Anleitungen) zunehmend selbständig aneignen zu können. Aebli (1983) mahnt an, dass dem Lesen aber nicht nur für die alltägliche Lebensbewältigung eine wichtige Bedeutung zukommt, sondern auch der ästhetischen und ethisch-moralischen Entwicklung der Persönlichkeit ein wichtiger Stellenwert eingeräumt werden muss. In der Auseinandersetzung mit fiktiven Figuren und Handlungen, mit der Schönheit von Klang und Wort wird die Empathiefähigkeit der Heranwachsenden geschult, sie beziehen Stellung und stellen Zusammenhänge zu ihrem eigenen Leben her. Der Leseunterricht hat demnach vor allem drei Zielstellungen, für deren Umsetzung eine leseförderliche Lernumgebung und interessante und unterhaltsame Texte eine besondere Rolle spielen:

1. Die Förderung von Lesefähigkeit, der Lesemotivation und der Genussfähigkeit beim Lesen.
2. Die Entwicklung von Fähigkeiten des informierenden, des selektiven und interpretierenden Lesens.
3. Die Förderung ästhetischen Erlebens, der Fähigkeit zu Empathie und Perspektivwechsel und ethisch-moralischer Urteilskompetenz.

In der praktischen Umsetzung dieser Ziele wird Lesen in enger Verbindung mit Schreiben gesehen. „Lesen durch Schreiben" ist ein Programm für den Anfangsunterricht, das Jürgen Reichen entwickelt hat (vgl. Reichen 1982). Klassen- und Schulzeitungen, Geschichtenbücher, Tagebücher, Briefe usw. sind geeignete Textsorten der auf den Anfangsunterricht aufbauenden Jahrgangsstufen, um vielfältige Anlässe zum Schreiben und Lesen zu initiieren und so eine Schreib-Lese-Kultur in der Klasse mit vielfältigen Schreib- und Leseanregungen auf unterschiedlichem Niveau zu etablieren.

Die von der KMK erarbeiteten „Bildungsstandards im Fach Deutsch für den Primarbereich" können als Systematisierung der Intentionen des hier dargestellten Lernbereichs Sprache verstanden werden. Folgende Kompetenzbereiche, über die Schülerinnen und Schüler am Ende der vierten Klasse verfügen können sollen, werden hier ausgewiesen:

Sprechen und Zuhören	Schreiben	Lesen – mit Texten und Medien umgehen	Sprache und Sprachgebrauch untersuchen
– zu anderen sprechen – verstehend zuhören – Gespräche führen – szenisch spielen – über Lernen sprechen	– über Schreibfertigkeiten verfügen – richtig schreiben – Texte planen – Texte schreiben – Texte überarbeiten	– über Lesefähigkeiten verfügen – über Leseerfahrungen verfügen – Texte erschließen – Texte präsentieren	– grundlegende sprachliche Strukturen und Begriffe kennen – sprachliche Verständigung untersuchen – an Wörtern, Sätzen, Texten arbeiten – Gemeinsamkeiten und Unterschiede von Sprache entdecken

(vgl. KMK 2004, 7)

Da die Sprache grundlegende Bedeutung für die kognitive, emotionale und soziale Entwicklung der Kinder hat, kommt dem Lernbereich Sprache in der Grundschule eine besondere Bedeutung zu. Der Lernbereich umfasst das Schreiben- und Lesenlernen, die Schulung mündlicher Kommunikationsfähigkeit und die Reflexion über Sprache. Die einzelnen Bereiche sind eng miteinander verbunden und sind in der praktischen Umsetzung im Deutschunterricht nicht zu trennen. Lesen wird durch Schreiben gelernt und verfeinert, mündliche Kommunikation über Gelesenes und Geschriebenes mündet in Reflexionen über Bedeutung und Sinn. Grundsätzlich wird die Entwicklung von Sprachkompetenz in erster Linie als eigenaktiver Prozess gesehen, der durch einen sprachfördernden Unterricht unterstützt werden kann. Über den Deutschunterricht hinaus ist Sprache in allen Unterrichtsfächern und außerhalb der Schule eine wichtige Voraussetzung für das soziale Miteinander und gelingendes Lernen.

2.2.4 Lernbereich Mathematik

Aufgabe des Lernbereichs Mathematik ist es, die frühen mathematischen Alltagserfahrungen der Kinder aufzugreifen, diese zu vertiefen und zu erweitern und ausgehend von ihnen grundlegende mathematische Kompetenzen zu entwickeln. Dabei geht es vor allem um die Aneignung mathematischer Kenntnisse und Fertigkeiten, um die Aneignung von Fähigkeiten mathematischen Arbeitens und um die Sicherung von positiven Einstellungen (Offenheit, Neugier, Interesse) zur Mathematik (vgl. Selter 2002). Die traditionellen Sachgebiete des Mathematikunterrichts sind Arithmetik, Geometrie und Sachrechnen.

Arithmetik

Das Sachgebiet der Arithmetik beschäftigt sich mit dem Aufbau von Zahlenvorstellungen, mit dem Verhältnis von Zahlen und der Einführung und Übung des Rechnens in den vier Grundrechenarten Addition, Subtraktion (werden im 1. und 2. Schuljahr eingeführt), Multiplikation und Division (werden im dritten Schuljahr eingeführt). Die Kinder lernen, Zahlen nicht nur als Symbole zu benutzen, mit denen man rechnen kann, sondern entwickeln Vorstellungen von Zahlen, ihren Größenordnungen, ihren Eigenschaften, ihren Beziehungen zu anderen Zahlen, ihrem Auftreten im Alltag usw. Voraussetzung für sicheres Rechnen ist die gedächtnismäßige Verfügbarkeit von Wissenselementen, wie des Einspluseins, des Einmaleins oder weiterer Komponenten des so genannten „Blitzrechnens". Bei komplizierteren Aufgabenstellungen wird angestrebt, mit den Kindern verschiedene Rechenwege zu erarbeiten, um individuelles Lernen und Flexibilität zu fördern. Grundsätzlich wird davon ausgegangen, dass es einen engen Zusammenhang zwischen dem Rechnen als abstrakter gedächtnismäßigen Operation und der bildlich-gegenständlichen Vorstellung oder Handlung des Operierens mit Objekten (z. B. Zusammenfügen – Addition, Wegnehmen – Subtraktion) gibt, die im Lernprozess immer wieder nachvollzogen werden müssen, bis sie als rein geistige Operationen ausgeführt werden können (vgl. Hasemann 2003). Häufig verwendete Unterrichtsmaterialien im Anfangsunterricht sind daher Legeplättchen und Rechenstäbchen. Mit ihnen können die Schülerinnen und Schüler Rechenoperationen handelnd und visuell veranschaulichen.

Geometrie

Im Geometrieunterricht geht es um die Schulung der Raumvorstellung, um das Herstellen und Analysieren ebener und räumlicher Grundformen sowie um das Ausführen und Verstehen geometrischer Operationen. Kinder lernen Lagebeziehungen von Objekten im Raum zu erkennen und zu benennen (oben, unten, rechts, links usw.) und Bewegungen im Raum gedanklich durchzuführen. Sie lernen, sich im Raum mit Hilfe von Plänen zu orientieren und räumliche Grundformen (Dreieck, Quadrat, Rechteck, Kreis, Würfel, Quader, Kugel, Zylinder,

Pyramide) hinsichtlich ihrer Eigenschaften zu charakterisieren. Sie lernen geometrische Grundfertigkeiten – wie Zeichnen, Falten, Schneiden, Bauen – aufgabengerecht anzuwenden. Häufig verwendete Unterrichtsmaterialien sind z. B. Steckwürfel und Legeplättchen, mit denen Schülerinnen und Schüler unterschiedliche geometrische Figuren nachbauen oder nachlegen können.

Sachrechnen

Sachrechnen setzt mathematische Kompetenzen, z. B. Fertigkeiten im Rechnen, sprachliche Kompetenzen, z. B. Lese- und Schreibkompetenz und Kompetenzen aus dem Bereich des Sachunterrichts, z. B spezifisches Sachwissen über die zu berechnenden Inhalte, voraus. Ziel des Sachrechnens ist einerseits, die Schülerinnen und Schüler in der Bewältigung ihres Alltags, z. B. in solchen Bereichen wie Umgang mit Geld, Einkaufen, Berechnen von Zeit, zu unterstützen und andererseits die Alltagserfahrungen der Heranwachsenden für ein besseres Verständnis mathematischer Sachverhalte zu nutzen. Ein weiterer Aspekt des Sachrechnens ist das Kennenlernen und der Umgang mit Größen, z. B. das Berechnen von Flächen- und Raummaßen, das Umrechnen vom Metern in Zentimetern, von Kilogramm in Gramm (vgl. Winter 1997).

Ein am Kind orientierter Mathematikunterricht hat als übergeordnetes Ziel in allen Bereichen des Unterrichts das Interesse der Schülerinnen und Schüler an mathematischen Sachverhalten zu fördern und durch positive Lernerfahrungen das Selbstvertrauen in die eigenen mathematischen Kompetenzen zu stärken. Die KMK weist in den „Bildungsstandards im Fach Mathematikunterricht für die Primarstufe" als Zielstellung allgemeine inhaltsbezogene mathematische Kompetenzen auf zwei Ebenen aus, die sich auf die drei Sachgebiete – Arithmetik, Geometrie und Sachrechnen – beziehen und diese intentional ausdifferenzieren. Am Ende der vierten Klasse sollen Schülerinnen und Schüler eine bestimmte Qualität von mathematischen Fähigkeiten in folgenden Bereichen entwickelt haben, die hier nur anhand einiger Beispiele skizziert werden können:

– Problemlösen (mathematische Kenntnisse, Fertigkeiten, Fähigkeiten, Lösungsstrategien entwickeln, Zusammenhänge erkennen usw.)
– Kommunizieren (eigene Vorgehensweise beschreiben, Lösungswege anderer verstehen, mathematische Fachbegriffe verwenden usw.)

- Argumentieren (mathematische Aussagen hinterfragen, prüfen, Zusammenhänge herleiten und erkennen usw.)
- Modellieren (Sachprobleme in die Sprache der Mathematik übersetzen, zu Gleichungen und bildlichen Darstellungen Sachaufgaben formulieren)
- Darstellen (Darstellungen für mathematische Sachverhalte entwickeln, Darstellungen vergleichen und bewerten) (vgl. KMK 2004, 7f.).

Weitere durch die KMK festgeschriebene inhaltbezogene Kompetenzen sind:

- Zahlen und Operationen (Zahlendarstellungen und Zahlenbeziehungen verstehen, Rechenoperationen verstehen und beherrschen, in Kontexten rechnen)
- Raum und Form (sich im Raum orientieren, geometrische Figuren erkennen, benennen und darstellen, einfache geometrische Abbildungen erkennen, benennen und darstellen, Flächen- und Rauminhalte vergleichen und messen)
- Muster und Strukturen (Gesetzmäßigkeiten und funktionale Beziehungen erkennen, beschreiben und darstellen)
- Größen und Messen (Größenvorstellungen besitzen, mit Größen in Sachsituationen umgehen)
- Daten, Häufigkeit und Wahrscheinlichkeit (Daten erfassen und darstellen, Wahrscheinlichkeiten in Zufallsexperimenten vergleichen) (vgl. ebd., 8ff.).

Voraussetzungen für die Umsetzung dieser Zielstellungen ist, dass der Mathematikunterricht

1. anwendungs- und strukturorientiert ist, d. h. Bezüge zur Lebenswelt der Schülerinnen und Schüler herstellt und das Regelhafte und Gesetzmäßige deutlich macht.
2. entdeckendes Lernen ermöglicht, d. h. durch Bereitstellung geeigneter Materialien und Aufgabenstellung auf unterschiedlichem Niveau die selbsttätige Auseinandersetzung mit den Lerngegenständen durch die Lernenden unterstützt.
3. auf produktives Üben angelegt ist, d. h. auf ein Üben das problemorientiert, operativ oder anwendungsbezogen angelegt ist.
4. individuelles und gemeinsames Lernen unterstützt, d. h. individuelle Wege und Lösungsstrategien akzeptiert und den unterschiedlichen Lernvoraussetzungen und Lernmöglichkeiten der Kinder gerecht wird. Außerdem ist es wichtig, dass Aufgabenstellungen so formuliert sind, dass das individuelle und gemeinschaftliche Lernen einander sinnvoll ergänzen können.

Der Mathematikunterricht knüpft an die mathematischen Vorerfahrungen und das mathematische Vorwissen der Kinder an und ist darauf ausgerichtet, mathematische Kompetenzen aufzubauen, die sich auf die drei traditionellen Sachgebiete Arithmetik, Geometrie und Sachrechnen beziehen. Die Schülerinnen und Schüler erlernen das Rechnen in den vier Grundrechenarten Addition, Subtraktion, Multiplikation und Division und operieren am Ende der vierten Klasse im Zahlenraum bis 1 Mio. Sie lernen geometrische Formen kennen und Arbeitstechniken, wie das sachgerechte Zeichnen mit Lineal und Bleistift und den Umgang mit dem Winkelmesser. Sie lernen das Umrechnen von Größen und das Sachrechnen. Insgesamt sind Unterrichtsarrangements von besonderer didaktischer Qualität, die es dem Kind ermöglichen, sich anwendungs- und strukturorientiert, entdeckend und problemorientiert, individuell und gemeinsam mit mathematischen Sachverhalten zu beschäftigen und dabei unterschiedliche Lösungsstrategien zu entwickeln.

2.2.5 Lernbereich Sachunterricht

Zentrale Aufgabe des Sachunterrichts ist es, „den Kindern die Welt in ihren wesentlichen Verhältnissen aufzuschließen und sie darin zugleich in ihrem ganzen Wesen, in allen ihren Kräften herauszufordern" (Cech u. a. 2006, 7). Dieser Anspruch verweist einerseits auf die Komplexität der Gegenstände des Sachunterrichts und andererseits auf die Subjekte des Bildungsprozesses mit ihren individuellen Möglichkeiten und Sinnhorizonten. Ein Sachunterricht, der diesen Anforderungen gerecht wird, ist mehrperspektivisch, mehrdimensional und bezieht vielfältige handlungsorientierte Methoden der Auseinandersetzung ein (vgl. Kaiser 2006b, Pfeiffer 2006c).

Mehrperspektivischer Sachunterricht

Anfang der 1970er Jahre wurde in Reutlingen ein Konzept entwickelt, das die Funktion des Sachunterrichts nicht in erster Linie als vorfachlichen Unterricht sieht, der auf Fächer vorzubereiten hat, sondern eigenständig. Dieser Ansatz genießt auch heute noch eine hohe Anerkennung. Er wird mehrperspektivischer Sachunterricht genannt. Die Idee des Konzepts ist, die Orientierung der Inhalte an einzelnen Fächern, z. B. Wasser ausschließlich als chemisches Element, Mittelalter als Thema des Geschichtsunterrichts, aufzugeben und stattdessen Themen breit angelegt, ausgehend von bedeutsamen Alltagssituationen zu behandeln (vgl. Kaiser 2006b, Giel u. a. 1974). So kann das Sammeln von Steinen bei einem Strandspaziergang vielfältige inhaltliche Aspekte, z. B. geologische, naturwissenschaftliche oder ästhetische, eröffnen. Da diese Inhalte in enger Verbindung zueinander stehen und ineinander übergehen können, wird dieser Ansatz mitunter auch als „integrativ" oder „fächerübergreifend" bezeichnet. In der Auseinandersetzung mit dem Lerngegenstand soll die Wirklichkeit nicht isoliert, sondern als ein Gefüge erkennbar werden, das durch Rekonstruktion auf unterschiedlichen Ebenen verständlich wird.

Nach dem Reutlinger Konzept werden sieben Perspektiven unterschieden: die räumliche, die szenische, die institutionalisierte, die wissensbezogene und technische, die kultur-anthropologische, die körpersprachliche Perspektive und die der persönlichen Erlebnisse und Erfahrungen (vgl. Giel u. a. 1974, 15 ff.). Auch wenn Inhalte immer über ein bestimmtes methodisches Vorgehen transportiert und angeeignet werden, kann es auf der Ebene der didaktischen Reflexion im Sinne der Sachanalyse des Themas hilfreich sein, beide Aspekte zunächst separat zu be-

trachten. Der Perspektivrahmen Sachunterricht weist in diesem Zusammenhang fünf inhaltliche Perspektiven aus, deren spezifische Bildungspotentiale am konkreten Thema umzusetzen sind:
1. Sozial- und kulturwissenschaftliche Perspektive
2. Raumbezogene Perspektive
3. Naturwissenschaftliche Perspektive
4. Technische Perspektive
5. Historische Perspektive (vgl. GDSU 2002).

Deutlich wird durch diese Herangehensweise die Komplexität eines Themas, die aber nicht zu einer Stoffüberfrachtung des Unterrichts führen darf. Vielmehr gelten die verschiedenen Perspektiven als eine Art Raster, das die Ausdifferenzierung möglicher Inhalte eines Themas erleichtern kann. Aus dieser Vielfalt gilt es entsprechend der Lerngruppe (und in Absprache mit ihr) auszuwählen. Anzustreben ist dabei ein „mehrdimensionaler Sachunterricht als Bildung des 'ganzen Menschen'" (Bäuml-Roßnagl 2004, 85).

Mehrdimensionaler Sachunterricht

Geht es beim mehrperspektivischen Sachunterricht um die inhaltlichen Dimensionen des Sachunterrichts bei der Planung, zielt der Begriff des mehrdimensionalen Sachunterrichts auf die Weisen der Aneignung der Welt ab. Dabei wird von einer ganzheitlich ausgerichteten anthropologischen Perspektive, von einem ganzheitlichen Vernunft- und Lernbegriff ausgegangen, der die Dichotomisierung von Gefühl und Rationalität überwindet (vgl. ebd. 85ff.). Bäuml-Roßnagl stellt heraus, dass Sinnestätigkeit und multisinnliches Lernen notwendige Voraussetzungen abstrahierender Erkenntnisleistungen beim Sachverstehen sind und dass es einen engen Zusammenhang der Wahrnehmung der Kinder zu den Lebensäußerungen der nächsten Mitmenschen, zu Gegenständen, zu Raum und Zeit gibt (vgl. ebd., 86). In diesem Sinne fordert sie eine „multisensorische Sachunterrichtsmethodik ..., die sinnenhaft erkundend zum Ziel eines mehrdimensionalen Verständnisses von Sachlichkeit gelangt und die kindliche Fragen nach Sacherklärung im Kontext einer sinnvollen Deutung von Sachen und Sachverhalten deutet" (ebd., 89).

Eine ähnliche Auffassung vertritt auch Siller, indem er die multisensorische Weltbegegnung als ästhetisches Erkennen, im Sinne der ursprünglichen Bedeutung von „aisthesis" als sinnliches Wahrnehmen bezeichnet und zum Ausgangspunkt aller Lernprozesse im Sachunterricht erklärt (vgl. Siller 2004, 33). Da Handlungen immer an Objekterfahrungen gebunden sind, vor allem an das Ertasten, die Darstellung in Form von Bildern, an optische Vorstellungen und Sprache, an das Hören und akustische Vorstellen, wird in diesem Zusammenhang die Leiblichkeit des Menschen als wesentliche anthropologische Voraussetzung für Lernen und Sachunterricht herausgestellt. Zunächst eignet sich das Kind die Lebenswirklichkeit und damit auch alle potentiellen Gegenstände des Sachunterrichts körperbezogen und sinnlich, also rezeptiv, an, wozu auch die dialogische Verständigung über die Wahrnehmung gehört. In der produktiven Gestaltung geht es mit diesen Wahrnehmungen um, stellt Beziehungen her, sammelt, systematisiert, entdeckt, erfindet. Einen Sachunterricht, der diese Weisen der Weltbegegnung sich zu eigen macht, bezeichnet Siller als „ästhetisch integrierenden Sachunterricht" (vgl. ebd., 36). Er ist handlungsorientiert und entdeckend, erfahrungsbezogen und reflektierend.

Auch Schomaker stellt die Bedeutung des Ästhetischen für den Sachunterricht heraus. Sie versteht in Anlehnung an Seel (vgl. Seel 1993) aber unter Ästhetik nicht nur den sinnlich-leiblichen Bereich, sondern auch die Wahrnehmung der ästhetischen Erscheinung von Dingen und die Wahrnehmung und Auseinandersetzung mit Kunstobjekten (Schomaker 2004, 53). Mit Duncker (vgl. Duncker 1999) stellt sie die Bedeutung von Staunen und Sich-Wundern als sinnlich-leiblicher Wahrnehmungsvollzug, Sammeln und Ordnen als Wahrnehmung der ästhetischen Erscheinung von Dingen und die Entwicklung der Interaktions- und Kommunikationsfähigkeit über die Wahrnehmung von Kunst heraus (vgl. Schomaker 2004). Eine solche Weise der Auseinandersetzung im Sachunterricht bezeichnet sie als „ästhetische Zugangsweise" (vgl. Kap. 2.2.6).

Multimethodischer Sachunterricht

Der Begriff „multimethodischer Sachunterricht" fasst das breite methodische Spektrum des Sachunterrichts zusammen.

Methoden als Handlungsmuster	Organisationsformen des Unterrichts
Gespräche (Sachgespräche, reflexive Gespräche, sokratische Gespräche, Diskussionen, Debatten usw.)	Unterrichtsgänge/Exkursionen
	Projekte
Mind Mapping	Lernen an Stationen
Recherchieren	Wochenplanarbeit
Textrezeption	Lernwerkstätten
Textproduktion	Rituale
Kinder- und Sachbücher lesen	Partner- und Gruppenarbeit
Experimentieren	Frontalunterricht
Malen, Zeichnen und Skizzieren	Freie Arbeit
Singen und Musizieren	Präsentation
Bauen, Basteln und Modellieren	Gesprächskreise
Beobachten und Befragen	
Szenisches Spiel und Theater	
Gedankenreisen und Gedankenexperimente	

Ein mehrperspektivischer und mehrdimensionaler Sachunterricht lässt sich nur als Unterricht mit einer großen Methodenvielfalt umsetzen, bei der unterschiedliche Organisationsformen einbezogen werden.

Eine besondere Bedeutung kommt in einem mehrperspektivischen und mehrdimensionalen Sachunterricht der Methode des Gesprächs zu.

„Sachunterricht soll kommunikativ sein. Hierzu ist das Unterrichtsgespräch eine besonders geeignete Methode. Das Gespräch wird umso effektiver, je mehr die Lehrperson den Kindern Gelegenheit gibt, sich aus ihren Perspektiven mit der eigenen Ausdrucksweise zu äußern. Im Austausch zwischen den Kindern um die Sache, kann sich die Sprache weiter entwickeln, aber dann ist es eine sachliche Notwendigkeit der wechselseitigen Verständigung und nicht ein Versuch, von außen gesetzte sprachliche Formen den Kindern vorzusetzen. So wird Sprache dynamisch entwickelt und nicht von oben herab deklariert" (Kaiser 2004d, 81 f.).

Damit verweist Kaiser auf ein anzustrebendes Verhältnis zwischen Lehrpersonen und Lernenden, das als respektvoll und partnerschaftlich zu beschreiben ist. Als ein solcher Unterricht versteht sich auch der „inklusive Sachunterricht".

Inklusiver Sachunterricht

Inklusiver Unterricht findet als gemeinsames Lernen von Kindern mit und ohne Beeinträchtigungen im Rahmen des „Gemeinsamen Unterrichts" statt. Bis vor einigen Jahren wurde für die Form des Lernens der Begriff der „Integration" verwendet. Seitz erklärt die Argumentationsstruktur der Vertreter inklusiver Didaktik, die zu einem Begriffwechsel geführt hat, folgendermaßen:

„Der Begriff der 'Integration' lässt sich aus etymologischer Perspektive als Beschreibung für die 'Wiederherstellung eines Ganzen' verstehen ... Hierin ist, bezogen auf die integrative Pädagogik und Didaktik, die Vorstellung enthalten, dass es eine Gruppe von Menschen gibt, die vorangehend als 'abweichend' wahrgenommen wird und folglich wieder in ein Gesamt 'integriert' werden soll sowie eine andere Gruppe von Menschen, die diese 'integriert'. ...

Der Begriff der 'Inklusion' hingegen lässt sich so verstehen, dass ein Gesamt gar nicht erst in zwei oder mehr Gruppen zerteilt wird ..., indem z. B. Abweichungen von einer vermeintlichen 'Normalität' konstruiert werden, sondern die gesamte Gruppe ein in sich vielfältiges Ganzes mit Verschiedenheiten in mehreren Dimensionen darstellt" (Seitz 2004, 170 f.).

Die inklusive Didaktik geht also grundsätzlich davon aus, dass Lerngruppen auf verschiedenen Ebenen (Vorverständnisse, Voraussetzungen, Interessen etc.) heterogen sind und betrachtet diese Heterogenität nicht als Mangel, sondern als Herausforderung und Bereicherung, auf die die Pädagogik und Didaktik angemessen zu reagieren hat. Deutlich wird hier ein positives und optimistisches anthropologisches Grundverständnis, das nicht Defizitorientierung und Anpassung zur Grundlage hat, sondern „eine individualisierende und kompetenzorientierte Sicht auf die vielfältigen Lernweisen aller Schülerinnen und Schüler" (ebd., 175). Die inhaltliche Dimension eines solchen Sachunterrichts kann sich demnach nicht in erster Linie über curriculare Vorgaben erschließen, sondern kann nur kindbezogen entwickelt werden und muss sowohl affektive als auch kognitive Aspekte berücksichtigen. Besondere Bedeutung wird dabei dem Lernen von Kind zu Kind beigemessen. Ob die Kooperation zwischen den Kindern gelingt, wird nicht in erster Linie von den Lerninhalten und auch nicht von den Lernvoraussetzungen abhängig gemacht, sondern vor allem von der Beziehung der Kinder untereinander, wobei das Beziehungsgefüge als komplexe Struktur gesehen wird.

> Kein Unterrichtsfach in der Grundschule ist inhaltlich-methodisch so breit angelegt wie der Sachunterricht. Als mehrperspektivischer Sachunterricht umfasst er die sozial- und kulturwissenschaftliche, die raumbezogene, naturwissenschaftlich, technische und historische Perspektive. Als mehrdimensionaler Sachunterricht zielt er auf eine ganzheitliche Weltbegegnung ab, die sowohl diskursive als auch präsentative Symbolisierungen einschließt, die methodisch vielfältig (in Gesprächen, durch Zeichnen und Malen, durch Experimentieren usw.) umgesetzt werden. Das Konzept des inklusiven Sachunterrichts stellt Möglichkeiten des gemeinsamen Unterrichts aller Kinder in den Mittelpunkt. Lerninhalte und Methoden werden hier konsequent von den Bedürfnissen und Interessen der Lerngruppe und des einzelnen Kindes her entwickelt. Inklusiver Sachunterricht bedarf besonderer Rahmenbedingungen (z. B. besteht Bedarf an zusätzlichem pädagogisch geschultem Personal) und einer weitgehenden Differenzierung.

2.2.6 Musisch-ästhetische Bildung

Der Begriff der musisch-ästhetischen Bildung bezeichnet zum einen einen bestimmten Fächerbereich, der es mit Künstlerischem zu tun hat: Musik- und Kunstunterricht. Zum anderen ist damit eine ganzheitliche pädagogische Praxis gemeint, ein Unterrichtsprinzip, das alle Sinne des Kindes anspricht und auf eine Sensiblisierung aus ist, die Reflexion über das Wahrgenommene anregt. In kultur- und zivilisationskritischer Absicht zielt musisch-ästhetische Erziehung darauf ab, der zunehmenden Technisierung und Entfremdung entgegenzuwirken.

Aus anthropologischer Perspektive werden die sinnlich-leiblichen Lern- und Erfahrungsmöglichkeiten hervorgehoben, die es dem Kind ermöglichen, sich mit der Welt sinnenhaft in Beziehung zu setzen. Musisch-ästhetische Bildung kann aber auch darauf ausgerichtet sein, etablierte ästhetische Maßstäbe, z. B. an das Schöne in der Kunst, zu hinterfragen, um so zu eigenen ästhetischen Urteilen zu gelangen (vgl. Aissen-Crewet 1992, Schomaker 2004, 2006). Damit stellt musisch-ästhetische Bildung eine sinnvolle Ergänzung zum traditionell eher kognitiven und lebenspraktischen Bildungsangebot dar.

Kunstunterricht

Der aktuelle länderübergreifende Rahmenplan für das Fach Kunst von Mecklenburg-Vorpommern, Bremen, Brandenburg und Berlin stellt die vielfältigen Sinneserfahrungen und künstlerischen Strategien, die Kinder in den Unterricht mitbringen, heraus. Als Grundanliegen des Kunstunterrichts ist formuliert:

Lernbereich musisch-ästhetische Bildung

„die Entwicklung des individuellen Wahrnehmungs- und Ausdrucksvermögens des handelnden Kindes. Kunstunterricht zielt im Sinne einer ästhetischen Erziehung darauf, Schülerinnen und Schüler in ihrer Gesamtpersönlichkeit zu fördern, indem er Kopf, Herz und Hand herausfordert und miteinander in Beziehung bringt" (Ministerium für Bildung, Jugend und Sport des Landes Brandenburg u. a. 2004a, 13).

Es werden fünf Themenfelder ausgewiesen, die als gleichrangig angesehen werden und jahrgangsübergreifend immer im Bezug aufeinander bearbeitet und durch verschiedene Materialien, Strategien und Verfahren konkretisiert werden sollen:

Grundlegende Erfahrungsbereiche

- Mensch und Gesellschaft
- Räume und Lebensumfeld
- Vorstellungswelten
- Natur und Umwelt
- Zeit und Rhythmus
- Medien

Künstlerische Strategien

- Bildhaft gestalten und ausdrücken
- Formen, Bauen und Konstruieren
- Erforschen
- Sammeln
- Collagieren (im Sinne von Denkhandeln)
- Verfremden
- Inszenieren

Material

- Elementares
- Papiere und Pappen
- Verpackungen und Behältnisse
- Textile Stoffe aller Art
- Accessoires und Gebrauchsgegenstände
- Werkzeuge aller Art
- Fundstücke
- Pflanzliche und tierische Materialien
- Farben und Stifte

Verfahren und Techniken

- Malen
- Zeichnen
- Drucken
- Collagieren (im Sinne eines Verfahrens)
- Plastisches und skulpturales Arbeiten
- Spielen und Agieren
- Fotografieren, Video, digitale Bildmedien

Künstlerinnen/Künstler und Kunstwerke aus unterschiedlichen Zeiten und Kulturen (vgl. ebd., 21)

In der konkreten Umsetzung werden im Kunstunterricht z. B. Collagen aus Naturmaterial zum Thema „Herbst" hergestellt, Selbstporträts gezeichnet oder zu unterschiedlichen Themen Skulpturen aus Speckstein kreiert.

Musikunterricht

Wie der Kunstunterricht soll auch der Musikunterricht an die Vorerfahrungen der Kinder anknüpfen und sie auf ihrem Weg zu sinnlichen Erkenntnissen und ästhetischen Erfahrungen begleiten.

„Im Singen, Musizieren, Hören und Bewegen erleben und erkunden die Schülerinnen und Schüler

- die Musikwelt in ihren vielfältigen Bereichen und Beziehungen,
- Methoden und Verfahren, um mit Musik unterrichtlich, außerunterrichtlich und außerschulisch umzugehen,

- das tolerante und kooperative Miteinander bei der Gestaltung musikalischer Handlungen sowie den angemessenen Umgang mit Kritik,
- das wachsende Selbstvertrauen in die eigene Gestaltungsfähigkeit und Urteilskraft" (Ministerium für Bildung, Jugend und Sport des Landes Brandenburg u. a. 2004b, 13).

Es werden drei Themenfelder ausgewiesen, die wie die fünf Themenfelder des Kunstunterrichts immer im Bezug aufeinander bearbeitet werden sollen:

Musik erfinden, wiedergeben und gestalten
- Rhythmische Arbeit
- Stimme und Liedrepertoire
- Umgang mit Instrumenten
- Musikalische Gestaltungselemente

Musik hören, verstehen und einordnen
- Wahrnehmung und Differenzierung
- Beschreibung und Werturteil
- Musikalische Formen und Inhalte
- Wirkungen und Funktionen von Musik
- Musik bei uns und anderswo

Musik umsetzen
- Musik und Bewegung
- Musik und Bild
- Musikzeichen und -schriften
- Musik und Sprache
- Musik und Szene
- Musik und Medien

(vgl. ebd., 20).

In der konkreten Umsetzung werden im Musikunterricht z. B. Klanggeschichten erarbeitet, Lieder einstudiert oder Ausschnitte aus klassischen Werken gehört, interpretiert und mit Zeichnungen illustriert.

Fächerübergreifende musisch-ästhetische Bildung

Musisch-ästhetische Bildung findet aber nicht nur und wahrscheinlich auch nicht in erster Linie in separaten Unterrichtsfächern statt. Sie findet Eingang in alle Unterrichtsfächer (z. B. bei der Auseinandersetzung mit Texten im Deutschunterricht, beim Experimentieren mit geometrischen Formen im Mathematikunterricht, bei der künstlerischen Umformung von Naturphänomenen im Sachunterricht oder beim Turnen im Sportunterricht) und ist Bestandteil der Schulkultur (z. B. beim Feiern von Festen oder bei der Gestaltung von Räumen). Sie findet ihren Ausdruck in der Verwendung von Unterrichtsmaterialien und Lehrbüchern und in Ritualen (z. B. beim gemeinsamen Singen des Morgenliedes).

> Musisch-ästhetische Bildung spricht die Emotionalität, Fantasie und Kreativität des Kindes in besonderem Maße an. Es unterstützt ein Lernen mit allen Sinnen und stellt damit einen Ausgleich zur vordergründigen kognitiven Auseinandersetzungen mit der Welt dar. Musisch-ästhetische Bildung steht im Mittelpunkt des Kunst- und Musikunterrichts und ist darüber hinaus ein durchgängiges Unterrichtsprinzip und Teil der Schulkultur.

2.2.7 Bewegungsfähigkeit fördern

Der Bewegungsförderung kommt, angesichts der Tatsache, dass sich Kinder in unserer mobilen Gesellschaft immer weniger bewegen, eine besondere Bedeutung zu. Es wird davon ausgegangen, dass die Motorik eng mit sensorischen und psychischen Prozessen verbunden ist. Jedes menschliche Verhalten umfasst motorische, emotionale und psychische Prozesse. Bewegungsförderung ist Ziel des Sportunterrichts aber auch des gesamten Schulalltags. Das Kind soll Freude an der Bewegung haben, soziale Kompetenzen erwerben, motorische Fertigkeiten verfeinern, die kognitive Leistungsfähigkeit kann durch Bewegung gesteigert werden ebenso wie die Geschicklichkeit. Klafki zählt die Bewegungsfähigkeit sogar zu den fünf wesentlichen Sinndimensionen von Bildung (Klafki 2005, 183 ff.).

Lernbereich Bewegung

Sportunterricht

Als Kernziel für den Sportunterricht formuliert der Rahmenplan für das Fach in Hamburg:

„die kindliche Lust und Freude an Bewegung, Spiel und Sport zu wecken und zu entwickeln sowie die körperliche Entwicklung durch positive Bewegungserlebnisse zu fördern" (Kultusministerium der Freien und Hansestadt Hamburg 2003, 5).

Bewegungsinhalte sind sowohl Körpererfahrungen (Wechsel von Anspannung und Entspannung, Wirkungen von Bewegungen etc.) als auch die Auseinandersetzung mit der materialen Umwelt (Nutzung der räumlichen Umwelt als Bewegungsumwelt) und die Auseinandersetzung mit der sozialen Umwelt (Wahrnehmung unterschiedlicher motorischer Leistungsfähigkeit, Umgang mit Regeln und Rollen etc.). Diese Bewegungsinhalte werden im Sportunterricht durch Erkunden, Üben, Wettkämpfen, Gestalten und Spielen erschlossen. Bei der Ausdifferenzierung der Inhalte werden folgende Bewegungsfelder differenziert:

Körper:	Sich ohne Gerät bewegen
Spiel:	Sich im Spiel bewegen
Geräte:	Sich mit und an Geräten bewegen
Musik:	Sich mit Musik bewegen
Wasser:	Sich im Wasser bewegen
Gelände:	Sich im Gelände bewegen (ebd., 9)

Kinder sollen im Sportunterricht laufen, springen, raufen und ringen, sie sollen Sportspiele kennen lernen, spielen und angemessen mit Sieg und Niederlage umgehen lernen, mit Sportgeräten umgehen und dabei Werfen, Stoßen, Fangen, Jonglieren etc. üben, sich zu Musik frei oder rhythmisch bewegen und Schwimmen und Tauchen praktizieren. In Projekten können sich Kinder mit verschiedenen Aspekten der Bewegungsförderung beschäftigen, z. B. Was haben Kinder früher gespielt? Was spielen Kinder in anderen Ländern? Was kann man auf dem Schulhof spielen? Warum kommt man beim Bewegen ins Schwitzen? Was sind Olympische Spiele oder Weltmeisterschaften? Kinder können aber auch materielle Produkte herstellen, die zur Bewegungsförderung eingesetzt werden können, z. B. Bewegungsspielgeräte (Bumerang, Frisbeescheibe) (vgl. ebd, 17).

Bewegungsförderung als übergeordnetes Ziel von Unterricht und Schule

Bewegung, Spiel und Sport sind aber nicht nur Bestandteile des Fachunterrichts, sondern wichtige Elemente in allen Unterrichtsfächern und im gesamten Schulleben.

Aufgabe der Schule ist es, für bewegungsfreundliche Innen- und Außenräume (Schulhaus- und Pausenplatzgestaltung) zu sorgen, die vielfältige Spielaktivitäten ermöglichen.

Kinder können dazu angeleitet werden, Sportanlässe selbst zu planen und gemeinsam durchzuführen, z. B. Spielturniere, Spiel- und Sportfeste, Fahrradtouren, Zirkusaufführungen, Tanzdarbietungen. Wandertage und Schulfahrten sind größere Unternehmungen, die ebenfalls zur Bewegungsförderung beitragen können.

Darüber hinaus gibt es in den einzelnen Bundesländern spezielle Initiativen. So wurde in Niedersachsen 2002 das Projekt „Bewegte Schule" ins Leben gerufen, das sich zur Aufgabe macht, Schule durch eine kind-, lehrer- und lerngerechte Rhythmisierung des Unterrichts, durch bewegtes Lernen, durch bewegte Pausen, durch bewegte Organisationsstrukturen, durch bewegtes Denken und die Öffnung von Schule zu verändern. Zur Idee der „Bewegten Schule" gibt es inzwischen umfangreiche Publikationen, die zur Umgestaltung des gesamten Schullebens hin zu mehr Bewegungsförderung anregen können (vgl. u. a. Dietrich 1992, Kuhn 2007).

Der Entwicklung und Förderung motorischer Fähigkeiten kommt in der Grundschule eine besondere Bedeutung zu. Kognition, Emotionalität und Motorik stehen in einem engen Wechselverhältnis und können sich wechselseitig fördern. Bewegungsförderung findet nicht allein im Sportunterricht statt, sondern in allen Unterrichtsfächern. Eine ausgeprägte Feinmotorik ist z. B. eine wichtige Voraussetzung für das Lesen- und Schreibenlernen. Darüber hinaus ist Bewegungsförderung eine Aufgabe des gesamten Schullebens. Bewegungsfreundliche Räume und vielfältige Bewegungsanlässe können dazu beitragen, dass Kinder motorische Fähigkeiten erwerben und verfeinern können.

2.8 Ethik- und Religionsunterricht

Ethik- und Religionsunterricht gibt es in den meisten Bundesländern von der ersten Jahrgangsstufe an. Religionsunterricht wird in der Bundesrepublik als Evangelischer und als Katholischer Religionsunterricht erteilt. Meistens hat der Ethikunterricht den Status des Ersatzunterrichts zum Religionsunterricht und wird von den Schülerinnen und Schülern besucht, die den Religionsunterricht abgewählt haben. In Mecklenburg-Vorpommern heißt das Fach „Philosophieren mit Kindern". Hier ist Ethik ein fester Bereich des Unterrichts. In Berlin wird unter dem Dach des Humanistischen Verbandes „Lebenskundeunterricht" erteilt. In der Grundschule wählen die Erziehungsberechtigten eines der Bildungsangebote für ihre Kinder, ab dem 14. Lebensjahr dürfen die Heranwachsenden selbst entscheiden.

Lernbereich Ethik-Religion

Ethikunterricht

Im Ethikunterricht setzen sich die Schülerinnen und Schüler mit grundlegenden Fragen des persönlichen Lebens, des Zusammenlebens von Menschen und mit grundsätzlichen Sinn- und Wertfragen auseinander. Ziel ist es, zu einer differenzierteren Wahrnehmung der Wirklichkeit, zu reflektierten Vorstellungen und argumentativ begründeten Urteilen zu gelangen. Konkret hilft der Ethikunterricht:

- „• über die Gründe unseres Handelns nachzudenken und ethisch begründet zu handeln,
- Sensibilität und Bewusstsein dafür zu bilden, dass Menschen im Unterschied zu allen anderen Lebewesen moralische Wesen sind und aus dieser Einsicht heraus Entscheidungen treffen können,
- den Weg zu mündiger Lebensgestaltung zu beschreiben und so die Erziehung zu Nachdenklichkeit sowie zur Anerkennung gesellschaftlich vereinbarter Werte und Normen zu ermöglichen,
- das Gute und das Richtige zu finden und zu tun" (Kultusministerium des Landes Sachsen-Anhalt 2005, 5)

Themen, die im Ethikunterricht behandelt werden, sind z. B. „Miteinander in Familie, Schule und Gesellschaft", „Ich im Wir, Wir im Ich", „Wir in der Welt" (vgl. ebd.). In der Auseinandersetzung mit diesen Lerngegenständen erwerben die Schülerinnen und Schüler Kompetenzen im Wahrnehmen und Deuten, im Analysieren und Schlussfolgern, im Denken in Gegensätzen und im kreativen und spekulativen Denken. Das Unterrichtsgespräch spielt im Ethikunterricht eine besondere

Rolle. Es wird mit vielfältigen weiteren Methoden (Malen und Zeichnen, Gedankenexperimente, Darstellendes Spiel, Textarbeit u. a.) so verknüpft, dass den Kindern eine methodisch vielfältige Auseinandersetzung mit für sie bedeutsamen Fragen und Inhalten ermöglicht wird (vgl. Matthews 1991, Schreier 1999, Pfeiffer 2002, 2004).

Evangelischer und katholischer Religionsunterricht

Religionsunterricht hat in der Grundschule die elementare Einführung in den Glauben und seine kulturellen Auswirkungen zum Ziel. Er wendet sich an alle Schülerinnen und Schüler, ungeachtet ihrer jeweiligen religiösen und weltanschaulichen Überzeugungen. Er führt in verschiedene religiöse Bekenntnisse ein. Dabei werden jeweils drei Ausdrucksformen von Religion näher thematisiert:

„• die der jeweiligen Religion eigenen Grunderzählungen, in denen das Welt- und Lebens-, Gottes- und Menschenverständnis entfaltet wird;
- das der jeweiligen Religion eigene Ethos in Form von grundlegenden ethischen Einsichten, moralischen Normen und ethischen Verhaltensmustern;
- die der jeweiligen Religion eigenen Feste, symbolischen Handlungen und Riten, mit denen Menschen ihre alltäglichen Handlungen unterbrechen und sich dessen vergewissern, was als ihr Leben bestimmend verstanden wird" (Kultusministerium der Freien und Hansestadt Hamburg 2004, 5).

Als didaktische Grundsätze des Religionsunterrichts weist der Rahmenplan für das Fach Evangelische Religion Schüler- und Lebensweltorientierung, Traditionsorientierung, Dialogorientierung, Authentizität und Wissenschaftsorientierung aus. Inhaltliche Themenbereiche sind: „Ich lerne mich selbst und die anderen besser kennen" „Wir leben in der Gemeinschaft" „Was Menschen in ihrem Glauben wichtig ist" „Wir leben in einer Welt" (vgl. ebd., 10ff.). Die methodischen Vorschläge für die unterrichtspraktische Umsetzung der Inhalte korrespondieren mit denen des Ethikunterrichts.

Die Rahmenpläne für das Fach Katholische Religion orientieren sich stärker als die des Faches Evangelische Religion auf die Unterweisung in den christlichen Glauben. Es wird deutlicher ein Verständnis der Bibel und das Bekenntnis zu Jesus Christus thematisiert.

Die verschiedenen Formen des Ethik- und Religionsunterrichts in Deutschland haben die Auseinandersetzung mit grundsätzlichen Sinn- und Wertfragen zum Ziel. In der Begegnung mit den ethisch-moralischen Grundlagen unserer Gesellschaft sollen Kinder lernen über ihre Stellung in der Welt und ihre Verantwortung für ihr Leben und die Gesellschaft nachzudenken. Während im Ethikunterricht dabei keine Vorentscheidungen getroffen sind, die über den Wertekonsens der Gesellschaft, wie er etwa im Grundgesetz oder in den Menschenrechtskonventionen festgeschrieben ist, hinausgehen, steht im Mittelpunkt des Religionsunterricht die Auseinandersetzung mit dem Glauben in seinen kulturell tradierten Formen.

Modul 3: Erziehung und Bildung im Kindesalter

3.1 Geschichte und Anthropologie der Kindheit

Kinder sind eine Brücke zum Himmel.
Persische Weisheit

3.1.1 Geschichte der Kindheit

Auf den ersten Blick erscheint es überflüssig zu sein, über die Geschichte der Kindheit nachzudenken. Schließlich gab es schon immer Kinder. Doch sie wurden nicht immer gesellschaftlich als besondere Gruppe angesehen.

Über Kinder ist viele Jahrhunderte nicht besonders nachgedacht worden, denn es gab noch keine spezifische Kindheitsphase (Aries 1978). Im Mittelalter war in bäuerlichen Familien wie auch im städtischen Ganzen Haus die heutige Unterscheidung zwischen Altersgruppen nicht gegeben. „Das Kind im Mittelalter kann somit als Erwachsener in Miniaturausgabe definiert werden. Diese Definition beinhaltet gleichzeitig, dass der kindliche Lebensbereich gänzlich mit dem des Erwachsenen jener Zeit deckungsgleich war" (Hein 2004, 16). Zwar wurde noch den Menschen in den ersten Lebensjahren wenig Alltagskompetenz zugestanden, aber „als Zäsur für das Ende der Kindheit im engeren Sinne galt im Laufe der Geschichte das 7. Lebensjahr als relativ konstante Größe. Noch am Ende des 18.Jahrhunderts bezog sich rechtlich der Begriff „Kind" auf das Lebensalter zwischen Geburt und sieben Jahren" (ebd., 26). Sobald die Kinder in der Lage waren, bei der Ernte oder anderen Arbeiten mit den Erwachsenen zusammen anzupacken, wurde ihnen kein besonderer Status als Kind zugesprochen, sie waren „mit dem siebten Geburtstag […] voll ins Arbeitsleben integriert" (Hein 2004, 27).

„Durch die im 16. Jahrhundert allmählich beginnende „Entdeckung der Kindheit" entsteht eine spezifische Lebenssphäre der Kinder, es entsteht eine spezifische Kinderkultur, -kleidung, -literatur, Kinderspielzeug und Kinderzimmer" (Rohlfs 2006, 19). Erst mit der vollen Herausbildung des Bürgertums ist eine spezielle Kindheit im Bewusstsein entstanden (Aries 1978; Postman 1983; DeMause 1980). Nun wurden auch schulische Einrichtungen für diese Phase verstärkt ausgebaut.

Ein besonderer Ausdruck dieser Zeit ist das naturromantische Kindheitsbild von Rousseau (1963 (3)), der erstmals deutlich schrieb, dass „Kinder eine andere Wahrnehmung- und Denkweise als Erwachsene und ein Recht auf ein kindliches Eigenleben haben" (Valtin 1996, 173). Doch dieser Anspruch ist über Jahrhunderte weitgehend theoretisch geblieben und wenig in die Erziehungs- und Bildungspraxis umgesetzt worden.

Renate Valtin formulierte: „Dem Kind in seinem Denken zu begegnen ist ein uneingelöstes Postulat der Grundschule geblieben". Auf den ersten Blick wirkt diese Setzung sperrig und scheint dem bisherigen wissenschaftlichen Entwicklungsstand zu widersprechen. So gab es schließlich zu Beginn des 20. Jahrhunderts eine aus verschiedenen kulturellen, politischen und ideologischen Wurzeln getragene Bewegung „Pädagogik vom Kinde aus", die auch für das Grundschulalter pädagogische Modelle und Theorien lieferte – ja sogar direkt zur Gründung der Grundschule beigetragen hat, was aus dem arbeitspädagogischen Richtungsstreit auf der großen Reichsschulkonferenz unschwer zu folgen ist.

> Kindheit hat sich erst mit der bürgerlichen Gesellschaft historisch herausgebildet. Das Postulat, die Kindheit in pädagogisches Denken substantiell einzubeziehen, bleibt bislang uneingelöst.

3.1.2 Anthropologie der Kindheit

Gegenwärtig überwiegt eine soziologisch bestimmte Sichtweise von Kindheit. Populär wird von veränderter Kindheit geredet und damit gemeint, dass durch veränderte Familienverhältnisse und Scheidungen, verstärkten Medienkonsum mehr schwierige Einzelkinder in die Schule kämen, die Aufmerksamkeitsstörungen haben und soziale Defizite. Diese Legendenbildung arbeitet mit dem Muster sozialer Bedingtheit von Kindern. Auch die ernst zu nehmende empirische Forschung von Kindern heute beschäftigt sich mit dem sozialen Umfeld, den Bedingungen des Aufwachsens und ihren Einflüssen auf die Entwicklung. Kinder generell anthropologisch zu betrachten, kommt heutzutage seltener vor. „In neueren Forschungen zur Anthropologie des Kindes wird vermieden, Kategorien zu verwenden, die überzeitliche und wesenhafte Züge des Kindes beschreiben" (Duncker 2001, 111).

Die Realität von Kindern wird sehr stark über die Bilder, die eine Gesellschaft von ihnen hat, wahrgenommen. „Das Bild des Kindes in der neuzeitlichen Auffassung wurde im Wesentlichen durch zwei Momente bestimmt. Relevant wurde zum einen die Vorstellung von der kindlichen Unschuld und der damit implizierten Schutzbedürftigkeit. Auf der anderen Seite galten Dummheit und Schwäche als Charakterisierungsmerkmale des Kindes, die beseitigt werden mussten, d.h. Erziehung wurde zu einer unbedingten Notwendigkeit" (Hein 2004, 39). Auch damals lagen bestimmte wertende Grundannahmen zugrunde. Heute liegt der Fokus auf dem kulturpessimistischen Klagen über veränderte Kindheit, bei dem die Potenziale von Kindern negativ gesehen werden. Empirische Untersuchungen (vgl. Kaiser/Röhner 2000) zeigen allerdings, dass Kinder im Grundschulalter bereits große Fähigkeiten zum Gestalten ihrer Welt haben und keinesfalls diese passiven Opfer der Medien- und Konsumwelt sind.

Historisch war die anthropologische Sichtweise von Kindern in der Pädagogik früher als die soziologische und ist von dieser erst überformt worden. Aus anthropologischer Perspektive wurde zwar der Kindheit ein Eigenwert zugeordnet, aber diese gerade nicht in ihrer sozialen Verwobenheit betrachtet. Die anthropologischen Aussagen über Kinder sind weitgehend spekulativ und entstammen den jeweiligen Beobachtungen. Jede einzelne klingt plausibel. So scheint es generell akzeptabel zu sein, wenn gesagt wird: „Am Anfang ihres Lebens, als Kinder, sind Menschen so neugierig, begeisterungsfähig und offen für alles, was es in der Welt zu erleben gibt, wie nie wieder im späteren Leben" (Hüther/Nitsch 2004, 18). Doch sobald wir weiter in die pädagogische Literatur schauen, finden wir etliche davon abweichende Kataloge von Merkmalen von Kindern, die ihnen generell zuzuordnen sind. Schon seit den pädagogischen Klassikern der Reformpädagogik werden unterschiedliche Kataloge anthropologischer Konstanten (vgl. vorigen Abschnitt) ohne empirische Überprüfung aufgestellt. So unterscheidet Else Petersen (1965, 40ff.) vier Grundkräfte bei Kindern, die sie vermutlich aus ihren langjährigen Beobachtungen an der Jena-Plan-Schule sowie ihren eigenen pädagogischen Vorstellungen herausgefiltert hat:

1) Bewegungsdrang
2) Drang zu selbständigem Tun
3) Gesellungsdrang
4) Verlangen nach straffer Führung

Bewegungsdrang: Beispiel Mädchen aus Vietnam

Kobi (1975 (2)) hat Jahre später aus psychologischer Perspektive für das „normal entwickelte Schulkind" folgende Grundzüge unterschieden:

- Vitalität
- Lebensfreude
- geistige Interessiertheit
- Sinnenhaftigkeit
- Kontaktfreudigkeit
- Realitätsbezogenheit
- Leistungsbereitschaft
- Selbstbestimmtheit (Kobi 1975 (2), 11–12)

Modul 3: Erziehung und Bildung im Kindesalter 81

Geistige Interessiertheit: Jungen aus Argentinien

Die Übereinstimmung in vielen Punkten ist auffällig, aber es gibt bei beiden Listen auch Akzente, die mehr über die Deutungen der Autoren ausdrücken als über die Kinder. Heute sind derartige Listen nur noch selten zu finden, manchmal gibt es Aussagen über die Annahme bestimmter anthropologischer Merkmale. So behauptet Soostmeyer: „Wissenschaftliches Denken und Handeln stellt ein anthropologisches Grundphänomen dar" (Soostmeyer 2002, 10). Das Merkmal „Forscherdrang" wurde in den beiden zuerst genannten Schriften nicht erwähnt. Gerade weil es so verschieden akzentuierte Ansätze gibt, halten wir es für eine wichtige Aufgabe, derartige Merkmale zu sammeln und der kritischen Diskussion zu öffnen wie auch empirisch zu überprüfen.

Ein besonders häufig betontes Merkmal ist die kindliche Entdeckerlust oder Neugier (Meiers 1994, 33). Gareth Matthews sieht bei Kindern vor allem: „Sinn für Rätselhaftes und Entdeckung, ihr unverdorbener Sinn für Ungereimtheiten und Unpassendes und die Dringlichkeit ihres Verlangens, den Sinn aller Dinge zu erkennen" (Matthews 1989, 17) und betont damit neben der Seite der Entdeckungsfreude auch die Seite der Sinnsuche. Ebenfalls schon bei Langeveld (1968) und vielen späteren Pädagoginnen und Pädagogen wird immer wieder betont, dass das Kind schöpferisch ist. Er betont aber auch die andere Seite kindlicher Bedürfnisse, nämlich die Hilfsbedürftigkeit und Suche nach Geborgenheit. Popp sieht die anthropologischen Konstanten der Kinder eher in einem zweipoligen Modell von „Behütung, Orientierung, Lenkung, Bindung, Belehrung und Beistand einerseits und Offenheit, Ermutigung, Herausforderung, Freiraum, Erfahrung und Wagnis andererseits" (Popp 1994, 61). Es ist auch zu beobachten, dass Kinder im Grundschulalter „eine Lust daran (haben), eine nützliche Aufgabe zu übernehmen und sie gut zum Ende zu bringen. Diese Lust ist der Werksinn" (Schreier 1994a, 61). Andererseits kann neben der Freude am handelnden Tun auch der Geborgenheitswunsch bei Grundschulkindern deutlich beobachtet werden. Röhner wiederum verweist – diesmal auch empirisch erhärtet – auf die in diesem Alter grundsätzlich hohe positive Besetzung von Natur: „Das Interesse der Kinder an der Natur, das sie in ihren Texten zeigen, korrespondiert insofern mit einer psychosozialen Grunddisposition dieser Alters- und Entwicklungsstufe" (Röhner 2000, 208). Dies entspricht der auch in der amerikanischen Forschung bekannten Formel von der Biophilie (Gebauer/Harada 2005), das heißt der prinzipiellen Liebe von Kindern zu allem Lebendigen. Andere Autoren halten körperliche Dimensionen von Bewegung und Motorik für das wesentliche Merkmal von Grundschulkindern: „Für den Großteil der Kinder im Grundschulalter ist gesteigerte Bewegungsfreude charakteristisch und stellt eine bedeutsame motivationale Komponente für die Erweiterung des Bewegungsrepertoires und zunehmende motorische Leistungsbereitschaft dar" (Dreher 2001, 121 f.). Wir müssen davon ausgehen, dass ein breites Geflecht an Motiven in der Kinderwahrnehmung vorhanden ist. Noch können wir nicht sagen, welche Kategorien anthropologisch konstanter Merkmale wirklich übergreifend und unabhängig von den anderen zu definieren sind. Dies ist erst durch intensive Forschung möglich. Vorerst kann man nur aus den verschiedenen Beobachtungen und Vermutungen interpretative Zusammenstellungen machen. Deshalb haben wir eine vorläufige Liste aus den vorhandenen Katalogen entwickelt. Danach haben Kinder generell – unabhängig von der jeweiligen Kultur das Bedürfnis danach ...

- intensiv emotional zu erleben
- sich zu bewegen
- handelnd tätig zu sein
- selbständig tätig zu sein
- geborgen zu sein
- gemeinsam mit anderen Kindern zu sein
- Freundschaft zu erleben
- Spaß zu haben
- Ernst (für groß) genommen zu werden
- Sinn zu suchen
- Liebe zum Detail und Interesse an kleinen Dingen zu haben
- Liebe zur Natur (Biophilie) zu haben
- Liebe zum Schönen zu haben
- gern zu entdecken und zu enträtseln (vgl. Kaiser 2006b)

Modul 3: Erziehung und Bildung im Kindesalter 83

Interesse an kleinen Dingen: Mädchen aus Laos

Wenn wir diese subjektiv kategorisierten Motive von Kindern hier als anthropologische Grundlagen ansehen, aus denen weiteres Handeln und Lernen erwächst, dürfen wir sie gleichzeitig nicht als völlig natürlich missverstehen. Denn sie sind Potenziale von Kindern, die bereits im Vorschulalter durch bestimmte Umstände gefördert, verformt oder gar reduziert werden können. Stähling schränkt idealisierende Gedanken vom kindlichen Entdeckerdrang als per se gegebene Bedingung deshalb aus der unterrichtlichen Beobachtung klar ein: „Potenziale sind nicht automatisch gegeben, sondern müssen in der Schule auch begleitend entwickelt werden. Durch genaue Beobachtung der Vorgänge beim Forschen und Entdecken stelle ich fest, dass Entdeckungen nicht „von selbst" kommen. Sie müssen durch hartnäckige und geduldige Probiererreien erkämpft werden. Kindliche Neugier ist offen und nur auf die Erscheinungen gerichtet. Forscher-Interesse und Entdecker-Mühen dagegen sind aufwändiger. Sie grenzen ein Thema ein und konzentrieren sich auf ausgewählte Fragestellungen. Und sie erfordern eine gute Arbeitshaltung" (Stähling 2006, 136).

Interesse an Tieren: Beispiel aus Deutschland	Kontaktfreude mit anderen Kindern: Beispiel aus Chile

Gleichwohl ist es wichtig, die anthropologischen Merkmale von Kindern in das grundschulpädagogische Handeln einzubeziehen, um eine kindgerechte Grundschule zu entwickeln. Denn Kindheit ist eine eigenständige Phase in unserer Gesellschaft und wir müssen lernen, das Besondere dieser Phase zu erkennen und es in der pädagogischen Praxis einzubeziehen. Dazu gehört als erster Schritt, dass die künstliche Trennung von Spielen und Lernen aufgehoben wird. Denn „zur Realisierung einer kindorientierten Grundschule sollte Lernen und Spielen begrifflich nicht getrennt werden" (Drews/Schneider/Wallrabenstein 2000, 31).

Spiegel und Selter (2003) haben bereits allgemeine anthropologische Merkmale bezogen auf den Mathematikunterricht übertragen:

„Kinder sind neugierig und wollen dazu lernen

Nicht nur Dinge, die von praktischem Nutzen sind. Wenn sie jung sind, ist alles, was Erwachsene tun und wissen, interessant, wissens- und nachahmenswert. Und auch später gibt es viele Kinder, die Spaß an Zahlen und Rechnen nur um dieser Dinge selbst willen haben. Natürlich legen sie sich auch ganz besonders ins Zeug, wenn es darum geht, mit Hilfe von Mathematik ein Problem zu lösen, das sie ganz besonders betrifft – sei es die gemeinsame Planung der Verpflegung für den Schulbauernhofaufenthalt oder das Berechnen der eigenen Gesamtpunktzahl bei den Bundesjugendspielen.

müssen nicht alles vorgesagt bekommen

Sie können sich auch selbst einen Reim auf die Dinge machen, denen sie begegnen. Sie sind erfinderisch und wissen sich zu helfen. Sie sind in der Lage, das von der Mathematik selbst zu entdecken, was entdeckt werden kann. ...

wollen zeigen, was sie können

Sie stellen Ansprüche an sich und „streben nach Höherem"; sie sind stolz auf das, was sie können; sie haben bisweilen ein Gespür dafür, welches die fortgeschritteneren und welches primitivere Methoden sind.

müssen eigene Wege gehen

Kinder wollen das, sie tun es, wenn man sie lässt, und sie müssen es auch: Wer erfolgreich einen eigenen Weg zur Lösung eines Problems gegangen ist, hat mehr für das Selbstvertrauen in die Kraft des eigenen Denkens gewonnen als derjenige, der erfolgreich imitiert hat, was ihm vorgemacht wurde. ...

können häufig mehr, als man erwartet

Das stellt man fest, wenn man mal genauer hinguckt. Dann werden geradezu erschreckende Unterschiede sichtbar zwischen dem, was Erwachsene meinen, was Kinder schon wissen, und dem was sie tatsächlich wissen. Was Kinder aber auch in höherem Umfang als erwartet können, – das ist das selbstständige Arbeiten und Lernen.

denken richtig und machen trotzdem manchmal Fehler

Fehler sind notwendige Bestandteile fruchtbarer Lernprozesse. Wer sie unter der Rubrik „Konzentrationsmangel" einstuft, läuft Gefahr, den Kindern Unrecht zu tun. Sie können logischer gedacht haben, als man annimmt – und haben es in der Regel auch" (ebd., 43).

Es scheint überdauernde spezifische anthropologische Merkmale von Kindern zu geben. Allerdings liegen dazu verschiedene Sammlungen vor, die nicht immer deckungsgleich sind. Eine systematische Integration der anthropologischen Merkmale in die Grundschulpädagogik ist noch nicht erfolgt.

3.2 Entwicklung von Kindern heute

Eure Kinder sind nicht eure Kinder. Sie sind die Söhne und Töchter der Sehnsucht des Lebens nach sich selber. Sie kommen durch euch, aber nicht von euch. Und obwohl sie mit euch sind, gehören sie Euch doch nicht. Ihr dürft ihnen eure Liebe geben, aber nicht Eure Gedanken. Denn sie haben ihre eigenen Gedanken. Ihr dürft ihren Körpern ein Haus geben, aber nicht ihren Seelen. Denn ihre Seelen wohnen im Haus von morgen.
(Khalil Gilbran)

3.2.1 Das Kind im Grundschulalter. Kinderwelten

Kindorientierung und Kindgemäßheit sind in der Grundschulpädagogik weit verbreitete Formeln. Das „Postulat der 'Kindorientierung' [wird] mit zweierlei Bedeutung verwendet: erstens in einem spezifisch didaktischen Sinn als „kindgemäßer" Unterricht und zweitens in einem allgemeinpädagogischen Sinn, wobei Schule als 'Kinderschule' [...] konzipiert wird" (Valtin 1996, 173). Für grundschulpädagogisches Denken ist es unerlässlich zu überprüfen, was mit Kind gemeint ist. Deshalb wird versucht, aus soziologischer, anthropologischer und psychologischer Perspektive zu schauen, was wir unter dem Schlagwort „Kinder" zu verstehen haben.

Kinder sind zwar Kinder und gelten entwicklungspsychologisch als unfertige Erwachsene. Diese Sicht ist allerdings sehr verkürzt, denn Kinder machen sich mehr Gedanken über die Welt als wir denken. In einem Projekt an Grundschulen über Lernvoraussetzungen zu sozioökonomischem Sachunterricht hat Astrid Kaiser schon vor etlichen Jahren belegen können, dass Grundschulkinder außerordentlich viel über die Arbeitswelt, die Folgen von weiterer Automatisierung und Probleme von Arbeitslosigkeit sagen können, dass aber die Erklärungen auch von Brüchen und Widersprüchen gekennzeichnet sind (Kaiser 1996).

Hier soll ein Beispiel aus einem Kinderinterview im ersten Schuljahr zeigen, was ein Kind über die häusliche Arbeitsteilung und Berufe der Eltern weiß und welche Interessen dieses Kind bewegen. Die Klassenlehrerin (L) fragt den siebenjährigen Jungen (J):

L: Und das ist typisch? Alle Jungs bauen gerne?
J: Ja. Ja außer ich.
L: Was machst denn du gerne?
J: Hm, alles.
L: Was ist denn alles? Bauen doch schon mal nicht, das magst du ja nicht.
J: Ja, zum Beispiel Fußball, das ham auch manche Jungs, hm Leichtathletik, das macht nur ich aus unserer Klasse als Junge und *()* mehr nicht, ja.
L: Hm, welche Arbeiten erledigt deine Mutter?
J: Hm, äh alles außer Badezimmer putzen und abwaschen, das macht, mach ich und mein Bruder.
L: Und sonst alles zu Hause, alles was sonst alles was zu Hause gemacht werden muss?

J: Ja, ähm, Spülen, Abendbrot decken, aber ja das machen wir ja auch manchmal und ...
L: Und welche Arbeiten erledigt dein Vater?
J: Mein Vater ist fast nie da und darum, weil der im Krankenhaus arbeitet, und darum kommt der auch fast nie, ist der fast nie zu Hause und darum macht der eigentlich fast gar nichts.
L: Und was arbeitet der denn im Krankenhaus.
J: Ähm, keine Ahnung, ich weiß das nicht
L: Und der arbeitet immer unterschiedlich, mal am Tag und mal in der Nacht?
J: Der hat meistens Überstunden, also dass er zwei Tage macht im Krankenhaus, kommt der kurz wieder und dann am Abend wieder los und wieder zwei Tage [unverständlich] und dann hat der immer erst bis zum Abend und dann muss der wieder weg [unverständlich] da steh ich gerade erst auf
L: Das heißt, du weißt nicht, welchen Beruf der hat?
J: Ach, Krankenhaus
L: Krankenhaus ist der Beruf?
J: Ja, der ist, arbeitet da
L: Und welchen Beruf hat deine Mutter?
J: In der Uni arbeitet die.
L: Und weißt du, was die da macht?
J: Ähm, nein
L: Mh, aber die ist mehr zu Hause?
J: Ja, immer wenn ich in der Schule bin, dann ist die da, aber manchmal wenn mein Vater auch da ist, zum Beispiel von morgens bis abends ist manchmal meine Mama auch weg.
L: Wobei hilfst du deinem Vater?
J: Bei paar Sachen, wenn der zum Beispiel was ausrechnen kann, weil ich bin voll gut in Rechnen, dann sagt der zum Beispiel hm das und das, dann überlegt der noch 'n bisschen und ich weiß schon [so] schnell das Ergebnis.
L: Was willst du denn später mal werden?
J: Fußballspieler, Zahn, ne, Zahnarzt nicht, ähm Flug ähm, Pilot, ja Fußballspieler und Pilot.

Auffällig ist, dass die Klassenlehrerin sich in die Selbsteinschätzung seines Könnens kaum einzufühlen vermag. Sie sagt: „L. hat sehr um Schule bemühte Eltern, sein Vater ist Arzt, er ist selbstbewusst, kann sich aber nicht sorgfältig um eine Sache kümmern. Er malt nur oberflächlich und hat Probleme beim Lesen. In Mathematik ist er mir noch nicht besonders aufgefallen".

Diese reduzierende Einschätzung über das Kind ist nicht eine individuelle Fehlleistung der Klassenlehrerin, sondern kennzeichnend für Grundschulen. Viele Lehrpersonen wissen kaum etwas über die einzelnen Kinder. Dagegen hilft nur ein Weg, nämlich näher und gezielter jedes Kind zu beobachten und zu befragen. Eine forschende Haltung ist nötig, um die vielfältigen Fähigkeiten und Erfahrungen,

Ängste und Hoffnungen, Lebensbedingungen in der Familie und medial erworbenes Wissen zu erkunden. Denn das Wissen über die Lernvoraussetzungen der Kinder einer Klasse lässt sich immer nur spezifisch erwerben. Neben dem Einzelgespräch und der Beobachtung ist es auch möglich und sinnvoll, die Zeichnungen und Bilder von Kindern, ihre Beiträge in Kreisgesprächen, ihre Freien Texte und ihre Kreationen in Kunst, Sport oder anderen Fächern auf die dahinter liegenden Einstellungen, Fähigkeiten und Lernmuster auszuwerten.

> Kinder sind keine noch nicht fertigen Erwachsene, sondern eigenständige Menschen mit einer eigenen Weltsicht. Bislang ist die Perspektive von Kindern auf ihre Welt noch wenig in pädagogisches Denken eingegangen.

3.2.2 Ansätze der Kinderforschung

Kinderforschung wird gegenwärtig vor allem sozialwissenschaftlich angelegt. Insbesondere soziale Faktoren des kindlichen Lebens werden erforscht. Dies unterscheidet sich von der mehr entwicklungspsychologischen Betrachtungsweise der vergangenen Jahrzehnte. „Während die *ältere* Entwicklungspsychologie unter Kindheit im Wesentlichen einen Abschnitt oder eine Phase der seelischen Entwicklung des Menschen verstand, umfasst die *moderne* Kindheitsforschung darüber hinaus auch den historischen, sozialen, gesellschaftlichen und kulturellen Kontext dieses Lebensabschnittes. Dieser Ansatz impliziert die Frage nach den Wechselwirkungen zwischen dem sich entwickelnden Menschen und der sich wandelnden Umwelt und versucht so, die gesellschaftlichen Veränderungen und ihre Auswirkungen auf die Kinder zu erfassen" (Köster 2005, 7). Die gegenwärtig sich rapide verändernden sozialen Bedingungen führen zu einer besonderen Aufmerksamkeit für den Wandel und damit auch zu einem Blickverlust für das Anthropologische. Aber auch der Wandel ist nichts Neues. „Die Bedingungen des Aufwachsens für Kinder haben sich mit den ökonomischen und gesellschaftlichen Veränderungen im Verlauf der Geschichte permanent verändert. Von daher war Kindheit immer im Wandel, und dieser ist somit nicht erst eine Erscheinung der jüngeren Zeit" (Fölling-Albers 2001, 123).

Die verschiedenen Forschungsmethoden der Kinderforschung haben auch besondere Auswirkungen auf die Ergebnisse, denn es gibt keine neutrale Methode.

Die empirisch-statistische Kinderforschung birgt in sich die Gefahr der völligen Abstraktion von der Wirklichkeit des Kindes. Göppel beispielsweise klagt, „dass sich diese immer spezielleren Einzelbefunde kaum mehr zu einem kohärenten Bild vom kindlichen Welterleben in der jeweiligen Altersphase integrieren lassen" (Göppel 1997, 358f). Am Mainstream der – zunehmend konstruktivistisch orientierten – Kindheitsforschung kritisiert Göppel, dass dort vorwiegend Kinder zwischen 10 und 12 Jahren untersucht wurden, also gerade nicht das Grundschulalter und dass Kindheit nur abstrahiert „als historisch gewachsene soziale Konstruktion, als kulturelles Muster" (Göppel ebd., 362) betrachtet wird. Für ihn trägt auch die konstruktivistisch orientierte Kindheitsforschung zur „Liquidierung von Kindheit" (ebd. 1997) bei, indem sie die Kinder selbst zu wenig ins Licht rückt.

Diesen Ansätzen wirft er sogar vor, sie seien „gar nicht wirklich an Kindern als Kindern" (ebd., 365) interessiert, „sondern sehen sie nur im Hinblick auf die Prozesse der gelingenden oder misslingenden Integration in die Erwachsenengesellschaft" (ebd., 365). Insofern wäre die Kinderforschung neueren Datums noch nicht viel weiter als die alten entwicklungspsychologischen Ansätze. Göppel plädiert dagegen für eine stärker phänomenologische Betrachtung, damit die Kinder nicht nur relational in der Forschung sichtbar werden, sondern konkret. Er fordert, „die Welt mit den Augen des Kindes wahrzunehmen" (ebd., 361). Hierzu sind stärker qualitativ ausgerichtete Forschungsmethoden sinnvoll. Die gängigen Forschungsmethoden allerdings, seien sie Bildanalyse (vgl. Kaiser 2003), Interviewtechniken (vgl.

Valtin 1991) oder teilnehmende Beobachtung (vgl. Rusch 1998), sind bislang noch nicht weit genug entwickelt, um die Komplexität und Differenziertheit der Entwicklung von Kindern einer Grundschulklasse zu analysieren. Doch für Kinder generell geben sie schon wichtige Anhaltspunkte, besonders wie vielfältig Kinder sein können und doch auch bestimmte Muster sichtbar sind.

Es ist aber wichtig, die erforderliche Breite von Kinderentwicklung für grundschulpädagogische Entscheidungen in den Blick zu bekommen. Gleichwohl besteht auch bei qualitativen Studien die Gefahr, methodisch zu konstruieren, wie am folgenden Beispiel zu ersehen ist:

Wollring holt die animistischen Aussagen eines Kindes u.E. erst durch persistierendes Nachfragen heraus (1994, 16f.). Dazu sei hier ein Interviewausschnitt wiedergegeben. Erst sagt das Kind auf die Frage, ob eine bestimmte Würfelseite nach oben kommt:

„K: Ich weiß nicht
I: Aha.
K: Musst du dann den Würfel fragen.
I: Wie fragt man denn einen Würfel?
K: Ja, Würfel, weißt du, warum kommt nie bei mir ein „Mond"? So geht das.
I: Ja, und was hat er dir erzählt?
K: Dann sagt er: Ich weiß es auch nicht. Da drin ist ein Zwerg und der macht das, und der weiß es selber nicht.
I: Moment, was ist drin?
K: Ein Zwerg, und der weiß das selber nicht!"

Die Aussage, dass hier nur etwas herausgekitzelt wurde, was der Forscher wollte, lässt sich aus dem Kontext von Kindern begründen. Denn viele Grundschulkinder kennen aus den vorschulischen Jahren märchenhafte Geschichten und Mythen. Diese wurden ihnen in Büchern, Comicheften, Filmen oder Bildmotiven bei verschiedenen Gebrauchsgegenständen präsentiert. Tapetenmuster, Taschenaufkleber, Aufdrucke von Kindertextilien und Spielzeugfiguren präsentieren Zwerge, Feen und andere Zauberwesen. Von daher sind diese mehr oder weniger im Bewusstsein von Grundschulkindern präsent, auch wenn sie bei Fragen nach deren Wahrheitsgehalt dies verneinen würden. Von daher ist es nicht verwunderlich, wenn Kinder dann, wenn sie etwa bei Interviews in die Enge getrieben werden, auf die Frage danach, ob sie wissen, wann ein bestimmtes Symbol, „Mond", bei einem Würfel oben erscheint, nach derartigen animistischen Erklärungen suchen und Zwerge als die Verantwortliche beschreiben.

Sie haben dieses Denken vielleicht schon überwunden, aber greifen in bestimmten Situationen auf animistische Erklärungen zurück. Dies gilt nicht nur für dieses Beispiel. Wir bekommen bei jeder Forschung über bestimmte Phasen das Problem, dass wir damit bestimmtes Können, Denken oder Fühlen von Kindern nur auf eine Altersstufe festlegen. Simone Seitz (2005) hat dagegen am Gegenstandsbereich

"Zeit" belegt, dass Grundschulkinder viel mehr können, als ihnen die bisherige Forschung von Piaget und Roth zutraut.

Noch fehlt eine umfassende Forschung über Kinder, auf die sich Grundschulpädagogik beziehen kann. Besonders wichtig erscheint uns die Fokussierung der eigenaktiven Seite der Kinder in diesem Zusammenhang. Heike Rusch (1998) hat anhand von Kinderstudien im Ruhrgebiet nicht nur die Eigenwelten und Selbstdeutungen der Kinder untersucht, sondern vor allem den Fokus auf die jeweils vorhandenen Handlungsräume der Definition der Kinder gegenüber der Konsumwelt wie auch der Medienwelt und anderen gegenwärtigen gesellschaftlichen Phänomenen gelegt. Die Verbindung derartiger Kinderforschungsansätze mit ethnografischer Perspektive – meist in der Form längsschnittartig teilnehmender Beobachtung – mit wiederum generalisierenden empirisch-statistisch erhobenen Daten oder aus breiter angelegten qualitativen Studien erscheint uns außerordentlich fruchtbar zu sein, um das didaktische Denken von der bloßen Verordnung zu einer realen Interaktion von Lernenden und Lehrenden zu wenden. Insofern gibt es bereits Ansatzpunkte in der Kinder- und Kindheitsforschung, die sich einer grundschulpädagogischen Perspektive von Vielfalt und Integration etwas nähern. Schäfer bezeichnet den gegenwärtigen Stand der Kindheitsforschung als Entwicklung von Problemlösefähigkeit: „Das Bild des Kindes in der Kinder- und Kindheitsforschung wandelt sich von einem Kind, das sich entlang gegebener Bedingungen entwickelt, zu einem, welches in seinem Umfeld Problemstellungen vorfindet, die es auf seine Weise lösen lernt" (Schäfer 1997, 382).

> Kinderforschung ist gegenwärtig sehr disparat, es gibt abstrakte empirisch-statistische Untersuchungen, aber weniger phänomenologische Studien. Es entwickeln sich aber auch Ansätze zur Kinderforschung, die eine Verbindung von Kinderwelt und Möglichkeiten der Verallgemeinerung bieten.

3.2.3 Kind und Gesellschaft – veränderte Kindheit?

Systematische Kinderforschung setzte erst in den 1980er Jahren in nennenswertem Umfang ein, wurde aber vor allem auf die veränderten Formen bezogen (vgl. Rohlfs 2006, S. 24). Dabei setzte sich immer stärker eine kulturpessimistische Rezeption dieser Untersuchungen durch.

Es ist mittlerweile eine Standardformel geworden, wenn im schulischen Alltag über Schulklassen geredet wird, dass beklagt wird, Kinder heute seien problematisch. Dabei wird auf eine zunehmende Zahl an Einzelkindern, einen hohen Medienkonsum, die wachsende Zahl von Kindern mit allein erziehenden Elternteilen und gestörte Familien wie auch die zunehmende Multikulturalität verwiesen (vgl. ebd., S. 11 f.). Weitere Merkmale des Mythos veränderter Kindheit beziehen sich auf räumliche Verinselung der Kinder (Cloer 1992), Verplanung und Zeithetze. Auch viele Studierende schließen sich diesen Einschätzungen an. Doch was hat dies mit der Realität zu tun?

Tatsächlich wachsen etwa 75 % der Heranwachsenden unter 18 Jahren gemeinsam mit Geschwistern heran, der Anteil der Kinder, die zeitlebens Einzelkinder sind, ist noch deutlich geringer (Grunert/Krüger 2006, 74). Zwar ist die Vielkindfamilie sehr selten geworden, aber der Trend zur 2-Kinder-Familie ist deutlich nachweisbar (Grunert/Krüger 2006, 73). Die Tatsache, dass die Kinderzahl insgesamt abnimmt, heißt nicht, dass die meisten Kinder, die in Grundschulklassen zu erwarten sind, Einzelkinder sind. Das Gegenteil ist gegenwärtig und in den nächsten Jahren der Fall. Der Mythos von den Einzelkindern geht auf ein Zitat von Maria Fölling-Albers zurück. Dieses lautet: „Die vergangenen 20 bis 25 Jahre haben für die Familie gravierende Veränderungen gebracht, die Vereinzelungsprozesse außerordentlich begünstigt haben, so dass man von einer Vereinzelung familialer Erfahrungen sprechen kann. Die Geburtenrate ist in den vergangenen 20 Jahren um etwa die Hälfte zurückgegangen" (Fölling-Albers 1990, 139). Zwar sind die Geburten von 1970 bis 1990 deutlich zurückgegangen, aber daraus ist nicht die Einkindfamilie zu folgern. Dieses Zitat wurde aber seit 1990 ständig weiter zitiert und mit falschen Schlussfolgerungen verknüpft.

Ähnlich dramatisiert wird die Frage der Kinder von Alleinerziehenden im öffentlichen Bewusstsein behandelt. Aber auch die Kinder von Alleinerziehenden sind nicht in ein bestimmtes Deutungsmuster zu bringen. Vielmehr gibt es auch hier vielfältige Handlungsmuster und Auswirkungen bei den Kindern, die vom autonomen Handeln über schwankende Orientierungen bis zu stark heteronomen Orientierungen an der erziehenden Person reichen können (vgl. Grunert/Krüger 2006, 77). Schon dies zeigt, dass Kinder Alleinerziehender nicht als eine geschlossene Gruppe negativ zu bewerten sind. Auch die Schulleistungen von Kindern Alleinerziehender unterscheiden sich nicht, wenn man Sozialschicht und Schulformen in Rechnung stellt (vgl. ebd., 76). Auf der anderen Seite der Legendenbildung lässt sich zeigen, dass Kinder verheirateter Eltern keinesfalls generell stabile Bedingungen des Aufwachsens haben. Vereinzelte dramatische Fälle von durch die Eltern misshandelten Kindern zeigen bereits, dass Familien nicht pauschal zu betrachten sind, sondern dass Kinder sehr verschiedene Lebensbedingungen haben. Neuere Studien zeigen, dass 8% der Bevölkerung der Bundesrepublik resignieren und keine Hoffnungen haben, aus den prekären ökonomischen Verhältnissen entkommen zu können. Auch Kinder von diesen Familien sind in der Grundschule zu erwarten, also fast jedes 10. Kind statistisch gesehen. Hier kann nicht mit Appellen an die Eltern, die Kinder beim Lesenlernen zu unterstützen, gepunktet werden. Doch diese resignativ reagierende Gruppe ist wiederum nicht deckungsgleich mit Armut. Diese zeigt sich in sehr verschiedenen Umgangsweisen mit relativer Armut, die vom Primat des Wohlergehens der Kinder über sozio-emotionale Belastung hin zu massiver materieller und kultureller Benachteiligung bis hin zu multipler Deprivation reicht (vgl. ebd., 97).

Auch die Legende von der überwiegenden Kinderzahl in heutigen Grundschulklassen aus Scheidungsfamilien stimmt nicht, denn die meisten Kinder leben mit Geschwisterkindern und verheirateten Eltern zusammen (vgl. ebd., 69).

Die aus dem Einzelkindmythos gefolgerte soziale Inkompetenz von Grundschulkindern lässt sich empirisch nicht erhärten. Kinder können sehr kompetent miteinander umgehen und haben fast alle einen gleichgeschlechtlichen Freund bzw. Freundin (vgl. ebd., 172) – wenn auch auf besondere Weise. So ist die soziale Entwicklung im Grundschulalter nicht homogen, generell überwiegt die Zweiergruppe bei den Gleichaltrigen, dies gilt aber insbesondere für Mädchen, während die Jungen zu 27% am liebsten in der Gruppe spielen (vgl. ebd., 173). Gruppenarbeit kann also im Grundschulalter nicht generell vorausgesetzt, sondern muss erst gelernt werden. Gleichzeitig belegt die Forschung „die entwicklungsstimulierende Kraft der Auseinandersetzungen unter Gleichaltrigen" (ebd., 174). Die Moralentwicklung, die Fähigkeit zur Perspektivenübernahme – also eine Grundlage der Sozialkompetenz und des mehrperspektivischen Erkennens von Problemen – wie auch generell die Kooperations- und Kritikfähigkeit sowie die Kompetenz zur Selbstorganisation werden nachhaltig durch intensive Gleichaltrigenbeziehungen gefördert (Grunert/Krüger 2006, 174). Eine Intensivierung von Lernstrukturen, bei denen Kinder von Kindern lernen (Ragaller 2004) erscheint vor diesem Horizont als begründeter pädagogischer Weg für die Grundschule.

Bei der Mediennutzung ist tatsächlich ein kontinuierlicher Anstieg der Zeit, die Kinder insgesamt vor dem Fernseher verbringen, zu verzeichnen (Grunert/Krüger 2006, 161). Auch die häusliche Computernutzung steigt (vgl. ebd., 163). Allerdings kann dies allein nicht als Indiz für eine kulturpessimistische Interpretation gewählt werden, denn Kinder kommunizieren über diese Medienereignisse (vgl. ebd., 174). Selbst bei Formen wie Lan-Parties werden nicht nur gemeinsam Gewaltspiele gespielt, sondern vor allem Identitätsprobleme ausgehandelt (Röhner 2000). Aber auch empirisch trifft die Mediendominanz nicht zu: Es überwiegen immer noch andere Aktivitäten, wie „Freundschaft" (46%) und „Draußenspielen" (43%) (Rohlfs 2006, 66), den Fernsehkonsum. Und auch die Computernutzung ist nicht eindimensional zu werten. Computer werden „immer mehr zu Bildungs- und Lernzwecken genutzt" (Grunert/Krüger 2006, 164). Kinder, die häufig den Computer nutzen, sind vielfältig interessiert und stärker als Nichtnutzende in soziale Bezüge eingebunden (vgl. ebd., 165). Der verstärkte Medienkonsum kann also auch nicht per se als Indikator einer veränderten Kindheit und als Kronzeuge für zunehmende Vereinsamung genommen werden. Schon bei Betrachtung der Motive des Fernsehkonsums, die Kinder bewegen, zeigt sich, dass diese pauschale Bewertung unangemessen ist: „Kinder sehen fern zum Zwecke der Kompensation der Langeweile und des Alleinseins, zum Zwecke der Information und insbesondere der Unterhaltung durch ausgewählte Sendungen. Kinder möchten sich entspannen, sich Freude bereiten lassen und Spaß haben" (Rohlfs 2006, 59). Der zunehmende Medienkonsum kann also auch bedeuten, dass das eine Kind mehr Wissen ansammelt, das andere sich emotional an Fernsehhelden Identifikationsmöglichkeiten schafft, das dritte Kind Spaß und Kreativität entwickelt. Die Legende von der zunehmenden Vereinsamung von Kindern durch den Medienkonsum wird von Kindern in ihren Selbstaussagen deutlich abgelehnt: Denn „Kinder sehen auch fern, um 'dazu zu gehören', um 'mitreden' zu können. Fernsehen stiftet Kommunikation, Fernsehen stiftet Kontakt" (vgl. ebd., 55). Also das Gegenteil der vermuteten Folgen des Medienkonsums, Kontakt statt Vereinsamung kann die Auswirkung sein. Für die meisten Kinder trifft eine Kombination dieser verschiedenen Folgen zu. Eine monokausale Sichtweise, dass durch mehr Medienkonsum mehr Gewaltbereitschaft oder Passivität im Lernen folgen müsse, trifft die Wirklichkeit der Kinder nicht, sondern sagt mehr über den pädagogischen Zeigefinger und Erfahrungshintergrund der Erwachsenen aus. Dies wird besonders deutlich in der Formel der „Verinselten Kindheit" (Cloer 1992), wonach Kinder von Freizeitort zu Freizeitort – zumeist von der Mutter – mit dem Auto gefahren werden und mit vollem Terminkalender den Nachmittag verbringen. Dies trifft nur für eine Minderheit der Kinder zu (vgl. Rohlfs 2006, 182), nämlich die besonders gezielt geförderten Mittelschichtkinder. Somit wird in der Wahrnehmung die soziale Breite von Kindern nicht gesehen und eine Minderheitswelt generalisiert. Empirisch lässt sich auch belegen, dass Kinder von heute keinesfalls nur konsumistisch denken und eingesperrt in ihren häuslichen Umkreis leben. Rusch (1998) hat sehr eindrücklich gezeigt, wie Kinder sich sehr eigenständig den weiteren städtischen Raum erobern. Sie begleitete im städtischen Raum des Ruhrgebietes Kinder beim Skaten in ihrem Umfeld und zeigte an deren Selbstdeutungen, dass die Legenden der veränderten Kindheit beim Denken und Verhalten der Kinder noch nicht angekommen sind. Sie bewegten sich kreativ und eigenständig ohne von konsumistischen Trends völlig eingefangen zu sein.

Die pädagogischen Folgen dieser Legenden um eine veränderte Kindheit sind allerdings verheerend: Kinder werden zuerst als schwierig (vgl. Weitzel 2004) statt als lebendig und lernfreudig gesehen. „Kinder erscheinen als eine Ansammlung von Defekten, als Symptome einer krankenden Gesellschaft. Kindheit gilt als defizitär, ihr nunmehr entdeckter Wandel als Verlust, gemessen an Maßstäben der Erwachsenenwelt und betrachtet vor dem Hintergrund der Erinnerungen an die eigene – oftmals idealisierte – Kindheit" (Rohlfs 2006, 11).

Auch wenn das Konstrukt von der veränderten Kindheit so nicht haltbar ist, müssen wir gleichzeitig feststellen, dass Kinder in die Veränderungen ihrer Lebenswelt eingebunden sind. Kinder leben nicht unabhängig von der sie umgebenden Welt, sondern nehmen sehr viel an Normen, Handlungsmustern, Deutungen und Wissen auf. So betrachtet fließt sehr viel von dem, was in der Welt passiert, in das Denken und Fühlen von Kindern ein. Denn „Kindheit ist kein natürliches Phänomen, sondern ein gesellschaftliches Konstrukt, und daher untrennbar mit dem gesellschaftlichen Wandel verbunden" (ebd., 19).

Die Legenden der veränderten Kindheit führen zu einer kulturpessimistischen Sicht von Kindern und sind auch nicht mit den tatsächlichen gesellschaftlichen Entwicklungen in Einklang zu bringen. Weder die geschätzte hohe Zahl von Kindern von Alleinerziehenden wie von Einzelkindern trifft zu. Auch der zunehmende Fernsehkonsum von Kindern kann nicht monolinear interpretiert werden.

3.2.4 Kind und Entwicklung. Entwicklungspsychologische Erkenntnisse für die Grundschulpädagogik

Die traditionelle Entwicklungspsychologie wertet Kindheit ab, weil sie sie nur als Übergangsstadium betrachtet. „Erst das Erwachsensein gilt als ein „vollwertiger" gesellschaftlicher Status, woraufhin Kinder sozialisiert werden. Bis zu welchem Alter Heranwachsende (noch) als Kinder bezeichnet werden, ist in verschiedenen Kulturen unterschiedlich festgelegt und verändert sich innerhalb einzelner Gesellschaften im Verlaufe ihrer sozio-kulturellen Entwicklung" (Fölling-Albers 2001, 124). Damit werden Kinder als noch nicht fertig und nicht in ihrer Besonderheit gesehen.

Es dauerte lange, bis sich gegenüber der defizitorientierten Auffassung von Kindern als „Noch-nicht-Erwachsene" ein neues Denken durchsetzte. Dieser Prozess wurde auch durch politische Veränderungen beschleunigt, wie der Erklärung spezieller Kinderrechte. „Der Beschluss einer Konvention über die Rechte von Kindern durch die Vollversammlung der Vereinten Nationen im Jahre 1989 und die Ratifizierung von bis heute 197 Staaten bedeutet einen Meilenstein auf dem Wege, Kinder als Menschen und damit zugleich als gleichwertige Personen im Umgang mit Erwachsenen anzuerkennen" (Kluge 2003, 240).

Gegenüber einer Engdefinition von Kindern als unvollständigen Erwachsenen hat die neuere Kinderforschung einen anderen Fokus, sie will der Kindheit einen Eigenwert zuordnen: „Die neuere Kindheitsforschung sucht die Annäherung an die Perspektiven der Kinder, sie versucht, die Welt von Kindern und ihre Weltsicht unter den verschiedensten Gesichtspunkten zu erfassen. Sie betont die Gegenwärtigkeit und Eigenständigkeit von Kindheit. Sie fordert, Kinder nicht als sich entwickelnde und zukünftige Erwachsene anzusehen, sondern fragt nach Eigenlogik und Andersartigkeit kindlicher Erfahrungen und Welten im Hier und Jetzt" (Breidenstein/Prengel 2005, 8). Diese besondere Qualität von Kindheit und ihrem speziellen Denken gilt es zu erfassen, um den Kindern in der Grundschule gerecht zu werden. Denn „gemessen an Erwachsenen verfügen Kinder nicht nur über ein geringeres Spektrum an Erfahrungen und Kompetenzen, sondern über ein qualitativ anderes „Weltbild", das ihr Denken, Empfinden und Handeln leitet. Entwicklungsanlagen weisen eine je spezifische Logik auf, d. h. die Wirklichkeit des Kindes ist keine „verkleinerte" Kopie der Realität des Erwachsenen" (Dreher 2001, 116).

Die Frage nach der Sichtweise von Kindern ist keine akademische, denn damit hängt zusammen, wie Schule und Unterricht gestaltet werden kann. „Wer im Kinde eine Person, d. h. ein dem Erwachsenen gleichwertiges Wesen und einen gleichwertigen Bezugspartner sieht, kann es in der Erziehungswissenschaft nicht mehr als ein zu bearbeitendes Objekt betrachten. Der Zu-Erziehende ist daher allein oder in der Gruppe als Mitgestalter von Lern- und Interaktionsprozessen zu aktivieren" (Kluge 2003, 15). Eine derartige Sichtweise war der klassischen Entwicklungspsychologie fremd.

Wenn wir die Geschichte der Entwicklungspsychologie betrachten und die damals dominierenden Gedankenmuster, dann verwundet es nicht, dass die entwicklungspsychologische Betrachtung von Kindern mehr auf Entwicklung zu einem Idealbild gesehen wird. Denn „Die Anfänge der wissenschaftlichen Entwicklungspsychologie, welche die Entwicklung von Kindern empirisch erfasst, analysieren und verstehen will, entstehen am Ende des 19. Jahrhunderts und erhalten durch Darwins biologische Evolutionstheorie zentrale Impulse" (Röhner 2003, 43).

Das zweite das Denken über Kinder fehldeutende Muster ist das romantische Kindheitsideal des philosophischen Denkens. Hier werden Mythen verbreitet vom Kind als idealen kreativen Menschen. Seit der breiten Rezeption Rousseaus in Europa (von Felden 1997) und besonders zur Zeit der Reformpädagogik wurde diese Idealisierung des Kindes fortgesetzt (Baader 2004). Auch diese Form von undifferenzierter Deutung ist eine Form der Reduktion von Kindern.

Die dritte Fehlform der Einschätzung von Kindern entstammt einem schematischen entwicklungspsychologischen Denken. Damit werden die Kinder nach Altersgruppen vorsortiert und danach auch in anderen Merkmalen als ähnlich definiert. Dies widerspricht neueren wissenschaftlichen Erkenntnissen, denn „in den letzten Jahren haben Entwicklungspsychologie und Pädagogische Psychologie Erkenntnisse geliefert, die die Vorstellung eines Grundschülers mit einheitlichem körperlichem, kognitivem, emotionalem und sozialem Entwicklungsstand revidierte" (Petzold/Schwarzer 2000, 19). Eine schematische Einteilung nach Altersgruppen versperrt den Blick auf besondere Entwicklungspotentiale einzelner Kinder in bestimmten Inhaltsbereichen. Denn ein Kind kann beispielsweise in sozialer Hinsicht in Fragen der Stressbewältigung noch mit Wutausbrüchen reagieren und beim Nachdenken über Motive der anderen Kinder hoch differenziert unterscheiden. Verschiedene Entwicklungsstufen können gleichzeitig nebeneinander stehen (Keller 1982). „Gegen Ende der Grundschule können einige Kinder bereits mit der Pubertät konfrontiert sein" (Topsch 2004, 25), während andere lieber spielen als sich den Fragen des Erwachsenwerdens anzunähern. Selbst die physiologische Entwicklung, die durch Hormone gesteuert wird, ist also nicht einheitlich nach Entwicklungsphasen zu beschreiben. Die emotionale und kognitive Entwicklung ist noch stärker heterogen. Eine Betrachtung von Kindheit nach festen Phasen, in denen bestimmte Lern- und Entwicklungsziele möglich sind und andere noch nicht, ist angesichts solcher Befunde obsolet.

Die Entwicklung von Kindern verläuft nicht nach klaren Stufenschemata, sondern sehr ungleichzeitig und widersprüchlich. Kinder können ihre Welt aktiv gestalten und sind nicht passiv ihrer Umwelt ausgesetzt.

3.3 Heterogenität und Individualisierung in der Grundschule

Ein Kind hat hundert Sprachen
hundert Hände hundert Gedanken
hundert Weisen zu denken,
zu spielen, zu sprechen.
Immer hundert Weisen zuzuhören,
zu staunen, zu lieben,
hundert Weisen zu singen und zu verstehen,
hundert Welten zu entdecken,
hundert Welten zu erfinden,
hundert Welten zu träumen.
Ein Kind hat hundert Sprachen.
Doch es werden ihm neunundneunzig geraubt.
Loris Malaguzzi

3.3.1 Kinder sind verschieden

Die im Abschnitt 3.2.3 angeführten Argumente zeigen, dass veränderte Kindheit so nicht existiert. „Es gibt nicht *die* „veränderte Kindheit", es gibt nicht *die* Kinder, vielmehr enthält eine moderne Kindheit Risiken und Chancen, sie ist voll von Widersprüchlichkeit, geprägt durch Heterogenität, Komplexität und Pluralität. Sie ist voll von der Vielfalt des kindlichen Lebens, welches sich nicht mit plakativen Schlagwörtern – wie bspw. „Medienkindheit", „Fernsehkindheit", „Konsumkindheit", „Scheidungskindheit", „Stadtkindheit" etc. – einfangen und in eindimensionale Kategorien zwängen lässt" (Rohlfs 2006, 12).

Auch wenn wir wissen, dass die meisten Grundschulkinder in Familien aufwachsen (vgl. Grunert/Krüger 2006, 69), ist dies kein besonderes Merkmal, denn auch Familien und ihre Erziehungsstile sind verschieden. Fast zwei Drittel der Kinder einer Befragung leben in einem Verhandlungshaushalt, die übrigen in einem Befehlshaushalt (vgl. ebd., 81). Bei den Erziehungszielen spielen Selbstständigkeit und freier Wille bei 50–60% der Eltern eine Rolle, während Ordnungsliebe und Fleiß zwischen 35 und 45% der Eltern bevorzugen (nach Ost- und Westdeutschland unterschieden), nur eine sehr kleine Gruppe von 5–8% der Eltern hält Gehorsam und Unterordnung der Kinder für das Wichtigste (vgl. ebd., 78). Doch trotz der Überzahl von positiv gewerteten Eltern-Kind-Beziehungen gibt es auch gegenwärtig gewaltförmige Erziehungspraktiken in etwa 25% der Familien (vgl. ebd., 173).

Kinder sind Individuen. Gerade die Vielfalt und Verschiedenheit von Kindern macht aber auch die produktiven Möglichkeiten der Arbeit in der Grundschule aus.

Gleichzeitig sind Kinder auch in die sie umgebende Gesellschaft eingebunden. Die dort ablaufenden Prozesse und symbolischen Orientierungen beeinflussen ihre Entwicklung. Sie sind nicht in einer separaten Kinderwelt, sondern in der gemeinsamen und unteilbaren Welt. So bekommen Kinder auch fern von der Alltagserfahrung liegende Probleme des Wandels der Arbeitswelt in Richtung Automatisierung und Rationalisierung mit und beklagen die Entwicklung von Arbeitslosigkeit. Sie sind betroffen von Umweltbelastungen und wollen eine unzerstörte Umwelt erhalten (vgl. Kaiser 1996). Gleichzeitig schaffen sie sich in Auseinandersetzung mit Werten und Trends von gesellschaftlicher Entwicklung ganz bestimmte Vorstellungen. So ist es verblüffend zu sehen, wie genau sich schon Kinder im Grundschulalter Vorstellungen von ihrer zukünftigen Berufswelt machen (vgl. Kaiser 2003) und sich dabei mit Wertvorstellungen und konkreten Bedingungen der jeweils als Zukunftsberuf gewünschten Betätigungsfelder auseinander setzen. Aber auch diese Vorstellungen sind nicht nur von Mädchen und Jungen unterschiedlich, sondern gestalten sich auch interindividuell differenziert.

Heute kommen mehr Kinder mit Lesekenntnissen und zweisprachigen Erfahrungen in die Schule als vor 50 Jahren. Gleichzeitig gibt es zunehmend Kinder, die noch nicht gelernt haben, mit Stiften umzugehen oder ruhig auf einem Stuhl zu sitzen, sich für kürzeste Zeit zu konzentrieren oder anderen zuzuhören können, die voller eigener Bewegungsunruhe andere beim Arbeiten unterbrechen. Aber nicht nur hinsichtlich der entwickelten Kompetenzen sind Kinder verschieden, sie haben auch unterschiedliche Wahrnehmungen von Lernsituationen und gehen entsprechend unterschiedlich damit um. Ein weiterer Rahmen für Heterogenität sind die diversen sozio-ökonomischen, sozialen, motivationalen und kulturellen Vorerfahrungen von Kindern, die in ihrer Persönlichkeit unterschiedliche Bereitschaft und Vorbereitung auf schulische Anforderungen erzeugen. So haben einige Kinder erfahren, wie es geht, die täglichen Lebensmittel möglichst billig einzukaufen, die anderen kennen Urlaub im Luxushotel, die einen hören täglich die ältere Schwester am Klavier üben, die anderen bekommen ihre akustischen Anregungen nur aus dem DVD-Player oder Fernseher, die einen haben erfahren, dass ihre Fragen wichtig sind, die anderen haben schon mit vier Jahren aufgehört zu fragen, weil es nie Antworten gab. „Die Zusammensetzung der Schülerschaft ist in der Grundschule besonders heterogen. Im Vergleich zu anderen Schulformen streuen die Voraussetzungen breiter, bringen die Schülerinnen und Schüler aus ihrer Lebenswelt so unterschiedliche Erfahrungen mit und sind ihre Lernmöglichkeiten so verschieden, dass die Forderung gleicher Leistungsniveaus am Ende der Grundschulzeit oder gar am Ende einzelner Schuljahre unrealistisch ist" (Grundschulverband 2006a, 25).

Jedes Kind ist besonders und unterscheidet sich von den anderen und doch sind alle zusammen in einer Klasse, dies entspricht einer Quadratur des Kreises. Aber es gibt Wege zu einer Heterogenitätspädagogik, die am Ende dieses Kapitels vorgestellt werden sollen. Zunächst sollen aber erst die verschiedenen Dimensionen von Heterogenität aufgezeigt werden.

Die Heterogenität im Unterricht besteht nicht nur innerhalb der Klasse angesichts der verschiedenen Biografien von Kindern, sondern auch durch unterschiedliche Sichtweisen und Situationswahrnehmungen der Lehrerinnen und Lehrer auf die einen Seite und der Schülerinnen und Schüler auf der anderen Seite. Dies soll durch das folgende Unterrichtsbeispiel dokumentiert werden. Der Lehrer glaubte, es sei eine Unterrichtsstunde im ersten Schuljahr, in dem der Buchstabe „W" im Rahmen des Leselehrgangs gründlich geübt wird, die Kinder entwickeln allerdings aus dieser Deutschstunde eine Sachunterrichtsstunde über Recht, Sanktionen, Deutsche Doggen, Feste und Gewalt.

t	Rahmenhandlung	Junge	Mädchen
	Ein Arbeitsblatt mit „W" wird verteilt. Das „W" soll darauf mehrere Male geübt werden.	Zu TN[1]: „Hör auf!" „Nee, Du wolltest ihn haben. Jetzt kannst Du ihn behalten. Hör doch mal auf!" TN zerknittert das Blatt von J.: „Hör doch mal auf!"	M zu J: „Dann melde dich doch
		J meldet sich. TN: „Er hat das bei mir gemacht!" J bekommt ein neues Blatt und beginnt zu schreiben.	M stellt vor J'S Arbeitsplatz eine Federmappe zwischen J und TN, um J zu schützen.
		J zu TN „O.K, dann hol' ich meinen Freund. Weißt Du, wie groß seine Dogge ist?"	M über deutsche Dogge: „Deutsche Dogge ist so groß." (zeigt) „Die reißen alles kaputt. Wir haben zwei Katzen."
		TN: „Panzer können eine Dogge zerreißen!" J füllt seinen Zettel mit „W" aus (hinter seiner Federmappe) J: „'ne deutsche Dogge ist größer als Du!" Wiederholt. J: „Ja, das stimmt."	Malt den nächsten Zettel mit „W" an.
		J zu M: Weisst Du was, er meint …"	M unterbricht J: „Jetzt hör auf, ich hab's gehört!"
		J zu TN: „Tja, ich bin fertig." faltet das Blatt. „Du sagst, Du brauchst nicht mehr lange zum Schreiben."	
8.40	Alle Kinder sollen kurz an die Luft gehen. **Kurze Pause**		

---

[1] Die Protokollabkürzungen bedeuten: t = Zeit; TN = Tischnachbar, M = fokussiert beobachtetes Mädchen, MK = Mädchen der Restklasse, J = fokussiert beobachteter Junge; Protokollauszug aus den Transkriptionen des niedersächsischen Schulversuchs „Soziale Integration in einer jungen- und mädchengerechten Grundschule"

Modul 3: Erziehung und Bildung im Kindesalter

8.45	Eine Gruppe SchülerInnen übt vorn an der Tafel Die Buchstaben „W", „I", „L" Die anderen sitzen am Platz und arbeiten.	J malt „W's" an. Gespräch mit TN: „Und wie machst Du das?" TN: „'N Freund von mir hat 'nen …" J: „Wie groß ist der? Ist der echt? Dagegen kannst Du nicht an, was ich habe. Ich hab 'ne Panzerfaust. Willst Du die ins Gesicht haben?" TN: (…) *zu leise* J: „Oh, da hab' ich aber Angst! HUH! Ich hab da nämlich überhaupt keine Angst vor. Auch wenn Du mich totschießen würdest, hätte ich keine Angst. Weil ich dann nämlich tot bin." J: „Ja, Du kommst dann ins Kinderheim."	M schneidet „W's" aus (das ist die nächste Aufgabe) und zeigt TNin, was sie schon ausgeschnitten hat. Klebt dann auf. M: „Er kommt dann ins Kinderheim!"
9.00		J und TN gehen mit der fünften Gruppe nach vorn.	M geht auch nach vorn
		J kommt zurück an den Platz, klebt „W" auf einen Extrazettel. Singt leise. J zu TN: „Ey, willst Du mit in meine Kommunion?" „Weißt Du, was wir machen? zum Schluss fahren wir nach Thüle bei…" J zu TN: „Ja, und Gott ist auch Jesus." Liest Satz mit „W": „Willi will Tomaten essen." TN: „Willi will Tote essen" (lacht) J: Ja, weißt Du was … ist? Da ist 'ne Bombe drin. Macht bumm und fliegt in die Luft:" (Lacht) Gesprächsthema Titanic TN: „Der Käpt'n war 'n bisschen schusselig. Der ist einfach durch den Eisberg gefahren." J: „Guck' mal, ich hab' einen Eisberg auf meinem Finger. Der klebt, der Eisberg." (Zettelfetzen an seinem Finger.) J ruft: „Die Titanic wird ausgefahren!" (schiebt den Klebestift weiter heraus.) TN: „Jetzt kommt der Eisberg." „Jetzt klebt der Eisberg an der Titanic."	M holt sich die Kiste mit Stempeln und druckt damit Worte. „Otti, Otto" M liest TNin die Worte vor. TNin schaut sich die Stempel an. M: „Zeig' doch mal von der Seite." Sucht mit TNin und anderen MR am Tisch Stempel aus. Druckt „Lars" (Name des Eisbären, dessen Bilderbuch auf dem Tisch liegt). Gesprächsthema Titanic Da sie weiter weg sitzen, kann ich sie nicht so gut verstehen. M zu J und TN: „Der Eisberg ist abgebrochen." M beschäftigt sich weiter mit den Stempeln

Dieses hier dargelegte Beispiel zeigt, dass es dem tatsächlichen Geschehen von Grundschulunterricht nicht gerecht wird, wenn in der traditionellen Betrachtungsweise von geplantem Unterricht und einer festgelegten Folge von Lernschritten ausgegangen wird. Auch bei fest geplanten Zielen und Schritten – wie hier im Beispiel die Einprägübung des Graphems „W" – tragen die verschiedenen Wahrnehmungsmuster, Interessen, Einstellungen, Verhaltensmuster, Vorlieben, Fantasien, Ängste und Sorgen der Kinder zu je differenten Gestaltungen der Situation im Unterrichtsraum bei.

Die generalisierte Verschiedenheit der Kinder lässt sich empirisch in mehr Dimensionen als die kulturell-sprachlichen oder sozialschichtbezogenen, geschlechtsdifferenzierten oder in Hinblick auf „Behinderung" und „Nichtbehinderung" aufschlüsseln. Diese Verschiedenheit vollzieht sich aber nicht nur auf der subjektiven individuellen Ebene, sondern auch hinsichtlich gesellschaftlicher Lagen und möglicher Entscheidungsperspektiven in einer Risikogesellschaft.

Abstrakt wird viel davon geredet, wie heterogen die Kinder in Grundschulklassen sind. Aber oft macht sich kaum jemand konkrete Vorstellungen, was dies heißt. Reinhard Stähling beschreibt für „seine" Brennpunktschule in Münster, an welchen Merkmalen sich Kinder im Grundschulalter unterscheiden können: „Das Schulbrot und ein Frühstücksgetränk fehlen bei diesen Kindern ... Selbst notwendige ärztliche Behandlungen werden versäumt" (Stähling 2006, 34). Besonders wichtig ist seine Beobachtung, dass Eltern sich „misstrauisch gegenüber Hilfsangeboten" erweisen können, obgleich sie aus schulischer Sicht als zumindest beratungsbedürftig gesehen werden (vgl. ebd., 34). Hier besteht die Heterogenität vor allem im sozio-ökonomischen Bereich und der korrespondierenden Verhaltensweisen dieser Eltern gegenüber ihren Kindern. Daraus folgen auch verschiedene Entwicklungsbedingungen der kindlichen Persönlichkeit. Aber nicht nur in der Dimension Armut-Reichtum und den Folgen für das jeweilige Milieu des Aufwachsens von Kindern gibt es Unterschiede, auch von der Herkunft der Familien gibt es deutliche Bedingungen für Verschiedenheit.

Andere Kinder wiederum sind durch ihren Glauben in bestimmte Rituale eingebunden und fühlen sich in ihrer Gemeinschaft aufgehoben. Diese Vielfalt sollte möglichst detailliert gesehen und angenommen werden.

Aber die Schule kann nicht alle Verschiedenheiten als gegeben betrachten und akzeptieren. Sobald die Menschenrechte der Kinder (vgl. Carle/Kaiser 1998) beeinträchtigt werden, hat die Schule das Recht, einzugreifen und diese Kinder zu unterstützen. Das Recht auf körperliche Unversehrtheit durch ausreichende Ernährung und Bekleidung gilt es zu stärken. In anderen Fällen gilt es, die verschiedenen Kulturen zu sehen und anzuerkennen und doch die gemeinsamen pädagogischen Aufgaben fortzusetzen. Dazu gehört eine Grundschulpädagogik, die kulturelle Tabus und besondere Werte beachtet, damit Kinder nicht in neue individuelle Konflikte zwischen Schule und Familie geraten. Beim gesunden Frühstücksbuffet ist es wichtig, nur vegetarische Angebote zu machen, wenn in der Klasse ein hinduistisches Kind lernt, das Tierprodukte aus religiösen Gründen nicht essen darf. Ein mennonitisches Kind aus Kasachstan hat zu Hause das Tabu erfahren, nicht Theater zu spielen. Für dieses Kind wäre auch eine kleine Theateraufführung vor der Klasse zur Veranschaulichung eines Lesetextes in der ersten Schulzeit ein Bruch mit inneren Normen. Es ist wichtig, sich über den sozio-kulturellen Hintergrund der Kinder vorher zu informieren. Die meisten Migrantenkinder in Deutschland kommen aus Mittelasien und der Türkei, aber auch innerhalb dieser Herkunftsgruppen gibt es deutliche Differenzierungen. Kinder, die in der amtlichen Statistik als aus der Türkei kommend gewertet werden, können kurdischer Nationalität sein und Kinder aus den ehemaligen Sowjetrepubliken Mittelasiens können aus streng religiösen mennonitischen Familien oder aus dort mehr integrierten atheistischen Familien stammen (Kaiser 2006a). Wichtig ist hier der persönliche Besuch in der Familie jedes Kindes, um sich wenigstens ein vages Bild vom sozio-kulturellen Milieu zu machen.

Auch der Entwicklungsstand von Grundschulkindern ist außerordentlich breit. Die Jahrgangsklasse ist zwar ein Versuch zur Homogenisierung, aber er ist nicht gelungen. Denn die Entwicklung der Kinder erfolgt nicht nach Kalender, sondern nach Entwicklungsanregungen in ihrem Leben. „Bereits am Schulanfang weisen die eingeschulten Kinder in ihrem fachbezogenen Wissen und Können Entwicklungsunterschiede von drei bis vier Jahren auf" (Brügelmann 2003, 60). Diese Unterschiede vergrößern sich im Laufe der Grundschulzeit und werden durch Klassenwiederholungen verstärkt. Ein gleichschrittiger Unterricht unterfordert die einen und überfordert die anderen Kinder. Aus beiden Fehlhaltungen folgt geringere Lernmotivation. Von daher ist es unerlässlich, differenziert auf die verschiedenen Lern- und Entwicklungsstände einzugehen. Die Begabungen streuen aber nicht nur in einem Kontinuum, vielmehr gibt es qualitativ vielfältige Schwerpunkte und Defizite. So gibt es Kinder, die intellektuell als hochbegabt bezeichnet werden können, die aber Schwierigkeiten haben können, soziale Vereinbarungen in der Klasse zu treffen. Wiederum andere können zwar nicht sehen, aber die Dinge der Umgebung durch Tasten besonders sensibel beschreiben. Andere Kinder haben Probleme beim Abstrahieren und schlussfolgernden Denken, können aber sehr gut emotionale Motive hinter den jeweiligen Handlungen sehen.

Die Befähigungen von Kindern sind generell sehr heterogen. Es gibt ein weites Spektrum an besonderen Begabungen und Lernschwierigkeiten, die aber wiederum von Gegenstand zu Gegenstand, von Fach zu Fach und auch von Lernsituation zu Lernsituation unterschiedlich ausfallen können. Manche Kinder haben mit Beeinträchtigungen ihrer Sinnesorgane zu lernen, andere wiederum verfügen über eine ausgeprägte emotionale Sensibilität für soziale Situationen, bei manchen trifft beides zugleich zu. Wir können angesichts des Zusammenwirkens verschiedener Bedingungen keine schematische Einteilung der Kinder einer Grundschulklasse vornehmen. Es ist von einem sehr differenzierten Profil der in den Unterricht eingehenden Fähigkeiten der Kinder auszugehen. Deshalb muss für jede Lernaufgabe die Differenzierung jeweils besonders gestaltet werden. Es gibt nicht generell „die Lernlangsamen" und „Schnellen", es gibt nicht generell die Hochbegabten und wenig Begabten und es gibt auch nicht generell die sozial Kompetenten und die weniger sozial Kompetenten.

Auch die Lernvoraussetzungen, die vor allem auf vorherigen Lernerfahrungen basieren, sind von Kind zu Kind sehr verschieden. Einige haben intensive Erfahrungen mit Tieren, andere haben gelernt, mit kranken Eltern zu leben und Verantwortung zu übernehmen. Einige lesen Unmengen von Büchern und eignen sich viel Wissen aus verschiedenen Bereichen an, andere haben einen Nachbarn, der viel über Vergangenes erzählt, aber mit einer bestimmten Tendenz. Dieses breite Vorwissen, diese vielfältigen Lernvorerfahrungen gilt es wahrzunehmen und für das Lernen an der Grundschule aufzugreifen, aber auch um vielfältige Lernanregungen anzubieten. Wenn die unterschiedlichen Befähigungen nicht berücksichtigt werden, kann Langeweile und damit Unlust am schulischen Lernen auftreten. Kathrin Lohrmann[2] hat in einer empirischen Untersuchung zur Langeweile an erster Stelle die Unterforderung als Faktor herauskristallisiert, aber auch fehlende Lehrer-Schüler-Interaktion, ungenutzte Lernzeit, Überforderung und fehlende Klassendisziplin sind in ihrer Untersuchung Bedingungen von Langeweile. Das heißt, dass fehlende Berücksichtigung heterogener Voraussetzungen zu Überforderung oder Unterforderung und ungenutzter Lernzeit führen kann und damit Langeweile anstelle von Lernen hervorruft.

Die gewohnte Heterogenität einer Grundschulklasse mit Jungen und Mädchen bedeutet auch, dass wir beiden Geschlechtern gerecht werden müssen. Bei freien Texten und Bildern wird besonders deutlich, wie unterschiedlich die Interessen von Mädchen und Jungen gelagert sind (Kaiser 2003; Röhner 2000). Selbst beim Erlernen der Schriftsprache gibt es deutliche Differenzen, welche Wörter Jungen und welche Mädchen besser lernen (Richter 1999). Richter hat für die als „Jungenwörter" bezeichneten, wie „Torwart, Lokomotive, Schiedsrichter, Computer, Fahrrad, Polizisten" und die als „Mädchenwörter" überprüften, wie „Familie, Geburtstag, Pferde, süß, Frühstück, singen, Strumpf", empirisch belegte Unterschiede beim Schreibenkönnen in Diktaten herausgefunden. Viele empirische Untersuchungen zeigen: Das Sozial- und Interaktionsverhalten von Mädchen und Jungen ist deutlich different (Kaiser 2004b). Auch hier gilt es, an die spezifischen Orientierungen von Jungen und Mädchen anzuknüpfen und ihnen eine gemeinsame Lernperspektive zu eröffnen. Umgekehrt betrachtet sind die Unterschiede zwischen den einzelnen Kindern noch größer als die zwischen den Geschlechtergruppen. Mit einer Zwei-Gruppen-Theorie werden wir der tatsächlichen Heterogenität in einer Grundschulklasse nicht gerecht. „Die Heterogenität von Schulkindern zeigt sich gerade in der Grundschule sehr deutlich. Heterogenität etabliert sich zum Normalfall, Ausnahmen finden sich selten. Sie umfasst soziale, emotionale und kulturelle Bereiche. Sie bietet der Grundschule die Chance, ihre Aufgaben zu präzisieren und zu erweitern" (Toman 2005, 28).

---

[2] Noch unveröffentlichter Vortrag auf der Grundschulforschungstagung in Münster 2006

Modul 3: Erziehung und Bildung im Kindesalter

Aber nicht allein die gesellschaftlichen Bedingungen in ihrer zunehmenden Hierarchisierung können die Vielfalt von Kindern erklären. Bislang ist die subjektive Deutungsseite der Kinder zu wenig ins Blickfeld gerückt worden. Jedes Kind sieht andere Menschen und andere Dinge verschieden. Fernsehfilme werden von verschiedenen Kindern unterschiedlich wahrgenommen. Aber nicht nur der Blick auf die Umwelt ist von Kind zu Kind verschieden, sondern auch die Art und Weise wie sie auf diese Welt zugehen. Einige Kinder können handelnd, andere mehr emotional, wieder andere gestaltend oder denkend mit der sie umgebenden sozialen und gestalteten Welt umgehen. Die meisten Kinder verwenden eine Kombination von Zugangsweisen. Diese individuelle und gesellschaftlich-perspektivische Vielschichtigkeit wird in der folgenden Grafik schematisch zusammenfassend herausgearbeitet:

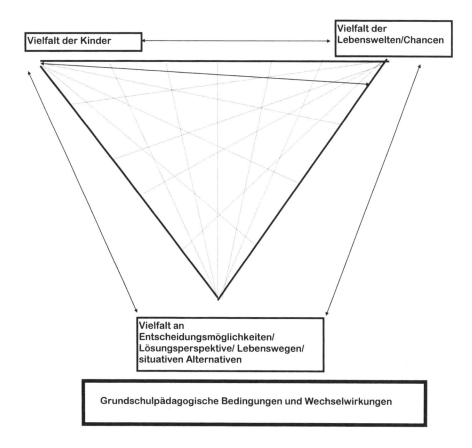

3.3.2 Pädagogische Antworten auf die Heterogenität

3.3.2.1 Heterogenität als Chance

In Alltagsgesprächen an Schulen wird die Heterogenität der Klassen als Belastung bezeichnet. „Die Unterschiedlichkeit von Schülerinnen und Schülern als Chance für unterschiedliches Lernen zu begreifen, ist in deutschen Schulen noch immer der Ausnahmefall. Im Gegenteil: Die organisatorischen Strukturen der Schule, in der Regel auch ihre Unterrichtskultur, sind entscheidend durch die Erwartung geprägt, dass schulische Lernprozesse besonders erfolgreich verlaufen, wenn Schülerinnen und Schüler einer Klasse ähnliche oder sogar weitgehend identische Eingangsvoraussetzungen mitbringen. Die Homogenität von Lerngruppen im Hinblick auf Alter, Begabungsprofil, Leistungsfähigkeit und Motivation erscheint als unabdingbare Voraussetzung für erfolgreiches Lernen, die Heterogenität der Schülerschaft hingegen als Lernhindernis und Belastung" (Bräu/Schwerdt 2005, 9).

Doch tatsächlich kann dies auch eine Chance sein, weil Kinder sehr verschiedene Vorerfahrungen in den Unterrichtsprozess einbringen können und weil die verschiedenen Lernstände geradezu dazu auffordern, eine Pädagogik zu entwickeln, in der die Kinder von anderen Kindern wechselseitig lernen. Das bewusste Beachten von Besonderheiten einzelner Kinder kann auch außerordentlich lernförderlich sein. Stähling (2006) zitiert ein Beispiel einer Klasse mit einem blinden Kind und betont die Qualitätssteigerung durch nichtoptische Lernkanäle wie Tasten, Hören oder Riechen. „Die Lehrerinnen sind gezwungen, sich eine präzise Sprech- und Ausdrucksweise anzugewöhnen. Besonders bei der Informationsweitergabe kann darauf nicht verzichtet werden. Als Modell für alle Kinder wirkt dies auch positiv auf deren Sprachentwicklung. Auch die Übernahme von Verantwortung für hilfebedürftige Mitschüler ist ein positiver Effekt gemeinsamer Beschulung" (Stähling 2006, 145).

Auch sozialerzieherisch erwachsen aus der Heterogenität hohe Potenziale. Denn „Die Anerkennung von Vielfalt ermöglicht Toleranz, aber auch respektvolle Abgrenzung und Widerspruch. Sie wird der Lebensrealität gerecht; sie wirkt integrativ statt ausgrenzend" (Wenzler 2003, 24). Allerdings geschieht dies nicht im Selbstlauf, sondern verlangt differenzierte pädagogische Planung und vor allem auch die Möglichkeit zu Individualisierung. Denn „In einem individualisierten Unterricht 'stört' die Verschiedenheit der Kinder nicht, weil Kinder sich beim Lernen primär an ihren eigenen Bedürfnissen und Voraussetzungen orientieren, sich aber auch auf Hilfen, Impulse, Aufmunterungen, wettbewerbsorientierten Anfeuerungen oder auch auf Tröstung und Solidarität ihrer Mitschüler in einer nicht auf Einzelkämpfertum fixierten Klassengemeinschaft stützen können" (Knauf 2001, 267). Doch auch Individualisierung kann zu Vereinzelung führen und nicht die erwarteten positiven Effekte der Sozialentwicklung haben. Denn soziale Kompetenzen können nur durch soziales Handeln gelernt werden, wenn die Schülerinnen und Schüler nur für sich arbeiten, ist die Möglichkeit des Lernens von wechselseitiger Toleranz und Akzeptanz nicht gegeben. Die Heterogenität der Grundschulklasse muss auch als Gemeinsamkeit praktiziert werden, gemeinsame Kreisgespräche und Vorhaben sind unabdingbar. Eine bloße Zettelwirtschaft von Einzelaufgaben für die Freie Arbeit geht an den pädagogischen Zielen einer Erziehung zu Mündigkeit vorbei (vgl. Kaiser 1992). Dann führt die Individualisierung zu einer neuen Form von Verschulung in Form von bürokratischem Formularausfüllen. Nur wenn Differenzierung und Individualisierung immer wieder in die Gemeinschaft der Klasse zurückgeführt wird, kann Zugehörigkeitsgefühl gedeihen und wechselseitige Anerkennung entstehen. Denn „Heterogenität wird erst *auf dem Nährboden von Achtung, Verlässlichkeit und Zugehörigkeit* zu einem pädagogisch fruchtbaren Faktor. In einem sozialen Klima des Willkommenseins, des Angenommenwerdens und der Zuwendung wachsen die Entwicklungsmöglichkeiten der verschiedenen Kinder. Dann können Kinder voneinander lernen" (Stähling 2006, 140).

„Die Öffnung des Unterrichts, die Arbeit mit individuellen, auf systematische Beobachtungen gestützten Lernplänen und die Steigerung der Aufgabenqualität stellte eine sehr große Herausforderung für die Lehrerinnen und Lehrer dar" (Carle/Berthold 2004, 181). Dies verlangt besondere persönliche Fähigkeiten der Lehrperson. Sie muss die Kinder in ihrer Verschiedenheit annehmen können und flexibel sein. In ihren pädagogischen Kompetenzen liegt die entscheidende Entwicklungsbedingung für Kinder in der Grundschule. Aber es müssen auch spezielle neue Konzepte der Differenzierung gelernt werden, wie individualisierende Leistungsdokumentation (vgl. ebd.).

3.3.2.2 Heterogenität und Differenzierung

Die angemessene Praxis auf derartige Verschiedenheiten verlangt viel innere Differenzierung. Denn die Integrationsaufgabe der Grundschule ist unteilbar. Für den pädagogischen Alltag heißt dies, dass diese Schritt für Schritt bewusst angenähert werden muss. Denn Integration stellt sich nicht durch den gemeinsamen Aufenthalt in einer Grundschulklasse her, sie kann dadurch sogar partiell beeinträchtigt werden. Gerade bei zunehmender Heterogenität ist ein bewusster Umgang mit verschiedenen Denkweisen, Motivationsstrukturen, Vorerfahrungen, kulturellen Orientierungen, Fähigkeiten und Kenntnissen der Kinder besonders wichtig.

Dabei stellt sich die Grundfrage, wie weit eine derartige Differenzierung gehen darf. Die pointierte Aussage aus den 1970er Jahren zur gezielten Ungleichbehandlung wird heute nicht mehr so klar vertreten. So beschreibt Stähling den Wandel der Ansichten: „'Wer gerecht sein will, muss die Kinder unterschiedlich behandeln'", war die Leitlinie der frühen Differenzierungsverfechter. Heute hört sich dies so an: 'Wer mit heterogenen Gruppen gemeinsamen Unterricht gestaltet, muss auf innere Differenzierung bauen'" (Stähling 2006, 88).

Wenn wir gleichzeitig alle Kinder fördern wollen und die verschiedenen Lernvoraussetzungen berücksichtigen wollen, müssen die allgemeinen Grundsätze von Differenzierung in heterogenen Grundschulklassen folgendermaßen aussehen:

1. Heterogenität verlangt Differenzierung, aber alle Kinder sollten beim gemeinsamen Inhalt bleiben.
2. Das Ausmaß der Lernhilfen muss so gestaltet sein, dass alle Kinder Lernfortschritte wahrnehmen können.
3. Es ist soviel Differenzierung zu schaffen, dass alle Kinder angemessen lernen können.
4. Die differenzierten Aufgaben müssen in den gemeinsamen Unterricht eingebettet sein. Die Lernaufgaben müssen zum gemeinsamen Lernen beitragen und dorthin führen.
5. Die Kinder mit Lernproblemen brauchen die Person des Lehrers/der Lehrerin besonders.

Diese Grundsätze heißen, dass in der Grundschule generell keine äußere, sondern nur innere Differenzierung stattfinden kann – es sei denn äußere Differenzierung nach Wahl.

Heterogenität: alle Kinder dabei

Vielfach wird als Antwort auf die Heterogenität der Grundschulklassen offener Unterricht gefordert. Diese Bezeichnung erscheint uns allerdings als zu normativ und unspezifisch, die Bezeichnung „beweglicher Unterricht" (Winkel 1993a) ist dagegen schon weniger normativ. Jedoch bedarf es klarer Formen der Differenzierung, um wirklich zu wissen, wie tatsächlich mit der Heterogenität umgegangen werden kann.

Die in den Grundschulen am häufigsten praktizierten Organisationsformen von Differenzierung sind Wochenplanarbeit, Stationenlernen und Freiarbeit als selbstständiges Erarbeiten von Themen der eigenen Wahl. In der Wochenplanarbeit wird vor allem Individualisierung gefördert. Dabei kann genau so wie beim Stationenlernen nur Materialdifferenzierung betrieben werden, ohne dass der Sinn des Gelernten für alle Kinder erfahrbar ist. Für die Sinnstiftung von Schule und die Erziehung ist es von besonderem Wert, wenn Kinder sich in die sie selbst beschäftigenden Themen über einen längeren Zeitraum einarbeiten und eigene Halbjahres- oder Zweimonatsarbeiten abliefern und der Klasse präsentieren. Diese Art von Freier Arbeit wäre eine klassische Form der Wahldifferenzierung.

Aber auch innere Differenzierung kann in sehr verschiedener Weise praktiziert werden. Hier seien nur einige Grundformen (vgl. Bönsch 2006, ergänzt durch Kaiser) vorweg aufgeführt:

- Differenzierung nach stofflichem Umfang
- Differenzierung nach Lern- und Arbeitstempo
- Differenzierung nach Schwierigkeitsgrad
- Didaktische Differenzierung
- Dialogische Differenzierung
- Differenzierung nach Bezugspersonen
- Diagnostische Differenzierung
- Leistungsdifferenzierung

In den folgenden Ausführungen sollen diese verschiedenen Differenzierungsformen anhand von kleinen Beispielen erläutert werden.

Differenzierung nach stofflichem Umfang

Im Projektunterricht gibt es viele Aufgaben zur Lösung der Gruppenaufgaben. Einige Aufgaben sind sehr umfangreich wie in Büchern der Kinder- und Jugendbibliothek zu recherchieren, was da zum Projektthema zu finden ist. Diese Aufgabe werden freiwillig Kinder übernehmen, die hungrig nach mehr Wissen sind. Andere Kinder können dann diese Ergebnisse nach dem Bericht der „Büchergruppe" in Kurzform aufschreiben. Wiederum andere suchen die dazu passenden Bilder aus.

Differenzierung nach Lern- und Arbeitstempo

Im Mathematikunterricht fällt das unterschiedliche Arbeitstempo besonders deutlich auf. Hier ist eine Differenzierung nach Aufgabenmenge vorzunehmen und vorweg zu planen, damit einige sich nicht nach Fertigstellung ihrer Aufgaben langweilen oder einige frustriert werden, weil sie schon wieder das gesetzte Pensum nicht geschafft haben.

Eine Variante dieser Differenzierungsform liegt darin, dass Schülerinnen und Schüler einen großen Aufgabenpool relativ gleichwertiger Aufgaben zum jeweiligen Lerninhalt zur Verfügung haben. Sie können sich aus der Selbsteinschätzung, wie viele Minuten zur Verfügung stehen, die angemessene Zahl an Aufgaben selbst aussuchen.

Differenzierung nach Schwierigkeitsgrad: Lesegruppen

Zum Lesenlernen gehört auch das eigene laute Lesen, die Klassensituation ist denkbar ungeeignet für diese Form, da dort nur wenige Kinder „dran kommen" können und die Gefahr für diejenigen, die nicht so gut lesen können, besteht, dass sie verlacht werden. Von daher ist es eine sehr sinnvolle Form der Differenzierung, innerhalb der Klasse verschiedene Leseecken oder Lesegruppen zu bilden. In jeder Leseecke steht eine kleine Kiste mit vorbereiteten Lesetexten. Diese sind mit farbigen Punkten nach Schwierigkeit markiert. Eine Unterscheidung nach total einfach, leicht, mittel, schwer, sehr schwer wäre denkbar. Die Kinder dürfen sich einen Text aus der Kiste nehmen, den sie der kleinen Lesegruppe reihum vorlesen und können selbst den Schwierigkeitsgrad einschätzen.

Didaktische Differenzierung

Beim Schreiben von Texten können sehr unterschiedliche Lernziele zu erfüllen sein. So wäre bei einem Kind mehr Förderung in Rechtschreibung, bei anderen mehr Förderung in kreativer Ideengestaltung, bei wiederum anderen mehr Förderung in Richtung sprachlicher Ausdrucksweise nach einem geschriebenen Text zu diagnostizieren. Je nach Förderbedarf bekommen die Kinder unterschiedliche Übungsaufgaben, um beim nächsten Text bessere Ergebnisse zu erzielen. Kinder mit relativ hohen Kompetenzen können die Aufgabe bekommen, noch anspruchsvollere Texte zu verfassen.

Dialogische Differenzierung

Bei dieser Form der Differenzierung stehen die Vorstellungen der Kinder im Mittelpunkt. Schülerinnen und Schüler suchen danach im Gespräch über ein Problem jeweils verschiedene Aufgaben heraus und bearbeiten die Aspekte der Frage, die ihnen noch wichtig sind.

Differenzierung nach Bezugspersonen

Es ist möglich, verschiedene Personen als Freiwillige in die Schule einzubeziehen. Praktisch erprobt sind Modelle der „Lesemütter" oder der „Lesegroßeltern". Dabei geht es darum, dass Kinder, die besonders viel personale Zuwendung brauchen, in der Lesestunde mit diesen Bezugspersonen üben, während andere mit Partnerinnen und Partnern aus der Klasse üben.

Diagnostische Differenzierung

Bei der diagnostischen Differenzierung, die der didaktischen sehr nahe steht, geht es darum, dass nach vorheriger Diagnose im Fach, die Kinder verschiedene Aufgaben zugeordnet bekommen. Da können die einen ein Spiel zur Wahrnehmungsförderung erhalten, die anderen Material zur feinmotorischen Übung und die dritten einen Lesetext zum Umformulieren.

Leistungsdifferenzierung

Diese Form der Differenzierung ist im Schulalltag am ehesten geläufig. Kinder verschiedener Leistungsniveaus erhalten jeweils spezifische Aufgaben.
Neben all diesen Formen der Differenzierung kommt es auch darauf an, das Gemeinsame zu gestalten. Dazu sind nicht nur die Veranstaltungen des Schullebens wie Schulforum oder Feiern erforderlich, sondern auch in jedem Unterricht die Rückkehr aus der Arbeitsgruppe oder der Einzelarbeit in den Gesprächskreis. Hier werden die verschiedenen Perspektiven, Erkenntnisse oder Wissensbestand-

teile zusammengetragen und vorgestellt. In Gesprächskreisen und gemeinsamen Dokumentationen verwandelt sich eine differenzierte Grundschule wieder in eine inklusive Grundschule. Nur wenn die Heterogenität immer wieder in das gemeinsame Denken und Handeln mündet, kann interkulturelle Verständigung und Gemeinschaft entstehen.

> Heterogenität der Kinder ist nicht nur eine Herausforderung, sondern auch eine Chance, wenn der Unterricht so arrangiert ist, dass Kinder wechselseitig voneinander lernen. Die vielfältigen Lernvoraussetzungen, Begabungen, kulturellen Kontexte und Gender-Erfahrungen verlangen differenziertes Lernen, aber auch die integrative Seite des gemeinsamen Lernens.

Modul 4:
Organisation und Management der Grundschule

4.1 Räumliche und zeitliche Organisation der Grundschule

Der Raum ist der dritte Erzieher
Loris Malaguzzi

4.1.1 Schulgebäude

Die Grundschule der Gegenwart in Deutschland besteht in der Regel als Steingebäude. Gedanken analog zu den Waldkindergärten auch Schulen in der Natur oder in offenen Erfahrungsräumen stattfinden zu lassen, gibt es bislang nicht in der grundschulpädagogischen Debatte. Die Tatsache, dass es ein Gebäude als Standardform gibt, hat zur Folge, dass auch die Grundschule in geschlossenen Räumen stattfindet. Utopien wie „reisende Schule" finden wir nur in vereinzelten utopischen Entwürfen. Diese starre räumliche Anordnung macht eine bürokratische Verwaltung und auch einen gut organisierten Unterricht erforderlich.

Grundschulen sind in sehr verschiedenen Bautypen zu finden, die jeweils auch unterschiedliche Stimmungen ausbreiten.

Ein düsteres Bild schildert Erich Kästner in seinen Erinnerungen[3]:

„Die Vierte Bürgerschule in der Tieckstraße, unweit der Elbe, war ein vornehm düsteres Gebäude mit einem Portal für Mädchen und einem für Knaben. In jener Zeit sahen alle Schulen düster aus, dunkelrot oder schwärzlich grau, steif und unheimlich. Wahrscheinlich waren sie von denselben Baumeistern gebaut worden, die auch die Kasernen gebaut hatten. Die Schulen sahen aus wie Kinderkasernen. Warum den Baumeistern keine fröhlicheren Schulen eingefallen waren, weiß ich nicht. Vielleicht sollten uns die Fassaden, Treppen und Korridore denselben Respekt einflößen wie der Rohrstock auf dem Katheder. Man wollte wohl schon die Kinder durch Furcht zu folgsamen Staatsbürgern erziehen. Durch Furcht und Angst und das war freilich ganz verkehrt."

Alte Gebäude können aber auch harmonische Stimmung ausbreiten wie die Sudbrackschule in Bielefeld

---
[3] Kästner, Erich: Als ich ein kleiner Junge war. Eulenspiegel: Berlin 1974. 73

Manche Grundschulen zeigen mehr den nüchternen Zweckbau. Hier scheint es darauf anzukommen, ein Gebäude in mehrere Klassenräume aufzuteilen. Die Mehrheit der Grundschulen in Deutschland entspricht diesem Bautypus, denn die Grundschulen wurden in den 1960er Jahren organisatorisch aus den Volksschulen ausgegliedert und oft durch einen Neubau der 1960er oder 1970er Jahre gegründet. Demzufolge hat die Grundschularchitektur wenig Anreize für eine pädagogisch gestaltete Lernlandschaft. Hier ist in besonderem Maße die Kreativität von Lehrpersonen, Eltern und Kindern gefragt.

Wenige Grundschulen schaffen durch die Gebäudeanordnung und Gestaltung des Raumes eine sehr lebendige Stimmung hervorzurufen, wie hier die Spreewald-Grundschule in Berlin:

Nicht jede Schule hat das Geld, ihr Gelände und Gebäude neu anzulegen, aber jede Schule kann eine nüchterne Architektur und Umgebung des Gebäudes mit Anregungen, ästhetischen Komponenten, verwinkelten Ecken zum Verweilen, Pflanzen und Kunst ein wenig lebendiger gestalten und Schule zu einem einladenden Ort umwandeln, in dem Kinder Geborgenheit und Anregung finden.

> Die Gebäude von Grundschulen sind sehr verschieden. Manche sind eher administrativ gestaltet, manche bieten eine anregungsreiche Umgebung für Kinder. Aber in jeder Schule ist es möglich, durch aktive Gestaltung von Schülerinnen und Schülern, atmosphärische Veränderungen zu schaffen.

4.1.2 Der Klassenraum

Klassenräume an Grundschulen haben eine limitierte Größe. Wenn die Raumgrößen unter die Standards fallen, dann dürfen weniger Kinder in die Klasse aufgenommen werden. Diese Standards sind von Bundesland zu Bundesland unterschiedlich und werden in Schulgesetzen sowie in Zweifelsfällen sogar durch Gerichtsentscheid[4] festgelegt. So sehen die Richtlinien des Landes Bayern, die seit den 1960er Jahren gültig sind, 56–65 qm pro Klassenraum vor. Einzelne neuere Schulbauten von Grundschulen[5] sehen sogar nur 48 qm vor. Faktisch finden wir auch Klassenräume mit 40 qm. Im Kanton Bern sind 64 qm vorgeschrieben. Wir können von 60 qm als Standard für die meisten deutschen Klassenräume ausgehen.

Derartige Klassenräume zwingen Grundschulkinder, mehr auf ihrem Stuhl zu sitzen, als ihrem Alter angemessen ist. Die Pädagogische Woche in Oldenburg hat vor einigen Jahren auf dem Plakat mit einer tiefgründigen Wortspielerei geworben, nämlich mit dem Wort „Einstuhlung" anstelle von „Einschulung". Damit wird ausgesagt, dass die Grundschule auch heute noch wesentlich darauf zu reduzieren ist, dass Schülerinnen und Schüler beim Lernen auf Stühlen in Klassenräumen sorgfältig angeordnet zu sitzen haben. Früher war dies noch rigider angeordnet und dämpfte auch die Lernfreude ein, wie Arno Holz in seinen Erinnerungen[6] schildert. Er drückt es treffend aus, wie es Kindern in einer derartigen Umgebung geht:

„Gewiß! Er wollte nur noch immer in die Schule gehen! Nur immer in die Schule und dort so klug wie Papa werden!

Ach! Dass das so schwer war, hatte er nie gedacht!

So drei ganze, ausgeschlagene Stunden auf ein und derselben dummen Bank sitzen und dabei ein und dasselbe dumme Tintenfass sehn zu müssen, war keine Kleinig-

---

[4] Am 17.6.1997 entschied der Staatsgerichtshof in Bremen zu einem Volksbegehren u.a. in dieser Frage.
[5] Erweiterungsbau der Grundschule Roxel bei Münster/Westfalen
[6] Holz, Arno: Der erste Schultag. In: Deutsche Schulzeit. Erinnerungen und Erzählungen aus drei Jahrhunderten. Herausgegeben und mit einem Vorwort versehen von Martin Gregor-Dellin. Nymphenburger Verlagshandlung: München 1979, 162–163

keit. Ja! Es war sogar eine Gemeinheit! Eine richtige Gemeinheit! Man durfte nicht einmal husten!"

Diese Formen der in Reih und Glied angeordneten Schultische sind in heutigen Grundschulklassen in der Regel nicht mehr zu finden. Gruppentischanordnungen in Vierer- oder Sechsergruppen bilden in Grundschulen die Norm, manchmal gibt es auch die Hufeisenform der Tische oder das Rechteck. Seit der Arbeitskreis Grundschule[7] mit Reforminitiativen Grundschulen angeregt hat, gibt es auch die allmähliche Entwicklung von verschiedenen Lernecken in Grundschulen. Der Anstoß dieser Entwicklung stammt aus England, wo schon früh in Grundschulen verschiedene Ecken eingerichtet wurden. Diese waren in den 1970er Jahren Vorbilder für eine entsprechende Entwicklung in Deutschland.

Heute hat eine große Mehrheit der Grundschulklassen verschiedene Funktionsecken. Dazu zählen neben der Leseecke (manchmal auch als Sofaecke gestaltet) die Computerecke, der Ausstellungstisch für den Sachunterricht und die Ecke mit Lern- und Übungsmaterialien für Sprache und Mathematik.

Leseecke in einer englischen Primary School in Birmingham

Dies ist möglich, weil in Deutschland an Schulen kein Schichtbetrieb herrscht, sondern die Klassenräume an Grundschulen in der Regel nur einer Klasse zur Verfügung stehen. In anderen Ländern[8] ist dies anders, entsprechend besteht dort kaum Möglichkeit zur pädagogischen Gestaltung von Ecken. Besonders in Klassen, in denen die Aufgabe der Integration jüngerer Kinder in die Schule ernst genommen wird, sind besonders reichhaltige Lernumgebungen zu beobachten. Carle und Berthold beobachteten dies im Bereich der Versuche einer integrierten Eingangsstufe: „Unterrichtsräume sind überall zu Arbeitsräumen mit reichhaltigen Lernumgebungen für die Kinder geworden, in denen vielfältige Unterrichtsformen praktiziert werden. Die Schuleingangsphase gewinnt ein eigenes pädagogisches Profil" (Carle/Berthold 2004, 59).

---

[7] Burk, Karlheinz/Haarmann, Dieter (Hrsg.): Wieviel Ecken hat unsere Schule? Frankfurt a.M. 1979

[8] Dies ist ökonomisch bedingt, Schichtunterricht in einem Raum findet sich auch in bildungsfreundlichen Ländern wie Chile an öffentlichen Schulen

Modul 4: Organisation und Management der Grundschule 117

Ecke für Computer und Rollenspiele bzw. Puppentheater in der Grundschule Friedrichsfehn

Manche Grundschulen nutzen auch die Flure vor den Klassenräumen als Ausstellungsplätze und Arbeitsecken. Allerdings sind dabei auch zunächst feuerpolizeiliche Prüfungen erforderlich, damit die Fluchtwege im Feuerfall auch tatsächlich genutzt werden können. Häufig hindern bürokratische Vorschriften wirkliche pädagogische Innovationen. Stähling (2006) gibt aus der Praxis einer Grundschule wichtige Hinweise zum Umgang mit bürokratischen Hindernissen in seinem Kapitel „mit einem Bein im Gefängnis".

Neben den Arbeitsecken braucht eine lebendige Grundschulklasse auch Präsentationsflächen und -orte. Vitrinen, Regale, Ständer für Einzelexpo-

Flurgestaltung Grundschule Dietrichsfeld in Oldenburg

nate sind neben flexiblen Stellwänden und Bilderwäscheleinen im Klassenzimmer wichtige Formen. Ergebnisse von Gruppenarbeit oder Projekten, Fundstücke von Unterrichtsgängen oder gelungene Geschichten der Kinder gilt es, für alle zugänglich zu präsentieren. Ausstellungstische in jeder Klasse sind das Minimum an Präsentation. Die Leistungen der Kinder verlangen Anerkennung, von daher müssen wichtige Arbeitsergebnisse auch öffentlich präsentiert werden.

Wichtig sind neben den Arbeitsecken und Präsentationsorten auch Plätze für die Sozialerziehung und Orte der Rituale im Klassenzimmer. Diese können sehr klein sein. Es fängt an mit der Pinnwand für das Bild der Woche oder den Fotos der Kinder der Klasse an der Wand oder Tür, dem Geburtstagskalender an der Wand, der Namensliste der Kinder für die Pflege von Klassentieren oder den Zimmerpflanzen in der Klasse.

Fotos einer Lerngruppe an der Grundschule Dietrichsfeld in Oldenburg

Übersicht: der pädagogisch gestaltete Klassenraum	
Frühstückstisch	Präsentationsflächen in Klasse und Flur
Leseecke	Vitrinen
Matheecke	Regale
Forschungsecke	Ständer für Einzelexponate
Computerecke	Bilderwäscheleine
Theaterecke	Ausstellungstische
Sprachübungsecke	Pinnwand
Tierecke	Geburtstagskalender
Pflanzenfensterbank	Namenslisten für Aufgaben und Ämter

Es kommt bei der Gestaltung eines Klassenraumes einer Grundschule aber nicht nur auf das „Was" an, sondern auch auf das „Wie". Die Ästhetische Gestaltung des Klassenraums hat auch pädagogische Funktion. Denn von Ästhetik gehen bestimmte Sinndeutungen und komplexe Erfahrungen aus, die auch in Lernprozessen produktiv sind (vgl. Schomaker 2004). „Die Besonderheit der Gestaltung des Lebensraumes „Schule" liegt infolgedessen darin, dass sie vor einem pädagogischen Hintergrund geschieht. Folglich ist die Schule ein pädagogisch gestalteter Lebensraum, das heißt ein Raum, der neben natürlichen Erfahrungs- und Handlungsfeldern auch bewusst errichtete beinhaltet. Er animiert demnach die Kinder, bestimmte Erfahrungen zu machen beziehungsweise zu bestätigen und Handlungen durchzuführen, mit dem Ziel, ihnen bei der Persönlichkeitsentwicklung zu helfen" (Zierer 2003, 97).

Als gestalteter Lebensraum kann eine Grundschulklasse sehr unterschiedlich ästhetisch entwickelt werden. Dabei ist es wichtig, kunstvoll gestaltet die im Alltag verwendeten Symbole und besonderen Bezeichnungen an einem gut sichtbaren Platz zu präsentieren.

Hier seien nur einige Beispiele aufgezählt:

Für jedes Kind und für jede Aufgabe gibt es Symbole oder Bilder. So kann sich jedes Kind einen Tiernamen, Indianernamen, Stärkenamen oder lustigen Namen aussuchen. Symbolnamen, die sich Grundschulkinder ausgedacht haben, sind u. a.: Löwe, Bär, schnelle Katze, starker Berg, helle Sonne, große Wolke.

Auch die Arbeitsergebnisse wirken intensiver, wenn sie in ästhetisch gestalteter Weise auf dem Ausstellungstisch präsentiert werden. Hier sind alle museumspädagogischen Möglichkeiten auszuschöpfen, von denen hier nur einige aufgeführt werden:

- Einrahmen der Ausstellungsstücke mit verschiedenfarbigen Wollfäden
- Farbige Beschriftungsschilder, die bereits symbolisch Unterschiedliches signalisieren
- Objekte hinter Glas ausstellen
- Objekte vor einen Spiegel stellen
- Objekte hinter einen Rahmen stellen, so dass sie nur durch ein kleines Ausschnittfenster sichtbar sind (Fokussierung)
- Verdecken der Objekte unter Tüchern oder in Säckchen
- Kontrastive Gegenüberstellung
- Die Objekte auf dem Ausstellungstisch nach Größe, Farbe, Gewicht und anderen Kriterien ordnen

Die ästhetische Gestaltung der schulischen Umgebung dient vor allem dazu, eine Atmosphäre zum Wohlfühlen zu schaffen. Hier spielt das gemeinsame Essen eine besondere Rolle. „Das gemeinsame Mittagessen in der Schulklasse ist geprägt durch eine gemütliche Atmosphäre. Die Kinder sitzen an Gruppentischen, die sie mit Tischdecken und manchmal Blumen oder Kerzen dekoriert haben" (Stähling 2006, 95). Astrid Kaiser erinnert sich an das Schulfrühstück in ihrer eigenen Grundschulzeit noch sehr genau, damals saßen die Kinder in der Runde im Klassenraum, der Lehrer spielte einleitend ein kleines Stück auf der Flöte und erzählte jedes Mal eine andere Geschichtserzählung. Manche sind ihr bis heute im Gedächtnis geblieben, so eindrucksvoll war damals die Stimmung beim Schulfrühstück (vgl. Kap. 6.1).

Ausstellung von Arbeitsergebnissen der Kinder an der Grundschule Dietrichsfeld in Oldenburg

Besonders wichtig ist es, dass räumlich der Verschiedenheit der Kinder Rechnung getragen wird. In manchen Grundschulen gibt es neben jedem Klassenraum einen Gruppenraum. Es lassen sich viele sinnvollere Nutzungsmöglichkeiten eines zweiten Raumes aufführen. So gibt es in Münster staatliche Grundschulen, die davon ausgehen, „dass jede Klasse **zwei feste, nebeneinander liegende Räume** zur Verfügung hat, für die sie allein zuständig ist. In einem Raum finden vorwiegend ruhigere Aktivitäten statt: konzentrierte und gelenkte Unterrichtsarbeit, sowie Frühstück und Mittagessen. Im anderen Raum, den einige „Spieleraum" nennen, ist es auch mal laut, wird gebaut, in Gruppen gearbeitet und mit Puppen gespielt" (Stähling 2006, 95).

Die meisten Schulen sind nicht so komfortabel ausgestattet, aber es lassen sich immer in Fluren abgetrennte Bereiche für Gruppenarbeit einrichten, wenn mit den feuerpolizeilichen Vorschriften ein machbarer Kompromiss gefunden wurde.

> Klassenräume an Grundschulen werden räumlich meist flexibler gestaltet, es gibt fast überall Ecken mit verschiedenen Materialien. Die Möglichkeiten, einen Klassenraum pädagogisch zu gestalten, sind noch nicht genug ausgeschöpft.

4.1.3 Jahrgangsübergreifende Organisationsformen

Das Lernen aus Erfahrungen ist besonders intensiv, weil es auch emotional abläuft und in einem Kontext passiert. Hartmut von Hentig plädiert deshalb dafür, die Schule als Erfahrungsraum umzugestalten (von Hentig 1973). So wie John Dewey glaubte, eine Gesellschaft in Vorform („embryonische Gesellschaft") in der Schule zu errichten, so wollte von Hentig die Schule wie eine Polis im antiken Griechenland als Ort des gesellschaftlichen Lernens aus eigenen Erfahrungen gestalten. Dazu sollten öffentliche Formen des Austauschs, der Konfliktaustragung und des gemeinsamen Erlebens in der Schule entwickelt werden. Dazu zählen Formen wie Schulforum, Klassenkooperation oder Versammlung. In der durch Hartmut von Hentig gegründeten Laborschule werden schon ab der Eingangsstufe (Vorschuljahr mit erstem und zweitem Schuljahr in einer Gruppe) kleine Versammlungen der Stammgruppe zur Planung des Tages, zum gemeinsamen Zuhören und zur Besprechung von Konflikten eingerichtet. Dazu gibt es die große Versammlung der benachbarten Gruppen, in denen auch wichtige Arbeitsergebnisse der Kleingruppen vorgestellt werden. Viele Grundschulen schaffen z. B. für den Wochenschluss ein Schulforum, auf dem im festlichen Rahmen Theaterstücke, Gedichte, Lieder, Sprechszenen u. v. a. m. vorgestellt werden. Diese Formen bieten Lernchancen für öffentliches Auftreten und gestalten gleichzeitig die Schule zu einem lebendigen Organismus um.

Auch die Klasse selber lässt sich zu einem dynamischen Organismus umbauen, wenn sie nicht nach dem starren Jahrgangsprinzip aufgebaut wird, sondern mehrere Jahrgänge in einer Lerngruppe oder Klasse zulässt. „Jahrgangsklassen wurden im Grunde ursprünglich nach dem Modell der Einziehung von Rekrutenjahrgängen zum Militär gebildet. Das Jahrgangsklassensystem gilt bis heute als wichtigste Möglichkeit rationellen Unterrichtens, birgt allerdings viele ungelöste Probleme (z. B. das Sitzenbleiberproblem) in sich" (Drews/Schneider/Wallrabenstein 2000, 172).

Auch innerhalb von Klassen lässt sich eine Strukturierung durch Altersmischung der Lerngruppen erreichen. In dieser Hinsicht sind schon viele Schulen auf dem Weg, denn „jahrgangsgemischte, flexible, integrative Schuleingangsphasen sind in den letzten Jahren in vielen Bundesländern als Option möglich oder auch flächendeckend eingerichtet und schulgesetzlich verankert" (Demmer-Dieckmann 2006, 67). Allerdings zeigen Untersuchungen, dass es immer noch Vorbehalte von Lehrerinnen und Lehrern gibt, wenn diese Form flächendeckend eingeführt wird. Sie wollen gegenwärtig eher eine moderate und modifizierte Form der Altersmischung (Jennessen/Kastirke 2006).

Altersmischung als Organisationsform allein bringt noch nicht pädagogisch produktive Effekte hervor.

„Jahrgangsgemischter Unterricht funktioniert nicht, wenn die Kinder ihre Lernprozesse nicht wesentlich mitbestimmen können. So lange die Lehrperson alles vorgeben will und muss, wird sie überfordert sein. Mitbestimmung der Kinder sollte institutionalisiert werden, in vielen kleinen Abläufen aber auch z. B. in einem regelmäßig tagenden Klassenrat" (Carle/Berthold 2004, 185).

Inhaltlich wird auf altersgemischtes Lernen und seine erzieherische Wirkung noch im Kapitel über die Zukunft der Grundschule eingegangen. Diese pädagogische Strukturierungsform verlangt auch räumlich eine spezifische Anordnung.

> Altersgemischte Lerngruppen nehmen an deutschen Grundschulen zu. Sie bieten die Möglichkeit zu differenziertem Arbeiten und einem stärker strukturierten Schulalltag. Die hergebrachte Jahrgangsklasse wird immer häufiger aufgelöst. Altersmischung ist eine Chance für mehr Differenzierung, sie bringt aber nicht im Selbstlauf positive Effekte, diese müssen strukturell geplant werden.

4.1.4 Schulhof

Der Schulhof ist ein Ort, auf dem Kinder ihrer Bewegungslust nachkommen können. Diese wird aber auch durch räumliche und gestalterische Eingrenzungen beschnitten, so sind nur 4–5 Quadratmeter pro Kind in den Vorschriften der Bundesländer vorgesehen. „Schulhöfe bestehen in der Regel aus einem einfallslos gestalteten, unstrukturierten Asphaltplatz" (Kraft 1980, 8). Die Asphaltierung ist in vielen Bundesländern vorgeschrieben. Bäume und Grünpflanzen sind dagegen nur in einigen Bundesländern vorgesehen. Viele Kinder nutzen diesen Ort auch zur sozialen Kontaktpflege und zur Erholung vom Stress des Unterrichts. Das Wesentliche des Schulhofgeschehens ist, dass Kinder dort untereinander sein können. Lediglich eine Aufsichtsperson ist in der Regel präsent. So wichtig dieser Platz für die Kinder subjektiv ist, so wenig wird darüber in der pädagogischen Literatur geschrieben. „Wenn der Schulhof im Bewusstsein der in der Schule Tätigen und der für sie Zuständigen oft nur als Randerscheinung wahrgenommen wird, dann ist daraus noch nicht zu schließen, dass er für die Schüler als die hauptsächlich Betroffenen eine ebenso untergeordnete Rolle spielt. Die Zeit, die zum Beispiel Grundschüler pro Woche auf dem Schulhof verbringen, liegt etwas zwischen 150 und 350 Minuten ... " (ebd., 6). Besele schlägt dagegen einen Zeitraum von drei bis über sechs Unterrichtsstunden pro Woche für Pausenhofaktivitäten vor (Besele 1999, 11).

Die geringe Zahl an Schriften mit Vorschlägen zur Gestaltung des Schulhofs hängt sicherlich auch damit zusammen, dass der Schulhof eher als Ort der Unfallvermeidung gesehen wird denn als Ort pädagogischer Gestaltung. Es stimmt zwar, dass ein Drittel aller Unfälle an Schulen auf dem Schulhof passieren, dies kann allerdings auch an der undifferenzierten Schulhofgestaltung liegen. Im Gegenteil: „Differenzierte Schulgelände mit Betätigungsmöglichkeiten sind nachweislich weniger unfallträchtig und evtl. Verletzungen sind oft leichterer Art" (ebd., 23). Gerade die Tatsache, dass bei den meisten Schulhofunfällen im Grundschulalter Jungen die Opfer sind (63%) und dabei besonders häufig Kopfverletzungen (36%) vorkommen, zeigt dass gerade „harte Oberflächen wie Beton und Asphalt" (ebd., 98f.) Problemursachen sind. Birgit Weusmann hebt nach ihren Beobachtungen bei der Umgestaltung von Schulhöfen die Funktion von naturnahen Schulhöfen hervor. Dadurch könnten Aggressionen und Unfälle präventiv vermieden werden: „In Schulen und Kindergärten, deren Umgebung nach dem Vorbild der Natur gestaltet wurde, werden durchweg positive Auswirkungen auf die Kinder registriert: Das Unfallrisiko ist stark vermindert [...], die Kinder gehen friedlicher miteinander und mit ihrer Umgebung um und ihr Spiel verläuft fantasievoller als vor der Umgestaltung bzw. in künstlichen Spielräumen" (Weusmann 2006, 61).

Aber die Umwandlung des Schulhofs zum Erfahrungsraum wird bislang wenig erprobt (vgl. Besele 1999, 11). Die Investitionen in Bewegung werden einseitig in Sportgeräte für die Turnhalle (vgl. ebd.) getätigt und nicht für die Außenanlagen, die viel häufiger in der Schulwoche, selbst bei den derzeit kurzen Pausenzeiten, genutzt werden können. Lediglich für etwas mehr Körpererfahrung gibt es an manchen Schulen spezielle Kisten mit Bewegungsgeräten für den Hof, wie Springseile, Bälle, Wurfringe oder Balancierhölzer. Kuhn (2007) hat Kinder malen lassen, wie sie sich den idealen Schulhof vorstellen. Dabei betonen sie, dass die Zeit auf dem Pausenhof länger sein sollte, damit das Spielen, Austoben aber auch Ausruhen genügend möglich ist. Sie sind sich sicher, dass intensives Bewegen bzw. Ausruhen in der Pause wichtig ist für anschließendes konzentriertes Arbeiten.

Gerade an das entspannende Spielen wird zu selten gedacht. Hierfür sind einerseits im Klassenraum Möglichkeiten zu schaffen. Aber auch auf dem Schulhof gibt es Entfaltungsmöglichkeiten. „Die Grundschule muss im Rahmen einer grundlegenden Bildung, zu der auch eine gewisse Spielfähigkeit gehört, zu ihrer weiteren Öffnung und Humanisierung dem Spiel – nicht nur im Sportunterricht – genügend Spielraum geben, um eine besonders lebendige, ganzheitliche und kindgemäße Form der Welterschließung und des Weltverstehens in allen Lernbereichen zu gewährleisten" (Walter 2000, 224).

Ein pädagogisch produktiver Schulhof sollte verschiedenen Bedürfnissen der Kinder Rechnung tragen:

- Für das Bewegungsbedürfnis: eine gesicherte Fußballregion, verschiedenes Bewegungsspielzeug, genug Raum zum Laufen, Springen und Klettern, vorgezeichnete Markierungen für Hinkelspiele
- Für das Spielbedürfnis: Ruhebereiche, die nicht durch laufende Kinder beeinträchtigt werden, in der Murmelkuhlen vorgegeben sind und Kisten mit Spielmaterial in einem regenfesten Regal angeboten werden
- Für das Gestaltungsbedürfnis: eine Sandkastenecke
- Für das Bedürfnis nach sozialer Nähe: Kommunikationsecken mit Bänken, wenig von außen einsehbare Flächen des Rückzugs
- Für Anregung: Beete für die Gartenarbeit von Klassen (auch aus übereinander gestapelten alten Autoreifen lässt sich so auf einem Asphaltschulhof mit hinein geschüttetem Mutterboden ein Beet herstellen), Beschriftung von Pflanzen auf dem weiteren Schulgelände, eine kleine Ausstellungswand und gegen Regen geschützte Ausstellungsecke
- Zur Entwicklung des Schullebens: eine gegen Witterungseinflüsse geschützte Anschlagtafel der Schule zum Ankündigen von Ereignissen, Aufführungen, Tauschangeboten etc.

Sicherlich können nicht alle gewünschten Möglichkeiten realisiert werden, aber es kommt darauf an, dass der Pausenhof nicht als Aufenthaltsort der Schülerinnen und Schüler zwischen den Unterrichtsstunden verstanden wird, sondern als eigenständiger Entfaltungsraum für Kinder, bei dem es sich lohnt, pädagogisch gestaltend einzuwirken. Dabei lässt sich eine pädagogisch produktive Wechselwirkung schaffen. Wenn Kinder aktiv an der Gestaltung des Schulhofs beteiligt sind, haben sie nicht nur Partizipationserfahrungen gesammelt, sondern auch Raum für weitere positive Erfahrungen geschaffen. Denn „Spielgeräte und Grünanlagen in Eigeninitiative zu schaffen, bahnt wichtige Lerneffekte vor allem bei den Schülern an, bewirkt bessere Identifikation mit dem Gelände und spart meist viel Geld" (Besele 1999, 23).

Besonders wenn der Schulhof ästhetisch und anregungsreich gestaltet ist, entwickeln sich daraus Anregungen für positives Wohlbefinden und damit Identifikation mit der Schule. „Eine naturnahe Gestaltung des Schulaußengeländes mit möglichst frei und ungefährlich zu begehenden Freiräumen, die auch für unterrichtliche Zwecke verschiedenster Art (Beobachten, Sammeln, Gestalten u. a.) genutzt werden können, kommt dem schulischen Auftrag nach möglichst kindangemessener, alle Sinne der Kinder einbeziehender Erziehung und Bildung entgegen" (Höink 2001, 41).

Beispiele für besonders kreative Schulhofgestaltung bietet die Grundschule Dietrichsfeld in Oldenburg mit Steingebäuden zum Hineinkriechen.

Der Schulhof ist ein bislang in der Pädagogik wenig beachteter Ort. Für Schülerinnen und Schüler hat er aber eine große Bedeutung. Sie suchen Erholung, Spiel und Bewegung. Räumlich ist das nur selten gewährleistet. Schulhöfe sollten multifunktional für verschiedene Bedürfnisse eingerichtet werden. Besonders geeignet für verschiedene Lernerfahrungen sind naturnah gestaltete Schulhöfe. Wenn Kinder in die Umgestaltung einbezogen werden, senkt dies nicht nur die Kosten, sondern steigert auch die pädagogischen Möglichkeiten.

4.1.5 Schule als Organisation mit eigenem Profil

Grundschulen werden immer größer. Früher war in jedem Dorf eine Grundschule, unabhängig davon wie viele Kinder im Grundschulalter waren. Heute stehen Grundschulen immer stärker unter dem Ökonomisierungsdiktat. Schon seit Mitte der 1960er Jahre setzte mit der Bildung von zentralen Mittelpunktschulen das Grundschulsterben ein.

Heute gibt es gegenüber 1992 fast 10% weniger Grundschulen.

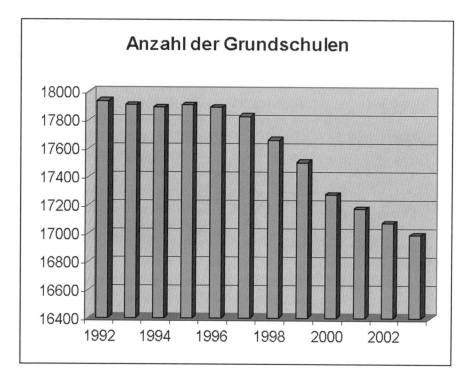

Datenquelle: Statistisches Bundesamt 2005

Dieser Rückgang der Schulen bietet allerdings auch große Chancen. So können jahrgangsübergreifend arbeitende Schulen in ländlichen Gebieten entwickelt werden, wo sonst durch sinkende Kinderzahlen keine vorschriftsmäßigen Klassenstärken gebildet werden könnten. Aber zwei altersgemischte Klassen in Kombination von 1. und 2. Klasse sowie 3. und 4. Klasse wären zu organisieren.

Nicht nur in Richtung Altersmischung lassen sich besondere Profile von Grundschulen entwickeln. Im Zuge von Schulentwicklung ist dazu jede Einzelschule aufgerufen. Wenn wirklich an den Stärken einer Schule angeknüpft wird, kann sich eine produktive Entwicklung aus den Schulprogrammpunkten ergeben.

Durch die zunehmende Autonomisierung von Schulen ergeben sich neue Handlungsspielräume für Kollegien und Schulen. Hier seien nur einige mögliche Programmpunkte für die Schulentwicklung an Grundschulen genannt:

- Pflege einer Kräuterspirale auf dem Schulgelände und Produktion von Kräutern
- Regelmäßiger Klassenrat in allen Klassen
- Schulgarten als Produktionsgarten – inkl. Verkauf
- Gleichberechtigung der Geschlechter als Ziel
- Schule der Feste und Feiern
- Schule des Musizierens
- Projektschule: mehrere Projekte im Jahr
- Wetterstation: von einer Klasse wird eine Wetterstation mit selbst erstellten Messinstrumenten und eigenen Methoden (Tannenzapfen-Luftfeuchtigkeitsmesser) aufgebaut und regelmäßige Nachrichten werden verteilt.
- Patenschaften zwischen älteren und jüngeren Schülerinnen und Schülern
- Leseschule – Bücherkoffer werden mit Nachbarschulen ausgetauscht
- Klassenkorrespondenz, Briefaustausch mit einer weiter entfernt liegenden Schule
- Schule der Ästhetik: alle Bereiche der Schule werden in Eigenarbeit ästhetisch ausgestaltet
- Patenschaft der Kinder für ältere Menschen in der Schulumgebung

Aber nicht nur in pädagogischen Bereichen steigt der Handlungsspielraum, auch finanziell wird der Einzelschule mehr Flexibilität zugesprochen. Dies kann bis zur Budgetierung führen, bei der die Schule frei mit der Summe der Lehrergehälter umgehen und diese auch in Sachmittel umwandeln kann. Weiterhin ist bei dieser Form der Autonomisierung auch mit gedacht, dass die Schulen sich um Einwerbung von Mitteln bemühen und Sponsoren in ihre Schularbeit einbeziehen. Wichtig ist bei allen Tendenzen zur Autonomisierung der Einzelschule darauf zu achten, dass dadurch nicht eine Unterversorgung von Schulen erfolgt, die nicht genug zahlungskräftige Eltern haben. Gerade Grundschulen in sozialen Brennpunkten brauchen besonders viel öffentliche materielle Unterstützung, um ein lebendiges Schulprogramm zu entwickeln.

Grundschulen haben sich von der kleinen Dorfschule hin zu größeren Organisationsformen entwickelt. Ihnen wird im Zuge der Entwicklung zu mehr Schulautonomie nicht nur konzeptionelle, sondern auch finanzielle Entscheidungsvollmacht zugebilligt. Dies kann allerdings auch zu sozialer Unausgewogenheit führen. Staatliche Sicherung der Bildungsmöglichkeiten für alle Kinder ist im Zuge der Autonomisierung der Einzelschule dringend erforderlich.

4.1.6 Ganztagsschule, verlässliche Grundschule, volle Halbtagsschule

Die deutsche Grundschule gehört zu den wenigen in Europa, in denen die Grundschule auf einen Rumpfzeitrahmen am Vormittag reduziert ist. „Noch im Jahre 2002 besuchten laut einer Statistik der KMK nur etwa 2,2% der Grundschüler eine Ganztagsschule" (Burk/Deckert-Peaceman 2006, 9). Den wenigen von Stoff überfrachteten Stunden am Vormittag steht der Nachmittag in der Familie gegenüber. Dort wird aber nicht nur gespielt oder das Familienleben genossen. Vielmehr findet dann auch die unbezahlte Schattenschule der Mütter statt. Auch neuere Zeitbudgetstudien (Statistisches Bundesamt 2004) zeigen, dass vor allem Frauen sehr viel Zeit werktags mit Hausaufgabenbetreuung verbringen, ein Viertel dieser Frauen sogar über 50 Minuten täglich. „Von den Männern, die mit schulpflichtigen Kindern in der Altersgruppe von 7 bis 12 Jahren zusammenleben, betreuen 8% die Hausaufgaben mit einem durchschnittlichen Zeitaufwand von 38 Minuten [...]. Bei den Frauen sind es 34%, die durchschnittlich 43 Minuten dafür einsetzen (Statistisches Bundesamt, 155). In dieser ausgedehnten Zeit wird individualisiertes Lernen mit den eigenen Kindern durchgeführt. Diese Daten wurden für Familien mit Kindern im Alter von 7–12 Jahren erhoben, also im erweiterten Grundschulalter. Alles, was in der Schule nicht richtig erklärt wurde, kann bei der Hausaufgabenhilfe noch gelöst werden, allerdings mit einer bedenkenswerten Einschränkung: Nur Mütter, die die Kompetenz, Zeit und Geduld haben, Kindern den schulischen Stoff individualisiert zu vermitteln, können ihren Kindern helfen. Aber auch viele von diesen aktiv helfenden Eltern empfinden die Hausaufgabenbetreuung als Belastung. Dies wird an den Gründen zur Befürwortung von Ganztagsschulen besonders deutlich. Denn „75% der rheinland-pfälzischen Eltern, die ihr Kind zum 01.08.2002 für die Ganztagsschule anmeldeten, nannten als Grund für die Anmeldung »Es gibt Hilfe bei den Hausaufgaben«. Dies macht deutlich, dass ein großer Teil der Eltern sich mehr Unterstützung für ihre Kinder bei der Anfertigung von Hausaufgaben wünscht" (Rütz 2006, 180).

Ein Teil der Kinder in der Grundschule bleibt allein ohne häusliche Hilfe mit den Hausaufgaben. Deren Leistung sieht dann hinterher sehr problematisch aus Sicht der Lehrpersonen aus. Das Dramatische an diesem hohen Zeitaufwand, besonders der Mütter, für Hausaufgaben ist nicht nur, wie viele Frauen als kostenlose Lehrperson das Schulsystem unterstützen. Vielmehr wird daran auffällig, dass neben der Grundschule eine heimliche private Nebenschule in Deutschland existiert. Da die Schule selbst die nachmittägliche Übung und Qualifizierung nicht übernimmt, muss die Schere der Leistungen der Kinder je nach sozialer Herkunft und Kompetenz der helfenden Mütter noch deutlicher auseinander fallen.

Um diese soziale Ungleichheit in den Bildungschancen nicht weiter verschärfen zu lassen, ist die Forderung nach Ganztagsschulen oft begründet worden. Weiterhin wird als Vorteil angesehen, dass Kinder in Ganztagsschulen Möglichkeiten des sozialen Lernens haben, die vielen in der Familie verschlossen bleiben. „Ganztagsschulen bieten den Kindern und Jugendlichen die Möglichkeit, mehr Zeit miteinander in der Schule als dem wichtigsten Ort des Lernens gemeinsam zu verbringen, nicht nur im vormittäglichen Unterricht. Sie eröffnen auch gänzlich neue Möglichkeiten der Bedeutung und Verankerung einer Schule im sozialen und räumlichen Umfeld, als Ort lokaler Aktivitäten" (Heyer/Preuss-Lausitz/Sack 2003, 15). In Deutschland herrscht allerdings eine Argumentationskultur vor, bei der Ganztagsunterricht wie Freiheitsberaubung angesehen wird und den Kindern den Entfaltungsraum Familie entzieht. Diese Sicht ist eindeutig schief und an Mittelschichtsnormen orientiert, denn nicht alle Kinder haben zu Hause ein emotional und kognitiv förderliches Klima. Viele leiden sogar an häuslicher Gewalt oder Nichtbeachtung. So verwundert es nicht, dass in der Wuppertaler Studie zur Ganztagsschule aus Kindersicht „lediglich 20% der Schülerinnen und Schüler an[gaben], den Nachmittag lieber immer zu Hause verbringen zu wollen; 27% wünschten dies nie, 53% nur manchmal" (Hausmann/ Röhner 2006, 273).

Allerdings ist ja schon eine komplette Halbtagsschule in Deutschland ein Gewinn. Denn viele Grundschulen haben einen unregelmäßigen Stundenplan, bei dem an einem Tag fünf Unterrichtsstunden liegen können, am nächsten nur zwei. Dies widerspricht völlig den Wünschen von Eltern, die verlässliche Grundschulzeiten wünschen. „Erhebungen zeigen: *Mindestens drei Viertel* der Eltern von Vorschul- und Schulkindern wünschen *regelmäßige pädagogische Angebote für Schulkinder* über die stundenplanmäßige schulische Unterrichtszeit hinaus, zumindest für eine *verlässliche Kernzeit von Schulbeginn bis mittags*" (Holtappels 2001, 73 f.). Gerade Mütter leiden an fehlenden beruflichen Entfaltungsmöglichkeiten durch die Halbtagsschulen, die sie ans Haus binden. So ist es nicht verwunderlich, dass die Ganztagsschule generell von über der Hälfte der Eltern gewünscht wird und dass dies bei bestimmten Gruppen sogar noch stärker ausgeprägt ist. „Alleinerziehende begrüßen zu 85% die Ganztagsschule (nicht-alleinerziehende Eltern nur zu 66%); berufstätige Frauen stimmen zu 75% einer Ausdehnung der Schule in den Nachmittag zu, Hausfrauen nur zu 60%. Die Eltern stimmen also in der Mehrzahl für die Ganztagsschule, wobei Familien, die in ihrer Organisation besonders belastet sind (Alleinerziehende, berufstätige Mütter), deutlicher zustimmen. Bei der hohen Zustimmung darf aber nicht übersehen werden, dass in allen Gruppen eine deutliche Anzahl von Eltern zu finden ist (rund ein Drittel), die die Ganztagsschule ablehnen" (Fuhs 2006, 127).

In Deutschland gibt es mittlerweile für das Grundschulalter etliche Übergangsformen. „Ganze Halbtagsschule, Volle Halbtagsschule, verlässliche Grundschule, Schule mit verlässlichen Öffnungszeiten, Schule von 8 bis 1 sind Markennamen, die die Bundesländer gewählt haben, um ihre Konzepte erweiterter Schulzeit als kinder- und familienfreundliche Produkte bekannt zu machen" (Knauf 2001, 265). Doch diese decken noch längst nicht den Bedarf der Eltern und keinesfalls die notwendigen Erziehungsräume und Zeiten zur harmonischen Gestaltung von Lernzeit, Spielzeit und Erfahrungszeit für eine pädagogisch gestaltete Schule, die nicht nur Stundenschule ist. Die für mehr Chancengleichheit erforderliche Auflösung der sozial privilegierenden Schattenschule und ganztägige Förderung von allen Kindern ist auch in diesen Halbtagsformen nicht zu leisten.

Nur wenigen Grundschulen ist es bislang gelungen, eine lebendige Ganztagserfahrung zu schaffen, so wird an der Gemeinschaftsgrundschule Bergfidel in Münster das Konzept der „gebundenen Ganztagsgrundschule" (Stähling 2006, 93) praktiziert. In dieser Schule bleibt „die gesamte Klasse bis 15.30 Uhr zusammen. Jedes Ganztagskind verbringt seine Grundschulzeit in derselben Klasse. Verlässlichkeit hat Priorität" (ebd., 93). Wichtiger ist die Möglichkeit, in einer Ganztagsgrundschule Leben und Lernen mehr zu verbinden und den Alltag in der Schule pädagogisch zu gestalten. So beschreibt der Lehrer und Schulleiter, bezogen auf die Ganztagsklassen seiner Schule, er habe „zeitweise das Gefühl, auf Klassenfahrt zu sein. Nicht nur das gemeinsame Essen im Klassenraum, das Zähneputzen mit Zahnputzdiensten, die Vorlesezeit im Lesehimmel auf dem Hochbett oder das Hosenwechseln nach dem wöchentlichen Waldspaziergang erinnert an solche gemeinsamen Klassenfahrtserlebnisse" (ebd., 95). Dieses pädagogisch begleitete Schulleben genießt allerdings noch nicht die erforderliche Wertschätzung. Denn „Schule in Deutschland wird seit Einführung der Schulpflicht vor allem als Unterrichtsanstalt gesehen. Auch wenn bis ins 20. Jahrhundert hinein der Unterricht in der Regel von 8–12 Uhr und nachmittags von 14–16 Uhr stattfand, war darin kein erweitertes Schulverständnis zu suchen. (…) So konnte diese Organisationsform des Unterrichts auch aufgegeben werden, als die „Überbürdung" der Kinder von vielen Medizinern beklagt wurde" (Burk/Deckert-Peaceman 2006, 11).

Die positiven Argumente für die Ganztagsschule sind bekannt, sozialer Ausgleich der Leistungsdifferenz, Entlastung der Familien von der Pflicht zur Schattenschule und soziales Lernen für alle sind gewichtig und bekannt. Doch es hat sich bislang noch nicht viel in Richtung Ganztagsschule getan. Besonders ökonomische Barrieren werden einer flächendeckenden Einführung der Ganztagsschule in Deutschland trotz überzeugender pädagogischer Gründe noch lange entgegenstehen. Denn „solange die Politik vor dem Hintergrund leerer Kassen die Wahlfreiheit der Familie zur Priorität erklärt, wird die ganztägige Grundschule in der Regel aus dem üblichen Vormittagsunterricht für alle und einem Nachmittagsangebot für einige Kinder bestehen" (ebd., 25).

Die Ganztagsschule ist eine wichtige Organisationsform, um den Erziehungsaufgaben der Grundschule besser gerecht zu werden und pädagogische Möglichkeiten des sozialen Ausgleichs zu schaffen. Allerdings wird diese Form nur sehr zögernd in Deutschland eingeführt. Entsprechend gibt es nur wenige Erfahrungen mit pädagogisch fruchtbaren Konzepten.

4.2 Rechtliche Grundlagen, Organisationsentwicklung und Management in der Grundschule

*„Es muss eine geistige und eine sittliche Hygiene geben,
zu der Familie, Schule und Bürgerschaft alle einen Beitrag liefern."*
Maria Montessori

4.2.1 Pädagogische Autonomie der Schule im Spektrum von Schulentwicklung von außen und innen

In der öffentlichen Diskussion über Schulen wird bereits seit vielen Jahren über eine verstärkte Selbständigkeit der Bildungseinrichtungen debattiert. Die Bildungskommission der Heinrich-Böll-Stiftung stellt in diesem Zusammenhang ebenso wie die Gesellschaft für Erziehung und Wissenschaft (GEW) heraus, dass die Ansätze der 1970er Jahre aktuell neuer Begründungen, Initiativen, vor allem jedoch der Umsetzung bedürfen. Dabei werden insbesonders zwei Aspekte hervorgehoben. Zum einen geht es um zusätzliche Gestaltungsräume der einzelnen Bildungseinrichtungen innerhalb des Bildungssystems (Neugestaltung des Verhältnisses von Schule und Staat) und zum anderen um Freiräume, die sich Schulen selbst innerhalb eines innovativen Prozesses schaffen (Entwicklung von Schulprogrammen und Schulprofilen, Personalentwicklung, Entscheidungen über den Haushalt, Entwicklung von Fortbildungskonzepten, Evaluation der eigenen Arbeit). Dabei richten sich die hohen Erwartungen auf eine umfassende Schulreform mit folgender Ausrichtung:

„– Reformen sollen den Lernenden in den Bildungseinrichtungen ein möglichst hohes Maß an selbst bestimmtem, aber auch selbst verantwortetem Lernen ermöglichen.

– Reformen sollen die Zuständigkeit für die Organisation und inhaltliche Gestaltung von Lernprozessen so weit wie möglich in die Entscheidung der Akteure vor Ort legen. Diese Zuständigkeit soll von ihnen auch subjektiv als eigenes Handlungsfeld und als eigene Verantwortlichkeit erfahren werden. Die vor Ort verfügbaren Kompetenzen sollen dadurch besser genutzt und die Reformfähigkeit der Einrichtung erhöht werden.

– Reformen sollen vor allem dazu beitragen, die Qualität der Einrichtungen sowie ihre Leistungsstandards zu verbessern. Es besteht die Notwendigkeit, mit dieser Verlagerung der Verantwortlichkeit auch Elemente zur Evaluation der jeweiligen Einrichtung und Arbeitsergebnisse zu entwickeln, die eindeutige Rückmeldungen nach innen und außen gestatten.

– Reformen sollen für die Nutzer, für die Abnehmer und die Öffentlichkeit größere Transparenz schaffen.

– Reformen sollen Anreize schaffen, dass Bildungseinrichtungen voneinander lernen und Innovation institutionalisieren.

– Reformen sollen Anreize für Kooperationen und Netzwerkbildungen im gesellschaftlichen Umfeld schaffen" (de Haan u. a. 2002, 9).

Neugestaltung im Verhältnis von Schule und Staat

Um die angestrebten Reformen in die Praxis umzusetzen, bedarf es einer grundlegenden Erneuerung des Systems staatlicher Schulaufsicht und Schulverwaltung. Grundlegende Bildungs- und Erziehungsziele werden weiterhin staatlicherseits in den Schulgesetzen der Länder und in Kerncurricula und Kernkompetenzen ausgewiesen. „Diese sollen aber die den Schulen zur Verfügung stehende Zeit höchstens zur Hälfte binden und große Gestaltungsräume bei der Schule belassen" (ebd., 10). Die Schulstruktur und die Stundentafel (d. h. die Verteilung der Unterrichtszeit auf die Fächer) wird durch den Gesetzgeber festgelegt. In den letzten Jahren haben die meisten Bundesländer den integrierten Schulanfang für alle Grundschulen und die verbindliche Einführung der Verlässlichen Grundschule beschlossen (vgl. Kap. 4.1.6). Jedes Kind soll dadurch die Möglichkeit erhalten, zu dem Zeitpunkt eingeschult zu werden, der seinem individuellen Entwicklungsstand am besten entspricht. In verlässlichen zeitlichen Strukturen (in der Regel zwischen 8.00 und 13.00 oder 14.00 Uhr) soll den Schülerinnen und Schülern ein bedarfsorientiertes Betreuungs- und Förderangebot unterbreitet werden, das über die Kernzeiten im eigentlichen Unterricht hinausgeht und individuelle Förderung jedes einzelnen Kindes ermöglicht. Jede Verlässliche Grundschule organisiert und gestaltet das Schulleben eigenständig – je nach den Voraussetzungen vor Ort und Bedürfnissen aller Beteiligten. Der Erlass des niedersächsischen Kultusmisteriums vom 3.2.2004 ermöglicht es darüber hinaus (wie inzwischen in vielen Bundesländern), den 1. und 2. Schuljahrgang als pädagogische Einheit zu führen, die von einzelnen Schülerinnen und Schülern auch in einem oder drei Schuljahren durchlaufen werden kann. In dieser Eingangsstufe werden die Kinder in jahrgangsübergreifenden Gruppen unterrichtet. Die Entscheidung für oder gegen die Einrichtung der Eingangsstufe trifft die Gesamtkonferenz jeder einzelnen Grundschule im Benehmen mit dem Schulträger (s. u.). Für Kinder, deren Deutschkenntnisse nicht ausreichen, um erfolgreich am Unterricht teilzunehmen, haben Grundschulen in Niedersachsen zum 1. Februar des Einschulungsjahres „besondere Sprachfördermaßnahmen zum Erwerb oder zur Verbesserung deutscher Sprachkenntnisse" (Niedersächsisches Kultusministerium 2004, 2) anzubieten. Am Ende des 4. Schuljahrgangs hat die Grundschule in der Regel eine Empfehlung für die geeignete weiterführende Schulform zu geben. Grundlagen für die Schullaufbahnempfehlung sind der Leistungsstand, die Lernentwicklung während der Grundschulzeit, das Sozial- und Arbeitsverhalten und Erkenntnisse, die Lehrpersonen aus Gesprächen mit den Eltern gewonnen haben (vgl. ebd., 12).

Qualifikationsanforderungen an das Lehrpersonal sowie generelle Anstellungsbedingungen werden staatlicherseits geregelt. In diesem Zusammenhang empfiehlt die Bildungskommission der Heinrich-Böll-Stiftung „die Abschaffung des Beamtenstatus für Lehrpersonen und dienstrechtliche Regelungen durch Rahmentarifverträge, die die Gestaltungsmöglichkeiten durch Hausverträge mit einzelnen Schulen zulassen" (de Haan u. a. 2002, 10). Weiterhin schlägt die Kommission vor, die bestehende Schulpflicht durch das staatlich garantierte Recht auf Unterricht zu ersetzen. „Dies hätte den Vorteil, dass in der rechtlichen Konstruktion Bildung als individuelles Recht positiv besetzt würde und der Staat die Möglichkeit zur Wahrnehmung dieses Rechts zu garantieren hat. Mit dem Recht auf Unterricht sollen die Beteiligten auch die Befugnis erhalten, über Inhalte und Form des Unterrichtsangebots zu verhandeln" (ebd.). Bei der Wahl der Schulprofile haben die jeweiligen Schulen Rechenschaft darüber abzulegen, wie sie benachteiligte Kinder fördern und somit Chancengleichheit unterstützen. Der hohe Grad an Selbst- und Mitbestimmung innerhalb der Schule und in der Zusammenarbeit mit den Eltern macht ein hohes Maß an Bildungsberatung erforderlich, die staatlicherseits garantiert werden muss. Das bisherige System der Schulaufsicht wird ersetzt durch „ein Berichtssystem von Seiten der Schulen mit ihren internen Evaluationsergebnissen", durch „externe Evaluierung" und „gegebenenfalls ergänzt durch Akkreditierungsverfahren" (ebd., 11). Die einzelnen Schulen streben eine regionale Einbindung in ihr gesellschaftlich-ökonomisches Umfeld an, die sie mit den jeweiligen Gemeinden oder Städten in Eigenverantwortung aushandeln. Kooperationen mit dem schulischen Umfeld werden im Schulprogramm festgehalten.

Die Neugestaltung des Verhältnisses von Schule und Staat als vertragliches Konstrukt lässt sich zusammenfassend folgendermaßen darstellen:

- eine andere Rechtsform, die der einzelnen Schule größere Autonomie sichert,
- die Eigenverantwortung für die pädagogische Gestaltung, die Festlegung eines schuleigenen Curriculums unter Berücksichtigung des Kerncurriculums,
- ein Budget, das sie selbständig verwaltet,
- die Zuständigkeit für die Auswahl des Personals, die Möglichkeit hauseigener Verträge im Rahmen der Tarifverträge,
- die Zuständigkeit für geeignete Formen der Fortbildung,
- mehr Möglichkeiten der Elternmitbestimmung bei Inhalten und Formen des Unterrichts,
- staatlich abgesicherte Bildungsberatung für Eltern,
- neue und effizientere Formen der Schulaufsicht,
- eine eigenverantwortliche regionale Einbettung der einzelnen Schule.

Neugestaltung der Schule von innen

Ebenso wie im Sinne einer umfassenden Schulreform das Verhältnis zwischen Schule und Staat vertraglich neu gestaltet werden muss, trifft dies auch für das Verhältnis zwischen Schulleitung und Lehrpersonen, Eltern, Schülerinnen und Schülern zu. Zwischen ihnen sollten ebenfalls Verträge und Vereinbarungen geschlossen werden, die Ergebnis einer gemeinsamen Zielbestimmung der pädagogischen Arbeit sind. Das ist auch deshalb erforderlich, da die Strukturen der Verlässlichen Grundschule eine enge Zusammenarbeit aller Beteiligten nahe legen. Teamarbeit,

Absprachen, wie z. B. gemeinsame Unterrichtsplanung, Ideenkonferenzen oder Beratungsgespräche können nicht nur zu einer Entlastung von Lehrpersonen und Kindern führen, sondern auch das Schulleben insgesamt intensivieren und lebendiger gestalten. Da nur die Hälfte der zur Verfügung stehenden Zeit durch die Vorgaben der Kerncurricula gebunden sind und auch innerhalb der Kerncurricula variable Gestaltungsmöglichkeiten bestehen, entscheiden die Vertreter der Schule weitestgehend autonom über Inhalte und Formen des Unterrichts, über die Unterrichts- und Schulorganisation und Verfahren der Bewertung. So können Grundschulen unter Berücksichtigung der Schulsituation und der zur Verfügung stehenden Ressourcen weitestgehend eigenständig z. B. entscheiden:

– über Anzahl, Größe, Zusammenlegung oder Teilung von Schulklassen,
– über die Bildung jahrgangsübergreifender Lerngruppen,
– über Doppelbesetzungen von Lehrpersonen in besonders förderbedürftigen oder förderfähigen Lerngruppen,
– über Kombination oder Integration von Fächern,
– über die Gestaltung und Nutzung des Schulgeländes,
– über Regelungen im Hinblick auf die Individuallage einzelner Schülerinnen und Schüler,
– über Formen der Bewertung, z. B. Ziffernnote oder Lernentwicklungsberichte
– über den Grad der Selbstbeteiligung und Eigenverantwortlichkeit der Schülerinnen und Schüler,
– über Formen der Zusammenarbeit mit den Eltern,
– über Fortbildungsinhalte und Fortbildungsformen der Lehrpersonen.

Entscheidungen, die diese Aspekte des Bildungs- und Erziehungsauftrages der Schule betreffen, werden im Schulprogramm festgeschrieben. Auf der Grundlage dieses Programms können Bildungsverträge zwischen den Eltern, den Schülerinnen und Schülern und der Schule geschlossen werden, „in denen sich die Beteiligten verpflichten, ihre jeweiligen Beiträge zur Erreichung der Ziele zu leisten" (ebd., 13). Auf der Grundlage des Schulprogramms überprüft die Schule in regelmäßigen Abständen den Erfolg ihrer Arbeit. So kann über einen längeren Zeitraum das Schulprofil einer Grundschule entstehen.

Die Schule entscheidet auf der Grundlage des Schulprogramms auch weitestgehend autonom, welche Lehrpersonen und Mitarbeiter sie einstellt und wie sie das bestehende Personal im Sinne des Schulprofils der Schule fort- und weiterbildet. Es wird ein Personalentwicklungsplan erstellt und es werden Verträge zwischen der Schulleitung und den Lehrpersonen geschlossen, die die Aufgaben, Rechte und Pflichten sowie die Verteilung der Arbeitszeit ausweisen. Alle Verwaltungsaufgaben werden soweit wie möglich in der Schule erledigt. Das betrifft sowohl Personalmanagement, als auch Beförderungen und Einstellungen. Der Schulleitung kommt mit der Erweiterung ihrer Aufgaben eine besondere Rolle zu. Sie ist nicht nur für die inhaltliche und organisatorische Ausgestaltung der Schule hauptverantwortlich, sondern auch für den gesamten Schulhaushalt. Eine Schule, die sich größtenteils selbst verwaltet und ihre intentionale Ausgestaltung zu großen Teilen selbst verantwortet, ist auf eine enge Zusammenarbeit aller Beteiligten (Schülerinnen und Schülern, Lehrpersonen und Eltern wie auch anderen dort tätigen Personen) angewiesen. Das hat veränderte Rollenverständnisse und Formen der Zusammenarbeit zur Folge. Stähling (2006, 39 ff.) beklagt allerdings auch, dass viele tradierte Rechtsvorschriften in Schulen Innovationen und pädagogisch angemessenes Handeln beeinträchtigen. So ist es beispielsweise aus Gründen des Feuerschutzes oft schwierig, eine pädagogisch sinnvolle Umgestaltung der Schulflure zu erreichen. Eine umfassende Grundschulreform ist das erklärte Ziel aller Bundesländer. Die Realisierung der hier skizzierten Ansprüche wird aktuell vielfach eher skeptisch eingeschätzt und bleibt deshalb eine bildungspolitische und pädagogische Herausforderung der kommenden Jahre.

Bei allen Ansprüchen an Autonomie der Schule besteht jedoch auch ein staatlicherseits klarer rechtlicher Rahmen. Für die pädagogische Arbeit an der Grundschule ist dabei das Aufsichtsrecht ein wichtiger einzubeziehender Faktor. Die gesetzlichen Bestimmungen über die Aufsichtpflicht in schulischen und außerschulischen Veranstaltungen sind in den Schulgesetzen der Bundesländer festgeschrieben. So stellt § 62 des Niedersächsischen Schulgesetzes heraus: „Die Lehrkräfte haben die Pflicht, die Schülerinnen und Schüler in der Schule, auf dem Schulgelände und bei Schulveranstaltungen außerhalb der Schule zu beaufsichtigen. Die Aufsicht erstreckt sich auch darauf, dass die Schülerinnen und Schüler des Primarbereichs und der Sekundarstufe I das Schulgrundstück nicht unbefugt verlassen" (Niedersächsisches Kultusministerium 2006, 24). Da Entscheidungen über Projektwochen und andere außerschulische Veranstaltungen in Eigenverantwortung der Schulen liegen und durch die Schulkonferenz der Schule getroffen werden, legt dieses Gremium auch den zeitlichen Rahmen des Unterrichts außerhalb der Schule fest. Die Eltern sind über vom regulären Unterricht in der Schule abweichenden Umfang der Betreuung und Beaufsichtigung ihrer Kinder rechtzeitig zu informieren.

Aktuell wird zunehmend über eine verstärkte Selbständigkeit der (Grund-) Schulen debattiert. Mehr Schulautonomie soll die Qualität aller Schulen verbessern. Dabei geht es zum einen um neue Gestaltungsmöglichkeiten im Verhältnis von Schule und Staat und zum anderen um Möglichkeiten der inneren Schulreform. Dies gilt vor allem für die Bereiche Schulorganisation, Personal und Personalentwicklung, Finanzen und Schulprofil.

4.2.2 Elternrechte und Elternmitwirkung in ihrer Entwicklung

Das Verhältnis von Elternhaus und Schule ist seit je her nicht unproblematisch. Ein Blick in die Vergangenheit kann in diesem Zusammenhang erhellend sein. 1717 wurde in Preußen die allgemeine Schulpflicht eingeführt, die den Schulbesuch von allen Kindern im Alter von 5 bis 13 bzw. 14 unter Androhung von Strafe bei Nichteinhaltung für verpflichtend erklärte (vgl. Zubke 1980, 20). In den darauf folgenden Jahrzehnten wurden die Schulen, die bislang in kirchlicher Trägerschaft waren, verstaatlicht. Obwohl viele Eltern es sich nicht leisten konnten, ihre Kinder in die Schule zu schicken, weil sie zum Broterwerb der Familie beitragen mussten, waren sie dazu nun von Staats wegen verpflichtet. Andererseits wurden ihnen keinerlei Rechte der Mitbestimmung bei schulischen Entscheidungen eingeräumt. Obwohl bereits Mitte des 19. Jahrhunderts Pädagogen wie Johann Heinrich Pestalozzi (1746–1827) und Friedrich Wilhelm August Fröbel (1782–1852), später auch Johann Friedrich Herbart (1776–1841), Hugo Gaudig (1860–1923) und Berthold Otto (1859–1933), eine enge Zusammenarbeit aller an Erziehung Beteiligten forderten (vgl. Lueg 1996, 5), blieben Eltern von Schule und Unterricht lange Zeit weitestgehend ausgeschlossen. Die Weimarer Reichsverfassung erkannte 1919 erstmals das Recht der Eltern auf die Erziehung ihrer Kinder an. Damit waren sie auch zur Mitsprache in Schulangelegenheiten berechtigt (vgl. ebd., 3f.). Mit der Reformpädagogik entwickelte sich zunehmend ein Bewusstsein dafür, dass die Erziehung in Elternhaus und Schule nicht isoliert voneinander betrachtet werden dürfe. So forderte Maria Montessori (1870–1952) die Eltern auf, sich zusammenzuschließen und sich zum Anwalt der Rechte ihrer Kinder zu machen und auch Peter Petersen (1884–1952) öffnete in seinen Jenaplanschulen die Klassenzimmer für die Eltern (vgl. Winkel 1993b, 47). Es entstanden zur „Zeit der Reformpädagogik" einige Elternbeiräte und Elternvertretungen – allerdings weniger an Grundschulen –, die partnerschaftlich mit der Lehrerschaft zusammen arbeiteten. Nach der Machtergreifung durch die Nationalsozialisten 1933 wurde eine solche Beteiligung der Eltern unmöglich, „da im III. Reich Schule und Erziehung ohnehin dem Staat ganz und gar unterstellt waren und die Eltern aus dem Bildungs- und Erziehungsprozess möglichst ausgeschlossen werden sollten" (Lueg 1996, 8). Nach dem II. Weltkrieg wurden durch die Kultusministerkonferenz zwar Elternbeiräte eingerichtet, da aber kaum Regelungen und Informationen über das Mitwirkungsrecht der Eltern folgten, blieb diese Initiative meist fruchtlos (vgl. Morhart 1979, 45).

In der alten Bundesrepublik brachten nach 1965 Forderungen nach Demokratisierung von Schule und in diesem Zusammenhang nach mehr Mitbestimmung durch die Eltern zahlreiche Auseinandersetzungen mit sich. Da diese aber in erster Linie parteipolitisch ausgerichtet waren und die Interessen von Eltern und Kindern dabei wenig Berücksichtigung fanden, führten die Bemühungen dazu, dass die ablehnende Haltung der Eltern gegenüber der Schule eher zunahm (vgl. Lueg 1996, 12). Diese Situation änderte sich mit Beginn der 1970er Jahre. Von einer breiten Masse der Bevölkerung wurden Formen der Mitbestimmung in allen Bereichen der Gesellschaft und so auch in der Schule gefordert. 1973 unterbreitete der bereits 1952 gegründete Bundeselternrat Vorschläge zur Elternbeteiligung, in deren Mittelpunkt neben mehr Elternemanzipation die Einrichtung von Schulkonferenzen mit wichtigen Entscheidungsbefugnissen stand (vgl. Boppel/Kollenberg 1981, 62 ff.). Seit 1973 regeln die einzelnen Bundesländer die Mitwirkungsrechte der Eltern in ihren Schulverfassungsgesetzgebungen.

In der DDR wurde der Zusammenarbeit mit den Eltern von Anfang an besondere Bedeutung beigemessen. Die Verfassung der DDR legte unter Kapitel 37 fest, dass die Eltern das Recht und die Verpflichtung haben, bei der Schulerziehung ihrer Kinder durch Elternbeiräte mitzuwirken. Die Elternbeiräte wurden auf den Klassenelternabenden gewählt. Aufgabe der gewählten Elternvertreter war, die Bildungs- und Erziehungsarbeit zu unterstützen und die Einheitlichkeit von Schule, Elternhaus sowie Kinder- und Jugendorganisation zu fördern. Das geschah z. B., indem Eltern außerschulische Veranstaltungen zu bestimmten Unterrichtsthemen organisierten, an Pioniernachmittagen und Klassenreisen teilnahmen oder Lehrpersonen auf den ein- bis zweimal jährlich stattfindenden Elternbesuchen begleiteten (vgl. Pfeiffer 2006a).

Nach der gesellschaftlichen Wende wurden Anfang der 1990er Jahre in den Neuen Bundesländern Schulgesetze erlassen, die die Mitwirkungsmöglichkeiten der Eltern gesetzlich festschreiben. Sämtliche Festlegungen orientieren sich an den Empfehlungen des Deutschen Bildungsrates aus den 1970er Jahren, die auch Grundlage der Schulgesetze in den Alten Bundesländern waren. Aktuell wird der Zusammenarbeit von Elternhaus und Schule angesichts der vielfältigen gesellschaftlichen Probleme, mit denen Eltern und Schule konfrontiert sind, eine bedeutende Rolle eingeräumt. „Die Rolle des Elternhauses und die dort geleistete Sozialisation sind in voller Tragweite erkannt, deshalb wird der Ruf nach Kooperation mit dieser Erziehungsinstanz immer lauter" (Lueg 1996, 17). Andererseits räumen viele Lehrpersonen den Eltern nur eine geringe Kompetenz bezüglich Unterrichtsfragen ein (vgl. ebd., 18).

Rechtliche Grundlagen

Da Elternpartizipation eine weit reichende Bedeutung hat, bedarf es gesetzlicher Regelungen. Diese Regelungen sind in den Schulgesetzen und Richtlinien der Länder niedergeschrieben und umfassen vor allem folgende Punkte:

1. Da eine gut koordinierte und mit allen Beteiligten kommunizierte Zusammenarbeit von Schule und Eltern angestrebt wird, bedarf jede Beteiligung der Eltern am Unterricht und an anderen schulischen Veranstaltungen der Zustimmung durch die Schulleitung.
2. „Eltern können die Lehrkräfte in einzelnen Phasen des Unterrichts unterstützen, Neigungsgruppen betreuen, die Lehrkraft bei der Vorbereitung und Durchführung von Festen, Feiern und Gemeinschaftsvorhaben, z. B. Landheimaufenthalten, Wanderungen, Ausflügen und Besichtigungen unterstützen oder mitwirken. Aus der Hospitation interessierter Eltern im Unter-

richt kann sich nach Abstimmung mit der Klassenelternschaft auch eine sinnvolle Mitarbeit entwickeln" (Niedersächsisches Kultusministerium 2004, 15).
3. Eltern, die in den schulischen Bereich einbezogen werden, stehen unter dem Schutz der gesetzlichen Unfallversicherung der jeweiligen Bildungseinrichtung.
4. Eltern, die im Auftrag der Schule tätig werden (z. B. bei der Begleitung von Schülergruppen auf Klassenfahrten und bei der Pausenbetreuung), sind in Haftungsangelegenheiten den Lehrpersonen weitestgehend gleichgestellt. Die gesetzliche Unfallversicherung tritt für evtl. entstehende Schäden ein.

Aufgaben und Formen der Elternmitwirkung

Aktuell gibt es unterschiedliche Formen der Elternpartizipation, die im Folgenden kurz dargestellt und hinsichtlich ihrer Intentionen erläutert werden sollen.

– *Elternsprechstunde oder Elternsprechtag*
 Zu einem in der Regel zwischen Lehrpersonen und Eltern festgesetzten Termin stehen alle Lehrpersonen, die in einer Klasse unterrichten, oder nur die Klassenlehrerin für Gespräche mit den Eltern (manchmal auch gemeinsam mit den Kindern) zur Verfügung, um aktuelle Entwicklungen im Leistungs- oder Sozialverhalten oder besondere Entwicklungen in der Familie zu besprechen, um so gemeinsam Wege der helfenden Unterstützung zu verabreden.

– *Pausengespräch*
 Kleinere Probleme, Verabredungen oder der Austausch von Informationen, die keinen Zeitaufschub zulassen, werden in der Regel spontan oder nach Verabredung in den Pausen zwischen den Unterrichtsstunden besprochen.

– *Elternabend und Klassenelternvertretung*
 In der Regel findet zweimal pro Schuljahr ein Elternabend statt, auf dem die durch die Lehrpersonen geplante Höhepunkte im Schuljahr (z. B. Klassenfahrten, Feste, Rituale) zur Diskussion gestellt werden und über die Klassen- und Schulsituation berichtet wird. Mitunter werden Elternabende auch für die Erörterung pädagogischer Fragen genutzt, die Schule und Elternhaus gleichermaßen betreffen (z. B. Möglichkeiten und Nutzung von Freizeitangeboten, Umgang mit Lob und Tadel). Auf dem Elternabend am Anfang des Schuljahres wird die Klassenelternvertretung bzw. Elternrat (3–5 Eltern) gewählt, die aus ihrer Mitte den Klassenelternsprecher bestimmen. Auf dem Elternabend am Ende des Schuljahres leistet die Klassenelternvertretung Rechenschaft über die zurückliegende Arbeit. Ein Mitglied des Klassenelternrates (meist der/die Klassenelternsprecher/in) ist außerdem Mitglied des Elternrates der Schule und der Schulkonferenz.

– *Elternbesuch*
 In der Praxis werden Elternbesuche oft erst dann durchgeführt, wenn es Schwierigkeiten mit dem Kind in der Schule gibt. Das macht diese wichtige und besonders persönliche Form der Zusammenarbeit zwischen Schule und Elternhaus zu

einer in Kreisen der Elternschaft wenig beliebten. Dabei bieten sich auch vielfältige (positive) Anlässe für einen Elternbesuch an, die ein besseres Kennen lernen, wechselseitiges Interesse und Wertschätzung zum Ziel haben, z. B. das Kennen lernen des familiären Umfeldes des Kindes, das bessere Kennenlernen der Lehrperson und der Eltern und die Verständigung über Erziehungs- und Bildungsfragen, das Aufzeigen von positiven Lern- und Verhaltensentwicklungen der Schülerin oder des Schülers etc.

– *Elternstammtisch*
Der schulische Rahmen ist mitunter wenig geeignet, Erziehungsprobleme oder persönliche Situationen in der Familie miteinander zu besprechen. Deshalb organisieren manche Eltern und Lehrpersonen einen regelmäßig stattfindenden Stammtisch in privaten und öffentlichen Räumlichkeiten außerhalb der Schule.

– *Tag der offenen Tür*
Dieses Angebot der Schule ist inzwischen weit verbreitet. Mehrmals im Jahr präsentiert sich die Schule mit Ausstellungen, Präsentationen und Gesprächsmöglichkeiten den Eltern und dem Wohngebiet.

– *Hospitation im Unterricht*
Die Eltern haben nach Absprache mit der Schulleitung das Recht am Unterricht ihrer Kinder teilzunehmen, ohne sich dabei direkt einzubringen. Sie können so einen Einblick in die Unterrichtsgestaltung der Lehrperson, in die Arbeitsweise ihres Kindes und das allgemeine Klassenklima bekommen.

– *Elternrat und Schulkonferenz*
Im Elternrat sind Vertreter aller Klassenelternvertretungen der Schule organisiert. Der Elternrat trifft sich regelmäßig, um Angelegenheiten, die die gesamte Schule betreffen, zu besprechen und Anträge für die Schulkonferenz zu verabschieden. Die Schulkonferenz setzt sich aus der Schulleitung und Vertretern der Lehrerschaft, der Eltern und mitunter auch der Schülerinnen und Schüler einer Schule zusammen. Hier wird in regelmäßigen Abständen über die Schulsituation beraten und es werden Anträge der Eltern, Lehrpersonen und der Schülerschaft diskutiert. Die Schulkonferenz wählt aus ihrer Mitte einen Vorsitzenden/eine Vorsitzende.

Eine gute Zusammenarbeit von Elternhaus und Schule ist nicht nur für das einzelne Kind und seine Entwicklung wichtig, sondern stellt eine Bereicherung des gesamten Schullebens dar.

> Die Zusammenarbeit von Eltern und Schule war in der Vergangenheit durch Gesetze und Rahmenbedingungen nicht unproblematisch. Aktuell wird ihr eine große Bedeutung beigemessen. Die gesetzlichen Regelungen dafür sind in den Schulgesetzen und Richtlinien der Länder festgeschrieben. Häufige Formen der Elternpartizipation sind Elternabende und Elternsprechtage, Elternbesuche und „Tage der offenen Tür".

4.2.3 Rechte und Formen der Mitbestimmung der Kinder

Die Beteiligung von Schülerinnen und Schülern an schulischen Entscheidungsprozessen wird häufig unter dem Stichwort „Demokratieerziehung" diskutiert. Die Heranwachsenden sollen lernen, ihre Interessen zu formulieren, Konflikte gewaltfrei zu lösen und Vorschläge für Unterrichtsgestaltung, Klassen- und Schulleben zu unterbreiten. Möglichkeiten der Mitwirkung der Schülerinnen und Schüler sind in der Regel in den Schulmitwirkungs- und Schulverfassungsgesetzen der einzelnen Bundesländer festgeschrieben. Außerdem gibt es eine Reihe von Verordnungen und Verwaltungsvorschriften, die Mitwirkungsmöglichkeiten der Schülerschaft auf der Ebene der Schulklasse und der gesamten Schule ausweisen. Schon in der Grundschule ist diese Mitwirkung von Schülerinnen und Schülern vorgesehen. Gerade wegen der Notwendigkeit und Komplexität der Demokratieerziehung ist es wichtig, diese früh anzubahnen.

Möglichkeiten der Mitbestimmung in der Schulklasse

Häufig haben Schülerinnen und Schüler schon im Grundschulalter gute Ideen, wie ein Thema im Unterricht interessant und nachhaltig behandelt werden kann. Viele Lehrpersonen räumen deshalb ihren Schülerinnen und Schülern Möglichkeiten ein, Vorschläge für die Unterrichtsgestaltung zu unterbreiten. Neben der Mitbestimmung im Unterricht kommt der Planung außerunterrichtlicher und außerschulischer Aktivitäten ein hoher Stellenwert zu. So können Schülerinnen und Schüler an der Planung und Durchführung von Projekten, Exkursionen, Wandertagen und Klassenfahrten mitwirken und dabei ihre Interessen und Bedürfnisse einbringen. Wichtig ist die Einbeziehung der gesamten Schulklasse aber auch für ein gutes Klassenklima, in dem sich jedes Kind aufgehoben fühlt. Die Wahl einer Klassenschülervertretung, einer Klassensprecherin oder eines Klassensprechers und einer Vertrauensschülerin und eines Vertrauensschülers wird aktuell schon in vielen Klassen praktiziert. In regelmäßigen Abständen können Klassenschülerversammlungen einberufen werden, auf denen alle wichtigen Belange der Klasse diskutiert werden. Außerdem können Schülerinnen und Schüler weitere Ämter in ihrer Klasse, wie z. B. Milchdienst, Blumendienst, Tierpflege, Zuständigkeit für Projektoren oder Ausstellungstische übernehmen. Eine weitere Möglichkeit der Mitwirkung einzelner Kinder sind Lernpatenschaften. Dabei übernimmt ein Kind über einen bestimmten Zeitraum die „Patenschaft" für ein anderes Kind und hilft ihm beim Lernen in einem bestimmten Fach und beim Üben bestimmter Fertigkeiten. Gerade für das Grundschulalter geben derartige Ämter viel persönliche Anerkennung.

Möglichkeiten der Mitbestimmung in der gesamten Schule

Die Klassenschülervertretungen der einzelnen Klassen sind in der Schülervertretung oder dem Schülerrat der Schule organisiert und wählen einen Schulsprecher oder eine Schulsprecherin, der oder die in vielen Bundesländern auch Mitglied der Schulkonferenz ist und die Interessen der Schülerschaft nach Innen und Außen vertritt. Der Schülerrat trifft sich in regelmäßigen Abständen und berät über Aktivitäten der gesamten Schule (z. B. Schulfeste, Schulhausgestaltung, Pausenangebot) und über Probleme, die einzelne Schülerinnen und Schüler oder die Zusammenarbeit mit der Lehrerschaft und Elternschaft betreffen. In einigen Schulen findet außerdem mindestens am Anfang und am Ende eines Halbjahres eine Schulversammlung statt, auf der die Belange der Schule von allen Beteiligten offen diskutiert werden.

Der Klassenrat als eine Möglichkeit der Demokratieerziehung

Der Begriff „Klassenrat" kommt ursprünglich aus der Freinet-Pädagogik. Darunter wird eine „demokratische Gesprächsrunde zu festgelegten Zeiten (verstanden), in der sich Schüler und Lehrkräfte gemeinsam mit konkreten Situationen aus der Unterrichtsgestaltung und -planung beschäftigen" (Friedrich/Kleinert 1997, 30). Die Lehrperson übernimmt im Klassenrat die Rolle der Begleitung und leitet die Schülerinnen und Schüler bei der Organisation und Durchführung an. „Sie setzt den Rahmen, innerhalb dessen Entscheidungen fallen können, und macht ihn transparent" (Blum/Blum 2006, 11). Die Einrichtung eines Klassenrates bietet für alle Beteiligten viele Vorteile:

Vorteile des Klassenrats auf einen Blick

Auswirkungen auf den Unterricht:	**Kompetenzentwicklung der Schülerinnen und Schüler:**
→ positives Klassen- und Lernklima → Interessen und Ideen der Kinder finden Berücksichtigung → Stärkung der Klassengemeinschaft → Gewaltprävention	→ personale Kompetenzen, z. B. Eigenverantwortlichkeit, Selbstvertrauen, → soziale Kompetenzen, z. B. Kommunikations- und Teamfähigkeit, → methodische Kompetenzen, z. B. Konfliktlösung, Gesprächsleitung, → fachliche Kompetenzen, Sprachkompetenz

Auswirkungen auf die Arbeit der Lehrperson
→ Entlastung von Problemdiskussionen im Unterricht
→ Teilen der Verantwortung   (vgl. ebd., 14)

In der Praxis hat es sich bewährt, bereits **in der 1. Jahrgangsstufe** Voraussetzungen für die Einführung des Klassenrates zu schaffen. Solche Voraussetzungen sind:
- die Einführung des Stuhlkreises als Ritual
- die Einführung von weiteren das Gespräch unterstützenden Ritualen, wie z. B. die Bestimmung der Redefolge durch die Weitergabe eines Sprechsteins oder das Sammeln von Gesprächsthemen am Anfang der Woche

- das Festlegen und Einhalten von Gesprächsregeln
- Übungen und Spiele zur Selbst- und Fremdwahrnehmung
- Übungen und Spiele zur Verbesserung der Konzentration
- Übungen und Spiele zum Reden und Zuhören und zur Stärkung des Selbstbewusstseins (vgl. ebd., 25).

In der 2. Jahrgangsstufe kann dann der Klassenrat mit allen Elementen eingeführt werden:
- Schriftliche Anmeldung der Anliegen in einem Klassenratsbuch oder Klassenratsbriefkasten oder an einer Wandzeitung unter Angabe des Absenders
- Leitung des Klassenrats zunächst durch die Lehrperson – später durch eine Schülerin oder einen Schüler, Festlegen des Protokollführers
- Eröffnung der Sitzung und positive Runde, in der in Form eines Blitzlichts etwas Positives, was die einzelnen Schülerinnen und Schüler erlebt haben, berichtet wird
- Vorlesen der Protokolleinträge der letzten Sitzung
- Überprüfung der Einhaltung der Beschlüsse
- Vortragen der zu klärenden Anliegen
- Besprechen des Anliegens
- Lösungssuche und Vereinbarung
- Vorlesen der im Protokoll festgehaltenen Beschlüsse
- Verabschiedung

In der 3. und 4. Jahrgangsstufe übernehmen mehr und mehr die Schülerinnen und Schüler selbst die Vorbereitung und Durchführung des Klassenrates. Das betrifft vor allem folgende Aspekte:
- die Konfliktmoderation, vor allem im Hinblick auf die Analyse des Problems und mögliche Lösungsstrategien
- die Protokollführung und andere Ämter (z. B. Rednerliste führen)
- die Leitung des Klassenrates
- die Planung und Auswertung des Klassenrates

Auch wenn der Klassenrat nicht alle Schwierigkeiten in Klassen aus dem Weg räumen kann, bietet er doch vielfältige Möglichkeiten der Schülermitbestimmung und sollte deshalb als verlässliches Arrangement im Schulalltag seinen Platz haben.

In einer demokratischen Gesellschaft ist es von großer Bedeutung, dass Kinder frühzeitig mit Formen der Mitbestimmung konfrontiert sind und lernen, ihre Interessen zu artikulieren und zu vertreten. Das kann im Klassenverband oder bezogen auf die gesamte Schule geschehen. Der Klassenrat ist eine spezielle Organisationsform, in der Schülerinnen und Schüler schrittweise lernen können, ihre Anliegen anzumelden, vorzutragen und gemeinsam nach Lösungen für Probleme zu suchen.

Modul 4: Organisation und Management der Grundschule

4.2.4 Umgang mit Konflikten auf allen Ebenen pädagogischer Arbeit

Konflikte gibt es in allen zwischenmenschlichen Bereichen, die Schule macht da keine Ausnahme. Sie resultieren aus unterschiedlichen Erwartungen oder Bedürfnissen und fordern in der Regel zu einem aktiven Handeln heraus. Dabei kann es sowohl um Konflikte zwischen Eltern und Kind, zwischen Lehrpersonen und Schülern oder innerhalb der Schülergruppe gehen. Grundsätzlich lassen sich für die Konfliktlösung einige Regeln formulieren:

Regeln für die Konfliktlösung

- Das Problem möglichst sofort ansprechen.
- Direkte Botschaften formulieren, Gefühle und Empfindungen zum Ausdruck bringen.
- Dem Gegenüber aktiv zuhören und ihn aussprechen lassen.
- Blickkontakt mit dem Gesprächspartner halten.
- Eine gemeinsame Sicht des Problems suchen.
- Sich um Verständnis anderer Sichtweisen bemühen.
- Vorwürfe und Verletzungen vermeiden.

Grundsätzlich setzt das erfolgreiche Lösen von Konflikten bei allen Beteiligten wichtige Kompetenzen voraus, die vor allem die Bereiche Kommunikation, Kooperation und Deeskalation betreffen.

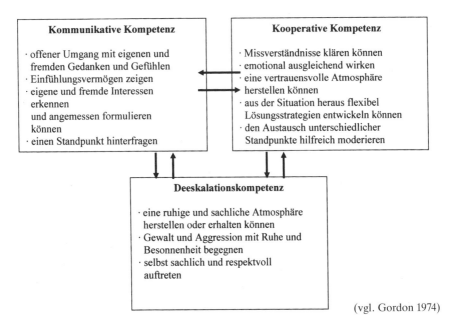

(vgl. Gordon 1974)

Thomas Gordon, ein Schüler von Carl Rogers, hat bereits in den 1970er Jahren ein Konzept entwickelt, das die Fähigkeit und das Wissen vermittelt, wie Probleme vernünftig anzugehen und Konflikte konstruktiv zu lösen sind (vgl. Gordon 1974). Er zeigt auf, dass Konzepte, die auf Sieg und Niederlage angelegt sind, auf Dauer nicht erfolgreich sind, und plädiert für Formen von Konfliktlösungen bei denen

„die am Konflikt beteiligten Personen sich zusammenschließen auf der Suche nach einer für beide Teile akzeptablen Lösung, einer Lösung, bei der niemand unterliegt" (ebd., 208). Anhand zahlreicher Beispiele aus der Unterrichtspraxis zeigt Gordon wie ein solches Vorgehen im Klassenzimmer funktioniert. Im folgenden Beispiel geht es um die Lösung eines Konflikts, der sich um Lärm im Klassenzimmer dreht:

„Frau W.:	Arthur, ich kann nicht arbeiten, wenn du mit deiner Gruppe dermaßen laut redest. Ich stehe aber unter Zeitdruck und muss die Arbeit mit meiner Gruppe noch heute beenden.
Arthur:	Wir sollen doch den Ausflug für nächste Woche planen. Ich weiß nicht, wie wir das ohne Sprechen tun sollen.
Frau W.:	Ihr müsst also auch eine Arbeit erledigen, und dazu ist es nötig, dass ihr miteinander redet.
Arthur:	Ja, wir müssen heute mit der Formulierung der Fragen fertig werden, sonst können sie bis Montag, wenn wir sie brauchen, nicht mehr vervielfältigt werden.
Frau W.:	Ihr steht also auch unter Zeitdruck. Ich muss aber ebenfalls meine Gruppe hier noch anhören, bevor sie weiterarbeiten kann. Der Lärm, den eure Unterhaltung verursacht, stört meine Konzentration. Das ist ein wirkliches Problem.
Arthur:	Ja?
Frau W.:	Hast du irgendeine Idee, wie wir es lösen können und trotzdem beide zufrieden wären?
Arthur:	Nun, wenn es Ihnen recht ist, könnte unsere Gruppe im Konferenzzimmer arbeiten. Es ist um diese Zeit leer.
Frau W.:	Mein Problem wäre damit gelöst. Aber bist du sicher, dass es euch nichts ausmacht, dorthin zu gehen? Das Zimmer ist ein bisschen klein für euch alle.
Arthur:	Das ist schon in Ordnung. Wir hatten bereits vorher überlegt, dorthin zu gehen, als Sie uns anschrien.
Frau W.:	Damit ist uns allen geholfen. Werdet ihr wohl heute mit eurer Arbeit fertig, oder braucht ihr morgen das Konferenzzimmer noch einmal?
Arthur:	Ich glaube, wir schaffen es heute" (ebd., 209f.).

Die Lehrerin konfrontiert den Schüler direkt mit ihrem Anliegen und sorgt durch aktives Zuhören und Ich-Botschaften dafür, dass der Schüler sie versteht. Gleichzeitig stellt sie sich aber auch auf seine Bedürfnisse ein. Nachdem die Interessenlage klar ist, ist es nicht mehr schwierig eine Lösung des Problems zu finden. Die einzelnen in der Kommunikation ablaufenden Prozesse unterteilt Gordon in sechs Stufen (vgl. ebd., 216ff.):

1. Definition des Problems (Konflikts), d. h. Herausfinden der Bedürfnislagen der am Problem beteiligten Personen

2. Sammlung möglicher Lösungen, d. h. Zusammentragen von Lösungsmöglichkeiten ohne Begründungen und Wertungen
3. Wertung der Lösungsvorschläge, d. h. Prüfen der Vorschläge darauf, ob das Problem für alle Beteiligten so gelöst werden kann
4. Die Entscheidung, d. h. für den Fall, dass in Phase 3 mehrere ausgezeichnete Lösungsvorschläge unterbreitet wurden, wird auf einen Konsens hingearbeitet, indem alle Beteiligten über die Realisierbarkeit und Güte der Vorschläge diskutieren
5. Die Realisierung der Entscheidung, d. h. nachdem die Gruppe über den Zeitpunkt, die Verantwortlichkeit der Einzelnen und die Art und Weise des Vorgehens entschieden hat, wird die Entscheidung in die Tat umgesetzt
6. Die Beurteilung des Erfolgs. Diese Stufe ist nicht zwingend erforderlich, kann aber dazu dienen, die Effektivität der gemachten Anstrengungen festzustellen.

Hogger (2007) hat in Anlehnung an das Konzept der gewaltfreien Kommunikation nach Rosenberg (2004), das noch ein Stück konsequenter als Gordon an Enthierarchisierung orientiert ist, ein konkretes Konzept für Grundschulen zum Umgang mit Konflikten entwickelt und erprobt. In diesem aspektreichen Programm, das sie in jedem einzelnen Schritt beschreibt, steht eine „Zaubersprachformel" im Mittelpunkt, die auf die verschiedenen alltäglichen Konfliktsituationen von den Kindern selbst angewendet werden kann.

Schülerinnen und Schüler als Streitschlichter

Seit einigen Jahren werden an vielen Schulen so genannte „Streitschlichter-Programme" durchgeführt. Die Idee dieser Programme, die ursprünglich in den USA entwickelt wurden, ist, dass Schülerinnen und Schülern soziale und kommunikative Kompetenzen vermittelt werden können, die es ihnen ermöglichen in Konfliktsituationen als Schlichter zwischen zwei Parteien zu fungieren. Der Begriff „Streitschlichtung" wird häufig auch mit dem der „Mediation" gleichgesetzt, was bedeutet, dass die Streitschlichter keine Lösung vorgeben, sondern dazu nur ihre Hilfe anbieten. Die Konfliktlösung muss von den Konfliktpartnern selbst gefunden werden. In der Regel werden Streitschlichter durch Lehrpersonen ausgebildet. Auch an Grundschulen wird dieses Modell erfolgreich erprobt. Die Ausbildung umfasst Übungen zu allen oben angeführten Kompetenzbereichen. Die Streitschlichter stehen in den Pausen auf dem Schulhof oder in festen Räumen als Hilfe bei der Klärung von Konflikten der Schülerinnen und Schüler untereinander zur Verfügung. Die Konfliktpartner tragen ihre jeweiligen Standpunkte vor. Anschließend wird nach Lösungen gesucht, mit denen alle Beteiligten einverstanden sein können. Die Lösung wird häufig in einem „Vertrag" schriftlich fixiert. Wenn nötig, wird ein Termin für ein Folgetreffen vereinbart.

Nicht immer werden die hier skizzierten Konfliktlösungsstrategien und Formen der Streitschlichtung in der Schule ausreichend sein. Dann ist es sinnvoll, sich Unterstützung außerhalb der Schule, z. B. bei professionellen Konfliktberatenden oder Psychologinnen und Psychologen, zu holen. Dies kann helfen, neue Sichtweisen auf scheinbar festgefahrene oder wenig durchschaubare Positionen zu gewinnen.

> Konflikte gehören zum menschlichen Miteinander und sind Ausdruck unterschiedlicher Sichtweisen und Interessen. Sie können Anstöße zu echter Veränderung und kooperativer Zusammenarbeit sein. Das setzt aber voraus, dass sie partnerschaftlich ausgetragen werden und keiner der Konfliktpartner am Ende als Verlierer dasteht. Kompetenzen, die ein solches Austragen von Konflikten ermöglichen, sind in der Schule von der 1. Jahrgangsstufe an zu schulen und schließen alle an Schule Beteiligten ein. Bewährte Formen stellen in diesem Zusammenhang Streitschlichterprogramme dar.

4.2.5 Leistungsbegriff, Leistungsbewertung und Leistungsbe...

War der Leistungsbegriff in Arbeitswelt und Schule lange auf die ... und ihre Abrechenbarkeit ausgerichtet, wie dies eine arbeitsteilige nahe legt, sind heute viele Leistungen von einem einzelnen Individuum mehr zu erbringen, sondern nur in Zusammenarbeit und Kooperation mit Menschen. Das aktuelle im didaktischen Diskurs favorisierte Verständn... (Schul)Leistung umfasst vier Merkmalskomplexe, die in enger Wechselwir... zueinander stehen:

1. Produkt- **und** Prozessorientierung
2. individuelles **und** soziales Lernen
3. Problemorientierung **und** Vielfalt
4. Ermutigung **und** Anstrengungsbereitschaft

Seit den 1970er Jahren, der „Hoch-Phase" der Bildungsreform in der Bundesrepublik, ist im Zusammenhang mit den gesellschafts-ökonomischen Entwicklungen und auch im Hinblick auf eine stärkere Fokussierung auf die individuellen Lernausgangslagen der Kinder eine breite Diskussion über aktuelle Formen der Leistungsbeurteilung bzw. Leistungsbewertung entbrannt (vgl. Winter 1991).

Für und wider von Zensuren

Im Mittelpunkt steht dabei das Für und Wider der Notengebung im Hinblick auf die Effizienz von Lernprozessen. Die Befürworter von Zensuren (u. a. Schröter 1981, Steinthal 1983, Giesecke 1996) stellen heraus, dass Lernen ein kontrollierter Prozess ist, dessen Ergebnisse den Lernenden zurückgemeldet werden müssen – möglichst ohne Ansehen der Person und so objektiv wie möglich. In der Erteilung von Zensuren sehen sie eine effektive Möglichkeit den Wettbewerb in der Schule zu fördern und damit die Lernbereitschaft zu steigern. Außerdem ermöglichen Zensuren nach ihrem Verständnis die Überwachung des Lernprozesses durch die Eltern. Die Gegner von Ziffernnoten stellen vor allem vier Argumente heraus:

1. Ziffernnoten können nicht objektiv sein. Mit ihnen werden Lernende nur ausschnitthaft und häufig perspektivisch verzerrt erfasst (vgl. Ingenkamp 1985, Kalthoff 1996). Dafür spricht auch die Tatsache „dass weder die Zeugnisse der Grundschule noch die Abschlusszeugnisse im Blick auf weiterführende Schulen und spätere akademische Prüfungen von hinreichender prognostischer Gültigkeit wären" (Thurn/Tillmann 1997, 7).
2. Ziffernnoten hemmen bei kurzfristigen und dauerhaften Misserfolgserlebnissen die Lernmotivation und schlagen sich auf das allgemeine Selbstwertgefühl negativ nieder (vgl. Hurrelmann 1990, Ramseger 1993).
3. Die Wirtschaft fordert inzwischen Schlüsselqualifikationen, die sich schwer mit überwiegend konkurrenzorientierten Leistungsvorstellungen in Einklang bringen lassen: Kooperations- und Teamfähigkeit, Flexibilität und Kreativität (vgl. Thurn/Tillmann 1997, 8).

Veränderungen des Unterrichts – hin zu mehr offenen Unterrichtsformen – erfordern neue Formen der Leistungserfassung und Leistungsbewertung (vgl. Jürgens 1992).

Berichtszeugnisse

Die wohl bekannte Form alternativer Leistungserfassung stellen Berichtszeugnisse dar, wie sie in den skandinavischen Ländern bis in die oberen Jahrgangsstufen praktiziert werden und auch in einigen Reformschulen in Deutschland über große Teile der Schulzeit Anwendung finden. Wesentliche Merkmale von Berichtszeugnissen sind:

„• Sie enthalten *nichts wesentlich Neues*, sondern dokumentieren und fassen zusammen, was den Schülerinnen und Schülern bereits bekannt ist: was und wie sie gearbeitet haben und wie die Lehrerinnen und Lehrer dies beurteilen.

• Sie beschreiben das Kind oder den Jugendlichen und seine Leistungen vor dem Hintergrund seiner *Entwicklung*. Sie beziehen sich auf das, was war, und sind auf die Zukunft gerichtet.

• Sie beschreiben und bewerten nicht nur, sondern geben auch *Beratung, Unterstützung, Hilfe, Ermutigung*.

• Sie dürfen *nie ver-urteilen*, also nichts fest-schreiben, was das Kind als unabänderlich verstehen muss, z. B. Charaktereigenschaften. Sie beschreiben und würdigen vielmehr einen Lern- und Entwicklungs*prozess*.

• Sie sind Bestandteil und Ergebnis eines kommunikativen Prozesses zwischen Erwachsenen und Kindern und können als solche auch *veränderbar* sein" (Thurn/Tillmann 1997, 14).

Somit stellen Berichtszeugnisse die individuelle Entwicklung jedes einzelnen Kindes heraus. Unterschiede werden nicht bestraft, sondern anerkannt und ernst genommen.

Weitere alternative Formen der Leistungserfassung zur Ziffernnote

Felix Winter (1999) unterscheidet in Anlehnung an Klafkis pädagogischen Leistungsbegriff vier Kategorien von alternativen Leistungsbewertungen:

– **produktbezogene Leistungsbewertungen**, z. B. Rückmeldebögen zu bestimmten Arbeiten, wechselseitige Verbesserungsvorschläge und ggf. Korrektur durch die Kinder, Portfolios

– **prozessbezogene Leistungsbewertungen**, z. B. Berichte über das Arbeitsvorgehen, Lerntagebücher, Kursabschlussbriefe, Portfolios

– **personenbezogen Leistungsbewertungen**, z. B. Lernberichte, Lerngeschichten und Briefe

– **gemeinschaftlich Leistungsbewertungen**, z. B. Gespräche über Leistungen, Selbstbeurteilungen, Klassenkonferenzen (vgl. Winter, 1999, S. 71 ff).

In neueren Schriften zählt er auch Zertifikate (Winter 2004) zu den Formen, die Leistung bewerten, aber Kinder nicht be- oder gar verurteilen. Dabei hebt er für das Grundschulalter besonders die folgenden Formen hervor: Lernkontrakte, Beobachtungen und Bewertungen im Prozess, Portfolios, Präsentationen und Zertifikate (ebd.). Gerade für das Grundschulalter ist es wichtig, dass dabei ein dynamischer Leistungsbegriff gewählt wird, weil hier die kommende Leistungsbereitschaft aufgebaut wird. In England wird die Selbstbewertung an Grundschulen sehr intensiv betrieben. Kinder bekommen dort zur Evaluation ihrer eigenen Produkte Bögen, in die sie eintragen, welche Ziele sie hatten, was gelungen ist und was sie nächstes Mal besser machen wollen (vgl. Kaiser 2007).

Dem hier dargestellten grundschuldidaktischen Diskurs über sinnvolle und effiziente Formen der Leistungsbewertung stehen die noch sehr an der Ziffernnote orientierten rechtlichen Grundlagen entgegen.

Rechtliche Vorschriften

In Deutschland sind Regelungen der Leistungsbewertung Teil des Schulrechts und liegen in der Hand der einzelnen Bundesländer, die ihre eigenen Richtlinien, Verordnungen und Gesetze erlassen. So sind z.B. in NRW im Schulgesetz, Zweiter Abschnitt Leistungsbewertung §48 Grundsätze zur Leistungsbewertung festgehalten:

„(1) Die Leistungsbewertung soll über den Stand des Lernprozesses der Schülerin oder des Schülers Aufschluss geben; sie soll auch Grundlage für die weitere Förderung der Schülerin oder des Schülers sein. Die Leistungen werden durch Noten bewertet. Die Ausbildungs- und Prüfungsordnungen können vorsehen, dass schriftliche Aussagen an die Stelle von Noten treten oder diese ergänzen.

(2) Die Leistungsbewertung bezieht sich auf die im Unterricht vermittelten Kenntnisse, Fähigkeiten und Fertigkeiten. Grundlage der Leistungsbewertung sind alle von der Schülerin oder dem Schüler im Beurteilungsbereich 'Schriftliche Arbeiten' und im Beurteilungsbereich 'Sonstige Leistungen im Unterricht' erbrachten Leistungen. Beide Beurteilungsbereiche sowie die Ergebnisse zentraler Lernstandserhebungen werden bei der Leistungsbewertung angemessen berücksichtigt" (Schulgesetz für das Land Nordrhein-Westfalen 2005, 10)

Im Gegensatz zum pädagogischen Diskurs sind die rechtlichen Vorgaben in erster Linie auf die gesellschaftliche Funktion von Leistungsbewertung ausgerichtet: auf Kontrolle, Legitimation gegenüber Dritten und Selektion.

In den letzten Jahren hat sich der Leistungsbegriff in der Diskussion zu mehr Prozessorientierung und pädagogischem Verständnis verändert. Neue gesellschaftliche Erfordernisse, zunehmend heterogene Klassen und neue Formen der Unterrichtsgestaltung lassen die traditionelle Form der Leistungsbewertung allein in Form von Zensuren nicht mehr angemessen erscheinen. Alternative Formen stellen z.B. Berichtszeugnisse, Lerntagebücher und Portfolios dar.

Modul 5: Lernen in der Grundschule

Erzähle mir und ich vergesse.
Zeige mir und ich erinnere.
Lass es mich tun und ich verstehe.
(Konfuzius)

5.1 Diskurswandel vom Lehren zum Lernen

In Pädagogik und Lerntheorie, vor allem der letzten 100 Jahre, wird verstärkt der Frage nachgegangen, wie Lernprozesse initiiert, vollzogen und unterstützt werden können. Dabei haben sich verschiedene Lerntheorien herausgebildet, die in der Literatur unterschiedlich kategorisiert werden und die deutlich machen, dass ein Diskurswandel vom Lehren zum Lernen stattgefunden hat. Dadurch tritt der einzelne Schüler/die einzelne Schülerin als Subjekt des Lernprozesses immer stärker in den Mittelpunkt. Die gängigste Unterteilung ist die in behavioristische, kognitivistische und tätigkeitstheoretische Lerntheorien[1].

Behavioristische Lerntheorien

Im Behaviorismus (behavior = Verhalten) wird Lernen als Reaktion des Lernenden auf Umweltreize verstanden. Lernen wird damit zum planbaren Prozess, individuelle Bewusstseinsvorgänge bleiben weitestgehend unberücksichtigt. Als Begründer des Behaviorismus gilt der amerikanische Psychologe J. B. Watson (vgl. Watson 1968). Er baute u. a. auf Experimente zur Konditionierung von Verhalten des russischen Psychologen I. P Pawlow auf. In den 1950er Jahren wurde der Behaviorismus vor allem durch B. F. Skinner populär. Anders als Watson schloss er innerpsychische Prozesse bei der Erforschung von Verhalten nicht aus, allerdings hielt er sie für von außen nicht beobachtbar und daher auch nicht erforschbar (vgl. Skinner 1978). Mit dem Aspekt des Lernens haben sich aus behavioristischer Perspektive vor allem die Amerikaner R. Gagné und B. Bloom beschäftigt. Gagné (1993) unterscheidet acht aufeinander aufbauende Arten des Lernens, von denen er für schulisches Lernen vor allem die vier letzten Formen vorsieht:

– das Diskriminationslernen (Unterscheiden von Farben, Formen, Tönen, Situationen – Lernen mit allen Sinnen)
– das Begriffslernen (In-Beziehung-Setzen und Ordnen von Dingen und Erscheinungen, Bilden von Begriffen und Kategorien)
– das Regellernen (Formulieren und Zusammenführen von Regeln)
– das Problemlösen (Lösen von Problemen mit Hilfe der drei zuvor gehenden Lerntypen) (vgl. ebd.).

---

[1] Diese werden hier unter kognitivistischen wie auch handlungsorientierten Ansätzen verkürzt dargestellt.

Bloom unterscheidet die drei Bereiche „Kognitives", „Affektives" und „Psychomotorisches" und legt für sie so genannte „Lerntaxonomien" fest, die das Lernen vom Einfachen zum Komplexen unterstützen sollen. Darunter sind detaillierte Lern- und Verhaltensziele zu verstehen, z. B. Schüler sollen in einer bestimmten Zeit eine vorgegebene Anzahl von Rechenaufgaben lösen (vgl. Bloom u. a. 1978).

Insgesamt war der Behaviorismus bis in die 1970er Jahre für die Didaktik interessant, weil er versprach, dass schulisches Lernen verlässlich und planmäßig gesteuert und überprüft werden kann. Ab den 1960er Jahren wurde er zunehmend vom Kognitivismus abgelöst. In der aktuellen Praxis von Lehrerinnen und Lehrern ist dieser Ansatz aber immer noch sehr transparent und zeigt sich z. B. im Bemühen, Unterricht möglichst lückenlos zu planen, um so zu überprüfbaren Lernergebnissen zu gelangen oder Lernziele zu den drei Domains nach Bloom zu unterscheiden und klar zu definieren, um ihre Realisierung durch Beobachtung des Lernens im Unterrichtsverlauf überprüfen zu können.

Kognitivistische Lerntheorien

Der Kognitivismus rückt im Gegensatz zum Behaviorismus die inneren Prozesse des Wahrnehmens, Erkennens, Begreifens und Urteilens in den Mittelpunkt. Vor diesem Hintergrund steht die Aktivität der Lernenden im Mittelpunkt der didaktischen Reflexion. Der lernende Mensch baut Erkenntnisse durch aktive Auseinandersetzung mit seiner Umwelt auf. Dies geschieht nach J. Piaget (vgl. Piaget 1944, 1992) durch Assimilation und Akkomodation, die er als Grundformen des Lernens bezeichnet. Diese Formen werden dann aktiv, wenn eine Wahrnehmung nicht in die bereits vorhandenen kognitiven Strukturen passt. Bei der Assimilation wird das Wahrgenommene in die vorhandenen Strukturen eingepasst (indem z. B. Analogien oder Zusammenhänge hergestellt werden), bei der Akkomodation werden die vorhandenen kognitiven Strukturen entsprechend dem Wahrgenommenen verändert (indem z. B. das vorhandene Kategoriensystem erweitert oder ausdifferenziert wird). Beide Formen des Lernens laufen nebeneinander ab, können im Lernprozess aber eine unterschiedliche Gewichtung haben. Piaget unterscheidet vier Stadien der kognitiven Entwicklung, die aufeinander aufbauen und in Wechselwirkung zueinander stehen:

1. Sensumotorisches Stadium (0–18 Monate) – Erwerb von sensumotorischer Koordination – z. B. von Armen und Beinen
2. Präoperationales Stadium (18 Monate – 7 Jahre) – Erwerb des Vorstellungs- und Sprechvermögens
3. Konkret-operationales Stadium (7–12 Jahre) – Komplexes Wahrnehmen und Deuten nimmt zu, Gedanken können in ihrer Entstehung zurückverfolgt werden
4. Formal-operationales Stadium (ab 12 Jahre) – größere Zusammenhänge können erfasst und Schlussfolgerungen gezogen werden

In neueren Forschungen wird dieses feste Phasenmodell kritisiert und betont, dass Kinder je nach Situation und Inhalt verschiedene Entwicklungen durchlaufen können (Seitz 2005).

Zwei weitere bedeutende Vertreter des Kognitivismus sind E.C. Tolmann und J. Bruner. Tolmann (vgl. Tolmann 1996) vertritt die Auffassung, dass nicht nur Lernen, sondern jedes Verhalten zielgerichtet und mit bestimmten Erwartungen verbunden ist. Diese Erwartungen bezeichnet er als „Kognitive Landkarten". Er unterscheidet drei Ebenen des Lernens, die eng miteinander verbunden sind:

1. bedingte Reflexe (Lernen durch Nachmachen)
2. Versuch und Irrtum (Lernen durch Ausprobieren)
3. Lernen durch Einsicht (Lernen durch Vernetzen).

Außerdem stellt er heraus, dass das Lernen und das Zeigen des Gelernten (anders als von den Behavioristen angenommen) nicht zusammenfallen, sondern eine gewisse Zeitspanne dazwischen liegen muss und die Evaluation des Gelernten durch zusätzliche Motivation (z.B. Lob oder Ermutigung) beeinflusst werden kann.

J. Bruner misst dem Problemlösen beim Lernen einen besonderen Stellenwert bei (vgl. Bruner u.a. 1988). Er vertritt die Auffassung, dass nicht das Speichern von Informationen das Problematische des Lernens ist, sondern ihr Abrufen im Problemlösungsprozess. Er unterscheidet drei Dimensionen des Lernens:

1. Aneignung neuer Informationen
2. Umwandlung (Transformation) der Informationen, z.B. Anwendung auf bereits bekannte Sachverhalte
3. Bewertung (Evaluation) der Eignung der Information für Problemlösungsprozesse.

Formen entdeckenden Lernens kommen nach Bruner besondere Bedeutung zu, da bei ihnen das Problemlösen im Mittelpunkt steht.

Aus kognitivistischer Perspektive sind Lernprozesse sehr viel weniger planbar, als dies der Behaviorismus annimmt. Von der Lehrperson wird in erster Linie Einfühlung in das kindliche Denken, das Anknüpfen an das Vorwissen und die Vorerfahrungen der Lernenden, das Bereitstellen vielfältigen Handlungsmaterials zum Aus- und Herumprobieren und die Förderung von Interaktion und Kommunikation erwartet.

Varianten des kognitivistischen Ansatzes stellen Konstruktivistische Lerntheorien dar. Der Konstruktivismus begreift das Lernen als weitestgehend selbst gesteuerten Prozess, in dem die Lernerin/der Lerner sich die Welt durch subjektive Konstruktion und Interpretation aktiv aneignet. Kersten Reich (vgl. Reich 2006) beschreibt diesen Prozess als

– Entdecken der Welt (Rekonstruieren),
– Erfinden der Welt (Konstruieren),
– Kritisieren der Welt (Dekonstruieren).

Diese erkenntnistheoretisch orientierte Perspektive auf Lernen legt den Fokus auf die Vielfalt möglicher Lernwege der Lernenden. Daneben sind tätigkeitstheoretisch fundierte Ansätze (Giest/Lompscher 2006) zu nennen, die besonders die Eigenaktivität der Lernenden betonen und deren Motive als wesentliche Triebkraft des Lernens auffassen. Insofern sind sie tatsächlich Lerntheorien und nicht bloße Lehrtheorien, die nicht berücksichtigen, wie das Gelernte bei den Lernenden ankommt.

Für ein produktives Lernen in der Grundschule gilt es, die wechselseitigen Beziehungen zwischen Lerninhalt und Lernsubjekten zu beachten. Auf Seiten der Lernsubjekte ist dabei besonders wichtig:

- das Vorwissen und bereits bestehende Haltungen und Überzeugungen (Lernvoraussetzungen)
- das Lernen in vieldimensionalen Bezügen anzuregen und zuzulassen
- die Lehrperson berät Lernprozesse
- Lernprozesse können vielfältig verlaufen, die Lernergebnisse sind nicht vorhersehbar.

Eigenaktives Lernen und Lernbegleitung schließen sich nicht aus und werden in der Kommunikation vermittelt. Hier setzt die Kommunikative Pädagogik, die sich etwa seit 1970 in Anlehnung an die Kommunikationstheorie herausgebildet hat, an. Sie erklärt die Kommunikation zur zentralen Kategorie pädagogischen Handelns, indem sie darauf verweist, dass Lehr-Lern-Prozesse immer kommunikativ vermittelt werden. Bei aller positionellen Verschiedenheit ist den Vertretern dieser pädagogischen Richtung, wie z. B. Karl Hermann Schäfer, Klaus Schaller und Klaus Mollenhauer gemeinsam, dass sie die Wendung von einem manipulativen, asymmetrischen zu einem interaktiv, symmetrischen, kommunikativen Erziehungsverständnis anstreben (vgl. Schäfer/Schaller 1971, Mollenhauer 1968, 1982).

Theorien vom Lehren und Lernen sind die Grundlage so genannter Lerntheorien. Zwei wichtige Lerntheorien neben der Tätigkeitstheorie sind der Behaviorismus und die kognitivistische Lerntheorie. Der Behaviorismus versteht unter Lernen ein Reiz-Reaktionsschema, das relativ steuerbar ist. Im Zentrum kognitivistischer Lerntheorien stehen die geistigen Operationen beim Lernen. Wichtig für produktiven Unterricht ist der Wechsel des Denkens vom Lehren zum Lernen und das Zulassen verschiedener Lernwege.

5.2 Handlungsorientierung als Grundprinzip des Lernens

Kinder eignen sich die Welt von Anfang an (z. B. in der Sandkiste oder mit Spielzeug im Kinderzimmer) handelnd an. In der Psychologie wird Handeln unterschiedlich definiert. Nach Aebli sind Handlungen zielgerichtete, verinnerlichte Vollzüge, die entweder auf Sachen (physische Handlungen), Personen (soziale Handlungen) oder auf Sachen und Personen (physisch-soziale Handlungen) ausgerichtet sind (vgl. Aebli 1983). Chranach (1980, 77) weist Handlungen die Merkmale „zielgerichtet", „bewusst", „geplant" und „beabsichtigt" zu und Dietrich definiert die „Merkmale und Determinanten der Handlung" zusätzlich über physische und psychische Bestandteile und die Veränderung von erwünschten Bewusstseinszuständen:

„Handlung ist eine zielgerichtete (intentionale) Tätigkeit, in der eine Person versucht, mittels Veränderung von Selbst- und/oder Weltaspekten einen für sie befriedigenden (bedeutsamen, wertvollen) Zustand zu erreichen oder aufrechtzuerhalten. Angezielt wird ein neuer Zustand der psychischen Verfassung, ein neuer Zustand der subjektiv bedeutsamen lebensweltlichen Realität oder ein neuer Zustand des umgreifenden Person-Umwelt-Bezuges" (Dietrich 1984, 58).

Handlungsorientierung

Der Vergleich der Positionen zeigt, dass bei der Definition von Handlungen aus psychologischer Perspektive nur das Attribut „zielgerichtet" konsensfähig ist (vgl. Wöll 2004, 26). In den tätigkeitstheoretischen Konzepten (vgl. Giest/Lompscher 2006) wird davon ausgegangen, dass ein Motiv der lernenden Person wesentlich ist, dass sie sich den Dingen der Umgebung zuwendet und dass daraus eine Wechselwirkung zwischen Äußerem und Innerem entsteht, so dass allmählich die Dinge und Prozesse der Objektwelt zu Erkenntnissen oder Wissen des einzelnen Menschen werden. In der Tätigkeitstheorie spricht man von Aneignung (für den Prozess der Auseinandersetzung) und Vergegenständlichung (für die aktive Aufnahme der Inhalte der Welt in das eigene persönliche Repertoire).

Der Gedanke des handelnden Lernens wurde vor allem in den arbeitspädagogischen Richtungen der Reformpädagogik (Arbeitspädagogik, Arbeitsunterricht)

vertreten. Aktuell wird der Beteiligung der Schülerinnen und Schüler an der Planung, Durchführung und Evaluation von Handlungsprozessen in pädagogischen Kontexten eine besondere Bedeutung beigemessen (vgl. Schulz 1990, Kaiser 2006b, 231 f.). Merkmale von handlungsorientiertem Lernen sind nach Gudjons (1992):
– Anknüpfen an die Interessen der Lernenden
– Herstellen von Bezügen zu ihrer Lebenswelt
– Ermöglichung von Selbstorganisation und Selbstverantwortung
– Verbindung der Handlungsziele von Lernenden und Lehrperson
– Produktions- und Produktorientierung
– Kooperieren in der Lerngemeinschaft
– Integration von Formen entdeckenden, problemorientierten, erfahrungsorientierten, exemplarischen Lernens
– Lernen mit allen Sinnen
– Einbindung in einen systematischen Lehrgang

Habermas (1981) unterscheidet vier grundlegende Handlungsformen:
– teleologisches Handeln (auf ein Ziel hin ausgerichtet)
– normenreguliertes Handeln (orientiert sich an Regeln)
– dramaturgisches Handeln (inszenieren, aufführen)
– kommunikatives Handeln (mimischer, gestischer, sprachlicher Austausch)

Kaiser (2006b) fügt dieser Aufgliederung drei weitere Formen hinzu:
– entdeckend-erkundendes Handeln (z.B. Beobachten, Untersuchen, Vergleichen)
– praktisch-konstruktives Handeln (z.B. Herstellen von Produkten, Bauen, Erfinden)
– ästhetisch-gestaltendes Handeln (z.B. Malen, Basteln, Kreieren)

Handlungsorientiertes Lernen in diesem Sinne ist sowohl erfahrungsorientiert als auch entdeckend und exemplarisch (vgl. Kap. 5.3.). Besonders geeignete Formen der Umsetzung handlungsorientierten Unterrichts sind Organisationsformen, die es ermöglichen, dem Lerngegenstand in möglichst vielfältiger Weise zu begegnen, wie das z.B. in Projekten (vgl. Kap. 6.3) oder im Werkstattunterricht (vgl. Kap. 6.5) der Fall ist.

Die ursprüngliche Weltaneignung des Kindes ist handlungsorientiert. Handlungsorientiertes Lernen ist zielgerichtet und kann auf unterschiedlichen Ebenen stattfinden, die in enger Verbindung zueinander stehen. So kann z.B. das Entdecken und Erkunden einer Wiese in eine ästhetisch-gestalterische Auseinandersetzung mit dem Lerngegenstand münden, über die in der Lerngemeinschaft kommuniziert wird. Handlungsorientierung ist demnach ein Grundprinzip des Lernens, das sich am besten in komplexeren Unterrichtsarrangements umsetzen lässt.

5.3 Lernwege der Kinder: entdeckendes, problemorientiertes, erfahrungsorientiertes, exemplarisches Lernen

Handlungsorientiertes Lernen macht es erforderlich, Selbstaneignungsprozesse der Kinder in den Mittelpunkt zu stellen, die von Kind zu Kind sehr unterschiedlich sein können. Sie sind abhängig von den Erfahrungen, Motiven, Emotionen der Kinder, von ihren Fähigkeiten, Kenntnissen und Verhaltensweisen, die im handlungsorientierten Unterricht angemessen berücksichtigt werden müssen. Ein solcher Anspruch an Unterricht lässt sich mit dem Abarbeiten vorgegebener Inhalte in Rahmenplänen und Kerncurricula nicht vereinbaren. Vielmehr gilt es, geeignete Lernarrangements zu finden, die es den Kindern ermöglichen, ihren eigenen Fragen forschend und entdeckend nachgehen zu können (vgl. Hempel 1999).

Entdeckendes Lernen

Entdeckendes Lernen

Nach Gudjons (1992) wird der Lernende beim entdeckenden Lernen im Gegensatz zum darbietenden Unterricht zum Konstrukteur, indem er sich einen Sachverhalt,

z. B. die Eigenschaften von Wasser oder Regeln des Zusammenlebens von Menschen, nicht fremd gesteuert, sondern eigenaktiv aneignet. Das bedeutet aber nicht, dass dieser Aneignungsprozess völlig ungelenkt stattfindet, denn auch entdeckendes Lernen kann gezielt initiiert werden, „wobei der Grad der Strukturierung durch den/die Lehrer/in ein wichtiges Kriterium auf der Skala vom 'völlig ungelenkten' bis 'angeleitetem Entdecken' ausmacht" (ebd., 25). In der Schulpraxis ist ein völlig freies Entdecken nicht immer möglich und auch nicht immer sinnvoll. In vielen Fällen kommt es darauf an, „den Lerngegenstand so aufzuarbeiten, dass seine Strukturen für die Schüler/innen leichter zu entdecken sind, dass Lehrinhalte in Probleme transferiert werden – bei minimaler Hilfe" (ebd., 25). Deutlich wird hierbei der enge Zusammenhang von entdeckendem und forschendem Lernen. Soostmeyer verweist darauf, dass die Faszination von Lernprozessen, die auf ein Entdecken und Erforschen ausgerichtet sind, daraus resultiert, dass sie „personengebunden und personenunabhängig zugleich (sind), je nachdem, ob man sich in dem Entstehungs- oder im Begründungszusammenhang von Ideen und Vermutungen befindet" (Soostmeyer 1999, 130).

Besondere Potentiale für entdeckendes und forschendes Lernen haben Lernorte außerhalb der Schule (vgl. Kap. 5.10) in der näheren Umgebung, z. B. Straßen, Gärten, Wälder, soziale Einrichtungen etc., die den Kindern ermöglichen, ihren Lebensraum, näher kennen zu lernen, ihre Eingebundenheit in diese natürlichen, kulturellen, sozialen Räume zu erfahren und kritisch, d. h. problemorientiert, zu reflektieren (vgl. Laux 1999, 132 ff.).

Problemorientiertes Lernen

Konzepte problemorientierten Lernens setzen voraus, dass Kinder viele Beobachtungen machen und interessiert und in der Lage sind, diese zu hinterfragen, um ihre innere Struktur zu ergründen. Soostmeyer (1999, 107) formuliert in Anlehnung an Dewey fünf Schritte problemorientierten Lernens:

„1. Man begegnet einer Schwierigkeit; diese versetzt einen in den Zustand des Zweifelns ...

2. Man lokalisiert und präzisiert das Problem; der Handelnde versucht, alle zur Lösung notwendigen Variablen zu erfassen und die Lücke zu finden, die das Problem darstellt ...

3. Man sucht nach einem Ansatz zu einer Lösung ...

4. Man entwickelt den Lösungsansatz weiter und untersucht seine Konsequenzen ...

5. Man beobachtet weiterhin und versucht, die Lösung experimentell zu erproben ..."

Die Realisierung dieser Schritte stellt eine Fokussierung von Lerngegenständen dar und ist deshalb auf eine exemplarische Auswahl von Inhalten angewiesen. So können an einem konkreten Sachverhalt, z. B. „Warum werden die Wände über den Heizungen dunkel?" (ebd., 116 ff.) oder an einer konkreten Fragestellung, z. B. „Wie kommt die Atemluft für die Fische in das Wasser hinein?" (ebd., 111 ff.) grundlegende Zusammenhänge forschend erkannt werden.

Erfahrungsorientiertes Lernen

Beim Erfahrungsorientierten Lernen geht es zum einen um das Anknüpfen an bisherige Erfahrungen und zum anderen um die Ermöglichung neuer Erfahrungen. Erfahrungslernen ist bei Dewey ein zentraler Begriff, der beide Dimensionen in ihrer zeitlichen Struktur miteinander verbindet und die Eigenaktivität des Lernenden herausstellt:

„Durch Erfahrung lernen heißt das, was wir den Dingen tun, und das, was wir mit ihnen erleiden, nach rückwärts und vorwärts miteinander in Beziehung zu bringen. Bei dieser Sachlage aber wird das Erfahren zu einem Versuchen, zu einem Experiment mit der Welt zum Zwecke ihrer Erkennung. Das sonst passive 'Erleiden' wird zum 'Belehrtwerden', d.h. zur Erkenntnis des Zusammenhangs der Dinge" (Dewey 1964, 187).

Kaiser (2006b, 205 ff.) verweist darauf, dass in einem pädagogischen Alltagsverständnis erfahrungsnahes Lernens aber auch eher subjektiv erlebnisorientiert aufgefasst werden kann, als das, was Kinder subjektiv erlebt haben. In der Zusammenschau möglicher Deutungen von Erfahrungsorientierung stellt sie drei unterschiedliche Perspektiven heraus:

1. Der Erkenntnis gewinnende Erfahrungsbegriff, der auf das Ermöglichen neuer Erfahrungen im Unterricht ausgerichtet ist.
2. Der rückblickende Erfahrungsbegriff, bei dem Kinder zurückliegende Erfahrungen in Gesprächen, Bildern etc. zum Ausdruck bringen und damit kommunizierbar machen.
3. Der soziale Erfahrungsbegriff, der im Sinne von Dewey ein dialektisches Verhältnis der beiden vorangegangenen Perspektiven anstrebt.

Eine neue Konzeptvariante erfahrungsorientierten Unterrichts stellt das Modell des „Caring Curriculums" (Noddings 1992) dar. Der Grundgedanke dieses Modells ist, dass alles Lernen vor allem auf die Sorge (für sich, für die nahe stehenden und fremden Menschen, für Pflanzen und Tiere) gerichtet sein muss (vgl. Kaiser 2006b, 210). Die verschiedenen Erfahrungsfelder menschlich-gesellschaftlicher Existenz sollen in diesem Konzept miteinander verknüpft werden und die Auseinandersetzung mit ihnen soll zu einem verantwortlichen Umgang mit unserer Welt beitragen. Diesem Ansatz misst Kaiser vor dem Hintergrund der realen Bedrohungen menschlicher Existenz einen großen Stellenwert bei.

Exemplarisches Lernen

Der Begriff des exemplarischen Lernens wird in der Didaktik der Naturwissenschaften, vor allem der Physik, besonders intensiv diskutiert. Es ist darauf ausgerichtet, die Lerngegenstände des Unterrichts so zu reduzieren, dass eine intensive Durchdringung möglich ist. Einen solchen Ansatz vertritt am deutlichsten die Didaktik Martin Wagenscheins. Er geht davon aus, dass „das jeweils aktuelle Einzelne … vorsorglich kleine Stufe für ein – dem Lernenden noch unbekanntes – kommendes, komplizierteres Schwieriges (ist)" (Wagenschein 1999) und fordert eine Beschränkung auf das Wesentliche und damit auch Mut zur Lücke. „Anstelle also des gleichmäßig oberflächlichen Durchlaufens des Kenntniskataloges, Schritt für Schritt: die Erlaubnis, ja die Pflicht, sich hier und dort festzusetzen, einzugraben, Wurzeln zu schlagen, einzunisten" (ebd., 30). Dabei ist Wagenschein wichtig, dass Unterrichtsinhalte nicht zufällig und sporadisch ausgewählt werden, „sondern Kontinuität ist gewollt, aber in Ballungen, Verdichtungen" (Wagenschein 1999, 30). Das Verweilen bei einzelnen Erscheinungen ermöglicht es der Lehrperson, gemeinsam mit den Schülerinnen und Schülern Lernziele zu formulieren, Hypothesen aufzustellen, Lösungswege experimentell zu erproben und so zu tragfähigen Lösungen zu gelangen, die von der konkreten Erscheinung (dem Einzelnen) auf das Ganze (auf größere Zusammenhänge) verweisen.

Aktuell gehen wir davon aus, dass die Eigenaktivität der Kinder im Mittelpunkt gelingender Lernprozesse steht. Daher gilt es, den Unterricht so zu gestalten, dass an die Erfahrungswelt der Lernenden angeknüpft wird und sie vielfältige Möglichkeiten erhalten, entdeckend und problemorientiert tätig zu werden. Ein solches Arbeiten erfordert Zeit und Geduld und ist eher prozess- als zielorientiert. Daher ist es sinnvoll, eher weniger Unterrichtsgegenstände auszuwählen, um den Sachverhalt einerseits gründlich untersuchen zu können und andererseits den Kindern soviel Zeit zur Verfügung zu stellen, dass sie dabei geistige Operationen, wie genaues Wahrnehmen und Beschreiben, Vergleichen und Bewerten etc., ausbilden können – Denkoperationen, die dann auch auf andere Sachverhalte und Zusammenhänge übertragen werden können.

5.4 Lernen mit allen Sinnen

Die Wahrnehmung ist die Grundlage der menschlichen Entwicklung und des Lernens. Traditionell wird zwischen unterschiedlichen Wahrnehmungsbereichen unterschieden, die in ihrer Funktionsweise eng miteinander verbunden sind:

- Sehen
- Hören
- Tasten
- Riechen
- Schmecken
- Temperatur- und Schmerzempfinden
- Gleichgewicht

Ein pädagogisches Konzept, das der Wahrnehmung eine herausgehobene Rolle zuweist, ist das Lernen mit allen Sinnen. Gerade vor dem Hintergrund zunehmender Technisierung und der veränderten Erfahrungsräume der Kinder kommt dem Lernen mit allen Sinnen aktuell ein besonderer Stellenwert zu. Aber bereits bei Maria Montessori ist die Verfeinerung der Sinne eine zentrale Aufgabe des Unterrichts. Sie war der Auffassung, dass Kinder ein grundlegendes Bedürfnis haben zu riechen, zu schmecken, zu fühlen, um Dinge im wahrsten Sinne des Wortes zu begreifen. Aus ihren Beobachtungen leitete sie die Schlussfolgerung ab, dass Lernprozesse nicht vordergründig auf Logik und Abstraktion ausgerichtet sein dürfen, sondern auf das Lernen mit allen Sinnen. So entwickelte sie Materialien, wie z. B. Perlenketten zum Üben des Zählens, verschachtelte geometrische Körper zum Erkennen und Systematisieren von Formen etc., die den Kindern einen sinnenhaften Umgang mit den Dingen ermöglichen (vgl. Hofer 2001).

Auch Bäuml-Roßnagl (2004) stellt heraus, dass Sinnestätigkeit und multisinnliches Lernen notwendige Voraussetzungen abstrahierender Erkenntnisleistungen sind und dass es einen engen Zusammenhang der Wahrnehmung der Kinder zu den Lebensäußerungen der nächsten Mitmenschen, zu Gegenständen, zu Raum und Zeit gibt (vgl. ebd., 86). Eine ähnliche Auffassung vertritt auch Siller (2004). Gleichzeitig verweist er auf den engen Zusammenhang von Wahrnehmen und Deuten, „denn das induktiv geleitete Wahrnehmen erfordert immer schon einen Vorgriff und Fingerzeig des Verstehens und das deduktiv geleitete Verstehen benötigt ein vorgängiges Sich-Zeigen der Phänomene" (ebd. 30). Das Lernen mit Kopf, Herz und Hand spricht das Kind als Ganzes an und fördert es in seinem Denken, Fühlen und Handeln. Dabei muss gerade auch bei Kindern der Körper als Sinnesorgan ernst genommen werden. Ganzheitliches Lernen muss es dem Kind ermöglichen, sich seinem Bewegungsdrang entsprechend zu bewegen (vgl. Breithecker 1998). Lernen mit allen Sinnen wird in der Grundschule vor allem im Sachunterricht praktiziert, indem bei der Behandlung von Themen unterschiedliche Sinneskanäle angesprochen werden. Nacken (2004) verweist darauf, dass im Laufe der letzten Jahre immer häufiger Kinder in die Grundschule eingeschult wurden, die unter Wahrnehmungsstörungen leiden, was Auswirkungen auf den Lernprozess und die Entwicklung ihrer Lernbiografien hat (vgl. ebd., 195). Vor diesem Hintergrund fordert sie, „innerhalb eines diagnostischen Überprüfungsverfahrens die Grundfähigkeiten aller einzuschulenden Kinder zu überprüfen" (ebd., 195). Ein solcher Schritt ist aber nur dann sinnvoll, wenn sich adäquate Fördermaßnahmen anschließen, was gegenwärtig wenig oder zumindest nicht ausreichend stattfindet.

Menschen eignen sich die Welt mit allen Sinnen an. Diese anthropologische Grundaussage ist bei der Organisation von Lernprozessen zu beachten, indem Schülerinnen und Schülern vielfältige Handlungsmöglichkeiten eingeräumt werden, sich sinnenhaft, d. h. durch Tasten, Hören, Riechen usw., mit Sachverhalten auseinanderzusetzen und daraus die Motivation zu schaffen, sich auch deutend, d. h. kognitiv, mit diesen Dingen zu beschäftigen. Ganzheitliches Lernen ist ein Anspruch, dem sich gerade auch der Unterricht im Primarbereich stellen muss, um nachhaltige Lernprozesse zu initiieren.

5.5 Lernen und Spielen

Spielerisches Lernen

Wer Kinder beobachtet, wird feststellen, das Spiel ist aus keinem ihrer Lebensbereiche wegzudenken. Und auch für ein ganzheitliches Lernen im schulischen Rahmen bietet es vielfältige Möglichkeiten für Erfahrungen, die durch kaum eine andere Tätigkeit so zu vermitteln sind. Dennoch gerät es dort schnell in Verdacht. „In der Schule soll gelernt und nicht gespielt werden!" hören Lehrerinnen und Lehrer so manche Mutter sagen. Dabei schließen sich Spielen und Lernen keinesfalls aus, im Gegenteil: Das Spiel kann dazu beitragen, das Kinder Freude am Lernen empfinden und sich in der Klassengemeinschaft als ganzer Mensch aufgehoben und akzeptiert fühlen. Alles, was Menschen können, hat sich ursprünglich aus spielenden Aktivitäten herausgebildet. Das Spiel fördert sowohl soziale und emotionale als auch kognitive und kommunikative Kompetenzen der Schülerinnen und Schüler. Eine Definition des Begriffs „Spielen", in dem das gemeinsame der verschiedenen Spielformen zum Ausdruck gebracht wird, gibt es bislang nicht (vgl. Rittelmeyer 1993, 541f.). Wegen seiner schweren Fassbarkeit schlägt Einsiedler (1991) vor, das Spiel nicht zu definieren, sondern im Sinne der Unterscheidung einiger Merkmale zu explizieren. In Anlehnung an Krasnor und Pepler stellt er vier typischen Spielmerkmale heraus:

1. So-tun-als-ob: Probedenken
2. Flexibilität: multiperspektivisches Denken wird geschult
3. positive Emotionen: Freude an der ausgeübten Tätigkeit
4. Mittel-vor-Zweck: große Freiheit und doch keine Beliebigkeit (vgl. ebd., 13)

In der Spielpädagogik wird eine große Anzahl von Spieltypen und Spielformen unterschieden. Gläser unterscheidet in drei vorstrukturierte Spieltypen:

„Spieltyp 1: Spiele zur Förderung des Problemlösungsverhaltens (Objektspiele, Ratespiele, Planspiele, Strategiespiele)

Spieltyp 2: Spiele zur Förderung von Übungsverhalten (Übungsspiele zum festigen von Wissen und Fertigkeiten; Differenzierung)

Spieltyp 3: Spiele zur Förderung von Selbstkonzept und Sozialverhalten (Interaktionsspiele, kooperative Spiele, Rollenspiele, darstellende Spiele)" (Gläser 2003, 263).

In der Schule sind vor allem folgende, nicht klar voneinander zu trennende Spielformen, von Bedeutung:

Psychomotorische Spiele

Einsiedler (1991) versteht darunter „alle Spiele, mit denen eine Bewegung mit dem Körper ausgeführt, eine Körperfunktion betätigt oder ein Gegenstand bewegt wird, wobei die Freude bei der Betätigung selbst Hauptziel ist (emotionale Komponente) und Erfahrungen über Ursache-Wirkungs-Zusammenhänge beteiligt sind (kognitive Komponente)" (ebd., 62). Psychomotorische Spiele sind z. B. Fangspiele, Schaukeln, Hindernisse überwinden, Balancieren. Mit ihnen werden Lernziele wie z. B. die Förderung der Körperkoordination, die Verbesserung der Fein- und Grobmotorik und das Wahrnehmen von Spannung und Entspannung verfolgt.

Stille- und Entspannungsspiele

Darunter werden Spiele verstanden, die es ermöglichen innezuhalten und von Gedanken oder störenden Emotionen loszulassen. Preuschoff (vgl.1996, 19ff) hebt unter Rückgriff auf Montessori entgegen der Alltagsvorstellung vom lärmenden Kind die natürliche Sehnsucht von Kindern nach Stille hervor. „Durch Stille- und Entspannungsspiele lernt das Kind in sich hineinzuhorchen und verborgene Fähigkeiten und Bedürfnisse zu entdecken" (Pfeiffer 2002, 221). Voraussetzung für das Gelingen solcher Spiele ist eine ruhige und entspannte Atmosphäre. Stille- und Entspannungsspiele sind z. B. Phantasiereisen und Meditationen, Körperexperimente (Zahlen auf den Rücken schreiben, an Yoga angelehnte Übungen) und Formen des autogenen Trainings.

Konstruktions- und Gestaltungsspiele

Bei dieser Spielform handelt es sich um eine bau- oder bastelspielerische Tätigkeit bei der das Spielprodukt häufig eine Art Scheinwelt darstellt (vgl. Einsiedler 1991, 106). Dem Spiel liegen Vorstellungen und Ideen zu einem Sachverhalt (einer Stadt der Zukunft, einem Spielplatz etc.) zugrunde, die zwei- oder dreidimensional umgesetzt werden. Dabei planen die Kinder ihr Spiel selbst, überlegen und beschaffen geeignete Materialien, setzen die Idee meist in Gruppenarbeit um und stellen sich gegenseitig das Produkt vor. Dabei kann es um experimentierendes Bauen und Gestalten (Auseinander- und Zusammenbauen von Gegenständen, Verfremden von Bildern) oder um konstruierendes Bauen und Gestalten (Entwerfen und Gestalten von Straßenzügen, von Mode) gehen.

Regelspiele

Regelspiele sind „durch ein mehr oder weniger komplexes Regelwerk organisiert, wobei die Regeln entweder einen Wettbewerb oder einen Zielzustand normieren oder einen Spielverlauf ohne Wettbewerb sichern und meist das Zusammenspiel mehrerer Spielenden, in gesonderten Fällen das Spiel eines einzelnen, festlegen" (ebd., 126). Regelspiele finden z. B. im Sportunterricht (Fußball, Zweifelderball etc.) häufig statt.

Rollenspiele (Szenisches Interpretieren)

In Rollenspielen stehen erlebte oder vorgestellte soziale Situationen, „in denen einzelne Personen oder Gruppen aufgrund unterschiedlicher Bedürfnisse und Interessen in Konflikt mit ihrer sozialen Umgebung geraten. Diese Situationen finden nicht im Hier und Jetzt statt, sondern werden über Rollen- und Situationsvorgaben (...) vermittelt. Beim szenischen Spiel geht es deshalb immer um Ereignisse, die uns in gedeuteter Form zugänglich sind" (Scheller 1998, 147). Dabei geht es darum, „Leerstellen" einer Deutungsvorlage mit eigenen bewussten oder unbewussten Vorstellungen aufzufüllen und so die Vorlage vor dem Hintergrund eigener Erfahrungen zu deuten. Ingo Scheller (1998, 148 ff.) unterscheidet drei Varianten des Rollenspiels:

a) Die szenische Rekonstruktion und Interpretation eigener problematischer Haltungen und Erlebnisse mit Personen oder in Gruppen
b) Die szenische Interpretation von Lebenszusammenhängen und Haltungen
c) Die szenische Interpretation von Texten, Bildern und Filmen

Die ideale Vorgehensweise ist nach Scheller in allen drei Formen: Erkundungsphase (Haltungen einnehmen, ausprobieren, nachahmen), Aneignungsphase (ein Erlebnis szenisch nachspielen), Interpretationsphase (Erfahrungen und Erlebnisse deuten und alternative Handlungsmöglichkeiten einbauen).

Musikspiele

Bei Musikspielen steht das Experimentieren mit Klängen und Rhythmen im Mittelpunkt. Musik wird in diesem Zusammenhang „als schöpferischer Ausdruck individueller Seinsweisen und Perspektiven verstanden, der auch Menschen ohne umfassende musikalische Vorbildung und Instrumentenschulung möglich ist" (Pfeiffer 2006b, 24). Musikspiele sind z. B.

- das Zusammenstellen und Bauen von Musikinstrumenten und ihre experimentelle Erprobung
- das Ausdrücken von Gefühlen und Stimmungen durch Klangfarben
- das Erfinden von Klanggeschichten
- das Vertonen von Bildern und Geschichten
- die Tanzgestaltung zu Versen und Liedern
- die Liedbegleitungen mit Orff-Instrumenten

Ein Mix aus unterschiedlichen Spielformen ist z. B. elementares Musiktheater (vgl. Widmer 2006, 11 ff.).

Spiele stellen einen wichtigen methodischen Zugang im Grundschulunterricht dar. Sie knüpfen an elementare Formen der Weltaneignung von Kindern an und fördern ihre sozialen, emotionalen, kognitiven und kommunikativen Kompetenzen. Außerdem tragen sie zu Lernfreude und ganzheitlichem Lernen bei.

5.6 Philosophisch-ästhetisches Lernen

Das philosophisch-ästhetische Lernen hat in den letzten Jahren an Bedeutung gewonnen. „Ursache dafür ist ein zunehmendes Bewusstsein für die Rätselhaftigkeit und Bedrohtheit der Welt und der Gedanke, dass Kinder diesen Geheimnissen des Daseins oft näher stehen als Erwachsene" (Pfeiffer 2004, 39). Vor allem durch die Arbeiten der Amerikaner Gareth B. Matthews (1991) und Matthew Lipmann (1978; 1988) wird das Philosophieren mit Kindern in Deutschland als durchgängiges Unterrichtsprinzip in der Grundschule (vgl. Schreier 1997; 1999) und in einem eigenständigen Fach (vgl. Martens 1994, Pfeiffer 2002) diskutiert. Besonders der Philosophiedidaktiker Ekkehard Martens hat sich in diesem Zusammenhang um eine begriffliche Klärung des Begriffs „Philosophieren" bemüht: „Philosophie umfasst als Inhalt die Fülle möglicher Deutungen von Dingen, Ereignissen, Handlungen und uns selbst; als Haltung ist sie das ständige, prinzipiell unabschließbare Weiterdenken im Sinne eines Deutens von Deutungen; als Methode enthält sie die begrifflich argumentative Analyse sowie das ästhetische Deuten im weitesten Sinne zur Erweiterung, Vertiefung und Differenzierung von Deutungen" (Martens 1994).

Die Inhalte, die in der Grundschule zu Gegenständen des Philosophierens werden können, sollten sich an den Fragenperspektiven der Kinder orientieren. Solche Perspektiven sind z. B.

- Wer bin ich?
- Was ist Glück?
- Was ist, wenn man tot ist?
- Was ist Freundschaft?
- Muss ich immer die Wahrheit sagen?
- Was ist hinter dem Universum?
- Warum brauchen Menschen Regeln?
- Was ist gut und was ist böse?

Ziel des Philosophierens ist, die Kinder bei der Suche nach Orientierung und Sinn in ihrem Leben zu unterstützen. Auf der Suche nach möglichen Antworten auf ihre Fragen kommt ein breites methodisches Spektrum zum Einsatz. Eine besondere Bedeutung kommt dabei unterschiedlichen Formen des Gesprächs zu (vgl. Reed 1983; Schreier 1994b). Pfeiffer (2002, 180ff.) unterscheidet in diesem Zusammenhang sechs Gesprächsformen, deren Potentiale sie als Methode und Erziehungsziel ausweist. Solche Gesprächsformen sind: Das informierende Gespräch, das unterhaltende Gespräch, das reflexive Gespräch, das vorrationale Gespräch, das sokratische Gespräch und das Streitgespräch. In Gesprächen artikulieren die Kinder ihre Vorstellungen in erster Linie in diskursiver Form. Neben und innerhalb von Gesprächen ermöglichen präsentative Symbole, z. B. Bilder und theatrale Darstellungsformen, den Kindern einen erweiterten Zugang zur Wirklichkeit. In der Praxis des Philosophierens mit Kindern wechseln sich verschiedene methodische Formen ab und können ineinander übergehen.

Philosophieren mit Kindern in der Synagoge

Über Gespräche hinausgehende Methoden sind z. B. Geschichten und Kinderbücher. Vor allem Matthews (1991) stellt heraus, dass in Kinderbüchern häufig ein philosophischer Hintersinn verborgen ist, der für das Philosophieren fruchtbar gemacht werden kann. Pfeiffer (2002, 204ff.) erläutert anhand von Beispielen, wie produktionsorientierte Verfahren zu einer philosophischen Auseinandersetzung eingesetzt werden können und Müller (2004) stellt dar, wie das szenische Spiel zu einer grundsätzlichen Auseinandersetzung mit Sinn- und Wertfragen beitragen kann. Aber das Philosophieren ist nicht nur für die Kinder, sondern auch für die Lehrerinnen und Lehrer eine Bereicherung. Es kann ihnen helfen, sich über ihre eigenen Deutungen und Werthaltungen klar zu werden. Indem sie den Kindern „auf Augenhöhe" begegnen, reflektieren sie ihre eigenen Unterrichtsverständnisse. So kann das gemeinsame Philosophieren zum Abbau von Barrieren und zu mehr symmetrischer Kommunikation beitragen (vgl. Kap. 5.1).

> Kinder bringen von sich aus eine Reihe von Fragen mit in den Unterricht, die als philosophisch bezeichnet werden können. Diese Fragen sind Ausdruck ihres Selbst- und Weltverstehens auf der Suche nach Orientierung und Sinn. Das Philosophieren mit Kindern stellt in diesem Zusammenhang ein Konzept dar, die Fragen der Kinder ernst zu nehmen und ihnen auf der Suche nach Antworten zur Seite zu stehen.

5.7 Lernen des Lernens

Lernen ist ein lebenslanger Prozess. Der Deutsche Bildungsrat (1970) formuliert vor diesem Hintergrund die Forderung an Schulen „Lust zum Weiterlernen (zu) wecken, das jedoch selbst gelernt worden sein muss" (ebd., 33). Das bedeutet nach Kaiser (2004) zum einen, „die Bereitschaft und Fähigkeit zum ständigen Weiterlernen" zu fördern und „grundlegende Methoden des Lernens" zu erlernen und zum anderen „ein bewusstes reflektiertes Lernen" praktizieren zu können (ebd., 140). Damit sind als Ebenen des Lernens eine bestimmte Haltung und methodische Kompetenzen angesprochen. Zusammen mit Weinert und Schrader (1997, 299) weist Kaiser darauf hin, dass besonders dem inhaltlichen Vorwissen der Lernenden für die Nutzung von Lernstrategien eine große Bedeutung zukommt (vgl. Kaiser 2004, 143). Hinsichtlich der Prinzipien des Lernens des Lernens weist sie in Anlehnung an Bereiter und Scardamalia (1986) fünf Aspekte aus:

„1. Das eigene Lernen beobachten und verstehen lernen. (Arbeitsheft = monitoring)

2. Durch Beobachten anderer Arbeits- und Lernmodelle sein eigenes Vorgehen modifizieren und optimieren. (Ausführungsmodell = modeling)

3. Gemeinsame Lernarbeit leisten und aus den gemachten Erfahrungen lernen. (Lernpatenschaften = evaluation)

4. Die Wirksamkeit der individuellen und der gemeinsamen Lernarbeit überprüfen. (Arbeitsrückschau = reflection)

5. Arbeits- und Lernerfahrungen mit anderen besprechen, verarbeiten und voneinander lernen (Klassenkonferenzen = conferencing)" (Kaiser 2004, 146).

Kaiser fügt einen weiteren methodischen Ansatz hinzu, der in Australien im Rahmen der Entwicklung der Lesefähigkeit bei der Förderung von Aborigines sehr effektiv eingesetzt wird: das Scaffolding.

„Der Grundgedanke ist dabei, anspruchsvolle Aufgaben anstelle einfacher repetitiver zu bearbeiten, aber den Lernenden durch Reflexion und Gerüstbildung in Kooperation mit dem Lehrenden eine Einordnung des zu Lernenden anzubieten ... Es werden also komplexe Inhalte geboten, aber in gemeinsamer Kommunikation gerüstartig strukturiert, damit die Lernenden den Gegenstand im Sachkontext einordnen" (Kaiser 2004, 146). Außerdem weist sie auf die Bedeutung einer lernförderlichen Lernumgebung hin (vgl. ebd., 149), die sich z.B. in der Bereitstellung geeigneter Materialien, der Schaffung von funktionalen Arbeitsplätzen und in der Einrichtung von Schülerbibliotheken und Medienecken zeigen könnte (vgl. Kap. 4.1). Hempel (1999) stellt die Bedeutung von Kooperation beim Lernen besonders heraus: „Kooperative Lernformen lösen größere Aktivitäten der Schülerinnen und Schüler aus. Nicht nur weil sich die Möglichkeiten des einzelnen objektiv erhöhen, sondern weil so bei jedem Beteiligten das Gefühl erzeugt wird, selbst das (Unterrichts) Geschehen mitbestimmen und sich selbst einzubringen können, also Subjekt im Lehr-Lernprozess zu sein" (ebd., 194). Für das Lernen des Lernens scheinen demnach vor allem folgende Kriterien von Bedeutung zu sein:

1. Das Schaffen von Lernmotivation durch erfahrungsbezogene und fordernde Aufgabenstellungen
2. Die Vermittlung von Lernstrategien und Arbeitsmethoden bezogen auf die Lerngegenstände
3. Die Absicherung einer lernförderlichen Lernumgebung
4. Die Förderung von Fähigkeiten zum Transferieren bereits bekannter Lernstrategien auf neue Sachverhalte
5. Die Förderung von Metakognition im Sinne der Reflexion der eigenen kognitiven Prozesse
6. Die Förderung von Kommunikation und Zusammenarbeit beim Lernen
7. Die Förderung von Metakommunikation als Kommunikation über gemeinsame Lernprozesse

Gerade weil dem Lernen des Lernens ein hoher Stellenwert zukommt, dürfen die Grenzen kognitiver Reflexion bei Kindern im Grundschulalter nicht aus dem Blick geraten. Auch wenn wir heute nicht mehr von klar abgrenzbaren Stufen der kognitiven Entwicklung ausgehen (vgl. Kap. 5.1), bleibt die Phase des Grundschulalters die des zunehmenden formalen Denkens. Realistisch ist nach Gudjons (2003, 82f.) aber durchaus, dass sich Schülerinnen und Schüler Fragen nach ihrem Vorwissen und ihren Ideen zum Vorgehen bei einer Aufgabenstellung stellen (Was weiß ich bereits über das Thema? Gibt es einen Plan, nach dem ich vorgehen könnte?), zur eigenen Reflexion des Lernprozesses (Wie kann ich feststellen, ob ich erfolgreich bin? Sollte ich etwas an meiner Strategie ändern?) und zur Wirksamkeit des Lernens (Habe ich das Gelesene auch tatsächlich verstanden? Kann ich das Gelernte auch anwenden?).

> Auch das Lernen muss gelernt werden. Die Grundschule hat die Aufgabe, den Schülerinnen und Schülern nicht nur Lernstrategien und Arbeitsmethoden zu vermitteln, sondern sie mit Hilfe anspruchsvoller Aufgaben zu motivieren, lernen zu wollen und sich Wissen zunehmend selbstständig, kooperativ und eigenverantwortlich anzueignen. Der Förderung von Selbstreflexion und Kommunikation wird dabei ein großer Stellenwert eingeräumt.

5.8 Gemeinsames und individualisiertes Lernen

Die Verknüpfung von gemeinsamem Unterricht und individuellem Lernen in einer fordernden und fördernden Lernumgebung und zunehmend heterogenen Klassen ist ein hoher Anspruch. Aktuell ist in diesem Zusammenhang zunehmend von „Inklusion" und „inklusivem Unterricht" die Rede (vgl. Seitz 2004; 2006). Darunter wird „eine gedankliche Weiterentwicklung der praktizierten Integration verstanden, die qualitative und quantitative Probleme der integrativen Schulpraxis benennt und positiv wendet" (Seitz 2006, 165). Die inklusive Didaktik ist nicht nur im Rahmen des Diskurses um Kinder mit und ohne Beeinträchtigung interessant, sondern für Unterricht schlechthin, denn sie geht grundsätzlich davon aus, dass Lerngruppen auf verschiedenen Ebenen heterogen sind und betrachtet diese Heterogenität nicht als Mangel, sondern als Bereicherung. Deutlich wird hier ein positives, nicht defizitorientiertes Menschenbild, das „eine individualisierende und kompetenzorientierte Sicht auf die vielfältigen Lernweisen aller Schülerinnen und Schüler" (Seitz 2004, 175) zur Grundlage hat. In diesem Sinne gilt es, einen Unterricht zu praktizieren, der auf alle Kinder ausgerichtet ist, indem er die individuellen Möglichkeiten der Einzelnen ausdrücklich wertschätzt und nicht gegeneinander aufwiegt. Seitz schlägt in diesem Zusammenhang vor, „das anthropologisch Bedeutsame der Lerninhalte", das, „was alle Schülerinnen und Schüler an einem Lerninhalt verbindet", zu ermitteln, „allerdings ohne hierzu standardisierte und allgemeingültige Antworten zu liefern" (ebd., 177). Am Beispiel des Themas „Zeit" zeigt sie, welche didaktischen Leitlinien einem solchen Unterricht zugrunde liegen könnten. Dabei unterscheidet sie die Ebenen „Inhalte und Perspektiven", „Handlungsmuster und Beziehungen" und „Raum und Zeit (Prozess)". Anschließend werden die verschiedenen Perspektiven bezogen auf den Unterrichtsgegenstand didaktisch aufgefächert. Im Überblick lässt sich ihr Vorschlag am Beispiel des Themas „Zeit" in der Tabelle S. 170 darstellen:

Die breite inhaltlich offene Auffächerung ermöglicht es, die individuellen Vorverständnisse und Interessen aller Schülerinnen und Schüler angemessen zu berücksichtigen. Die Handlungsmuster, die Beziehungs- und die Prozessstruktur sind so angelegt, dass sowohl die Lernwege der Kinder als auch andere individuelle Besonderheiten (Ausprägungen von Fähigkeiten, Lerntempo etc.) Beachtung finden. Die Umsetzung eines solchen Unterrichts bedarf allerdings einer qualitativ und quantitativ besseren Ausstattung von Grundschulen, als das gegenwärtig der Fall ist. Insofern stellt dieses Konzept für inklusiven Unterricht nach Seitz eine Idealvorstellung dar, die aktuell nur mit Abstrichen umsetzbar ist.

Inhalte und Perspektiven	Handlungsmuster und Beziehungen	Raum und Zeit (Prozessstruktur)
Zeit als integraler, wandelbarer und vielschichtiger Teil der Identität (Szenisches Spiel, „Kompetenztagebücher" (Lerngeschichten, Carr 2001), Tonbandaufnahmen usw.)	Ästhetische und körperbasierte Zugangsweisen bedeutsam für alle Kinder (u. a. Verschiedenheit zulassen und wertschätzen)	Gewähren von individuellen Lern- und Entwicklungszeiten im Unterricht (u. a. ein individuelles Lerntempo zulassen, individualbiografische Besonderheiten als bedeutsame Wirkfaktoren beachten)
Die zeitliche Verfasstheit von Kinderbiografien (Szenisches Spiel, Videodokumentation usw.)	Ermöglichung von Lernen von Kind zu Kind (u. a. durch Freiheit in der Wahl der Lernpartner)	Flexible Nutzung von Lernräumen (u. a. Lernräume auch im gegenständlichen Sinne als Möglichkeitsräume konzipieren: Räume für den Rückzug, für das Einstudieren von szenischem Spiel, Bereitstellung vielfältigen Materials)
Fragen nach Geburt und Tod (Kinderliteratur usw.)	Wertschätzung der Vorverständnisse und Austausch über die vielfältigen Deutungsmuster der Kinder (u. a. in der Kommunikation)	
Ungewissheit im Umgang mit Erinnerungen und Zukunftsentwürfen (Sinnesexperimente usw.)		
Zeiterfahrungen und Zeiterlebnisse der Kinder (Kinetische Kunst, Körperrhythmen, Sinnesexperimente usw.)		
Erleben und Gestalten der Gegenwart (Klassentagebuch usw.)		
Erleben und Gestalten von Rhythmen im Unterricht (Haustiere im Klassenraum usw.)		

Gemeinsames und individuelles Lernen schließt sich nicht aus, sondern kann eine wechselseitige Bereicherung darstellen. Voraussetzung dafür ist aber ein pädagogisches Verständnis, das Heterogenität nicht als Defizit, sondern als Chance begreift. So kann die Konzentration auf anthropologisch bedeutsame Lerngegenstände zum Ausgangspunkt für inhaltlich-methodische Differenzierungsprozesse sein, in deren Rahmen sich der Einzelne mit seinen Voraussetzungen und Motiven wahrgenommen und sich gleichzeitig in eine Lerngemeinschaft eingebunden begreift.

5.9 Kommunikatives Lernen

Lernen ist wesentlich auf Kommunikation angewiesen. Deshalb verwundert es nicht, dass es eine große Anzahl kommunikativer Ansätze und Theorien gibt. Trautmann (1997, 14ff.) systematisiert diese Ansätze und weist ihre Bezüge auf grundschulische Kommunikation aus:

1. Der konstruktivistische Ansatz (Watzlawick/Beavin/Jackson 1993): Kommunikation als Konstruktion von Sinn vor dem Hintergrund von Erfahrungen und Deutungsmustern
2. Die themenzentrierte Interaktion (Cohn/Terfurth 1993): Kommunikation als Vermittlung zwischen ich/wir/es
3. Die Lehrer-Schüler-Konferenz (Gordon 1992): Problemlösung ohne Selbstwertminderung
4. Der kommunikative Ansatz (Rausch 1986): Kommunikation als Ausdruck der Gesamtpersönlichkeit der Lehrperson und der Schülerinnen und Schüler
5. Das Selbstwertmodell (Birkenbihl 1994): Arbeit am Selbstbild
6. Das „Vier-Ohren" Modell (Schulz v. Thun 1992): Kommunikation als Verbindung von Sachinhalt, Beziehungsaspekt, Selbstoffenbarung und Appell
7. Das transaktionale Modell; Die Spiele (Harris 1975): Ich bin okay; du bist okay. Verminderung von „Nicht-okay-Gefühlen" in der Kommunikation durch Spiele
8. Die kommunikative Didaktik (Winkel 1988): Unterricht als Experiment – Metakommunikation zur Unterstützung symmetrischer Kommunikation

Hinsichtlich der kommunikativen Struktur des Schultages unterscheidet Trautmann (1997):

– Die präschulische Kommunikation: „Wir verstehen darunter jene kommunikativen Strukturen, die sich vor dem Unterrichtsprozess, aber in dessen Zusammenhang oder den damit korrespondierenden Dimensionen (Schulweg, -hof, Lehrerzimmer, Pause, Raum etc.) vollziehen" (ebd., 84).
– Die fachlich motivierte Dimension: „Das Übermitteln von Lerninhalten, das Sprechen über stoffliche Problemlagen und das Beraten über Lösungswege sind einige Aspekte fachlicher Kommunikation" (ebd., 86).
– Die didaktisch motivierte Kommunikation: „Im wesentlichen findet man den Vortrag, dies kann ebenso eine Darbietung der Lehrerin, wie die eines Kindes sein" (ebd., 89).
– Die sozial motivierte Kommunikation: „Wertungen und Leistungsaufforderungen, Korrekturen im Verhaltensbereich, Anweisungen, die über die Anleitung fachlicher Determinanten hinausgehen, Moderation, persönliche Problembearbeitung, aber auch alle nonverbalen Signale zur Korrektur kindlichen Verhaltens sind sozialkommunikativer Natur" (ebd., 94).
– Die postschulische Kommunikation: „Die Gespräche nach dem Unterricht" (ebd., 97).

Kommunikatives Lernen

Traditionelle mehr oder weniger rituelle Kommunikationsstrukturen sind in der Grundschule vor allem die Begrüßung und der Morgenkreis, der Unterricht, wie auch immer er organisiert ist, Pausengespräche, Präsentationen und Bewertungen, Dienste und Ämter, Feiern und Verabschiedungen. Im grundschuldidaktischen Diskurs wird kommunikatives Lernen in vielfältigen Zusammenhängen diskutiert. Hering (2004, 91 ff.) stellt z. B. die Bedeutung des Erzählens für biografisches Lernen heraus, Ragaller (2004, 159 ff.) betont die besonderen Potentiale des Gesprächs für soziales Lernen, Pfeiffer (2004) stellt dar, dass Gespräche die Basis des Philosophierens sind, nach Kaiser (2006b) ist Kommunikation eine zentrale Kategorie im Sachunterricht und Rosenberg (2004) entwickelt ein Konzept zur gewaltfreien Kommunikation im Schulalltag. Kommunikatives Lernen ist eng mit emotionalem Lernen verbunden (vgl. Westphal 2003). In der Kommunikation mit anderen lernen Kinder insbesondere

– eigene und fremde Gefühle wahrzunehmen
– Empathie und Rücksicht zu zeigen
– freundlich und höflich miteinander umzugehen
– Probleme zu erkennen, auszutragen und nach Lösungsmöglichkeiten zu suchen
– Verantwortung zu übernehmen
– Leistungsbereitschaft zu zeigen
– mit den eigenen Stärken und Schwächen umzugehen
– Selbstbewusstsein und Zivilcourage zu zeigen

Damit ist Kommunikation ein zentrales Handlungsmuster im Schulalltag, das gefördert, verfeinert und weiter ausgebaut werden muss.

> Lernen und Kommunikation sind eng miteinander verbunden. In der Interaktion mit anderen setzt sich das Kind mit der Welt auseinander, tauscht sich mit ihnen aus und kommt so zu reflektierten Annahmen und Deutungen. Es gibt eine Vielzahl kommunikativer Theorien, die verschiedene Aspekte kommunikativer Strukturen thematisieren und unterschiedliche Formen der Kommunikation im Schulalltag. Kommunikation im Unterricht fördert sowohl kognitive und soziale als auch emotional-mimetische Fähigkeiten.

Modul 6: Formen und Methoden des Lernens

Der Mensch kann nicht zu neuen Ufern vordringen,
wenn er nicht den Mut aufbringt, die alten zu verlassen.
André Gide

6.1 Der Schulvormittag

Kinder halten sich meist die Hälfte des Tages in der Schule auf, oft noch länger. Deshalb ist es wichtig, dass sie dort eine Lernumgebung (vgl. Kap. 4.1) und Organisationsformen vorfinden, die ihren Bedürfnissen und Interessen entsprechen. Damit sie in einer ruhigen Weise in den Schultag finden, haben viele Grundschulen inzwischen eine so genannte „offene Eingangsphase" oder „gleitenden Schulanfang" eingeführt, in der Regel 15 bis 30 Minuten vor dem offiziellen Unterrichtsbeginn. Die Kinder werden durch die Lehrperson begrüßt, erzählen oder spielen mit den anderen Kindern und wenden sich nach individuellem Bedürfnis dem Lernen zu. In manchen Klassen beginnt der Unterrichtstag auch mit einem Morgenkreis, in dem die Kinder von Erlebnissen des letzten Tages o. ä. erzählen. Daran schließen sich die Unterrichtsstunden, häufig aber auch zweistündige Unterrichtsblöcke (einschließlich von einer oder zwei Kurzpausen und einer längeren Frühstückspause) an. Da es in jeder Klasse Kinder gibt, die ohne Frühstück in die Schule kommen, ist das gemeinsame Schulfrühstück von großer Bedeutung.

Gemeinsames Frühstück

In manchen Klassen gibt es wechselnde Tisch-, Milch- und Küchendienste, die für das Decken des Tisches, die Bereitstellung der Milch und die Zubereitung von Broten oder Brötchen zuständig sind. Zwischen den Unterrichtsblöcken und nach dem Frühstück liegen Hofpausen, in denen die Kinder das Schulhaus verlassen und im Freien spielen können. In manchen Grundschulen gibt es eine Rhythmisierung innerhalb der Schulwoche, d. h. im Tagesverlauf gibt es feste Zeiten für Lese- und Erzählkreise, für Sport und Spielpausen. Es finden regelmäßig Feste und Feiern statt und es gibt bestimmte festgelegte Rituale (z. B. Geburtstagsrituale, Wochenbeginn- und Wochenabschlussrituale). Die meisten Grundschulen verfügen inzwischen auch über eine Schulbibliothek mit flexiblen Öffnungszeiten, in der die Kinder sich während des Unterrichts aufhalten können.

In der Grundschule Dietrichsfeld in Oldenburg gibt es z. B. seit einigen Jahren eine umfangreiche Sammlung von Kinderbüchern, die den Schülerinnen und Schülern während und nach dem Unterricht zur Verfügung steht. Außerdem gibt es dort Spielecken und Schachtische, die bei den Kindern sehr beliebt sind, weil sie den Unterrichtstag zu einer ganzheitlichen Erfahrung mit viel Kommunikation und sozialem Lernen machen. Die warme Atmosphäre lädt zu vielfältigen Aktivitäten ein.

> Die meisten Kinder halten sich viele Stunden des Tages in der Schule auf; sie ist ihr zweites Zuhause. Deshalb ist es wichtig, dass sie eine Umgebung vorfinden, die ihren Bedürfnissen gerecht wird. Dem gemeinsamen Frühstück, dem Austausch und Spiel kommt dabei eine besondere Bedeutung zu.

6.2 Freie Arbeit

Ein Ergebnis des Diskurswandels vom Lehren zum Lernen in den letzten Jahren (vgl. Kap. 5.1) ist die Hinwendung zu so genannten „offenen Unterrichtsformen". Darunter wird eine Organisation des Unterrichts verstanden, die dem einzelnen Kind sowohl Eigenaktivität und Selbstregulation ermöglicht als auch zu sozialem Lernen beitragen soll. Eine Form des offenen bzw. beweglichen Unterrichts (Winkel 1993a) ist die Freiarbeit. Die Freiarbeit ist aber keine Erfindung der letzten Jahre, sondern spielte schon in der Reformpädagogik z. B. bei Montessori, Petersen und Freinet eine besondere Rolle. Bei der freien Arbeit kann das Kind Arbeitsthemen und Materialien frei wählen und seine Arbeitsstrategie eigenverantwortlich festlegen. Es entscheidet z. B. über die Reihenfolge und die Zahl der Wiederholung von Aufgaben, über das Arbeitstempo und die Art und Weise der Präsentation der Arbeitsergebnisse. Es wählt eine Sozialform und sucht sich für die Erledigung der Aufgabenstellung Partner und Arbeitsplatz. Auch die Kontrolle der Arbeitsergebnisse erfolgt in der Regel eigenverantwortlich. Eine solche Arbeit im Unterricht setzt viel Vorarbeit und Reflexion voraus und beginnt eigentlich im Kopf der Lehrperson. Lehrerinnen und Lehrer, die Freiarbeit mit ihren Schülern praktizieren wollen, sollten sich klar darüber sein, welches Verständnis von Lehren und Lernen sie selbst vertreten und welchen Stellenwert sie folgenden Prinzipien im Unterricht einräumen möchten (vgl. Krieger 1998, 17f):

- dem Prinzip der Anerkennung von Individualität und gemeinschaftlichem Lernen
- dem Prinzip der ganzheitlichen Sicht des Menschen
- dem Prinzip der Lebensnähe und Entwicklungs- und Interessengemäßheit
- dem Prinzip der sozialisierenden Erziehung
- dem Prinzip zurückhaltender Hilfe zur Selbsthilfe
- dem Prinzip der Aktivität, Spontanität und Selbsttätigkeit
- dem Prinzip der Individualisierung durch Differenzierung
- dem Prinzip zunehmender Selbstständigkeit und Unabhängigkeit

Diese Prinzipien eines schülerorientierten Unterrichts sind für Freiarbeit von zentraler Bedeutung und weisen sowohl der Lehrperson als auch den Lernenden ein Verhalten zu, das vom traditionellen lehrerzentrierten Frontalunterricht erheblich abweicht. Es bedeutet z. B., dass Kontrolle ein Stück weit abgegeben und durch Eigenverantwortung ersetzt wird, und dass Lernprozesse weniger abrechenbar erscheinen, weil sie nicht in erster Linie als entäußerte Handlungen, sondern als selbst bildende Lernprozesse des Kindes verstanden werden. Ziel der freien Arbeit ist es, im besten Sinne den Kindern in „echter Kinder-Arbeit" das Lernen zu lehren. Das „zeigt sich nicht in der Menge der ausgefüllten Arbeitsblätter, der voll geschriebenen Mathehefte, der Vielzahl von Diktaten und Aufsätzen. Echte Kinder-Arbeit, das ist das Nachdenken über ein Problem, das handelnde Suchen nach Lösungen, das Probieren einer Situation im Spiel, das Sich-Aneignen von Arbeitstechniken zum Zwecke der Aneignung, also

- kein Arbeiten für die nette Lehrerin
- kein Arbeiten für die Eltern
- kein Arbeiten aus Angst vor Strafe
- kein Arbeiten für den Papierkorb

sondern: Arbeiten, die einen echten Sinn für die Kinder haben, die anderen zugänglich gemacht werden, mit denen man etwas erreicht. Kinderarbeiten dürfen keine leeren Arbeiten sein!" (Heinrich 1991, 50f.). Die neuen Lehr- und Lernformen müssen gemeinsam und schrittweise erlernt und geübt werden. Ein abrupter Wechsel vom eher geschlossenen Unterricht zu freier Arbeit kann zu Verunsicherungen, Überforderungen und zum Abbruch der Bemühungen um mehr Schülerzentrierung führen. „Die Devise kann daher nicht heißen so schnell so frei wie möglich, sondern so frei wie nötig, damit die Kinder ihre Sicherheit, ihr Selbstvertrauen behalten oder gewinnen und gemäß ihren Möglichkeiten in selbst verantwortetes Lernen hineinwachsen können" (von Wedel-Wolff 1993, 8). In diesem Zusammenhang werden folgende Schritte vom eng geführten Unterricht zur freien Arbeit vorgeschlagen (vgl. ebd., 10):

1. Binnendifferenzierung
2. zugeteilter Individualunterricht
3. Auswählaufgaben
4. Arbeit mit Karteien
5. Lernzirkel
6. Einführung in Tages- und Wochenplan
7. Freie Arbeitsstunde

Ein erster Schritt zur Realisierung freier Arbeit ist die pädagogische Setzung von Rahmenbedingungen, vor allem das Absprechen von Regeln, die Bereitstellung geeigneter Materialien, die Vorbereitung der Lernumgebung und die Einführung in verschiedene Sozialformen.

Regeln bei der Freiarbeit

Damit bei der Freiarbeit ein lernförderndes Klima ermöglicht wird, ist es wichtig, dass Kinder und Lehrperson bestimmte Verhaltensregeln einhalten. Kinder müssen z. B. erfahren:

- dass sie zwischen Aufgaben wählen können, die ihren Interessen und Möglichkeiten entsprechen;
- dass sie an diesen Aufgaben so lange wie erforderlich, gewissenhaft und bis zum Ende arbeiten;
- dass sie gemeinsam mit anderen Kindern arbeiten können und sich dabei wechselseitig unterstützen und helfen;
- dass sie andere Kinder nicht behindern und ihre Arbeit erst beenden dürfen, wenn auch das Material aufgeräumt ist.

Lehrerinnen und Lehrer müssen sich z. B. darauf einstellen, dass es wichtig ist,
- immer wieder Vertrauen in die Fähigkeiten der Kinder aufzubringen, aber ihnen auch nicht die Verantwortung allein zu übertragen;
- den Kindern genügend Zeit für die Erledigung der Aufgaben zu überlassen, aber auch zeitliche Strukturen zu setzen;
- Kinder beobachten zu lernen, aber auch das eigene Verhalten zu reflektieren;
- sich insgesamt als Person stark zurückzunehmen, ohne die Kinder bei ihrer Arbeit allein zu lassen.

Das Freiarbeitsmaterial

Eine wichtige Aufgabe der Lehrperson ist die Bereitstellung geeigneter Materialien, die das Kind ansprechen und es ihm ermöglichen, selbstständig und zielgerichtet zu lernen. Das Freiarbeitsmaterial sollte zunächst möglichst viele Sinne ansprechen, zu schöpferischer Auseinandersetzung herausfordern, Interesse wecken und zum Handeln anleiten. Es sollte den Lernenden in einen Spannungszustand versetzen, „indem einerseits klar erkennbar an schon Gewusstes und Gekonntes angeknüpft wird, andererseits ein erkennbares, attraktives Ziel zur aktiven Beschäftigung lockt" (Krieger 1998, 21). Das Material sollte zu Kooperation und Austausch herausfordern, aber auch zur Selbsttätigkeit anregen. In der Auseinandersetzung mit den Lerngegenständen soll es den Schülerinnen und Schülern möglich sein, Querverweise zu anderen Problemfeldern nachzuvollziehen und Transferleistungen zu erbringen. Das Material sollte der individuelle Entwicklungsstufe des Kindes Rechnung tragen (vgl. Montessori 1976) und an die Erfahrungen des täglichen Lebens anknüpfen. Dem Kind soll es ermöglichen, seine Lernfortschritte zu kontrollieren und Fehler zu vermeiden. Nach Montessori zeichnet sich ein geeignetes Freiarbeitsmaterial vor allem durch Einfachheit aus, denn „es ist die Einfachheit, die zur Erkenntnis führt" (ebd., 212). Krieger differenziert die 19 wichtigsten Merkmale von Freiarbeitsmaterialien weiter aus:

1. Es soll ästhetisch sein;
2. eine motivierende Aufmachung haben;
3. Interesse wecken;
4. Aufforderungscharakter besitzen;
5. zur Selbsttätigkeit anregen;
6. zum Handeln weitertreiben;
7. sachimmanent didaktisch führen;
8. durch seine Struktur in geordnete Bahnen lenken;
9. ein- oder auch mehrere Lösungswege anbieten;
10. Rückfragen und Hilfestellungen durch die Lehrperson überflüssig machen;
11. vom konkreten zum Abstrakten und problemlösenden Denken führen;
12. Selbstkontrolle und Selbstkorrektur ermöglichen;
13. Kommunikation und Kooperation fördern;
14. an Erfahrungen anknüpfen;

15. Sinne schulen;
16. Kreativität fördern;
17. in zeitlich überschaubarem Maße zu bearbeiten sein;
18. Wiederholungen erlauben;
19. auch sachbezogene Kreativität fördern, die z. B. zu Weiterentwicklungen des Materials führen kann (vgl. Krieger 1998).

Zur Überprüfung der Materialeignung schlägt Krieger einen Fragebogen vor, der sich an diesen Merkmalen orientiert und für die Bewertung hilfreich sein kann (vgl. ebd., 27). Wichtig ist, dass dieses Material im sinnvollen Lehrkontext steht und nicht nur ein zeitlich variiertes Abarbeiten von Arbeitsblättern bedeutet (vgl. Kaiser 1992a), die oft nur oberflächliche Benennungen verlangen.

Die vorbereitete Umgebung

Damit Kinder in der dargestellten Weise lernen können, sind geeignete Räumlichkeiten erforderlich, in denen sie sich frei bewegen können und Platz und Ruhe für konzentriertes Arbeiten finden. Da die Bedürfnisse der Kinder sehr unterschiedlich sind, müssen die Räumlichkeiten Möglichkeiten des Rückzugs, aber auch für Besprechungen in Kleingruppen oder für experimentelles Arbeiten bieten. Wichtig ist auch eine ästhetisch ansprechende Lernumgebung, die Kinder zu Ideen und deren Umsetzung anregt. Es sollte so wenig Material wie nötig, möglichst übersichtlich angeordnet, angeboten werden, damit sich die Kinder leicht orientieren und auf wenige Unterrichtsgegenstände konzentrieren können. Die Räumlichkeiten sollten mit den Kindern gemeinsam gestaltet sein und Möglichkeiten der flexiblen Umgestaltung bieten, wenn es nötig wird.

Verschiedene Sozialformen

In der freien Arbeit kann ein breites Spektrum an sozialen Arbeitsformen zum Einsatz kommen:

Einzelarbeit

Es gibt in jeder Klasse Kinder, die besonders gern allein arbeiten, weil sie sich nur so einer Aufgabe konzentriert zuwenden können und es gibt auch bestimmte Arbeiten, die sich am besten in Einzelarbeit erledigen lassen, z. B. das Anfertigen von Tagebucheinträgen oder das Schreiben eines Briefes.

Partnerarbeit

Dies ist eine der beliebtesten Arbeitsformen bei Kindern. Nach Interessen und persönlichen Vorlieben wird aus der Kindergruppe ein Partner oder eine Partnerin ausgewählt. Beide arbeiten gemeinsam an der Lösung einer Aufgabe. Partnerarbeit ermöglicht es sich zu beraten, ohne gleich der Kritik einer ganzen Gruppe ausgesetzt zu sein.

Gruppenarbeit

Drei bis fünf Kinder (es ist in der Regel sinnvoll, dass die Gruppe nicht größer ist) bilden eine Gruppe und arbeiten gemeinsam an einem kleinen Projekt, das sie planen, in dem sie Aufgaben verteilen, miteinander kooperieren, die Ergebnisse ordnen und besprechen und der Klassengemeinschaft vortragen.

Arbeit im Klassenverband

Auch in der freien Arbeit ist es manchmal sinnvoll, dass alle Kinder gemeinsam arbeiten, z. B. in Wiederholungs- oder Planungsphasen oder bei der Präsentation von Arbeitsergebnissen.

Da die Kinder bei der freien Arbeit die Sozialform in der Regel frei wählen, ist es möglich, den Bedürfnissen vieler Kinder gerecht zu werden. Mitunter ist es aber auch hilfreich, wenn die Lehrperson als „Lernberater" oder „Lernberaterin" in diesen Angelegenheiten zur Seite steht.

Phasen der Planung, Vorbereitung, Durchführung und Auswertung

Die bisherigen Ausführungen dürften bereits deutlich gemacht haben, dass freie Arbeit alles andere als beliebig ist. Sie erfordert wie jede andere Lernform eine fundierte Planung und Reflexion, um effektiv zu sein. In der Literatur findet sich dazu folgendes Phasenschema (vgl. Krieger 1998, 32 ff.):

1. Phase: Organisatorische Planung – Absprache im Kollegium, Festlegung des zeitlichen Rahmens im Stundenplan der jeweiligen Klasse, Raumgestaltung, Herstellung und Beschaffung von Materialien, Absprachen mit den Schülerinnen und Schülern und ihren Eltern
2. Phase: Vorbereitung – inhaltliche Strukturierung des Themas – Erfassen der Lernerperspektiven (Vorwissen und Interessen), Festlegen der Räumlichkeiten und Materialien, Vorübungen mit den Schülerinnen und Schülern zum „richtigen" Lernen, Üben von Techniken der Arbeitsplanung, Besprechen von Regeln
3. Phase: Freiarbeit – Auswahl von Aufgaben und Bearbeitung in frei gewählter Sozialform, Präsentation der Arbeitsergebnisse in Gruppen oder im Plenum
4. Phase: Auswertung – Einschätzung des eigenen Lernverhaltens und des Lernfortschritts, der Kooperation und Zusammenarbeit in der Gruppe, Ziehen von Schlussfolgerungen für die weitere freie Arbeit.

Freiarbeit kann als eigenständige Unterrichtsform zum Einsatz kommen oder in Verbindung mit anderen flexiblen Unterrichtsformen, wie z. B. Projekt- oder Wochenplan-Unterricht.

Freie Arbeit ist eine Form offenen Unterrichts. Im Mittelpunkt stehen dabei die Motivation und die Aktivität der Schülerinnen und Schüler. Lerntheoretische Grundlage ist ein Menschenbild, das davon ausgeht, dass Kinder grundsätzlich am Lernen interessiert und bei geeigneten Unterrichtsarrangements auch in der Lage sind, ihre Lernprozesse weitestgehend eigenverantwortlich und selbst gesteuert zu organisieren. Freie Arbeit setzt eine Reihe von pädagogischen Reflexionen und Vorbereitungen voraus, wozu z. B. eine vorbereitete Umgebung und die Bereitstellung geeigneten sinnvollen Handlungsmaterials gehören.

6.3 Projekte

Die Projektmethode ist die Idealform des handlungsorientierten Unterrichts. Wie die Freiarbeit ist diese Unterrichtsform nicht neu. Historisch betrachtet gilt J. Dewey als Urvater der Projektmethode. In der deutschen Reformpädagogik haben zur weiteren Ausarbeitung der Methode vor allem A. Reichwein, B. Otto, H. Lietz und P. Petersen beigetragen. Der Begriff „Projekt" wird in der Literatur sehr unterschiedlich verwendet. Weitestgehend Konsens besteht zu folgender allgemeiner Definition:

„Der Begriff 'Projekt' bezeichnet in der Schule ein in der Regel umfangreicheres Vorhaben, das unter einem besonderen Maß an Beteiligung, Selbstverantwortung und Selbsttätigkeit der Schülerinnen und Schüler geplant, durchgeführt, präsentiert und ausgewertet wird" (Hermann 2003, 217).

Für Bastian und Gudjons sind Projekte vor allem ein Mittel zur Demokratisierung von Schule und Gesellschaft. Gudjons formuliert als Merkmale von Projektunterricht sinngemäß folgende zehn Aspekte (vgl. Bastian/Gudjons 1994, 14ff.):

1. Situationsbezug, d. h. Wählen eines Phänomens oder konkreten Problems aus der Lebenswelt der Schülerinnen und Schüler, das möglichst komplexer Natur ist und sich nicht nur auf einen Fachaspekt bezieht;
2. Interessenbezug, d. h. Wählen eines inhaltlichen Spektrums und eines methodischen Vorgehens, das den Interessen möglichst aller Beteiligten entspricht;
3. Gesellschaftsbezug, d. h. Wählen von Inhalten und eines methodischen Vorgehens mit Praxisrelevanz und „Ernstcharakter";
4. Zielgerichtetheit, d. h. gemeinsame Planung auf ein Ziel hin und mit dem Willen, die Zielstellung umzusetzen;
5. Selbstorganisation und Selbstverantwortung, d. h. Organisation des Lernprozesses durch die Schülerinnen und Schüler unter Anleitung der Lehrperson. „Der Lehrer hat die Verantwortung für die Planung der Selbstplanung der Schüler" (Bastian 1984);
6. Sinnesbezug, d. h. nicht nur reden, sondern unter Einbeziehung aller Sinne tätig werden
7. Soziales Lernen, d. h. Zusammenarbeit in Gruppen, Austausch, Kooperation und solidarisches Handeln;
8. Produktorientierung, d. h. Erstellung eines Ergebnisses mit Gebrauchs- oder Mitteilungswert
9. Interdisziplinarität, d. h. Betrachtung der Inhalte aus verschiedenen fachwissenschaftlichen und methodischen Perspektiven;
10. Grenzen des Projekts, d. h. Ergänzung der Projektmethode durch andere Formen des Lernens, wo diese besser geeignet erscheinen, das Lernen zu fördern.

Gudjons (1997) schlägt für die Organisation von Projekten vier Projektschritte vor, die zu einer Berücksichtigung der formulierten Merkmale beitragen sollen:

Projektschritt 1:

Eine für den Erwerb von Erfahrungen geeignete, problemhaltige Sachlage auswählen (beliebte Projektthemen sind z. B. das Fahrrad, der Wald, Mein Lieblingsbuch, Indianer, Wasser, Energie, Zeit, Steine ...). Kriterien dieses Schrittes sind:

– anknüpfend an die Erfahrungen der Schüler
– Orientierung an den Interessen
– Gesellschaftliche Praxisrelevanz

Projektschritt 2:

Gemeinsam einen Plan zur Problemlösung entwickeln. Dazu gehört:

– zielgerichtete Projektplanung: Abfolge von Arbeitsschritten verabreden
– Selbstorganisation und Selbstverantwortung

Projektschritt 3:

Sich mit dem Problem handlungsorientiert auseinandersetzen. Dies verlangt:

– Einbeziehen vieler Sinne, Theorie und Praxis
– Soziales Lernen

Projektschritt 4:

Die erarbeitete Problemlösung ist an der Wirklichkeit zu überprüfen. Dies erfordert:

– Ergebnisse öffentlich machen
– Interdisziplinarität: Zusammenhänge herstellen

K. Frey (1996) und D. Hänsel (1995) formulieren die Phasen des Projekts ähnlich wie Gudjons, stellen aber stärker den Beitrag von Projekten zur Bildung des Individuums und Momente der Metakommunikation und Metainteraktion (Austausch über den Lernprozess) heraus. Heimlich (1999) betrachtet die Projektmethode aus der Perspektive der Integrationspädagogik. Projektunterricht ist für ihn eine integrale Lernsituation verschiedener offener Unterrichtsformen: Freiarbeit, Wochenplan, Gesprächskreis, Übung und Lehrgang. Anders als Gudjons und Frey liefert er keine detaillierte Beschreibung von Projektphasen, denn „Projektunterricht bei SchülerInnen mit Behinderung erfordert nach vorliegenden Erfahrungen die Anbahnung von basalen Lernkompetenzen, die unter Umständen sogar innerhalb einer förderdiagnostischen Strategie zunächst einmal überprüft werden müssen" (ebd., 122). Im Mittelpunkt seines Konzepts steht daher die Förderung von Methodenkompetenzen, die ein möglichst selbst gesteuertes Lernen erlauben. Als grundlegende methodische Elemente formuliert Heimlich (ebd., 122 ff.):

„Ideen und Vorschläge für die Arbeit in der Klasse sind immer willkommen!"
„Gemeinsam beschlossene Regeln erleichtern das Zusammenleben in der Klassengemeinschaft."
„Gesprächskreise kann man üben!"

„Auch Gruppenarbeit will gelernt sein!"
„Offene Aufgabenstellungen fördern Selbständigkeit und Eigenverantwortung!"
Die Realisierung dieser methodischen Elemente kann dann schrittweise zum Projektunterricht führen. Der erste Schritt hin zum Projektunterricht als Idealform ist der Epochenunterricht (ursprünglich aus der Waldorfpädagogik herkommend), in dem die Zerstückelung des Unterrichtsvormittags in Unterrichtsstunden und Unterrichtsfächer aufgehoben wird. Stattdessen werden die verschiedenen Fächer in einem Wochenstundenblock, z. B. zum Thema „Winter", zusammengefasst. Den zweiten Schritt bilden Erkundungen, d. h. das Aufsuchen von Lernorten außerhalb der Schule (vgl. Kap. 6.6) nach dem Schema: Vorbereitungsphase, Durchführungsphase und Auswertungsphase. Da Projektunterricht häufig das Verlassen des Schulgebäudes bedeutet, sind Erkundungen ein Projektelement, das so erprobt und geübt werden kann. Der dritte Schritt sind Vorhaben (so genannte Kleinprojekte). Hier unterscheidet Heimlich in Anlehnung an Pütt (1982) sieben Strukturmerkmale von Vorhaben:

„1. Das Vorhaben geht von der Spontanität der Schülerinnen und Schüler aus.
2. Vorhaben beinhalten nur eine eingeschränkte Planbarkeit, da auch spontan von den Schülerinnen und Schülern geäußerte Wünsche von Lehrerinnen und Lehrern aufgegriffen werden und in die Vorhabenplanung mit eingehen.
3. Bei der Durchführung von Vorhaben geht es um die Bewältigung von Ernstsituationen.
4. Es gibt kein Vorhaben ohne Organisation und Zielsetzung.
5. Im Vorhaben sind die Formen gemeinsamer Handlung dominant.
6. Das Vorhaben ist auf die gemeinsame Schaffung eines Werkes gerichtet.
7. Die Vollendung des Werkes macht den Wert des Vorhabens aus" (Heimlich, 1999, 149).

Es wird deutlich, dass sich Vorhaben allenfalls in Details von Projekten unterscheiden. Geringfügige Unterschiede gibt es hinsichtlich der Planung, der Produktorientierung und des Umfangs. Diese Schritte hin zum Projekt dürften nicht nur für den gemeinsamen Unterricht von behinderten und nicht behinderten Kindern hilfreich sein, denn Lerngruppen sind grundsätzlich heterogen. Außerdem können Sozialformen des Lernens, wie z. B. Partner- und Gruppenarbeit, und Methoden, wie Gesprächskreis und Brainstorming, das Arbeiten in Projekten ebenfalls vorbereiten (vgl. Kap. 6.2). In diesem schrittweisen Aufbau ist Projektunterricht schon im Grundschulalter anzubahnen.

Projekte umfassen in der Regel mindestens einen Schultag. Sie finden häufig unter Einbeziehung außerschulischer Lernorte statt und werden gemeinsam von Lehrpersonen und Lernenden vorbereitet, durchgeführt und ausgewertet. In die Projektarbeit kann schrittweise über methodische Kleinformen, z. B. Partnerarbeit, Epochen- und Vorhabenunterricht, eingeführt werden.

6.4 Wochenplanunterricht

Ein weiteres in der Grundschule verbreitetes Konzept der Unterrichtsorganisation ist der Wochenplan. Die Schüler erhalten am Anfang der Woche einen Plan, der die Aufgaben für einen bestimmten Zeitraum (z. B. jeden Tag zwei Stunden an fünf aufeinander folgenden Tagen) enthält. In der Regel sind im Wochenplan fast alle Fächer inhaltlich vertreten. Durch die Wochenplanarbeit sollen die Kinder lernen, einen größeren Aufgabenkomplex in Eigenregie zu bearbeiten, sich dabei die Zeit sinnvoll einzuteilen, die Sozialform frei zu wählen, die Arbeitsergebnisse selbständig zu kontrollieren und sich bei Problemen Hilfe zu holen. Mitunter sind für die Kontrolle der erledigten Aufgaben auch so genannte „Spezialisten" eingesetzt. Das sind Kinder, die die betreffende Aufgabe besonders gut beherrschen und daher auch Hilfestellungen bei auftretenden Problemen geben können. Eine weitere Variante stellen individuelle Wochenpläne dar. Das sind Pläne, die die individuellen Lernvoraussetzungen der Kinder berücksichtigen, indem die Aufgabenstellungen auf das Leistungsniveau der Kinder abgestimmt sind. Die Lehrperson tritt im Wochenplanunterricht zurück und fungiert allenfalls als Berater und Lernbegleiter. Damit kann auch diese Form des offenen Unterrichts einen Beitrag zu eigenverantwortlichem und selbst gesteuertem Lernen leisten. Es bietet sich an, in der ersten Klasse zunächst einen Tagesplan einzuführen, der Aufgabenstellungen für zwei bis drei Schulstunden enthält und somit wesentlich überschaubarer als ein Wochenplan ist. Schrittweise kann dann zur Wochenplanarbeit übergegangen werden. Hier ein Beispiel für einen Wochenplan in einer dritten Klasse:

Wochenplan vom 20.11.2006 – 24.11.2006

von _____

	kontrolliert	Fertig (Datum)
Mathematik 1.) Arbeitsblatt R1 2.) Mathebuch S. 45 Nr. 2–5 3.) Rechenspiel S3 4.) Lass dir von deinem Banknachbarn 10 Additionsaufgaben aufschreiben und rechne sie aus!		
Deutsch 1.) Arbeitsblätter D1-D3 2.) Lesebuch S. 34 Text lesen und Fragen beantworten 3.) Gedicht auswendig lernen 4.) Lass dir von einem Partner die Übungswörter der letzten Woche diktieren!		

Sachunterricht 1.) Arbeitsblatt S1 2.) Führe die Experimente 1–3 aus und protokolliere die Ergebnisse! 3.) Vergleiche deine Beobachtungen mit denen von zwei Partnern! 4.) Lies den Sachtext im Sachbuch S. 76		
Kunst 1. Fertige eine Collage zum Thema „Wasser" an!		
Zusatzaufgaben 1. Stelle in einer Zeichnung den Wasserkreislauf dar! 2. Welche Farbe hat das Wasser? Male ein Bild!		

Die einzelnen Aufgaben werden am Anfang der Woche von der Lehrperson vorgestellt und erläutert. Mitunter werden einige Empfehlungen zur Zeitplanung und zur Reihenfolge der Bearbeitung gegeben. Wichtig ist, dass die Kinder vor oder nach den Wochenplanstunden, mindestens aber am Ende der Woche, eine Rückmeldung von der Lehrperson zu ihren Resultaten, vor allem aber zu ihrer Arbeitsweise erhalten. Gerade auch bei weniger motivierten Kindern ist es wichtig, dass die Lehrperson nicht vordergründig auf Fehler und weniger Gelungenes reagiert, sondern das Positive und Gelungene hervorhebt und darauf aufbaut. Um den Arbeitsprozess der Kinder im Laufe der Woche, vor allem die dort gezeigten Kompetenzen festzuhalten, haben sich Beobachtungshilfen, die bestimmte Aspekte der Schülertätigkeit fokussieren, bewährt, die der individuellen Situation angepasst und auch bei anderen Formen offenen Unterrichts eingesetzt werden können (vgl. Pfeiffer 2007):

Schülerbegleitbogen

Name des Kindes: _____

	Das kann das Kind sehr gut.	*Das kann das Kind einigermaßen.*	*Dabei gibt es große Schwierigkeiten.*
Aufgaben erfassen			
selbständig arbeiten			
Arbeitszeit sinnvoll einteilen			
mit anderen kooperieren			
Rücksicht nehmen			
zielgerichtet vorgehen			
nötige Korrekturen vornehmen			
bei Problemen Hilfe holen			
sauber und ordentlich arbeiten			
Arbeitsergebnisse präsentieren			

In einer abschließenden Diskussion können die Kinder am Ende der Woche auch gegenseitig Einschätzungen vornehmen und z. B. helfendes und solidarisches Verhalten der anderen Kinder würdigen.

> Wochenplanarbeit ist eine weitere Form offenen Unterrichts, in der die Selbständigkeit und Eigenverantwortung der Kinder beim Lernen gefördert werden kann. Im Gegensatz zu Freiarbeit und Projektarbeit erfolgt die inhaltliche Ausrichtung hier aber in erster Linie durch die Lehrperson. Die Schülerinnen und Schüler erhalten ein Aufgabenpensum, das sie in einer vorgegeben Zeit in beliebiger Reihenfolge und meist frei gewählter Sozialform zu absolvieren haben.

6.5 Werkstattunterricht und Stationenlernen

Werkstattunterricht und Stationenlernen als Organisationsformen haben vieles gemeinsam. Bedeutendste Übereinstimmung ist, dass zu einem vorher festgelegten Thema möglichst vielfältige Lernangebote bereitgestellt werden. Ähnlich wie beim Wochenplanunterricht können die Schülerinnen und Schüler über die Reihenfolge der Bearbeitung von Aufgabenstellungen und die Sozialform frei entscheiden. Mit der Freiarbeit haben diese Formen gemeinsam, dass zumindest ein Teil der Aufgaben von den Kindern frei gewählt werden kann. Die Wurzeln des Werkstattunterrichts liegen in der pädagogischen Werkstattarbeit, die drei Formen hervorgebracht hat: „Lernstätten", „Zukunftswerkstätten" und „Lernwerkstätten" (vgl. Miller 2004, 274). „Lernwerkstätten sind traditionell materialreich und anregend gestaltete Lern-Frei-Räume, die von engagierten Lehrerinnen und Lehrern als Austauschzentren gegründet wurden, um über neue Lernerfahrungen und gegenseitige Unterstützung reformpädagogische Ideen und die Öffnung von Unterricht in der eigenen praktischen Arbeit verwirklichen zu können" (Bolland 2004, 178). Lernwerkstätten gibt es nicht nur an Schulen, sondern auch in Kindergärten und an den Universitäten. Die Lernwerkstatt RÖSA an der Universität Oldenburg bietet z. B. Materialsammlungen zu zahlreichen Themen des Sachunterrichts, die von Lehrpersonen, Referendaren und Studierenden ausgeliehen und in der Praxis erprobt werden können. Lernwerkstätten müssen nicht unbedingt auf ein Fach ausgerichtet sein, wenngleich die inhaltlich-methodische Komplexität des Sachunterrichts sicher ein Grund dafür ist, dass es aktuell vor allem sachunterrichtlich ausgerichtete Lernwerkstätten gibt. Aber Lernwerkstätten sind wesentlich mehr als Materialsammlungen und Orte des Austausches. In ihnen oder mit Hilfe der durch sie bereitgestellten Materialien wird Werkstattunterricht erst möglich. Meier (1996) stellt in diesem Zusammenhang die Bedeutung des Lernprozesses beim Werkstattunterricht heraus, indem er darauf verweist, dass im Gegensatz zum gewöhnlichen Verständnis einer „Werkstatt" nicht die Herstellung von Gegenständen, sondern das Lernen als Tätigkeit im Mittelpunkt steht. „Werkstattlernen bezeichnet die besonderen, durch konkretes Tun, Machen und Handeln geförderten Lernprozesse, die in diesen Einrichtungen und mit ihrer Hilfe möglich sind" (ebd., 34). Bolland (2004, 180) systematisiert die Besonderheiten der Lernprozesse in Lernwerkstätten folgendermaßen:

– „selbständig gestaltete, sich am Umgang mit Material entwickelnde, forschend-entdeckende Lern- und Suchbewegungen zu generativen Themen, die sich auf eigen-willige Weise entfalten dürfen

– Lernen, das sich an eigenen brennenden Fragen entzündet, auf exemplarische Weise in die Tiefe geht und Denkprozesse und Hypothesenbildung fördert, statt definitives Wissen in den Vordergrund zu rücken

– Lernen im Dialog und im Nebeneinander (…)

– Lernprozesse, die Selbstverantwortlichkeit entwickeln helfen (…)

– Arbeiten nach vereinbarten Spielregeln (…)
– Ergebnissicherung durch Präsentationen (…)
– Verfolgen der eigenen Lernspuren und Einübung in Reflexion durch die Dokumentation des Lernwegs"

Der zeitliche Rahmen des Werkstattunterrichts kann sich ebenso wie auch beim Stationenlernen auf mehrere Unterrichtsstunden verteilt über mehrere Tage erstrecken. Ein wesentlicher Unterschied zwischen Werkstattunterricht und Stationenlernen besteht darin, dass die Frage- und Aufgabenstellungen beim Stationenlernen weniger durch die Lernenden im Prozess der Auseinandersetzung mit dem Lerngegenstand entwickelt werden. Die Idee des Lernens an Stationen kommt ursprünglich aus dem Sportbereich, hat aber seit den 1980er Jahren auch Eingang in den gesamten Grundschulunterricht gefunden. In der Regel gibt es Pflicht-, Wahlpflicht- und Wahlstationen, die von der Lehrperson vorgegeben werden. Aktuell gibt es bereits eine Vielzahl didaktisch aufbereiteter Materialien, auf die Lehrpersonen zurückgreifen können. Während die Pflichtstationen für alle Kinder verbindlich sind, können sie bei den Wahlpflichtstationen aus mehren Angeboten wählen. Wahlstationen stellen ein freiwilliges Zusatzangebot dar. Am Beispiel des inhaltlichen Schwerpunktes „Steine" stellt Pfeiffer (2007, 16) sowohl ein breites inhaltliches Spektrum des Themas als auch vielfältige methodische Umsetzungsvarianten vor:

Pflichtaufgaben	Wahlpflichtaufgaben (eine Aufgabe von zweien muss gewählt werden)	Wahlaufgaben (freiwillige Zusatzaufgaben)
Station 1 *Die Erde als Steinplanet* (M1)	Station 6 *Einen Steine-Steckbrief schreiben* (M6)	Station 16 *Geschichtenwerkstatt* (M16)
	Station 7 *Sprichwörter und Redewendungen über Steine* (M7)	
Station 2 *Vom Werden der Steine* (M2)	Station 8 *Steine im Gedicht* (M8)	Station 17 *Steine verändern sich* (M17)
	Station 9 *Botschaften aus Stein* (M9)	
Station 3 *Auch Steine haben Familien* (M3)	Station 10 *Mit einem Stein auf Zeitreise* (M10)	Station 18 *Steine - Quiz* (M18)
	Station 11 *Mit Steinen musizieren* (M11)	
Station 4 *Steine erforschen* (M4)	Station 12 *Auf den Spuren von Friedensreich Hundertwasser* (M12)	Station 19 *Reise in die Steinzeit* (M19)
	Station 13 *Ein Mosaik entwerfen* (M13)	
Station 5 *Mit Steinen experimentieren* (M5)	Station 14 *Zahlenspiele* (M14)	Station 20 *Ich will mehr wissen!* (M20)
	Station 15 *Bewegungsspiele mit Steinen* (M15)	

Ähnlich wie bei Wochenplanunterricht wird am Anfang durch die Lehrperson ein Überblick über das Angebot der Stationen gegeben und in der Schlussphase reflektieren die Kinder über ihren Lernprozess und stellen ihre Ergebnisse vor.

> Werkstattunterricht und Stationenlernen sind themenzentrierte Formen offenen Unterrichts, in deren Mittelpunkt die Bereitstellung eines vielfältigen Handlungsmaterials zu einem Thema steht. Ebenso wie Freiarbeit, Projektunterricht und Wochenplanarbeit können sie zu einer hohen Lernmotivation und zu selbständigem und eigenverantwortlichem Lernen beitragen.

6.6 Lerngänge und außerschulische Lernorte

Ein Unterricht, der lebensnah und entdeckend ist, findet nicht allein im Schulgebäude statt. Bereits Rousseau und Diesterweg stellten die Bedeutung der unmittelbaren Erfahrung für ein nachhaltiges Lernen heraus. Seit den 1960er Jahren wird dieser Gedanke verstärkt wieder aufgegriffen, indem die Bedeutung von „Realbegegnungen" oder synonym von so genannten „originalen Begegnungen" (vgl. Roth 1963) für alle Schulformen thematisiert wird. Schülerinnen und Schüler sollen Gelegenheit erhalten, die Sachverhalte und Erscheinungen ihrer Lebenswelt in ihrer Präsenz und in ihrer lebensweltlichen Einbettung zu erfassen (vgl. Plickat 2004, 131). Lerngänge, auch Unterrichtsgänge genannt, finden vor allem im Sachunterricht statt. Auf ihnen werden z.B. Naturphänomene beobachtet, das Verkehrsaufkommen an einem Verkehrsknotenpunkt erfasst oder Muscheln und Steine am Strand gesammelt. In der Regel ermöglichen Lerngänge den Schülerinnen und Schülern authentische Erfahrungen in nicht didaktisch aufbereiteten Situationen (vgl. Kohler 2003, 167). Aktuell wird die Bedeutung von Lerngängen vor allem vor dem Hintergrund abnehmender unmittelbarer Naturerfahrung diskutiert. Viele „Kinder leben heute in extra für sie geschaffenen Räumen – fern ab vom 'wirklichen' Leben – und kaum noch ernsthaft und Verantwortung tragend. Sie können sich nicht mehr in ausreichendem Maße im täglichen Lebensvollzug Kenntnisse über ihre Umwelt aneignen oder wichtige Kompetenzen erwerben. Kinder helfen heute nicht mehr im Stall, im Garten oder auf dem Feld, sie helfen nicht mehr beim Backen von Brot oder beim Einkochen von Obst, sie machen kaum noch Besorgungen und Botengänge. Lerngänge können hier – in begrenztem Rahmen – ehemals selbstverständliche Erfahrungen ermöglichen, können also die kindlichen Handlungs- und Erfahrungsdefizite durch die veränderte Umwelt vermindern, ohne deshalb musealen Charakter annehmen und die Gegenwart ausblenden zu müssen" (ebd., 169). Auch wenn diese Beschreibung heutiger Kindheit sehr pauschalisierend und defizitorientiert erscheint, ist nicht von der Hand zu weisen, dass vielen Kindern wichtige Erfahrungsräume, vor allem in der Natur, mehr und mehr verloren gehen und mediale Erfahrungen an ihre Stelle treten. Auf Lerngängen können sich Kinder Erfahrungsräume handelnd erschließen, indem sie beobachten, sammeln, sortieren, probieren oder im Wald arbeiten. So erwerben sie nicht träges Wissen, sondern eignen sich Kompetenzen an, die sie auf andere Sachverhalte übertragen können. Besonders effektiv sind Lerngänge, die von so genannten Experten (z.B. einem Bauer, einem Architekten oder Bauarbeiter) begleitet werden, die von den Kindern befragt werden können.

Häufig führen Lerngänge zu außerschulischen Lernorten, z.B. zu Museen, in die Bäckerei oder in den Zoo. Sie sind von Lernorten außerhalb des Klassenzimmers (z.B. Schulgarten, Schulhof) abzugrenzen. Außerschulische Lernorte werden hinsichtlich ihrer pädagogischen Aufbereitung unterschieden in pädagogisch vorstrukturierte und pädagogisch nicht vorstrukturierte Lernorte (vgl. Berck/Starosta 1990, 164). Pädagogisch vorstrukturierte Lernorte sind „unter methodisch-didaktischen Gesichtspunkten für spezielle Erkundungs- und Lernzwecke als Lernstandort eingerichtet worden" (Hellberg-Rode 2004, 147). Dazu zählen z. B. Museen, Lernpfade, Umweltzentren. Unter pädagogisch nicht vorstrukturierten Lernorten werden solche Orte verstanden, „die erst durch besondere Fragestellungen zu Lernorten werden" (ebd.). Dazu zählen z. B. Wald, Wiese, Postamt. In der Regel werden in der Unterrichtszeit außerschulische Lernorte aufgesucht, die sich in der Nähe der Schule befinden. Um die Qualität des Lernens an außerschulischen Lernorten und die Einbindung in schulisches Lernen zu sichern, schlägt Hellberg-Rode (vgl. ebd., 148) in Anlehnung an Somrei (1997, 274) einen Leitfadenkatalog vor, der es der Lehrperson erleichtern soll, die Potentiale eines Ortes für das Lernen zu erfassen, konkrete Handlungsmöglichkeiten vor Ort zu planen und Möglichkeiten der Vor- und Nachbereitung zusammenzustellen. Grundsätzlich erfordern Lerngänge und der Besuch außerschulischer Lernorte eine sorgfältige Planung, in die die Lernenden einbezogen werden sollten, indem sie sich über ihr Vorwissen und Vorverständnis austauschen, eigene Planungsideen einbringen und in Teilbereichen (z. B: Treffen von Verabredungen, Erstellen von Aufgabenkarten, Entwickeln eines Interviewleitfadens) Verantwortung übernehmen. In der einschlägigen Literatur gibt es viele Beispiele für das Lernen an außerschulischen Lernorten (vgl. u. a. Burk/Claussen 1980; 1981; Reyer 1998).

> Lerngänge und außerschulischer Lernorte ermöglichen den Kindern authentische Erfahrungen in Einrichtungen und in der Natur. Darüber hinaus eröffnen sie Lernchancen, die mit aktuell favorisierten Lernprinzipien, wie z. B. entdeckendes und forschendes Lernen, Lernen mit allen Sinnen, fächerübergreifendes und mehrperspektivisches Lernen, korrespondieren. Lerngänge und außerschulische Lernorte sind keine Alternativen zum traditionellen Unterricht, sondern sollten in das Lernen im Klassenraum sinnvoll eingebettet sein.

6.7 Einsatz neuer Medien

Der Begriff „neue Medien" wurde in den 1970er Jahren geprägt und bezieht sich in der aktuellen Diskussion in erster Linie auf den Einzug des Computers in den Grundschulunterricht, der inzwischen in vielen Publikationen ausdrücklich befürwortet wird. „Unter neuen Medien verstanden werden computergestützte Medien (Computer- und Internetanwendungen), die sich durch drei Eigenschaften auszeichnen: Sie sind interaktiv, multimedial und adaptiv (anpassungsfähig)" (Brülls 2004, 139). Meschenmoser fügt dieser Definition noch einen weiteren Aspekt hinzu, den er „Hypertexte – Vernetzte Sinnstrukturen" nennt. Danach unterstützen die drei zuvor benannten Eigenschaften weiterführende Formen der Strukturierung von Inhalten. „Unter Verwendung geeigneter Software lassen sich ... mit dem Computer umfassende Informationen so aufbereiten, dass man leichter von einer Textstelle zu einer anderen 'springen' kann, und dies unter Einbeziehung unterschiedlicher medialer Präsentationsformen" (Meschenmoser 2002, 84f.).

Weniger Einigkeit als über die Begriffsdefinition neuer Medien gibt es hinsichtlich der Art und Weise des Umganges mit ihnen. Der Grundschulverband (Mitzlaff/Speck-Hamdan 1998, 25/26) sieht die Computernutzung eingebettet in Reformbemühungen der Grundschule und formuliert folgende Leitlinien:

Einsatz neuer Medien

– „Die Arbeit mit dem Computer fügt sich ein in einen offenen, handlungsorientierten Lernkontext mit differenzierten Lernangeboten. Der Computer sollte im Grundschulunterricht vor allem zur Förderung selbstgesteuerter und -bestimmter Lern- und Arbeitsprozesse genutzt werden ...

– Der Computer sollte dort eingesetzt werden, wo er aus Sicht der Lehrkraft (im didaktisch-methodischen Kontext) oder der Sicht des Kindes (Motivation, Selbstdifferenzierung, Wahl des Mediums) anderen Medien deutlich überlegen ist.

– Der produktiven und kreativen Nutzung des Computers – im Rahmen von Schreibkonferenzen und projektorientierten Arbeitsformen – sollte unbedingt der Vorrang eingeräumt werden.

– Neben Formen des selbst gesteuerten und selbst bestimmten Lernens und Arbeitens gibt es aber auch in der reformfreudigsten Grundschule angeleitete Lernprozesse, Instruktions- und Informationsphasen und begleitende Übungen ...

Was spricht angesichts des Interesses, das Kinder heute Computern entgegenbringen, dagegen, neben anderen Übungsmitteln zeitlich begrenzt auch gute, pädagogisch und didaktisch durchdachte Computer-Übungsprogramme anzubieten ...?"

Auch Bauer (1998, 90/91), der sich sowohl auf empirische Untersuchungen als auch auf eigene Beobachtungen stützt, kommt zu zahlreichen Positivzuschreibungen, die für das Lernen mit dem Computer in der Grundschule sprechen. Er stellt heraus, dass Korrekturmöglichkeiten am Computer sehr einfach und Kinder daher eher motiviert sind, Texte zu schreiben, leistungsschwächere Kinder und Kinder mit Lernbehinderungen mit dem Computer erwiesenermaßen erheblich höhere Lerneffekte als im traditionellen lehrerzentrierten Unterricht erzielen und die Kinder durch die Vielfalt der Präsentationsmöglichkeiten der Programme bei geeigneter Auswahl insgesamt gut motiviert sind. Das Arbeiten am Computer kann nach Bauer sowohl positive Auswirkungen auf die Selbstkompetenz (Selbstbewusstsein, Selbstvertrauen) als auch auf die soziale Kommunikation haben – „innerhalb der Schule, indem individuell gewonnene Erkenntnisse (z. B. aus der Datenbank) zu gemeinsamen Diskussionen und Handlungen führen oder Lernteams selbst Unterrichtsmaterialien und Lernprogramme für Mitschüler erstellen; außerhalb der Schule, z. B. durch Projekte, Partnerschaften und grenzüberschreitenden Erfahrungsaustausch per E-Mail bzw. Internet ..." (ebd., 92/93). In der Auseinandersetzung mit dem Computer (aber auch mit anderen neuen Medien, wie z. B. digitalen Fotoapparaten, Digitalvideokameras) sollen die Schülerinnen und Schüler „Medienkompetenz" erwerben. Medienkompetenz drückt sich nach Baacke (1997, 5 ff.) in vier Bereichen aus: Medienkritik, Medienkunde, Mediennutzung und Mediengestaltung. Unter Medienkritik wird vor allem die Kompetenz verstanden, bestimmte Erscheinungen im Medienbereich (z. B. Computerprogramme, Werbungsstrategien) zu unterscheiden, zu analysieren und zu bewerten. Medienkunde beinhaltet das Wissen über heutige Medien und Mediensysteme. Mediennutzung meint vor allem die Programm-Nutzungskompetenz und die Mediengestaltung ist darauf ausgerichtet, die Möglichkeiten, die neue Software o. ä. bietet, dahingehend zu nutzen, dass neue Inhalte bearbeitbar werden, z. B. ermöglichen Zeichenprogramme neue Gestaltungen von Karten, Anfertigung von Zeichnungen etc.. Kritiker des Einsatzes neuer Medien im Unterricht befürchten vor allem, dass Primärerfahrungen (vgl. Kap. 6.6) durch medial-vermittelte Sekundärwirklichkeiten verdrängt werden und für die Kinder die virtuelle Welt realer und vertrauter erscheint als der Park oder der Verkehr vor ihrem Wohnhaus. In diesem Zusammenhang ist auch von „Entfremdung" und „Leben aus zweiter Hand" die Rede. Scholz (2001) stellt heraus, dass Medien auf keinen Fall die Realbegegnung ersetzen können, dass Medien keine Alternative sondern zusätzliche Möglichkeiten bieten, indem sie z. B. Zusammenhänge darstellen und verständlich machen können, die nicht aufgesucht und vor Ort untersucht werden können. Besonders produktiv lässt sie mit virtuellen Lernumgebungen die Recherche von Wissen vollziehen.

Auch Anregungen zu eigenständigem Lernen gibt es in diversen Websites, wie http://www.lesa21.de. Das Internet kann auch eine ästhetisch gelungene virtuelle Präsentation von Projektergebnissen anregen wie die Seite http://www.kaeferatlas.de/.

Von besonderer Bedeutung für die Arbeit bereits in der Grundschule sind Kommunikation über E-Mail-Programme, selbständige Informationsrecherche im Internet und über Suchmaschinen, wie z. B. „die blinde Kuh", die Anwendung von Textverarbeitungsprogrammen, wie z. B. „Word", und Erstellen von Präsentationen, z. B. mit PowerPoint (vgl. Brülls 2004, 142–143). Kritisch ist vor allem der quantitative Umfang von Computerspielen in der Lebenswelt der Kinder zu betrachten, die von vielen Kindern in der Freizeit konsumiert werden. In einer mit Hamburger Kindern und Jugendlichen 1996 durchgeführten Untersuchung beschäftigen sich mehr als 17% in ihrer Freizeit am liebsten mit Computerspielen. Besonders ausgeprägt ist dieses Interesse bei Kindern unter 13 Jahren (vgl. Fritz 1998, 124). Auch wenn unbestritten ist, dass akzeptable (gewaltfreie) Computerspiele, die unterschiedlichsten Fähigkeiten (Schnelligkeit, Perspektivenwechsel etc.) schulen können, kann ein zu häufiger Einsatz solcher Spiele Konzentrationsstörungen, Bewegungsmangel und aggressive Handlungsmuster verstärken.

Der reflektierte Einsatz neuer Medien wird zunehmend bereits in der Grundschule als wichtig eingeschätzt. Im Umgang mit dem Computer erwerben die Schülerinnen und Schüler Kompetenzen der Informationsbeschaffung und -bearbeitung und lernen neue Formen der Kommunikation und Zusammenarbeit kennen. Die Arbeit mit neuen Medien ist keine Alternative, sondern ergänzt das traditionelle Angebot von Lehr- und Lernformen.

6.8 Präsentationsmethoden

Präsentationen sind in der Regel auf einen zurückliegenden Lernprozess bezogen und dokumentieren diesen hinsichtlich seines Verlaufs und/ oder hinsichtlich seiner Ergebnisse. „Wesentlich geht es dabei um den komplexen Zusammenhang von Dokumentation, Veranschaulichung und Reflexion eigener Lernprozesse gegenüber anderen" (Schwier 2003, 206). Sie können allein oder in Gruppen erarbeitet werden und in unterschiedlichen Sozialformen erfolgen. Präsentationen haben zum Ziel, verschiedene Kompetenzbereiche zu fördern, die sich nach Löwisch (2000, 131 ff.) als Synthese aus Sach-, Methoden-, Sozial-, Kommunikations-, Motivations- und Handlungskompetenz beschreiben lassen und die die Kinder dazu befähigen, sich ihre Umwelt aktiv und individuell deutend zu erschließen und diesen Prozess kommunizierbar zu machen. Schwier (2003, 212 ff.) formuliert in diesem Zusammenhang „formale und inhaltliche Qualitätskriterien für Präsentationen", die u. a. verhindern sollen, dass die Präsentierenden einer Gruppe von nur passiven Rezipienten gegenüberstehen. Die Qualitätskriterien lassen sich zusammenfassend folgendermaßen darstellen:

1. Genügend Zeit und Gelegenheit zur Erarbeitung der Präsentation einräumen, zur Reflexion des zurückliegenden Lernprozesses ermutigen (Vorbereitung)
2. Klarheit über die inhaltliche Dimension des Themas schaffen, wenn nötig, Eingrenzen des Themas (Thema)
3. Einige besonders anschauliche Gesichtspunkte und Beispiele exemplarisch auswählen (Prägnanz)
4. Intentionen der Präsentation durchdenken (z. B. Wo soll informiert, wo diskutiert werden? (Ziele und Absichten)
5. Für den weiteren Lernprozess bedeutsame Inhalte und Methoden auswählen (Relevanz)
6. Bezüge zum Vorwissen und zu den Interessen der Zuhörer herstellen (Erfahrungsnähe)
7. Laut, deutlich und verständlich vortragen (Verständlichkeit)
8. Gliederung der Präsentation deutlich werden lassen (Strukturiertheit/Transparenz)
9. Verschiedene Methoden einbeziehen (z. B. Bilder, Rollenspiele, Musik) (Anschaulichkeit)
10. Medien bewusst und wirkungsvoll einsetzen (Medieneinsatz)
11. Das Gespräch über die Präsentation mit der gesamten Lerngruppe suchen (Reflexion)

In der Grundschule sind häufig verwendete Präsentationsmethoden der Vortrag, die Wandzeitung, Collagen, Fotos, Plakate, Tagebuch, Hörspiel, Klassenzeitung, szenische Vorführungen, Modelle oder andere ästhetische Objekte. Für die Gestaltung eines Schülerreferats schlägt Meyer (1987, 299) vor, die Schülerinnen und Schüler das Thema möglichst frei wählen zu lassen, mindestens zwei Vorbesprechungen mit der Lehrperson zu verabreden, den inhaltlichen, zeitlichen und methodischen Rahmen mit den Referierenden abzusprechen und im Vorfeld zu klären, welche Medien bereitgestellt werden müssen. Präsentationskompetenz muss kontinuierlich über die gesamte Grundschulzeit entwickelt werden. Dabei ist zu berücksichtigen, dass die einzelnen Kinder sehr unterschiedliche Bedürfnisse haben. Während es eher selbstbewusste und extrovertierte Kinder genießen, ihren Mitschülerinnen und Mitschülern etwas zu präsentieren, schrecken eher schüchterne, introvertierte Kinder davor häufig zurück. Gerade sie sollten ständig ermutigt werden und die Möglichkeit erhalten, verschiedene Präsentationsformen auszuprobieren, um herauszufinden, welche Form der Präsentation am besten zu ihnen passt und um Ängste abzubauen.

> Das Gelernte zu präsentieren und dabei Lernprozesse zu reflektieren, muss schon in der Grundschule beginnen. Das kann z. B. in Form von Vorträgen, als Wandzeitung, Collage oder als Rollenspiel geschehen.

6.9 Feste und Feiern

Mit der Reformbewegung um 1900 setzte sich eine Vorstellung von Schule als Lebensraum aller Kinder durch. So machte sich z. B. Peter Petersen zur Aufgabe, eine Schule zu schaffen, in der die künstliche und rationalisierende Abkapslung von der Familie überwunden ist. Aus dieser Überlegung heraus entwickelte er 1927 das Modell der „Lebensgemeinschaftsschule", das in das Jena-Plan-Konzept Eingang fand. Petersen vertrat die Überzeugung, dass es darauf ankomme, die Urformen des Lernens: Arbeit, Spiel, Gespräch und Feiern wieder zu beleben, um Kindern einen Lebensraum zu schaffen, in dem sie sich wohl- und aufgenommen fühlen (Petersen 1996). Dieser Gedanke hat auch heute nichts an Aktualität verloren: Feste und Feiern gehören in die Grundschule, ebenso wie Unterricht und Pausen. Sie gelten als Höhepunkte im Schulalltag und haben außerdem die Funktion, das Schuljahr zu gliedern. Zu den Festen, die in der Grundschule gefeiert werden, gehören z. B. Geburtstage, Einschulungs- und Abschiedsfest, Sportfeste, Sommerfeste, Herbstfeste, Laternenfeste, Advents- und Weihnachtsfeiern und Fasching. Feste und Feiern werden in der Grundschule gemeinsam von Lehrpersonen und Kindern und oft auch unter Einbeziehung der Eltern geplant und durchgeführt. Sie dienen „der eigenen Sinnorientierung, dem zielgerichteten Bemühen, andere zum Nachsinnen zu veranlassen, dem Freude-Bereiten und Freude-Erfahren, dem Öffentlichmachen seiner selbst und dessen, was man für bedeutsam hält und ausdrücken möchte. Feste und Feiern sind eine besondere Chance der Grundschule, alt und jung und die Menschen aus verschiedenen Ländern zum tätigen Miteinander und gemeinsamen Erleben zu vereinen" (Schwarz 1994, 53). Ein interessantes Beispiel für ein Fest an Grundschulen ist das Friedensfest der Grundschule Horn in Hamburg (vgl. ebd., 125 ff.). Das Fest wurde in den Klassen durch Gesprächsrunden zu den Fragen „Was ist Frieden?", „Was können wir selbst für den Frieden tun?" vorbereitet. Die einzelnen Klassen schrieben dazu ihre Gedanken auf: „Freunde sein und nicht streiten. Eine Bitte erfüllen. Keine Blume zertreten. Den Tieren helfen. Trösten. Nie einem wehtun. Anderen Mut machen. Keine Waffen mehr herstellen. Keine Pistolen kaufen. Mit anderen teilen. Anderen helfen. Vertrauen haben" (ebd., 125). In den Klassen wurden für das Friedensfest Lieder und Gedichte gelernt und Bilder gemalt. Außerdem wurde ein großer Friedensbaum für das Treppenhaus gestaltet. Am Tag des Friedensfestes trafen sich alle 300 Kinder mit den Lehrerinnen und Lehrern und vielen Eltern zum gemeinsamen Frühstück und zum anschließenden Friedensprogramm, bei dem Kinder und Erwachsene Gedichte und Lieder vortrugen. Mit den Bildern wurde eine Friedensausstellung gestaltet. Anschließend versammelten sich alle auf dem Schulhof:

„Ebru: Wir tanzen zum Lied 'Heal the world', das heißt 'Heile die Welt'.

Ramona: Die Tanzformen sind selbst ausgedacht und beziehen sich auf den FRIEDEN.

Julia:	Wir können dafür sorgen, das hier die Welt, unsere Schulwelt, heil bleibt, wenn wir aufeinander Acht geben, freundlich aufeinander zugehen, uns freundschaftlich berühren, Neue und Fremde freundlich begrüßen. Dies soll der Tanz euch sagen.
Bettina:	Der Tanz beginnt in kleinen Kreisen. Wundert euch nicht, wenn jeder Kreis etwas anders tanzt. Das soll die Verschiedenheit der Kinder in unserer Schule deutlich machen" (ebd., 125).

Nach den Gruppentänzen vereinten sich alle Teilnehmer zu einem großen riesigen Kreis. Durch dieses Friedensfest haben sich Kinder und Erwachsene intensiv mit der Thematik beschäftigt. Die gemeinsame Aktivität hat zu einer großen Identifikation der Beteiligten mit ihrer Schule geführt und Gemeinschaft und Solidarität untereinander gefördert.

> Feste und Feiern haben in der Grundschule einen zentralen Stellenwert. Sie stärken die Gemeinschaft, tragen zur inhaltlichen Auseinandersetzung mit bedeutsamen Themen bei und zu einem Schulleben, das durch Freude am Lernen, durch Spaß und Kreativität gekennzeichnet ist.

Modul 7:
Unterrichtsplanung und -vorbereitung in der Grundschule

"Schaut man routinierten Lehrerinnen und Lehrern
bei der Planung zu oder will man sich gar
als Anfänger daran beteiligen,
so bekommt man das Gefühl,
in einen unentwirrbaren Dschungel
verschiedenster Komponenten und Kurzformeln
geraten zu sein."
Ursula Carle

7.1 Was ist eine sinnvolle Unterrichtsvorbereitung?

Die Unterrichtsplanung verfolgt das Ziel, Unterrichtsarrangements zu konzipieren, die den Schülerinnen und Schülern ermöglichen, effektiv und möglichst selbstständig zu lernen. Dabei werden (auf der Grundlage von Erfahrungen und Vorwissen) potentielle künftige Handlungen „prospektiv" vorweggenommen. Dabei geht es im Einzelnen um das:

- „Festlegen (Entscheiden) von Zielen, Maßnahmen und Fristen: Zeitplan
- Bereitstellen der Menschen, Materialien, Mittel und Medien zur Umsetzung des Plans: Projektplan
- Aufstellung eines Programms von Durchführungshandlungen: Vollzugsplan/ Arbeitsprogramm ... auf drei Ebenen bzw. in drei Dimensionen:
- auf der Orientierungsebene (Sinn-Dimension) durch Zielpläne
- auf der Strategieebene (Vorgehensweise) durch Projektpläne
- auf der Ausführungsebene (Umsetzung) durch Vollzugspläne/Arbeitsprogramme" (Carle 2004, 46f.).

Alle drei Ebenen müssen eng miteinander abgestimmt und in der konkreten Lernsituation entsprechend den Bedingungen flexibel angepasst werden. Die Planung von Unterricht kann sich auf einen engeren oder weiteren Zeitraum beziehen, wobei die Stufen des Zielhorizonts von aktuell bis unendlich reichen können (vgl. ebd., 48). Unterricht kann immer nur vor dem Hintergrund einer konkreten Lerngruppe geplant werden. Unterschiedliche Lernvoraussetzungen, Interessen, Mentalitäten gilt es ebenso zu berücksichtigen wie Klassengröße, Stellung der Stunde im Stundenplan und Klassenklima. Unterrichtsplanung ist deshalb immer ein Prozess und hat grundsätzlich experimentellen Charakter. „Planung und Reflexion sind miteinander verwoben. Denn das, was Planung sozusagen vorwegnimmt, wandelt sich ständig und ist nicht unbedingt voraussehbar. Mit der äußeren Welt, also dem alltäglichen Unterricht, wandelt sich auch die innere Welt, also die Vorstellung davon, was Unterricht ist und bewirken kann, welche Möglichkeiten Unterrichten bietet" (ebd., 49f.). Unterrichtsplanung ist also mehr als das Aufschreiben eines Plans, weil Entwürfe, Vorstellungen, Einschätzungen in die

Planung eingehen, die z. T. gar nicht bewusst sind. Entscheidend ist die Prozessqualität, d. h. die Fähigkeit der Lehrperson sich flexibel auf eine Lerngruppe einzustellen, ihre Ziele und Vorüberlegungen transparent zu machen, Probleme wahrzunehmen und sich ihnen zu stellen, die Lernenden in die Planung und die Durchführung des Unterrichts aktiv einzubeziehen und geeignete Materialien und Aufgabenstellungen auszuwählen, die sowohl individualisierte Lernprozesse als auch gemeinsames Lernen ermöglichen. Hierfür bieten sich vor allem Formen offenen Unterrichts an. In einem solchen Unterricht (wie im Unterricht schlechthin) „realisieren sich jeweils zeitlich und logisch strukturierte Abschnitte des Lernens, die durch spezifische Motive und Emotionen, durch besondere Kenntnisse und Fähigkeiten, Einstellungen und Verhaltensweisen geprägt sind, die sich nicht in einem 'Drehbuch' unterbringen lassen oder als ein Nacheinander von Lehrpersonen- und Kindertätigkeiten beschreiben" lassen (Hempel 2004, 54). Hempel schlägt als Lösungsansatz vor, sich bei der Planung auf „die entscheidenden Knotenpunkte eines solchen Unterrichts" (ebd.) zu konzentrieren und die Überlegungen zu diesen Punkten auch schriftlich zu fixieren. Dabei geht es vor allem um drei Fragen:

1. Was soll und kann das einzelne Kind im Unterricht heute, in dieser Woche, in diesem Schuljahr lernen?
2. Welche Lernumgebung kann hierfür hilfreich sein?
3. Wie können Erfolg versprechende Lernhandlungen der Kinder in der Gruppe angeregt und begleitet werden?

Einen geeigneten theoretischen Rahmen für den flexiblen Unterricht bietet die kritisch konstruktive Didaktik Wolfgang Klafkis (vgl. Klafki 1996), die auch Auswirkungen auf die Unterrichtsplanung in einem solchen Unterricht hat, indem sie die Perspektive der Lernenden gleichberechtigt neben die der Lehrpersonen stellt und Lernen grundsätzlich als Interaktionsprozess begreift. Der Lernprozess findet nach diesem Verständnis in erster Linie als selbst bildender Prozess statt, der aber keinesfalls schicksalhaft abläuft, sondern von den Lehrpersonen durch Beobachtung, Beratung und Ermutigung begleitet werden muss. Gemäß der kritisch-konstruktiven Didaktik gehören zur Planung des Unterrichts folgende vier Analyseschritte (vgl. ebd.):

4. analytisch-diagnostische Vorgehensweisen, um die Potentiale und Lernbiografien der Kinder und das Bedingungsgefüge der Lerngruppe zu erfassen (Lebensweltanalyse)
5. fachwissenschaftliche Vorgehensweisen, um die betreffenden Unterrichtsgegenstände aus der Perspektive der betreffenden Bezugswissenschaften inhaltlich zu erfassen (Sachanalyse)
6. didaktische Reflexionen, um Gegenwarts- und Zukunftsbedeutung, Exemplarik und Zugänglichkeit der Inhalte für die Schülerinnen und Schüler zu prüfen (Didaktische Analyse)
7. methodische Planung, um ein geeignetes methodisches Instrumentarium für die Auseinandersetzung mit den Lerngegenständen auswählen zu können (Methodische Strukturierung)

Auf der Grundlage dieser Schritte ist es möglich,

8. detaillierte Überlegungen für die Ziele des Unterrichts für jedes Kind vorzunehmen. Der Perspektivrahmen Sachunterricht (vgl. GDSU 2002) schlägt in diesem Zusammenhang inhaltliche Perspektiven vor, die aber nicht nur für die Unterrichtsplanung im Sachunterricht, sondern auch für andere Fächer hilfreich sein können. Danach ist ein zentraler Planungsschritt auszuweisen, welche Sach-, Sozial-, Selbst- und Methodenkompetenzen das einzelne Kind bei der Auseinandersetzung mit dem Thema im Unterricht erwerben oder erweitern soll.

9. bei feststehenden Lernzielen angemessene Lernbedingungen zu planen, wozu zunächst die Wahl der Organisationsform gehört (Wochenplan, Projekt etc.), die angemessen erscheint, die formulierten Ziele umzusetzen. Innerhalb dieser Großform von Unterricht ist weiter zu überlegen, wie im Einzelnen Lernprozesse bei den Kindern unterstützt werden können, d. h. wie die Kinder angeregt und angeleitet werden können zu erkunden, zu entdecken, zu beobachten, zu fragen, zu kommunizieren, zu kooperieren usw. Es gilt also konkrete Lernarrangements bereitzustellen (Experimentiertische, Beobachtungsaufgaben, Texte etc.), die in der Unterrichtssituation ggf. abgewandelt oder erweitert werden können. An diesem Prozess sind die Schülerinnen und Schüler schrittweise mehr zu beteiligen.

Eine wichtige Voraussetzung einer effektiven zukünftiger Planung von Unterricht ist die Reflexion des zurückliegenden Unterrichts in einer Lerngruppe aus Sicht der Schülerinnen und Schüler, z. B.: „Weiß ich, kann ich, will ich jetzt etwas anderes als vor dem Unterricht zu einem bestimmten Thema? Und aus Sicht der Lehrpersonen, z. B.: „Waren die meisten Schülerinnen und Schüler motiviert? Waren die ausgewählten Methoden für alle Kinder geeignet?". Vorbereitung, Durchführung und Reflexion von Unterricht stellen so komplexe und vielfältige Anforderungen an die Lehrperson, dass es hilfreich sein kann, im Team zu arbeiten. So können die Lernvoraussetzungen der Kinder einer Klasse gemeinsam und im Diskurs beobachtet, erfragt und analysiert werden, es können Materialsammlungen zusammengestellt und ausgetauscht und Unterricht durch teilnehmende Beobachtung analysiert und reflektiert werden. So kann der komplexe und fast undurchschaubare Planungsprozess von Unterricht für die einzelne Lehrperson analysierbar und im Team diskutierbar werden – beides sind gute Voraussetzungen dafür, dass Lehrerinnen und Lehrer ihr „Handwerk" immer besser erlernen und Schülerinnen und Schüler effektiv zum Lernen anleiten können.

Wenn wir heute davon ausgehen, dass Lernprozesse weniger steuerbar sind, als das viele Lehrpersonen gern hätten, bedeutet dies nicht, dass die Planung von Unterricht überflüssig geworden ist. Im Gegenteil: Die Erfassung der Lernvoraussetzungen der Schülerinnen und Schüler, die fachliche Analyse der Unterrichtsinhalte, didaktische und methodische Reflexionen sind ebenso wichtig wie das Schaffen eines lernförderlichen Klimas und die Bereitstellung von geeigneten Materialien und Aufgabenstellungen, damit Kinder zielgerichtet und gleichzeitig möglichst selbst gesteuert lernen können.

7.2 Störungen und Disziplinschwierigkeiten im Unterricht

In jeder Klasse gibt es Kinder, die durch ihr Verhalten auffallen, Kinder mit Aufmerksamkeitsdefiziten, mit Verhaltensproblemen und anderen Störungsbildern[1]. Zunächst ist zwischen solchen Störungen zu unterscheiden, die eine Therapie und Förderung durch spezielle Experten erfordern und solchen, die eher Ergebnis mangelnder Erziehung oder Zuwendung sind. Häufig ist eine solche Unterscheidung in der Praxis schwer vorzunehmen, da Lehrpersonen in der Regel über wenig diagnostische Kompetenz verfügen und sich die Erscheinungsbilder überlagern können. Im Folgenden soll ein Leitfaden zum Umgang mit schwierigen Schülern vorgestellt werden, wie er von Budnik (2002) in Anlehnung an Bergsson/Luckfiel (1998) entwickelt wurde. Dabei werden Reflexionsfragen auf der Ebene des Schülers/der Schülerin, auf der Ebene der Lehrperson und auf der Ebene der Schulklasse gestellt, die dazu beitragen können, sich auf die Probleme von schwierigen Kindern einzustellen, denn „Wenn man sich auf die Probleme des Schülers einstellt und nicht die gesamte Kraft dafür verausgabt, das Kind in die Situation einzupassen, statt die Situation für die Probleme des Kindes passend zu gestalten, verändert man mit der Situation auch die eigene Einstellung. Die wiederum wirkt sich positiv auf das Kind aus" (Budnik 2002, 6). Auch Heinzel (2002) setzt zunächst bei der Reflexion der Lehrperson an. Sie verweist darauf, dass die eigenen biografischen Erfahrungen, die pädagogischen Vorstellungen der Lehrpersonen über Kinder und Kindheit und die Konzentration auf erzieherische Absichten wie ein Filter wirken können, der dazu führt, „dass Facetten des Lebens und der Weltzugänge heutiger Kinder nicht erkannt oder sogar abgelehnt werden" (ebd., 9). Ein „Bewusstsein von sich selbst" bezeichnet sie in diesem Zusammenhang „als pädagogische Kompetenz und Grundlage für eine Vermittlung zwischen Generationen" (ebd., 11). Folgende Fragen zum Kind sollen nach Budnik dazu beitragen, die eigene Wahrnehmung des Kindes durch die Lehrperson zu verändern (Budnik 2002, 7):

– Was fällt mir an diesem Kind als erstes auf?
– Über welche Fähigkeiten verfügt das Kind?
– Welche Verhaltensanforderungen scheinen das Kind völlig zu überfordern, d. h. könnte es sein, dass das Kind meine Erwartungen gar nicht erfüllen kann?

Fragen auf der Ebene der Lehrperson sollen helfen, das eigene Verhalten zu überdenken (ebd. 7f.):

– Was stört mich an diesem Verhalten?
– Wie reagiere ich auf das Problemverhalten?
– Was ruft das Problemverhalten in mir hervor?
– Welche Erklärung habe ich für das Verhalten des Kindes?

Fragen auf der Ebene der Klasse sollen Aufschluss über situative und strukturelle Bedingungen bringen, die Auswirkungen auf das Verhalten haben können (ebd. 8):

---

[1] Hier wird die Kategorie Störung verwendet, weil diese auch in der Alltagssprache von Lehrerinnen und Lehrern gebraucht wird. Damit soll nicht einer Etikettierung von Kindern auf diese Symptome Vorschub geleistet werden.

- Wie reagieren die Mitschüler auf das Verhalten?
- In welchen Situationen tritt das Problemverhalten nicht auf?
- Wo sitzt das Kind? Wie eng sitzen die Kinder nebeneinander?
- Welchen Einfluss haben Zeitablauf, Stundenplan und die Struktur der Räume?

Jede dieser Fragen kann weiter ausdifferenziert werden und dazu beitragen, das eigene pädagogische Handeln zu reflektieren. Auch für präventives Arbeiten und die Entwicklung von Erziehungsstrategien können diese Fragen hilfreich sein. Letztlich geht es darum, auf störendes Verhalten im Unterricht so zu reagieren, dass es dem Kind einerseits möglich wird, mehr Verantwortlichkeit und Lernfreude zu zeigen und andererseits Verhaltensauffälligkeiten zu begrenzen. Hier reicht eine veränderte Sicht auf die Situation, wie es Budnik beschreibt, allein oft nicht aus. Klein und Krey schlagen in diesem Zusammenhang folgende Interventionsschritte vor:

„1. Störendes Verhalten zurückweisen und konfrontieren
1. Eine Beziehung suchen und ein Vertrauensverhältnis aufbauen
2. Verantwortliches Handeln verankern" (Klein und Krey 2001, 33).

Vor allem dem zweiten Interventionsschritt messen sie eine große Bedeutung bei, da jede Form von Zusammenarbeit abhängig ist von der Qualität der sozialen Beziehungen. Ein weiterer Aspekt, der gerade bei schwierigen Schülern von großer Bedeutung ist, sind regelmäßige Absprachen der in der Klasse unterrichtenden Lehrpersonen und eine möglichst enge Zusammenarbeit mit dem Eltern, was gerade bei Kindern, die besondere Aufmerksamkeit erfordern, häufig schwierig ist (vgl. Kap. 8.2). Nolting (2002) wendet sich vor allem dem präventiven Verhalten von Lehrpersonen zu, das er für entscheidend im Umgang mit dem Problem Störungen und Disziplinschwierigkeiten hält. Die Auswertung verschiedener Studien lässt ihn zu dem Ergebnis kommen, dass es in der Praxis mehrere Dimensionen des Verhaltens von Lehrpersonen gibt, die mit guter Mitarbeit der Lernenden und geringem Fehlverhalten einhergehen:

1. Präsenz und Überlappung, d. h. die Fähigkeit zwei Dinge gleichzeitig zu tun
2. Reibungslosigkeit und Schwung bei der Steuerung von Unterrichtsverläufen
3. Aufrechterhaltung des Gruppenfokus
4. Geplante Überdrussvermeidung

Im Schulalltag ist es für Lehrpersonen nahezu unmöglich, immer präsent und gleich bleibend aktiv zu sein. Dennoch können diese Strategien für das Lehrverhalten als Orientierung gelten.

> Als schwierig etikettiertes soziales Verhalten von Schülerinnen und Schülern gibt es in jeder Schulklasse. Es ist zum einen Ausdruck fehlender sozialer Kompetenzen, was häufig hohe Anforderungen an die Lehrperson stellt. Zum anderen ist die Wahrnehmung dieses Verhaltens auch von der Sichtweise der jeweiligen Person abhängig. Ein reflektierter Umgang, gerade auch mit schwierigen Schülerinnen und Schülern, ist deshalb immer wieder eine große Herausforderung im Schulalltag.

7.3 Zur Problematik der Hausaufgaben

Die meisten Lehrpersonen erteilen Hausaufgaben. Hausaufgaben gelten als Möglichkeit der Wiederholung und der Anwendung des im Unterricht erworbenen Wissens und Könnens und sollen zur Selbstständigkeit der Lernenden beitragen. Viele Lehrpersonen halten Hausaufgaben für unerlässlich, um das Erreichen der Vorgaben in Rahmenplänen und Kerncurricula abzusichern. Außerdem sehen sie hier eine Möglichkeit, die Eltern in die Verantwortung für das Lernen ihrer Kinder einzubeziehen. Allerdings wird dabei oft übersehen, dass die Möglichkeiten und die Bereitschaft vieler Eltern, ihre Kinder bei der Erledigung ihrer Hausaufgaben zu unterstützen, sehr unterschiedlich ist, sodass ein Unterricht, der stark auf Hausaufgaben setzt, sozial benachteiligte Kinder zusätzlich in ihrer Lernentwicklung behindern kann (vgl. Kap 4.1.6). Bei Schülerinnen und Schülern sind Hausaufgaben meist unbeliebt. Sie verkürzen die Freizeit und werden in der Regel als reine Reproduktionsleistungen empfunden. Die pädagogischen Zielsetzungen von Hausaufgaben werden für Schülerinnen und Schüler im Alltag kaum sichtbar, was daran liegt, wie sie erteilt und kontrolliert werden. „Lehrpersonen müssten sich nämlich intensiv um Sinnhaftigkeit und Lösbarkeit kümmern und für eine je individuelle Rückmeldung sorgen. Wie soll solches möglich sein, ohne eine Unterrichtsstunde durch den Aufwand der Vorbereitung und der Kontrolle der Aufgaben zur täglichen Hausaufgabensprechstunde zu machen? Da dieser Umgang mit Aufgaben nicht die Regel ist und dem Unterrichtsprogramm entgegensteht, kann es nicht verwundern, wenn die Aufgaben als lästiges Ritual verstanden werden" (Wunder 2006, 8). Ganztagsschulen schaffen Bedingungen für die Erledigung von Hausaufgaben, die hier Schulaufgaben bleiben. „Was bisher recht oder schlecht Sache der Eltern war, wird nun Angelegenheit der Lehrpersonen" (ebd., 9). Wenn Lehrpersonen nur so viele und nur die Aufgaben erteilen, die sie für nötig halten und bei Problemen der Erledigung Erwachsene als Beratende zur Verfügung stehen, können Aufgaben außerhalb des Unterrichts eine sinnvolle Ergänzung sein. Folgende Aspekte sollten aber in jedem Fall beachtet werden:

1. Keine Aufgaben als reine „Beschäftigungstherapie" erteilen! Der Sinn der erteilten Aufgaben muss für die Lernenden einsichtig sein.

2. Keine Aufgaben ohne Rückmeldung!

3. Hausaufgaben müssen herausfordern! Das ist bei der Vielzahl der Schülerinnen und Schüler nur durch differenzierte Aufgabenstellungen möglich.

4. Damit nicht zu viele Aufgaben erteilt werden, sind Absprachen im Kollegium sinnvoll.

5. Damit Hausaufgaben tatsächlich zu selbstständigem Lernen beitragen, sind klare Absprachen mit den Eltern wichtig.

6. Hausaufgaben müssen das Lernen in unterschiedlichen Sozialformen ermöglichen.

7. Um die Fähigkeit zu effektiver Zeitplanung zu fördern, sollten Hausaufgaben kurz- und langfristig erteilt werden.

8. Hausaufgaben können im Unterricht präsentiert werden und so für alle am Lernprozess Beteiligten einen echten Mitteilungscharakter haben.

Ob Hausaufgaben sinnvoll sind oder nicht, hängt von ihrem Inhalt, ihrem Ausmaß und von den Rahmenbedingungen ab. Sie können Lernprozesse anregen, aber auch zu Lernverdruss und Lernverweigerung beitragen. Deshalb ist es von zentraler Bedeutung, dass sich Lehrpersonen darüber im Klaren sind, mit welchen Intentionen sie Hausaufgaben einsetzen.

> Hausaufgaben gehören zu den traditionellen Formen des Lernens in der Schule. Häufig werden sie aber nicht gut durchdacht eingesetzt, was zu ihrer Unbeliebtheit bei Schülerinnen und Schülern beiträgt. Sinnvoll eingesetzt, können sie zu selbständigem und eigenverantwortlichem Lernen beitragen.

Modul 8:
Nahtstellen der Grundschule

Genaugenommen ist jedes sitzengebliebene Kind
ein Urteil gegen die Erwachsenenwelt,
sind schlechte Noten also in Wahrheit ein Indiz
für den Umgang dieser Gesellschaft mit ihrem Nachwuchs.
Bernhard Hänel

8.1 Vom Schulreifetest zur multiperspektivischen Vorschuldiagnostik

Der Schuleintritt bedeutet für das Kind einen grundlegenden Einschnitt, der sehr unterschiedlich erlebt werden kann und vor allem von den Haltungen und Erwartungen der Eltern und den Erfahrungen des Kindes im Kindergarten abhängig ist. Wichtig ist, dass das Kind in seinem bisherigen Leben die Möglichkeit erhalten hat, ein hohes Maß an Selbstbewusstsein zu entwickeln und so dem Schuleintritt positiv gegenüber stehen kann. In diesem Zusammenhang werden aktuell auch verschiedene Möglichkeiten der Schuleingangsphase diskutiert. Dabei gerät der Begriff der „Schulfähigkeit" in den Blick. Gegenwärtig gibt es vor allem drei Modelle:

1. Traditionelle Schulreifetests, die aus erziehungswissenschaftlicher und pädagogischer Perspektive als nicht mehr haltbar beurteilt werden und deshalb in den meisten Bundesländern keine obligatorische Verwendung mehr finden dürfen.

2. Ökosystemische Modelle, die im Gegensatz zu Schulreifetests die verschiedenen Erziehungs- und Sozialisationsfaktoren der Kinder berücksichtigen und den Begriff der „Schulfähigkeit" stark relativieren. Damit verbunden ist ein Anspruch an Schule, der diesen Faktoren gerecht wird und zugleich fördernd und ausgleichend wirkt: „Unter ökosystemischer Perspektive sollte deshalb nicht mehr nur nach der Schulfähigkeit des Kindes, sondern besser nach der Kindfähigkeit der Schule gefragt werden" (Hopf/Zill-Sahm u.a., 15).

3. Verzicht auf Schulfähigkeitsfeststellung, was bedeutet, dass Schulfähigkeit zur Einschulung nicht mehr vorausgesetzt wird, sondern durch die Schule in erster Linie herzustellen ist.

In Nutzung der 2. oder 3. Variante werden aktuell in mehreren Bundesländern verschiedene Umsetzungsmöglichkeiten erprobt, denen gemeinsam ist, dass sie mehrperspektivisch auf die Potentiale der Kinder und die Anforderungen an die Grundschule blicken. Das zeigt sich z.B. darin, dass Kinder nicht mehr zurückgestellt, sondern alle Kinder eines Jahrgangs eingeschult werden, dass sich die Verweildauer des einzelnen Kindes in der „Eingangsstufe", die bis zu drei Jahre andauern kann (in der Regel aber die ersten beiden Schuljahre umfasst), nach den Voraussetzungen des einzelnen Kindes richtet und dass durch Individualisierung und Differenzierung in dieser Zeit alle Kinder von Sonder- und Regelschullehrkräften gefördert werden. Mit folgenden Argumenten wird die Notwendigkeit der Neugestaltung des Schulanfangs begründet:

- „Es gibt kein Diagnoseinstrument, das bei Kindern trennscharf und verlässlich Aussagen über den Grad von Schulreife bzw. Schulfähigkeit und über die Schulerfolgswahrscheinlichkeit ermöglicht ...
- Der Versuch, nur 'schulreife Kinder' einzuschulen, geht regelmäßig mit Fehlentscheidungen einher ...
- Der Besuch der bestehenden Vorschuleinrichtungen (Schulkindergärten, Vorklassen) verhindert nicht ein späteres Schulversagen.
- Im Vergleich zu anderen Staaten ist in Deutschland das Einschulungsalter sehr hoch ...
- Empirische Befunde belegen: Selbst in als homogene Regelklassen konzipierten ersten Schuljahren befinden sich durchgängig Kinder, die unterschiedlich alt und unterschiedlich befähigt sind ...
- Vom Gelingen der Statuspassage Schulanfang hängt in hohem Maße das spätere Schulschicksal der Kinder ab ...
- Die Didaktik der heterogenen Lerngruppe ist so weit entwickelt, dass Unterricht mit Kindern unterschiedlichen Leistungs- und Entwicklungsstandes möglich ist ...
- Internationale gesellschaftliche Entwicklungen (Wissensgesellschaft, Globalisierung etc.) erfordern eine Schule mit mehr Individualisierung, Differenzierung, Interkulturalität, Qualifizierung zu eigenständigem Wissenserwerb und Kooperationsfähigkeit" (Prengel/Geiling u. a. 2001, 17f.)

Der Verzicht auf Schulreifetests bedeutet aber nicht, dass sich Diagnostik erübrigt. Im Gegenteil: Mit verschiedenen diagnostischen Verfahren, die aber über punktuelle Schulfähigkeitsfeststellungen hinausgehen, weil sie das einzelne Kind als interagierendes Subjekt in seiner individuellen Umwelt zu erfassen suchen, wird zunehmend angestrebt, Voraussetzungen dafür zu schaffen, dass eine individuelle und differenzierte Förderung jedes Kindes möglich ist.

Ähnlich wie der Übergang zur Grundschule, sollte auch der Übergang von der Grundschule zur Sekundarstufe abgefedert werden. Gegenseitige Hospitationen von Lehrpersonen aus Grundschule und weiterführender Schule sind dafür wichtige Mittel, dass für die Kinder der Übergang nicht abrupt erfolgt. Das verstärkte Fachprinzip in der Sekundarstufe und die neue räumliche und soziale Umgebung verlangt ohnehin ein hohes Maß an Umstellung.

Aktuell haben sich die meisten Bundesländer von verbindlichen Schulreifetests verabschiedet, da sie als defizitorientiert und wenig aussagekräftig gelten. Stattdessen wurde verstärkt die flexible „Eingangsstufe" eingeführt, die bis zu drei Jahre umfassen kann und die dazu beitragen soll, dass jedes Kind den Anforderungen der Regelschule gerecht werden kann. In diesem Zusammenhang werden diagnostische Verfahren angestrebt, die es ermöglichen, dass einzelne Kind in seiner Umwelt zu betrachten und Schussfolgerungen für evtl. nötige Fördermaßnahmen zu ziehen.

8.2 Sozialpädagogik zwischen Elternhaus und Schule

Seit etwa 30 Jahren vollzieht sich in den sozialpädagogischen Handlungsfeldern ein Wandel hin zu Betrachtungsweisen, die individuelle Probleme von Kindern unter dem Aspekt des an den Problemen beteiligten Systems (Familie, Schule) betrachten und mit diesen Systemen Kontakt aufnehmen (vgl. Henning u. a. 1998). Dabei wird davon ausgegangen, dass mit dem Schuleintritt des Kindes eine „Kopplung" der beiden Systeme Familie und Schule stattfindet, was vielfältige Probleme hervorbringen und die Entwicklung des Kindes nachhaltig beeinflussen kann. „Kopplungsschwierigkeiten beider Systeme sorgen dafür, dass wichtige Fragen zu Erziehungszielen und der Zukunft unserer Kinder nicht gestellt werden" (ebd. 1998, 33). Osterhold und Eckhard (1985) benennen drei Tendenzen, die dafür verantwortlich sein können, dass es zu Schwierigkeiten zwischen Schule und Elternhaus kommt:

1. Isolation von Elternhaus und Schule, da die Lebensräume stark voneinander abweichen;
2. Konkurrenz im Konfliktfall;
3. gegenseitige Schuldzuweisung.

Diese Tendenzen führen vor allem im Umgang mit „schwierigen" Schülerinnen und Schülern dazu, dass Eltern ungewollt das Verhalten ihrer Kinder unterstützen und gleichzeitig eine Verhaltensänderung ihrer Kinder an der Schule erwarten. Diese Haltung drückt sich in verschiedenen Varianten aus, die Klein und Krey (2001, 90ff.) folgendermaßen skizzieren:

– Eltern decken das Fehlverhalten ihrer Kinder in falsch verstandener Solidarität gegen die Schule
– Eltern fühlen sich in ihrer Erziehungsarbeit überfordert
– Eltern setzen ihre Kinder – und mittelbar die Lehrpersonen – unter Druck
– Eltern verhalten sich gegenüber den Lehrpersonen angepasst
– Eltern entziehen sich einer Zusammenarbeit mit den Lehrpersonen
– Eltern überbehüten ihre Kinder und sehen in der Schule vielfältige „Bedrohungen" für ihr Kind

Lehrerinnen und Lehrer nehmen diese Haltungen mehr oder weniger bewusst wahr und versuchen auf der Ebene von Gesprächen und anderen Interventionen darauf zu reagieren. Häufig geraten sie dabei schnell an Grenzen, die die Bereitschaft der Eltern zur Kooperation oder das eigene Vermögen, klärend oder Konflikt lösend zu interagieren, betreffen. Kollegiale Unterstützung im Team, Supervision, Zusammenarbeit mit der Schulleitung und Beratungslehrerinnen und –lehrern können sinnvolle Wege sein, sich Hilfe und Unterstützung bei der Elternarbeit zu suchen (vgl. Kap. 8.5). Darüber hinaus bieten regionale und überregionale Träger ihre Hilfe an. Eine Möglichkeit der Kooperation mit kompetenten Partnerinnen und Partnern ist die „Beratungskonferenz" (vgl. Klein/Krey 2001, 97), zu der die Schule Vertreter der infrage kommenden Einrichtungen einlädt, um entsprechende Vereinbarungen für Beratung und Konfliktbewältigung zu treffen. Dabei können z. B. einbezogen werden:

- Mitarbeiter des Jugendamtes
- Beratungseinrichtungen zur Suchtprävention
- Überregionale Beratungszentren
- Kinderschutzbund
- Vereine zur Integration von Kindern mit Migrationshintergrund
- Sportvereine im Stadtteil
- Vertreter kommunaler Einrichtungen zur Jugendarbeit etc.

Mögliche Schritte der Elternarbeit in Konfliktsituationen, die ohne zusätzliche Beratung und Unterstützung von der Lehrperson selbst in Angriff genommen werden könnten, sind:

- Darstellen und Diskutieren des Problems mit dem betroffenen Kind
- Darstellung und Diskutieren des Problems gegenüber den Eltern
- Suchen einer gemeinsamen Sicht auf das Problem
- Gemeinsames Suchen nach Lösungsmöglichkeiten (möglichst unter aktiver Einbeziehung der Kinder)
- Verabredungen, wie die Wirksamkeit der getroffenen Entscheidungen überprüft werden soll
- Abhängigmachen weiterer Schritte von dem Ergebnis des Gesprächs

Diese Interventionsschritte dürfen aber nicht als mechanischer Verlauf aufgefasst werden. In vielen Fällen werden zahlreiche Zwischenschritte, Umwege und Neuanfänge nötig sein, die allen Beteiligten viel Verständnis aber ebenso Veränderungswillen und Konsequenz abverlangen.

Die Zusammenarbeit zwischen Elternhaus und Schule ist nicht immer konfliktfrei. Gerade bei „schwierigen" Schülerinnen und Schülern ist es besonders wichtig, dass sich Eltern und Lehrpersonen austauschen. In solchen Fällen ist es aber mitunter besonders schwierig, die Eltern für eine Zusammenarbeit zu gewinnen. Deshalb ist es wichtig, dass Lehrpersonen sich nicht entmutigen lassen und notfalls auch externe Einrichtungen, z. B. das Jugendamt, einbeziehen.

8.3 Leistungsversagen in der Grundschule

Die internationale Vergleichsstudie PISA (2001) kommt zu dem Ergebnis, dass rund ein Viertel aller Schülerinnen und Schüler zu einer Risikogruppe gehören, weil die schulischen Leistungen so gering sind, dass eine Berufsausbildung fraglich wird. Die Unesco schätzt die Zahl funktionaler Analphabeten in Deutschland auf bis zu 7 Millionen (vgl. Spiegel online 2003). Risikofaktoren sind vor allem niedere Sozialschicht und Migrationshintergrund der Herkunftsfamilie. Weitere Gründe kommen hinzu: das Klassenklima, die fachmethodische Arbeit der Lehrperson und schulorganisatorische Bedingungen. „Auf Seiten der Schülerinnen und Schüler werden oft genannt: geringere Kenntnisse, unterschiedlich entwickelte Lernfähigkeit, vor allem fehlende Lernstrategien; mangelnde Konzentrationsfähigkeit; Entmutigung durch bisherige Misserfolge beim Lernen; wenig oder keine Unterstützung im Elternhaus" (Füssenich/Sandfuchs 2004, 27). Vor diesem Hintergrund wird seit einigen Jahren das Wiederholen einer Klasse kritisiert, denn „Sitzenbleiber" erreichen in der Regel auch im zweiten Versuch nicht das Leistungsniveau der Klassengemeinschaft (vgl. Glumpler 1994). Entscheidend für das Leistungsverhalten der Schülerinnen und Schüler sind die ersten Schulwochen. Wenn sie in dieser Zeit Erfolge verzeichnen können, trauen sie sich auch zu, die zukünftigen Anforderungen zu erfüllen und können ein positives Selbstbild entwickeln. Kinder, die in dieser Zeit die Erfahrung machen, dass sie sich noch so anstrengen können und trotzdem den Erwartungen von Lehrpersonen und Eltern nicht gerecht werden, fühlen sich hilflos, entwickeln Lernblockaden und verlieren das Interesse am Lernen. Im Mittelpunkt der pädagogischen Arbeit steht deshalb gerade bei leistungsschwachen Schülerinnen und Schülern, ihre Problemlösestrategien so zu verändern, dass sich Erfolge einstellen können. Aufgaben müssen so ausgewählt werden, dass sie von dem einzelnen Kind auch zu bewältigen sind. Die Sätze „Aus Fehlern kann man lernen", „Aus Fehlern wird man klug" sollten ein didaktisches Prinzip des Unterrichts sein. So kann das Selbstbewusstsein, Selbstvertrauen und Selbstkonzept der Kinder gestärkt und Motivation aufgebaut werden. Leistungsversagen geht häufig mit Verhaltensauffälligkeiten und Disziplinverstößen einher. Klein und Krey (2001, 80) formulieren in diesem Zusammenhang Richtlinien, die dazu beitragen können, dass auffällige Kinder besser und gezielter gefördert werden können. An ihnen orientiert sich folgender Leitfaden:

1. Möglichst wenig Lehrerinnen und Lehrer mit möglichst vielen Stunden in den Klassen einsetzen.
2. Die Zusammenarbeit der Lehrerpersonen schwerpunktmäßig in Jahrgängen und weniger in Fachgruppen organisieren.
3. Regelmäßig kurze Klassenkonferenzen verabreden.
4. Leistungsschwache Schülerinnen und Schüler nicht „sitzen bleiben" lassen, sondern gezielt individuell fördern.
5. Wöchentlich eine möglichst hohe Anzahl an Teamstunden im Stundenplan ausweisen.

6. Einen Anti-Stress-Raum für die Kinder zum Toben und Frust ablassen einrichten.
7. Eine „Insel der Ruhe" für die Lehrpersonen einrichten.
8. Formen der Konfliktlösung mit den Kindern einüben.
9. Helfersysteme (z. B. Lernpatenschaften) einrichten.
10. Eine enge Zusammenarbeit mit den Eltern suchen.
11. Wirksame Informationswege (z. B. Telefonketten, Lehrersprechstunden) verabreden.

Um die negativen Auswirkungen von Leistungsversagen zu verringern ist auch der Ausbau externer Fördermaßnahmen nötig. Gemeint sind damit kontinuierliche Förderung durch individuelle Förderer und Unterstützungsangebote außerhalb des eigentlichen Unterrichts.

Leistungsversagen in der Schule ist für alle Beteiligten, vor allem aber für die betroffenen Kinder ein großes Problem, das schnell zu einer Spirale werden kann. Kinder, die den Anforderungen des Unterrichts nicht gerecht werden, entwickeln Versagensängste, Denkblockaden und häufig ein negatives Selbstbild. Deshalb kommt es darauf an, von Anfang an, jedem Kind durch geeignete Lernarrangements und individuelle Förderung Lernerfolge zu ermöglichen.

Modul 8: Nahtstellen der Grundschule   211

8.4 Beratung und Selbstreflexion der Lehrperson

Im Schul- und Unterrichtalltag haben die einzelnen Lehrerinnen und Lehrer viele Probleme zu bewältigen, die sie allein mitunter überfordern können. „Warum haben heute im Unterricht so viele Kinder nicht mitgemacht?", „Warum kommt Lucas so oft zu spät?", „Jenny hatte heute wieder kein Schulbrot mit und ist im Unterricht fast eingeschlafen. Was ist bei ihr zu Hause los?". Solche und ähnliche Fragen stellen sich Lehrpersonen wohl fast täglich und meistens finden sie durch Gespräche mit den Kindern, durch Elternbesuche o. ä. auch Antworten und können entsprechend reagieren. Mitunter sind die Probleme aber so groß, dass es sinnvoll erscheint, sich im Kollegium zu beraten und gemeinsam Entscheidungen zu treffen oder sich Hilfe von kompetenten Beratenden zu holen. Je enger die Arbeitszusammenhänge von Lehrerinnen und Lehrern sind, z.B. als Lehrpersonen in einer Klasse, desto wichtiger ist eine gute Zusammenarbeit untereinander. Außerdem ist es erforderlich, dass sich Lehrerkollegien regelmäßig fort- und weiterbilden, um u. a. den Anforderungen ihres Berufs auch vor dem Hintergrund der dynamischen Veränderungen in der Gesellschaft gerecht werden zu können.

Beratung und Selbstreflexion

Kollegiale Unterstützung im Team

Um den vielfältigen Anforderungen gerecht werden zu können ist es hilfreich, sich regelmäßig in pädagogischen Team- oder Klassenkonferenzen zu treffen, um Probleme in der Klasse oder mit einzelnen Kindern zu besprechen, sich über die Hintergründe auszutauschen und gemeinsame Strategien zur Lösung der Probleme zu entwickeln. Kollegiale Unterstützung im Team kann auch dazu beitragen, dass Aufgaben innerhalb der Klassenführung auf mehrere Schultern verteilt, Pläne gemeinsam oder arbeitsteilig erstellt und persönliche Probleme bei der Bewältigung der Arbeitsaufgaben diskutiert werden. Absprachen zur Notengebung, zu geplanten Unterrichtsinhalten und Projekten können Zusammenarbeit über die Fächergrenzen hinaus ermöglichen.

Unterstützung für Lehrerinnen und Lehrer durch Supervision

Supervision ist eine Form der Beratung und Reflexion, bei der einzelne Lehrpersonen oder Gruppen bei der Problemlösung durch einen externen Berater begleitet werden. Klein und Krey fassen die Zielstellung von Supervision folgendermaßen zusammen:

„Supervision soll helfen,
– professionelle Kompetenzen zu entwickeln,
– Stress und Belastung abzubauen,
– schulische Organisationsstrukturen zu effektivieren und
– auch als Fort- und Weiterbildung genutzt werden können" (Klein/Krey 2001, 75)

Wichtig ist, dass bei der supervisorischen Unterstützung möglichst viele Faktoren der schulischen Arbeit berücksichtigt werden, denn es geht nicht darum, sich möglichst gut an schlechte Bedingungen anzupassen, sondern Bedingungen zu schaffen, die eine effektive pädagogische Arbeit und zufriedene Lehrerinnen und Lehrer möglich machen. Solche Faktoren können z.B. fachliche, persönliche, gruppendynamische und strukturelle Gesichtspunkte betreffen (vgl. ebd., 76ff.). Es ist auch sinnvoll als Vorform von professioneller Supervision, Selbsterfahrungsübungen in Eigenregie zu machen. Dazu gibt es Praxismaterial für Gruppen, um anderes Verhalten als Lehrperson in der Schule zu lernen (vgl. Kaiser 1999).

Interne Regelungen und Absprachen im Rahmen des gesamten Kollegiums

Viele Entscheidungen, die in der Schule getroffen werden müssen, können nicht von einzelnen Lehrpersonen oder kleinen Lehrerteams getroffen werden, sondern machen es erforderlich, dass das gesamte Kollegium zu einer Lehrerkonferenz oder Dienstberatung zusammenkommt. Dabei kann es z.B. um Verhaltensregeln auf dem Schulgelände oder im Schulgebäude, um die Gestaltung der Pausen oder Schulprojekte und Schulfeiern gehen. Formen der Zusammenarbeit und die Organisation der Schule sollten in regelmäßigen Abständen diskutiert werden.

Schulinterne Fortbildungstage (Schilf-Tage)

Schulinterne Fortbildungstage sollen es ermöglichen, dass sich ein Lehrerkollegium in Ruhe mit einem Aspekt ihrer Arbeit beschäftigen kann. So könnte z. B. ein Schilf-Tag zum Thema „Umgang mit schwierigen Schülern" folgendermaßen ablaufen (vgl. Klein/Krey 2001, 83):

Beginn 8.00 Uhr

Programm
1. Klärung von Thema, Zielstellung und Ablauf
2. Gemeinsamer Einstieg in das Thema
3. Partnerarbeit: Welcher „schwierige Schüler" fällt mir ein, über den ich mich gern austauschen möchte?
4. Informationen durch die Referenten zu Hintergründen zum Thema „Schwierige Schüler"
5. Übertragung/Bezug zum eigenen Beispiel in Partnerarbeit

Gemeinsame Mittagspause (ca. 1 Stunde)

6. Absprachen unter Lehrerinnen und Lehrern einer Klasse hinsichtlich auffälliger Schüler
7. Gemeinsam zu treffende schulische Regelungen und Absprachen, Arbeit in themengleichen Kleingruppen
8. Veröffentlichung der Ergebnisse aus den Gruppen
9. Konsensbildung
10. Rückmeldungen zum Schilf-Tag

Ende: 16.30 Uhr

Die Anforderungen an Lehrerinnen und Lehrer sind vielfältig und sollten von möglichst vielen gemeinsam getragen werden. Teamarbeit, Supervision, Absprachen und Konferenzen des gesamten Kollegiums und Schilf-Tage sind bewährte Möglichkeiten schulischer Kooperation und Reflexion von Lehrpersonen.

Modul 9:
Grundschule der Zukunft: ein utopisches Konzept

Kein Mensch beginnt er selbst zu sein
bevor er nicht seine Vision gehabt hat.
Spruch der Ojibwa

9.1 Reformschritte der Grundschule

Wenn wir an Grundschulpädagogik denken, müssen wir uns klar werden, wohin wir wollen. Das Ziel ist in der Pädagogik immer entscheidend, welcher Weg eingeschlagen wird.

Deshalb soll hier ein utopisches Modell einer Grundschule vorgestellt werden, die Kinder annimmt, wie sie sind und auf den Weg zur produktiven Bewältigung der Zukunftsaufgaben begleitet.

Die Grundschule der Zukunft ist gleichzeitig eine Schule für die Zukunft, in der ständiges Umlernen auf neue Situationen, auf Zusammenarbeit bei gleichzeitiger Spezialisierung, aber auch hohe allgemeine Bildungsgrundlagen erforderlich sind. Dieser starke Wandel der zukünftigen Lebensbedingungen bedeutet aber auch eine Sicherheit: Es kommt verstärkt auf die persönliche Stabilität der einzelnen Menschen an.

Heute sind die Lernvoraussetzungen der Kinder sehr unterschiedlich (vgl. Kap. 3.2, 3.3). Die Kulturen, Lebenserfahrungen und Lebenswelten weichen immer mehr voneinander ab.

Viele sehen in der Heterogenität von Grundschulklassen ein Problem. Für diese ist das Zusammenlernen von Kindern aus Elternhäusern, die Kinder vernachlässigen und Familien, die Kinder jeden Nachmittag in einen auserlesenen musisch fördernden Kurs mit dem Auto begleiten, eine schwierige Aufgabe. Sie sehen nicht die Chancen der Bereicherung an Erfahrungen und des gegenseitigen Austauschs. Hannah Ahrendt sieht gesellschaftlich in der Heterogenität sogar den Ursprung von Kultur: „Ohne Verschiedenheit jeder Person von jeder anderen, die ist, war oder sein wird, bedürfte es weder der Sprache noch des Handelns für eine Verschiedenheit" (Ahrendt 1994, 164). In dieser Hinsicht hat Adorno sich allgemeiner, aber auch vorsichtiger geäußert, indem er Handeln, Pluralität, Verschiedenheit, Gleichartigkeit und Freiheit als untrennbar miteinander verbunden betrachtet hat und die „Verwirklichung des Allgemeinen in der Versöhnung der Differenzen" (Adorno 1951, 130) gesehen hat. Auf die Pädagogik bezogen ist es allerdings noch ein weiter Weg hin zu einer Integration von individueller Verschiedenheit und der Schaffung sozialer Formen der Gleichheit. Gleichwohl bleibt es Hanna Ahrendts Verdienst, schon früh auf die produktiven Dimensionen der Verschiedenheit für substantielle soziale Verständigung hingewiesen zu haben.

Die Zentralfrage der widersprüchlichen Vereinbarkeit von Verschiedenheit und Integration ist die zentrale von Grundschulpädagogik, weil sich hier die Vereinbarkeit strukturell klar stellt. Aber es gibt auch Wege, diesen Widerspruch produktiv in der Grundschule zu wenden. Einige seien hier vorgestellt, nämlich die Ansätze „Kinder lernen von Kindern" (Ragaller 2004, Scholz 1996), die kommunikative Didaktik (Kaiser 2004a) und das Caring Curriculum (Kaiser 2004c; Noddings 1992).

1) Schule des kooperativen Lernens: Kinder lernen von Kindern

Um der Vielfalt der Lernvoraussetzungen und Denkwege gerecht zu werden und doch keine Zerfledderung des Lernens in atomisierte Einzelperspektiven zu betreiben, wie es in manchen Konzepten der Freiarbeit anklingt, gilt es, neue Wege zu finden, die auch die soziale Gemeinschaft stützen und entwickeln. Hier sind also für die zukünftige Grundschulpädagogik diejenigen Konzepte gefragt, die die Verschiedenheit akzeptieren und sie gleichzeitig in eine soziale, gemeinsame Perspektive einmünden lassen. Einer dieser neueren Wege wird von Scholz (1996) unter der Formel **„Kinder lernen von Kindern"** gefasst. Gemeint ist damit, die bewusste Förderung von Interaktions- und Anregungsprozessen zwischen den Kindern. Das Lernen voneinander geschieht oft ganz spontan, Kinder fragen die anderen um Hilfe oder bitten um Erklärung. Es kann aber auch bewusst arrangiert werden. So können etwa Lesekreise eingerichtet werden, bei denen einige Kinder den anderen zuhören und Tipps zum besseren Lesen geben. Auch Schreibkonferenzen sind arrangierte Formen, die das Lernen der Kinder voneinander verstärken sollen. Im kommunikativen Sachunterricht wird dieses Lernen sogar zur wesentlichen Form, weil verschiedene Erfahrungen bei differenzierten Versuchen dann gemeinsam ausgetragen werden sollen.

Gerade in altersgemischten Grundschulklassen können wir diesen Ansatz häufig beobachten. Die Begleitstudien der Schulversuche mit Altersmischung in der Grundschule belegen, dass dies eine außerordentlich produktive Organisationsform ist (vgl. Laging 1999). Die Berichte zeigen, dass dabei sowohl Helfersysteme wie auch gleichberechtigtes wechselseitiges Lehren und Lernen durch Grundschulkinder besonders häufig ist.

Von diversen Gesundheitsämtern (z. B. in Unna) und Sozialbehörden (z. B. in Wiesbaden) ausgehend gibt es bereits erfolgreiche Praxiskonzepte der peer-education – insbesondere im Bereich der Drogenprävention und Sexualerziehung. Dabei werden einzelne Kinder, für die Sexualerziehung ist es jeweils ein Mädchen und ein Junge, besonders gestärkt und vorbereitet für die themenbezogenen freiwilligen Gesprächskreise (max. 10 Schülerinnen und Schüler). Auch für das Grundschulalter ist dieser Weg u. E. ein außerordentlich fruchtbarer. Es gibt wohl kaum ein inhaltliches Gebiet, in dem nicht das eine oder das andere Kind mehr weiß oder kann bzw. mehr Motivation zur Einarbeitung hat als andere, so dass bei einer breiten didaktischen Konzeption viele Kinder sich in Lehr- und Lernfunktionen häufig abwechseln könnten. Gerade die Kinder, die selbstständig den Alltag regeln müssen, jüngere Geschwister zu versorgen haben, könnten den anderen Kindern ihrer Klasse viele Fähigkeiten vermitteln, auch wenn sie im Schreiben oder Rechnen Defizite aufweisen.

Mit diesem Konzept ist aber nicht nur gemeint, die Kinder als Hilfslehrkräfte im Rahmen des geplanten Unterrichts einzusetzen, sondern ihnen zunächst die Chance zu bieten, ihr eigenes Wissen, Können, ihre eigenen Interessen in die schulischen Rahmen einbringen zu können und damit auch anderen Kindern Anregung zu geben. Es gilt, Raum für den Austausch ihrer eigenen Interessensäußerungen, Deutungen und Wissensbestandteile mit Gleichaltrigen zu geben. Dieses wäre u. E. eine elementare Form der Integration von Verschiedenheiten in der Kommunikation der Kinder untereinander.

Mittlerweile hat sich für diese Gedanken bereits eine Bundesvereinigung „Lernen durch Lehren" gebildet, die davon ausgeht, dass auch für die lehrenden Schülerinnen und Schüler besonders viel Qualifizierung erfolgt, weil sie dabei die Probleme viel genauer inhaltlich zu durchschauen lernen. Praxisbeobachtungen auch an Grundschulen zeigen: „Mit Hilfe von Lernpartnern konnten Kinder auch selbst weiter lernen" (Stähling 2006, 87). Dieser Ansatz wird strukturell zunehmend unter dem Etikett altersgemischtes Lernen in der Grundschule umgesetzt und ist kaum noch eine Sache der Zukunft. Organisatorisch zumindest wird altersgemischtes Lernen in der flexiblen Eingangsstufe und in kleinen dörflichen Grundschulen immer mehr zur Realität. „Jahrgangsübergreifendes oder altersgemischtes Lernen – die Begriffe werden meist synonym verwendet – wurde bis vor wenigen Jahren lediglich in einigen reformpädagogisch orientierten Schulen praktiziert (…) oder in einigen privaten Schulen. Aber in den letzten Jahren gewinnen reformpädagogische Konzepte mit jahrgangsübergreifendem Lernen auch an der öffentlichen Grundschule und sogar an einigen Sekundarschulen zunehmend an Bedeutung" (Marsolek 2003, 67). Marsoleks Untersuchung zeigt zwar hinsichtlich der Lerneffekte keine Unterschiede zwischen altersgemischten und jahrgangsmäßig organisierten Klassen, aber das heißt auch, dass Kinder in diesen Formen nicht schlechter lernen. Für das soziale Lernen werden aber positive Effekte berichtet.

Denn diese Organisationsform ist nur dann produktiv, wenn auch die Kinder tatsächlich die Gelegenheit haben, untereinander zu interagieren und voneinander zu lernen. Dann sind interessante soziale Prozesse beobachtbar, wie Stähling beschreibt: „Ich habe in den 25 Jahren meiner Unterrichtserfahrung noch nie so viele Kinder gesehen, die liebevoll miteinander umgingen, wie in den letzten Jahren seit der Einführung der Altersmischung mit den Jahrgängen 1–4. Die Kinder erfahren, dass sie einander brauchen. Sie lernen zu nehmen und zu geben – beides nicht selbstverständlich. Faszinierend ist für mich auch der Umgang der Mädchen und Jungen untereinander. Gerade die Jungen mit Migrationshintergrund aus armen Familien erlebe ich in einer neuen Rolle: Das Zeigen von Gefühlen, die Fürsorge und soziale Verantwortung für andere wachsen auch bei ihnen. Diese sozialen-emotionalen Qualitäten könnten möglicherweise den Schulerfolg (besonders) von solchen Jungen positiv beeinflussen, die in Folge ihrer Lebenslagen in der Schule tendenziell benachteiligt sind" (Stähling 2006, 115–116). Nach seinen Beobachtungen sind in Hinblick auf Chancen für ein liebevolles Miteinander von Jungen und Mädchen altersgemischte Klassen den Jahrgangsklassen überlegen (vgl. ebd., 116).

2) Kommunikative Didaktik als produktive Perspektivenintegration im Grundschulunterricht

Der nächste Ansatz wird mittlerweile auch in anderen Disziplinen produktiv aufgegriffen, nämlich in der Medizin. Dort werden Untersuchungen diskutiert, wonach die – bislang weitgehend fehlenden – Fragen der Ärzte und Ärztinnen nach den subjektiven Deutungen von Symptomen durch die Klientel Milliarden an Behandlungskosten einsparen würde. Dahinter steht der Gedanke, dass die alltäglichen vorwissenschaftlichen Theorien der Patientinnen und Patienten sehr wohl von hohem therapeutischem Nutzen sind – selbst in einer technisch und formal-wissenschaftlich so durchgestalteten Fachrichtung wie der Medizin.

Kaiser nennt das pädagogische Aufgreifen dieses Grundgedankens „kommunikative Didaktik" (Kaiser 2004a). In dem in diesem Buch vorgestellten Unterrichtsprotokoll wurde gerade durch das Arbeitsblattverteilen die Chance vertan, gemeinsam das die Kinder bewegende Problem weiterzuführen und die Emotionen auf einer heimlichen Ebene belassen (vgl. Kap. 3.3.1). Dagegen sollen im Sinne einer kommunikativen Grundschuldidaktik, die verschiedenen Deutungen der Kinder systematisch zugelassen und in gemeinsamen sachbezogenen Gesprächen geklärt werden. Dann wäre die Verschiedenheit der Individuen gleichzeitig zu einer allgemeinen integrativen Aufgabe geworden.

Dies hat nicht nur Konsequenzen für das soziale Klima in einer Klasse, sondern erhöht auch die kognitiven Ansprüche, da verschiedene Deutungen und Perspektiven, verschiedene Erfahrungshintergründe und Kenntnisse, verschiedene Motive und Interessen in einem gemeinsamen Gespräch zu einer gemeinsamen Thematik abgewogen werden müssen.

Derartige Utopien von Unterricht verlangen Strukturen, die genaue Regeln und Rituale des Miteinander-Auskommens festlegen und die schon ab dem 1. Schuljahr gemeinsam mit den Kindern und von den Kindern entwickelt werden könnten.

Eine derartige Hineinnahme von verschiedenen Kinderperspektiven bedeutet didaktisch, dass die Inhalte in ihren verschiedenen Bedeutungsschichten (vgl. Schreier 1994) geöffnet werden können. Wenn wir nur ein Problem unter Wasser sehen, verlieren wir den Blick auf die Höhenströmungen, signalisierenden Wolken oder das gerade erzeugte Kielwasser bzw. gar die subjektiven Gefühle, wie Sehnsucht nach wärmendem Wasser, Abscheu vor Kälte oder Ängste vor Wasser. D.h. wir können einen Unterrichtsinhalt nicht nur in einer Bedeutungsschicht sehen. So ist das Sachunterrichtsthema Luft keineswegs nur auf dem analytischen Strang, wie viel Prozent Sauerstoff, Stickstoff oder Kohlenwasserstoff darin enthalten ist, zu sehen. Auch die Frage nach dem Gewicht oder der technischen Nutzung im Luftkissenboot ist zu eng. Luft hat für Menschen auch sprachlich-metaphorische Bedeutungsschichten, wenn wir an den Luftikus oder das „Herauslassen von Luft" denken, es gibt kulturell-symbolische Schichten, wie die Assoziationen zu Luft in den asiatischen Philosophien oder auch alltagsphänomenologische Sichtweisen (Luft ist durchsichtig, leicht). Nur eine derartige komplexe mehrperspektivische Sichtweise ist geeignet, Veränderungspotentiale zu entwickeln. Inhalte haben ästhetisch-kulturelle Dimensionen, sie haben Dimensionen des bisherigen analytischen Sachverstandes der Fächer und sie haben Dimensionen der Bedeutung für den Lebensalltag.

Veränderungsfähigkeit in diesem Sinne heißt zunächst, den eigenen Wahrnehmungshorizont zu erweitern, dazwischen, darüber und darunter zu blicken, nicht eine vorgegebene Linie zu verfolgen, sondern Alternativen zu beachten.

Aus inneren Widersprüchen erwachsen Probleme und Veränderungen. Sie sind per se dynamisierend. Die inneren Widersprüche werden durch konsequentes Aufgreifen verschiedener Kinderdeutungen mobilisiert. Deshalb ist es wichtig, sozusagen den inneren Sprengstoff anzusehen, ihn kennenzulernen und mit ihm umgehen zu können, damit er nicht eine eigene Dynamik entfaltet. Die inneren Widersprüche zu erkennen heißt dagegen, Veränderungsmöglichkeiten gezielter zu finden. Aber auch allein „die Gegenüberstellung von Unterschiedlichem, bei der eine Spannung erzeugt wird" (ebd., 79f.), führt zu dynamischer Entwicklung. Zur Orientierung auf zukünftige Entwicklungen gehört auch „die Förderung und Ausgestaltung des Antizipationsvermögens (als) Aufgabe" (Lauterbach 1992, 152). Hier trifft sich kognitives Analysieren von Widersprüchen mit kreativem Fantasieren von Utopien. Nur wenn Kinder ihre Zukunft selbst entwerfen, können sie Gegenwart und Zukunft in die Hand nehmen.

In diesem Konzept werden nicht statische Kinderzustandsbeschreibungen von Vorwissen oder Entwicklungsstufen zum Ausgangspunkt genommen, sondern die Entwicklungspotentiale der Kinder und die daraus erwachsenden selbst organisierten Bildungsprozesse (vgl. auch Schäfer 1997, 384).

Damit Kinder kommunikative Kompetenzen entwickeln, ist es auch von Bedeutung, dass sie kommunikatives Verhalten erfahren. In der Grundschule der Zukunft arbeiten Lehrerinnen und Lehrer in Teams. Diese sind auch für die Kinder sichtbar und erfahrbar. Sie erleben dadurch Modelle der Problemlösung durch gemeinsame Teamarbeit (vgl. Stähling 2006).

3) Caring-Curriculum als inhaltlicher Rahmen von Grundschulpädagogik

Die Rufe nach einer integrativen Perspektive oder sozialen Wende in der Pädagogik mehren sich. So forderte Bronfenbrenner 1981 anlässlich seiner deutschen Ehrenpromotion eine Wende der Curricula in Richtung der Dimension Caring (vgl. Kaiser 2004c). Der Sprachwissenschaftler Noam Chomsky spricht 1998 in der FR von einer globalen sozialen Verarmung, die mit dem Widerspruch differenzierter werdenden individuellen Eingriffsmöglichkeiten ein Spannungsverhältnis herstellt, das Ansatzpunkte für pädagogisches Handeln gibt. Selbst der mittlerweile sehr betagte Begründer des Begriffs „Konstruktivismus", Heinz von Förster, hat 1997 in seinem dreiwöchigen Interview mit Bernhard Pörksen (vgl. Pörksen 2004) eine Theorie der Verbundenheit mit der Welt als logische Folge der konstruktivistischen Grundannahme verschiedener Deutungen der Individuen aus der jeweiligen Beobachterperspektive herausgearbeitet.

Aber nicht nur vom methodischen Prozess, sondern auch von der inhaltlichen Struktur des Grundschulunterrichts her sollte die epochale soziale Integrationsaufgabe in den Mittelpunkt gestellt werden. Dies kann allerdings wiederum nicht ohne die Beachtung der Individuen in ihrer Verschiedenheit geschehen. Deshalb lehnen wir uns als Modell für die Aufgabengebiete einer Grundschulpädagogik an das Konzept des Caring-Curriculum von Nel Noddings (1992) an.

Der Kernbereich dieses Ansatzes, das Self als Ausgangspunkt für Lernen zu nehmen, mag auf den ersten Blick atomistisch wirken. Gleichzeitig bedeutet es nicht eine Verstärkung eines isolierten „Selbst", sondern gerade die Voraussetzung dafür, dass ein Kind das Fremde akzeptieren kann und auch mit aversiven Gefühlen umzugehen lernt.

Gerade in der Umgrenzung des Self durch soziale und Weltdimensionen wird aber auch deutlich gesagt, dass hier keine didaktische Perspektive der Verstärkung von individueller Atomisierung gemeint ist, sondern „dass nicht nur Entfaltung und Verwirklichung lebensnotwendig sind, sondern auch Selbstbegrenzung und Verzicht" (Messner 1995, 36). Dieses schrittweise Aufeinanderangewiesensein sich immer stärker verallgemeinernder Weltsichten ist die produktive Dimension dieses Denkansatzes. Wichtig ist dabei, dass der in der Kindheitsforschung so zentral herausgearbeitete eigenaktive Ansatz auch didaktisch in den Mittelpunkt gerückt wird, um davon ausgehend eine subjektiv bedeutsame Welterkundung anzubahnen.

Zum Caring Curriculum gehört als grundlegende Bedingung, dass sich alle Schülerinnen und Schüler in ihrer Schule geborgen fühlen.

Nach einer jüngeren nicht veröffentlichten Untersuchung von Christa Händle[1] ist Schulwechsel bei vielen jungen Menschen ein Auslöser von Krisenerfahrungen, sei es der Abschied von der Grundschule schon mit 10 Jahren oder der Wechsel durch Umzug der Eltern. Von daher ist es für die Schule der Zukunft nicht zu unterschätzen, dass Kindern in einem einheitlichen System Geborgenheit geboten werden sollte. Die Grundschule der Zukunft sollte ein Kind bis weit in die Pubertät hinein und darüber hinaus bis zum Alter von 16 begleiten. Stähling fordert sogar die dreizehnjährige Grundschule: „Eine einheitliche Schule von der Vorschule bis zur zehnten bzw. dreizehnten Klasse ohne Schulwechsel...." (Stähling 2006, 38).

---

[1] Vortrag im Rahmen des Promotionsprogramms Prodid in Oldenburg, 2006

4) Schule der Selbst- und Mitbestimmung

Gundel Schümer (2005) zeigt in einer vergleichenden Untersuchung auf, dass es erfolgreichen Schulen gelingt, den Schülerinnen und Schülern ein positives Selbstwertgefühl zu vermitteln. Dieses Selbstwertgefühl erwächst aus zwei Wurzeln:

1) die Lehrerinnen und Lehrer respektieren und achten die Kinder
2) die Kinder spüren, dass sie etwas erreichen können, wenn sie sich für etwas einsetzen

Reale Schuldemokratie mit wirklichen Einflussmöglichkeiten für alle Schülerinnen und Schüler ist von daher eine wichtige Basis für erfolgreiches Lernen und für den Aufbau demokratischen Verhaltens. „Niemand dürfte sich in einer demokratischen Schule dauerhaft als „fremd", „nutzlos" oder „überflüssig" fühlen" (Stähling 2006, 77).

Natürlich gelingen demokratische Strukturen in der Grundschule nicht im Selbstlauf. Es beginnt vielmehr mit einer Gesprächskultur im ersten Schuljahr, bei der jedem Kind zugehört wird. Schrittweise können die Kinder immer mehr Verantwortung für die Gestaltung des Klassenraums, die Pflege von Pflanzen und Tieren, die Überwachung ihres eigenen Lernfortschrittes, die Einhaltung der Regeln in der Klasse bis hin zur Bewertung von Konflikten im Klassenrat übernehmen. Denn die „pädagogische Qualität von Schule zeigt sich darin, dass Schule die Schülerinnen und Schüler so leistungsfähig macht, dass sie die Chancengleichheit, die die Demokratie ihnen ermöglicht, wahrnehmen können. Aber das kann nicht alles sein. Gleichzeitig muss Schule die Kinder und Jugendlichen für die Praxis des Lebens in der Demokratie qualifizieren. Damit ist eine Haltung verbunden, die individuelle Leistung fördert und Leistungsvergleiche nicht scheut, aber ihnen nicht die Alleinherrschaft einräumt" (Prengel 2005, 31).

Selbst- und Mitbestimmung in der Schule ist ein Prozess. Es muss immer wieder nach Möglichkeiten gesucht werden, die reale Erfahrungen für das Erlernen demokratischen Verhaltens bieten.

5) Schule des Lebens: Zeit für das Leben und Lernen

Zeithetze kennzeichnet viele Alltagsbereiche. Dies gilt auch für die Schule als gesellschaftliche Institution. Dadurch geht die Vertiefung in den Sinn der jeweiligen Inhalte verloren. Aber gerade das exemplarische Vertiefen und Durchdringen macht das Wesentliche von Bildung in einer sich wandelnden Welt aus. Denn diese Vertiefung in das Für und Wider wie in das Sowohl als Auch schafft erst das Fundament für Verstehen. Entgegen der Tendenz zu mehr Zeithetze und Stoffüberfrachtung sollte die Grundschule sich wenigen exemplarischen Inhalten und Projekten widmen, aber diese auch gemeinsam gestalten. „Für die Bildung der Kinder ist nicht die Menge des vermittelten Wissens wichtig, sondern die Qualität der Aneignung und die unmittelbare Sinnhaftigkeit der Lernaktivitäten. Der Unterricht soll daher die Intelligenz der Kinder und ihre Freude an eigener Verantwortung durch angemessene Herausforderungen aufgreifen, die einen Bezug zum Leben haben und den Kindern Gelegenheit bieten, sich an bedeutsamen Aufgaben zu bewähren. Nur Lernerlebnisse, die als wichtig und als auch in der außerschulischen Welt sinnvoll und wirksam erfahren werden, hinterlassen nachhaltige Spuren im Denken und Erleben der Kinder und regen zu weiterem Lernen an" (Grundschulverband – Arbeitskreis Grundschule e.V. 2004, http://www.grundschulverband.de/standards_grundl_kon.html).

Von daher kommt es nicht auf ein expansives Lernen von möglichst vielen Stoffen an, sondern gerade um einen Abbau des Beherrschungsmodus beim Lernen. Kinder sind Teil von Natur und Gesellschaft und lernen darin, aber sie erobern nicht Unmengen von Inhalten, sondern erwägen die ausgewählten nach verschiedenen Seiten.

Dies ist dann die eigentliche Qualitätssteigerung und nicht die Erhöhung oberflächlichen Testwissens. „Der Begriff Qualität geht zurück auf das lateinische Wort 'qualitas', welches – zunächst einmal wertfrei – 'Beschaffenheit' oder 'Eigenschaft', dann aber auch im wertenden Sinn 'Güte', 'Werthaltigkeit' oder 'gute Eigenschaft' bedeutet. In der Regel wird heute von 'Qualität' gesprochen, wenn ein Produkt, eine Dienstleistung oder ein Prozess den Zusagen oder Erwartungen entspricht (…) 'Schulqualität' ist daher ein dynamischer Begriff, der nicht losgelöst von gesellschaftlichen Entwicklungen und Interessen sowie örtlichen Gegebenheiten definiert werden kann. Es geht also nicht um eine allgemeine Normierung der Qualität von Schule und Unterricht. Das gemeinsame Qualitätsverständnis muss fortlaufend überprüft und den sich wandelnden Bedingungen angepasst werden" (Niedersächsisches Kultusministerium 2006, 7). Es muss also ein Begriff von Qualität für die Grundschule entwickelt werden, der an fundiertem Verstehen und Abwägen orientiert ist und nicht an schneller Reproduktion. „Qualität" ist derzeit ein Leitbegriff in der Bildungsdebatte.

Das wesentliche Qualitätskriterium der Arbeit an der Grundschule ist, ob die Grundschule wirklich auf das Leben vorbereitet. Dazu gehört eine basale Weltorientierung und eine umfassende Bildung der Persönlichkeit des Kindes in emotionaler, ethischer, handlungsbezogener, kognitiver und sozialer Hinsicht. „Schule heute" kann sich nicht länger damit begnügen, Lernort zu sein, denn Schule „ist mehr als eine Lern- und Unterrichtsschule, sie ist ein Lebens- und Erfahrungsraum für Kinder, in dem gemeinschaftsbildende, spielerische und künstlerische Aktivitäten ebenso ihren Platz haben wie kognitiv ausgerichteter Unterricht" (Blumenstock zit. n. Hepperle 2006, 12).

Weiterhin ist es wichtig, dass die Weltorientierung auf das Verstehen der Welt und ihres Wandels wie auch auf die Handlungsfähigkeit des Kindes in dieser Welt orientiert. Dazu gehört das Verstehen von ökologischen Problemen und entsprechende präventive Handlungsfähigkeit ebenso wie die Fähigkeit, Menschen aus verschiedenen Kulturen zu verstehen und gleichberechtigt mit ihnen umzugehen. Sandfuchs nennt in diesem Kontext das interkulturelle Lernen als wesentlich, um Kinder für das „Leben in unserer Kultur und Gesellschaft zu befähigen" (Sandfuchs 2001, 592).

6) Inklusive Grundschule für alle

In der Debatte um eine „Veränderte Kindheit" wird die Heterogenität der Klassen gerade an Grundschulen oft als Belastung für den Alltag begriffen. Dagegen wäre es aber viel produktiver, die Vielfalt als Chance zu begreifen, weil die verschiedenen Kinder auch verschiedene Erfahrungen, unterschiedliches Wissen und mannigfaltiges Können mit sich bringen. „Unterschiedliche kulturelle Prägungen, Fähigkeiten und Kompetenzen, die Menschen mit einer Zuwanderungsgeschichte mitbringen, sollten nicht länger als Problem oder als Defizit wahrgenommen werden, sondern in einem positiven Sinne als Herausforderung für eine Bildungsintegration begriffen werden" (Sauerland 2006, 28).

Damit wir die verschiedenen Kompetenzen bewusst einbeziehen können, müssen wir uns klar machen, in welcher Hinsicht sich diese Heterogenität denken lässt. Hier seien nur einige wichtige Dimensionen benannt:

1) Die interkulturelle Dimension. Damit ist die „gemeinsame Erziehung von Kindern aus verschiedenen Kulturen, mit verschiedenen Sprachen, Religionen und Weltanschauungen" (Sandfuchs 2001, 589) gemeint.

2) Die Gender-Dimension. Damit ist gemeint, dass Jungen und Mädchen zwar unterschiedliche Erfahrungen und Sozialisationsmuster in die Schule mitbringen, dass diese aber durchaus produktiv für den Unterricht sind (Kaiser 2004b).

3) Die Dimension verschiedener Fähigkeiten und Förderbedarfe. Damit ist die gemeinsame Erziehung und Bildung von Kindern mit verschiedenen Stärken und Schwächen, mit unterschiedlichem Förderbedarf, gemeint.

4) Die sozio-kulturelle Dimension. Damit ist gemeint, dass unabhängig von der sozialen Herkunft und entsprechenden sozio-kulturellen Bedingungen alle Kinder bestimmte Erfahrungen und Perspektiven der Weltsicht in die Grundschule einbringen können, die für alle anderen bereichernd sind.

5) Die Dimension verschiedenen Alters. Damit ist gemeint, dass auch das gemeinsame Lernen verschiedener Altersgruppen nicht zu einer Hierarchie der Älteren gegenüber den Jüngeren führen muss, sondern dass jede Altersstufe auch bestimmte Erfahrungsfelder erschließt, die auch für die anderen als Bereicherung aktualisiert werden können.

Wichtig ist, dass diese Dimensionen nicht als separierende Gruppen verstanden werden, sondern wirklich nur auf die gemeinsame Grundschule und das gemeinsame Lernen bezogen werden. Das inklusive Denken bezieht sich also auf verschiedene Dimensionen der Vielfalt, stellt aber nicht die Verschiedenheit her, sondern die Gemeinsamkeit. Denn „alle Kinder sind voraussetzungslos Teil der unteilbaren, heterogenen Gruppe und nehmen aktiv als vollwertige Mitglieder am Gemeinschaftsleben teil, unabhängig vom Schweregrad der nach gängigen Kriterien beobachteten Behinderung. Alle Dimensionen der Heterogenität gehören dazu: Geschlecht, Alter, Kompetenzen, Beeinträchtigungen, Erstsprache, Kultur, Hautfarbe, Religion, sexuelle Orientierung, sozialer Hintergrund" (Stähling 2006, 166).

Modul 9: Grundschule der Zukunft: ein utopisches Konzept

Diese Forderung nach einer inklusiven Schule ist nicht utopisch, auch wenn ihre Realisierung noch viele pädagogische Erfahrungen und Entwicklungen erforderlich macht. Aber zumindest das Motiv in der Bevölkerung ist in diese Richtung gelagert. „Eine Mehrheit der vom Dortmunder Institut für Schulentwicklungsforschung (IFS) befragten Lehrerinnen und Lehrer spricht sich erstmals für ein längeres gemeinsames Lernen aller Kinder nach der Grundschule aus" (Haas-Rietschel/Kanders 2006, S. 41 f.). Die folgende Tabelle veranschaulicht die Untersuchungsergebnisse:

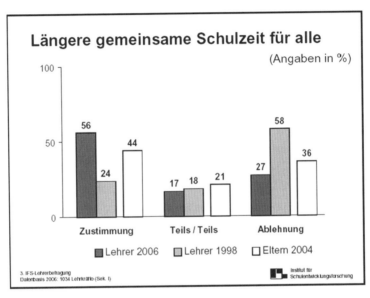

Die mehr als vierjährige Grundschule ist ein integrativer Rahmen, allerdings ist sie noch nicht deckungsgleich mit einer inklusiven Schule. Politisch ist diese Grundschulzeiterweiterung noch lange nicht durchgesetzt. Allerdings zeigen die Beispiele anderer europäischer Länder, die erfolgreicher im Bildungswesen sind, d. h. mehr Kinder zur Studienbefähigung ausbilden und in internationalen Vergleichsuntersuchungen bessere Ergebnisse der Schülerinnen und Schüler hervorbringen, dass eine längere Grundschule sinnvoll und wirksam ist.

Die Grundschule der Zukunft sollte
- Schule des kooperativen Lernens sein
- den Grundschulunterricht kommunikativ gestalten
- den inhaltlichen Rahmen von Grundschule als Caring-Curriculum auffassen
- Schule der Selbst- und Mitbestimmung sein
- Schule des Lebens sein
- eine inklusive Schule für alle sein

9.2 Modell einer Reformschule – Grundschule als differenzierte Lebensschule

Das Wesentliche einer neuen Grundschule ist die Verbindung von Gegensätzen. Dazu zählt der Gegensatz von Geborgenheitssuche und Weltoffenheit sowie von Heterogenität und Gemeinsamkeit. Diese Widersprüche sind nicht aufhebbar, denn einerseits soll die Schule den vielen verschiedenen Lernwegen und Lernvoraussetzungen entsprechen und doch zu einem gemeinsamen Bildungsstand führen. Die Lösung ist, dass diese Widerspruchspaare beide gleichzeitig in die pädagogische Situation eingebracht werden, um dann zu situativen konkreten Lösungen zu kommen.

Ein Modell einer dem entsprechenden Grundschule sieht etwa folgendermaßen aus:

Soziale Gruppierung:

- Die Basis der Grundschule ist eine feste soziale Gruppe (Klasse) in Altersmischung, Richtwert: 20 Kinder/Klasse
- In dieser Klasse sind alle Kinder des Wohngebietes integriert, kein Kind wird wegen seiner Fähigkeiten oder anderer Merkmale ausgegliedert
- Jede Gruppe wird von einem Tandem von einer Lehrerin/einem Lehrer und einer Erzieherin/einem Erzieher begleitet
- Der Schule stehen zusätzlich Menschen zur Verfügung, die für die Kinder da sein können wie ältere Personen, die Lesegruppen leiten oder Praktikantinnen/Praktikanten
- Jeder Grundschule hat einen Sozialpädagogen/eine Sozialpädagogin als Bezugsperson

Zeitrhythmus und Schulleben

- Jeder Tag beginnt mit einer Anfangsversammlung der Gruppe
- Die Woche endet mit einem Schulforum
- Die große Pause dauert als Spielpause mehr als eine halbe Stunde, es stehen viele Materialien und Räume zum Spielen zur Verfügung
- Am Ende des Tages findet eine Jahrgangsversammlung statt (Vortrag von Gedichten, Singen, Tanzen, Konfliktlösungsgespräche),
- Jeden Monat gibt es eine große Schulversammlung (Theatervorführungen, gemeinsame Planungen von Festen)
- Rhythmisierung des Vormittags:
    - Versammlung der Gruppe mit Interaktionsübung/Stilleübung/Fantasiereise
    - Spiel- und Arbeitsphase
    - Frühstückspause mit selbst zubereitetem Tee

- o lange Spielpause im Freien
- o kurze Klassenversammlung
- o Spiel- und Arbeitsphase
- o Jahrgangsversammlung und anschließende Planung der Essensvorbereitung
- o Vorbereitungsphase
  - Einkaufen, Essensvorbereitung (ca. 6 Kinder)
  - Gestaltung der Ausstellungstische zum Sachunterricht
  - Beschriftung der Präsentationsstelltafeln
  - Ruhe-, Spiel- und Einzelarbeitsphase für die nicht vorbereitenden Kinder
- o gemeinsames Essen
- o Abwasch, Reinigung (ca. 6 andere Kinder zusammen mit einer Reinigungskraft mit pädagogischer Zusatzfortbildung)
- o Ruhe-, Spiel- und Einzelarbeitsphase
- o Zeit der besonderen Angebote durch Lehrbeauftragte (Holzwerkstatt, Leichtathletik, Instrumentalunterricht), Übungszeit für alle mit den Lehrpersonen und Förderangebote
- Kinder bereiten zusammen mit Erwachsenen ihre Mittagsmahlzeit vor
- Kinder reinigen nach Schulschluss ihre Räume

Angebote

- viele Möglichkeiten zu Kleingruppen und Doppelbesetzung der Klassenführung durch effektivere Großgruppen
- verschiedener Werkstattunterricht zur Förderung praktischer Kompetenzen

Organisation

- Rotation der Schulleitung
- Lehrerinnen und Erzieherinnen des Jahrgangs sowie weitere Fachkräfte bilden Teams und kooperieren regelmäßig

Die wesentliche Bestimmung bei einer solchen Grundschule ist aber, dass Lehrerinnen und Lehrer sich mit Engagement für die Schülerinnen und Schüler einsetzen, sie emotional wertschätzen und an ihre Lernfähigkeit glauben. Grundschule soll ein lebendiger Organismus werden, der nicht ausgrenzt, sondern gemeinsam weiter entwickelt.

Anstelle einer Zusammenfassung seien hier nur abschließend Wahlsprüche zitiert, die als „finnische Schulphilosophie" bezeichnet werden:

> **Die finnische Schulphilosophie**
>
> Wir brauchen alle
> Alle bleiben zusammen
> Niemand bleibt zurück
> Niemand wird beschämt
> Wir begegnen uns mit Respekt
>
> **Auf den Anfang kommt es an:
> die höchsten Investitionen in die kleinsten
> Menschen**
>
> *Vier Lehrer hat ein Kind:*
>
> **Andere Kinder
> Lehrerinnen und Lehrer
> Schulraum
> Eltern**

Quelle: Die GEW informiert 2006, 14.

Literatur

Adorno, Theodor W.: Minima Moralia. Frankfurt 1951

Aebli, Hans: Zwölf Grundformen des Lehrens. Eine Allgemeine Didaktik auf psychologischer Grundlage. Stuttgart 1983

Ahrendt, Hannah: Vita activa oder vom tätigen Leben. München 1994 (3)

Aissen-Crewett, Meike: Kunstunterricht in der Grundschule. Braunschweig 1992

Ariés, Philippe: Geschichte der Kindheit. München 1978

Baacke, Dieter: Medienkompetenz als Netzwerk. Reichweite und Fokussierung eines Begriffes, der Konjunktur hat. In: medien praktisch. 21. 1997, H. 78, 4–10

Baader, Meike: Der romantische Kindheitsmythos und seine Kontinuitäten in der Pädagogik und in der Kindheitsforschung. In: Zeitschrift für Erziehungswissenschaft. 7. 2004, H. 3, 416–431

Bastian, Johannes: Lehrer im Projektunterricht. In: Westermanns Pädagogische Beiträge. 36. 1984, H. 6, 293–300

Bartnitzky, Horst: Sprachunterricht heute. Berlin 2000 (8)

Bartnitzky, Horst: Das Dilemma der Grundschule: zu kurz und zu ausleseorientiert. Position des Grundschulverbandes. In: Heyer, Peter/Preuss-Lausitz, Ulf/Sack, Lothar (Hrsg.): Grundschulverband – Arbeitskreis Grundschule e.V.: Länger gemeinsam Lernen. Positionen – Forschungsergebnisse – Beispiele. Frankfurt am Main 2003, 16–21

Barnitzky, Horst: Pädagogische Leistungskultur. Materialien für Klasse 1 und 2. Frankfurt am Main 2005

Bartnitzky, Horst: Zum Umgang mit Noten. In: Grundschulverband – Arbeitskreis Grundschule e.V.(Hrsg.): Beiträge zur Reform der Grundschule Band 121, Heft 2: Zum Umgang mit Noten. Sind Noten nützlich – und nötig? Frankfurt am Main 2006, 6–16

Bastian, Johannes/Gudjons, Herbert (Hrsg.): Das Projektbuch. Theorie – Praxisbeispiele – Erfahrungen. Hamburg 1994 (4)

Bauer, Rudolf: Lernverhalten und -entwicklung von Kindern am Computer. In: Mitzlaff, Hartmut/Speck-Hamdan, Angelika (Hrsg.): Grundschule und neue Medien. Frankfurt am Main 1998, 85–96

Bäuml-Roßnagel, Maria-Anna: Mehrdimensionaler Sachunterricht als Bildung des „ganzen Menschen". In: Kaiser, Astrid/Pech, Detlef (Hrsg.): Integrative Dimensionen für den Sachunterricht. Neuere Zugangsweisen, Band 3. Baltmannsweiler 2004a, 85–90

Beer, Sigrid: Es ist der Wurm drin. Argumente für eine längere gemeinsame Schulzeit. In: Heyer, Peter/Preuss-Lausitz, Ulf/Sack, Lothar (Hrsg.): Länger gemeinsam Lernen. Positionen – Forschungsergebnisse – Beispiele. Frankfurt am Main 2003, 29–33

Bellenberg, Gabriele/Klemm, Klaus: Die Grundschule im deutschen Schulsystem. In: Einsiedler, Wolfgang u. a. (Hrsg.): Handbuch Grundschulpädagogik und Grundschuldidaktik. Bad Heilbrunn 2001, 30– 37

Berck, Heide/Starosta, Bernhard: Lernorte außerhalb der Schule. In: Killermann, Wilhelm/Staeck, Lothar (Hrsg.): Methoden des Biologieunterrichts. Köln 1990, 163–165

Bergsson, Marita/Luckfiel, Heide: Umgang mit „schwierigen" Kindern: auffälliges Verhalten. Förderpläne. Handlungskonzepte. Berlin 1998

Besele, Sylvie: Pausenlust statt Schulhoffrust. Management kindgerechter Geländegestaltung. Dortmund 1999

Bettelheim, Bruno: Kinder brauchen Bücher. Lesenlernen durch Faszination. München 1990

Bildungsministerien der Bundesländer Mecklenburg – Vorpommern, Berlin, Brandenburg, Bremen: Rahmenplan für das Fach Kunst. 2004a

Bildungsministerien der Bundesländer Mecklenburg – Vorpommern, Berlin, Brandenburg, Bremen: Rahmenplan für das Fach Musik. 2004a

Birkenbihl, Vera F.: Erfolgstraining. Schaffen Sie sich ihre Wirklichkeit selbst. Landsberg 1994

Blum, Eva/Blum, Hans-Joachim: Der Klassenrat. Ziele, Vorteile, Organisation. Mühlheim an der Ruhr 2006

Bloom, Benjamin S./Krathwohl, Davis R./Masia, Bertram B./Dreesmann, Helmut: Taxonomie von Lernzielen im affektiven Bereich. Weinheim 1978 (2)

Bolland, Angela: Lernwerkstätten im Sachunterricht. In: Kaiser, Astrid/Pech, Detlef (Hrsg.): Unterrichtsplanung und Methoden. Basiswissen Sachunterricht, Band 5. Baltmannsweiler 2004, 177–186

Bönsch, Manfred: Differenzierung im Sachunterricht. In: Kaiser, Astrid/Pech, Detlef (Hrsg.): Unterrichtsplanung und Methoden. Basiswissen Sachunterricht. Band 5. Baltmannsweiler 2004, 194–201

Bönsch, Manfred: Intelligente Unterrichtsstrukturen. Baltmannsweiler 2006 (3)

Bönsch, Manfred: Gesamtschule. Die Schule der Zukunft mit historischem Hintergrund. Baltmannsweiler 2006a

Bönsch, Manfred/Kaiser, Astrid: Unterrichtsmethoden – kreativ und vielfältig. Basiswissen Pädagogik. Baltmannsweiler 2006

Boppel, Werner/Kollenberg, Udo: Mitbestimmung in der Schule. Köln 1981

Bräu, Karin/ Schwerdt, Ulrich (Hrsg.): Heterogenität als Chance. Vom produktiven Umgang mit Gleichheit und Differenz in der Schule. Münster 2005

Breidenstein, Georg/Prengel, Annedore (Hrsg.): Schulforschung und Kindheitsforschung – ein Gegensatz. Wiesbaden 2005

Breithecker, Dieter: Sitzen-Stehen-Gehen-Wippen: Klassenzimmer, die bewegen. In: Praxis der Psychomotorik. 23. 1998, H. 4, 239–249

Brügelmann, Hans: Kinder auf dem Weg zur Schrift: eine Fibel für Lehrer und Laien. Bottighofen 1994 (5)

Brügelmann, Hans u. a.: Sind Noten nützlich – und nötig? In: Grundschulverband – Arbeitskreis Grundschule e.V.(Hrsg.): Beiträge zur Reform der Grundschule Band 121 Heft 2: Zum Umgang mit Noten. Sind Noten nützlich – und nötig? Frankfurt am Main 2006, 17–46

Brügelmann, Hans: Leistungsheterogenität und Begabungsheterogenität in der Primarstufe und in der Sekundarstufe. In: Heyer, Peter/Preuss-Lausitz, Ulf/Sack, Lothar (Hrsg.): Länger gemeinsam Lernen. Positionen – Forschungsergebnisse – Beispiele. Frankfurt am Main 2003, 60–74

Brülls, Susanne: Medienpädagogische Zugänge in einer Informationsgesellschaft. In: Kaiser, Astrid/Pech, Detlef (Hrsg.): Integrative Zugangsweisen für den Sachunterricht. Basiswissen Sachunterricht, Band 3. Baltmannsweiler 2004, 137–145

Bruner, Jerome Seymour/Olver, Rose R./Greenfield, Patricia Marks: Studien zur kognitiven Entwicklung. Stuttgart 1988

Budnik, Ines: Zum Umgang mit Verhaltensproblemen in der Grundschule: Reflexionsfragen für Lehrerinnen und Lehrer. Grundschulunterricht. 2002, H. 9, 6–8

Burk, Karlheinz/Claussen, Claus (Hrsg.): Lernorte außerhalb des Klassenzimmers. I. Didaktische Grundlagen und Beispiele. Beiträge zur Reform der Grundschule. Band 45. Frankfurt am Main 1980

Burk, Karlheinz/Claussen, Claus (Hrsg.): Lernorte außerhalb des Klassenzimmers. II. Didaktische Grundlagen und Beispiele. Beiträge zur Reform der Grundschule. Band 45. Frankfurt am Main 1981

Burk, Karlheinz/Deckert-Peaceman, Heike (Hrsg.): Auf dem Weg zur Ganztags-Grundschule. Frankfurt am Main 2006

Carle, Ursula/Kaiser, Astrid (Hrsg.): Rechte der Kinder. Baltmannsweiler 1998

Carle, Ursula/Berthold, Barbara (Hrsg.): Schuleingangsphase entwickeln. Leistungen fördern. Wie 15 Staatliche Grundschulen in Thüringen die flexible, jahrgangsgemischte und integrative Schuleingangsphase einrichten. Baltmannsweiler 2004

Carle, Ursula: Unterrichtsplanung. In: Kaiser, Astrid/Pech, Detlef (Hrsg.): Unterrichtsplanung und Methoden. Basiswissen Sachunterricht, Band 5. Baltmannsweiler 2004, 46–52

Carr, Margaret: Assessment in Early Childhood Settings. Learning Stories. Hamilton 2001

Cech, Dietmar u. a.: Bildungswert und Bildungswirkung des Sachunterrichts. In: Cech, Dietmar u. a. (Hrsg.): Bildungswert des Sachunterrichts. Probleme und Perspektiven des Sachunterrichts, Band 16. Bad Heilbrunn 2006, 7–16

Chranach, Mario von u. a.: Zielgerichtetes Handeln. Bern/Stuttgart/Wien 1980

Claussen, Claus (Hrsg.): Praktische Vorschläge für einen besseren Übergang ins Schulleben. Freiburg 1977

Cloer, Ernst: Veränderte Kindheitsbedingungen – Wandel der Kinderkultur. In: Die Deutsche Schule. 84. 1992, H. 1, 10–27

Cohn, Ruth C./Terfurth Christina: Lebendiges Leben und Lernen: TZI macht Schule. Stuttgart 1993

Czerwenka, Kurt: Schulentwicklung und Schulprofil. In: Einsiedler, Wolfgang u. a. (Hrsg.): Handbuch Grundschulpädagogik und Grundschuldidaktik. Bad Heilbrunn 2001, 87–96

Das Niedersächsische Schulgesetz, § 64 Beginn der Schulpflicht, Stand Dezember 2005

DeMause, Lloyd: Hört ihr die Kinder weinen? Eine psychogenetische Geschichte der Kindheit. Frankfurt 1979

Demmer-Dieckmann, Irene: Jahrgangsmischung nur am Anfang? Ergebnisse einer Studie zur Ausweitung der Jahrgangsmischung an der Laborschule Bielefeld. In: Hinz, Renate/Pütz, Tanja (Hrsg.): Professionelles Handeln in der Grundschule. Entwicklungslinien und Forschungsbefunde. Baltmannsweiler 2006, 67–74

Dewey, John: Demokratie und Erziehung. Braunschweig 1964 (3)

Deutscher Bildungsrat: Strukturplan für das Bildungswesen. Stuttgart 1970 (2)

Deutsches Pisakonsortium: Basiskompetenzen von Schülerinnen und Schülern im internationalen Vergleich. Opladen 2001

Die Arbeit in der Grundschule. Aufgaben und Ziele. Erlass des Mk vom 3.2.04. URL: http://www.schure.de/ (30.08.06)

Dietrich, Georg: Pädagogische Psychologie. Eine Einführung auf handlungstheoretischer Grundlage. Bad Heilbrunn 1984

Dietrich, Knut: Bewegungsräume. In: Sportpädagogik 16. 1992, H. 4, 16–21

Döbert, Hans u. a.: Die Schulsysteme Europas. Grundlagen der Schulpädagogik. Band 46. Baltmannsweiler 2002

Dreher, Eva: Entwicklungspsychologie des Kindes. In: Einsiedler, Wolfgang u. a. (Hrsg.): Handbuch Grundschulpädagogik und Grundschuldidaktik. Bad Heilbrunn 2001, 115–123

Drews, Ursula/Schneider, Gerhard/Wallrabenstein, Wulf: Einführung in die Grundschulpädagogik. Weinheim/Basel 2000

Duncker, Ludwig: Methodisches Lernen im Sammeln und Ordnen. In: Hempel, Marlies (Hrsg.): Lernwege der Kinder. Subjektorientiertes Lehren und Lernen in der Grundschule. Baltmannsweiler 1999, 76–93

Duncker, Ludwig: Pädagogische Anthropologie des Kindes. In: Einsiedler, Wolfgang u. a. (Hrsg.): Handbuch Grundschulpädagogik und Grundschuldidaktik. Bad Heilbrunn 2001, 109–114

Einsiedler, Wolfgang: Arbeitsformen im modernen Sachunterricht der Grundschule. Donauwörth 1977 (6)

Einsiedler, Wolfgang: Der Beitrag der empirischen Forschung für einen kindgemäßen Grundschulunterricht. In: Ortner, Alexandra/Ortner, Ulrich (Hrsg.): Grundschulpädagogik. Wissenschaftsintegrierende Beiträge. Donauwörth 1990, 130–137

Einsiedler Wolfgang/Rabenstein, Rainer (Hrsg.): Grundlegendes Lernen im Sachunterricht. Bad Heilbrunn 1985

Einsiedler, Wolfgang: Das Spiel der Kinder. Bad Heilbrunn 1991 (2)

Faust-Siehl, Gabriele/Garlichs, Ariane/Ramseger, Jörg/Schwarz, Hermann/Warm, Ute: Die Zukunft beginnt in der Grundschule. Empfehlungen zur Neugestaltung der Primarstufe. Reinbek bei Hamburg 1996

Felden, Heide von: Die Frauen und Rousseau. Frankfurt 1997

Flitner, Andreas: Konrad, sprach die Frau Mama. Über Erziehung und Nicht-Erziehung, München/Zürich 1989 (4)

Flitner, Wilhelm: Grundlegende Geistesbildung. Studie zur Theorie wissenschaftlicher Grundbildung und ihrer kulturellen Basis. Heidelberg 1965

Fölling-Albers, Maria: Kindheit heute – Leben in zunehmender Vereinzelung. In: Faust-Siehl, Gabriele/Schmitt, Rudolf/Valtin, Renate (Hrsg.): Kinder heute – Herausforderung für die Schule. Frankfurt am Main 1990, 138–149

Fölling-Albers, Maria: Veränderte Kindheit – Neue Aufgaben für die Grundschule. In: Haarmann, Dieter (Hrsg.): Handbuch Grundschule. Allgemeine Didaktik: Voraussetzungen und Formen grundlegender Bildung, Band 1. Weinheim/Basel 1991, 52–64

Fölling-Albers, Maria: Soziokulturelle Bedingungen der Kindheit. In: Einsiedler, Wolfgang u. a. (Hrsg.): Handbuch Grundschulpädagogik und Grundschuldidaktik. Bad Heilbrunn 2001, 123–133

Fournés, Angelika: Entwicklung der Grundschule. Frankfurt 1996

Frey, Karl: Die Projektmethode. Weinheim/Basel 1996 (7)

Friedrich, Annerose/Kleinert, Irmhild: Der Klassenrat. In: Praxis Schule 5–10. 8, 1997, H. 5, 30–31

Fritz, Jürgen: Kinder und Computerspiele. Was Computerspiele mit der Lebenswelt der Kinder zu tun haben. In: Mitzlaff, Hartmut/Speck-Hamdan, Angelika (Hrsg.): Grundschule und neue Medien. Frankfurt am Main 1998, 124–138

Fröhlich-Uhl, Christiane: Lebenswelt Grundschule – die erste Lehrerin: Schüler erzählen von ihren Erfahrungen. Forschungsprojekt Schulische Selbsterfahrung. Kassel 1981

Fuhs, Burkhard: Eltern und Ganztagsschule. In: Burk, Karlheinz/Deckert-Peaceman, Heike (Hrsg.): Auf dem Weg zur Ganztags-Grundschule. Frankfurt am Main 2006, 126–136

Füssenich, Iris/Sandfuchs, Uwe: Schulversagen – Versagen der Schule? Grundschule. 36. 2004, H. 9, 26–28

Gagné, Robert: Die Bedingungen des Lernens. Braunschweig 1973 (3)

Gesellschaft für Didaktik des Sachunterrichts (GDSU): Perspektivrahmen Sachunterricht. Bad Heilbrunn 2002

Gebauer, Michael/Harada, Nobuyuki: Naturkonzepte und Naturerfahrungen bei Grundschulkindern – Ergebnisse einer kulturvergleichenden Studie in Japan und Deutschland. In: Cech, Diethard/Giest, Hartmut: Sachunterricht in Praxis und Forschung. Bad Heilbrunn 2005, 191–207

Gesellschaft für Didaktik des Sachunterrichts (GDSU): Perspektivrahmen Sachunterricht. Bad Heilbrunn/Obb. 2002

Giel, Klaus/Hiller, Gotthilf G./Krämer, Hermann: Stücke zu einem mehrperspektivischen Unterricht. Aufsätze zu Konzeption 1 und 2. Stuttgart 1974

Giesecke, Hermann: Wozu ist die Schule da? In: Wozu die Schule da ist. Eine Streitschrift der Zeitschrift. Neue Sammlung. Seelze 1996, 5–16

Giest, Hartmut/Lompscher, Joachim: Lerntätigkeit – Lernen aus kultur-historischer Perspektive. Berlin, 2006

Gläser, Eva: Lernen durch Spielen. In: Reeken, Dietmar von (Hrsg.): Handbuch Methoden im Sachunterricht. Baltmannsweiler 2003, 262–201

Gläser, Eva: Sachunterrichtlicher Schulfang. In: Kaiser, Astrid/Pech, Detlef (Hrsg.): Neuere Konzeptionen und Zielsetzungen im Sachunterricht. Basiswissen Sachunterricht, Band 2. Baltmannsweiler 2004, 84–88

Glöckel, Hans: Was ist „Grundlegende Bildung". In: Schorch, Günther (Hrsg.): Grundlegende Bildung. Erziehung und Unterricht in der Grundschule. Bad Heilbrunn 1994

Glumpler, Edith: Sitzenbleiben. In: Keck, Rudolf/Sandfuchs, Uwe (Hrsg.): Wörterbuch Schulpädagogik. Bad Heilbrunn 1994, 316–317

Göppel, Rolf: Kinder als „kleine Erwachsene"? In: Neue Sammlung. 37. 1997, H. 3, 357–376

Gordon, Thomas: Lehrer-Schüler-Konferenz. Wie man Konflikte in der Schule löst. München 1974

Götz, Margarete: Die Grundschule in der Zeit des Nationalsozialismus. Eine Untersuchung der inneren Ausgestaltung der vier unteren Jahrgänge der Volksschule auf der Grundlage amtlicher Maßnahmen. Bad Heilbrunn/Obb. 1997

Götz, Margarethe/Sandfuchs, Uwe: Geschichte der Grundschule. In: Einsiedler, Wolfgang/Götz, Margarethe/Hacker, Hartmut/Kahlert, Joachim /Keck, Rudolf/Sandfuchs, Uwe (Hrsg.): Handbuch der Grundschulpädagogik und Grundschuldidaktik. Bad Heilbrunn 2001, 13–30

Grass, Karl/Knörzer, Wolfgang: Den Anfang der Schulzeit pädagogisch gestalten. Studien- und Arbeitsbuch für den Anfangsunterricht. Weinheim/Basel 2000 (5)

Groeben, Annemarie von der: Was sind und wozu brauchen Schulen „gute" Rituale? In: Pädagogik. 51. 1999, H. 4, 6–9

Grundschulverband – Arbeitskreis Grundschule e.V.(Hrsg.): Beiträge zur Reform der Grundschule Band 121 Heft 5: Sachunterricht. Frankfurt am Main 2006b

Grundschulverband – Arbeitskreis Grundschule e.V.(Hrsg.): Zur Qualität der Leistung – 5 Thesen zu Evaluation und Rechenschaft der Grundschularbeit. In: Beiträge zur Reform der Grundschule Band 121 Heft 1: Beiträge zum pädagogischen Leistungsbegriff. Frankfurt am Main 2006a, 16–46

Grundschulverband – Arbeitskreis Grundschule e.V.: „Bildungsansprüche von Grundschulkindern – Standards zeitgemäßer Grundschularbeit". Leitkonzept zeitgemäßer Grundschularbeit. Frankfurt am Main 2004. URL: _http://www.grundschulverband.de/standards_grundl_kon.html (16.09.06).

Grundschullehrerverband – Arbeitskreis Grundschule e.V.: Bildungsansprüche von Grundschulkindern. Standards zeitgemäßer Grundschularbeit. Frankfurt am Main 2005

Grunert, Cathleen/Krüger, Heinz-Hermann: Kindheit und Kindheitsforschung in Deutschland: Forschungszugänge und Lebenslagen. Opladen 2006

Gudjons, Herbert: Handlungsorientiert lehren und lernen. Bad Heilbrunn 1992 (3)

Gudjons, Herbert: Selbstgesteuertes Lernen der Schüler: Fahren ohne Führerschein? Zur Einführung in den Themenschwerpunkt. In: Pädagogik. 55. 2003, H. 5, 6–9

Gudjons, Herbert: Handlungsoprientiert lehren und lernen. Bad Heilbrunn 1997 (5)

Haan, Gerhard de/Dettling, Warnfried/Edelstein, Wolfgang/Hönigsberger, Herbert/Kahl, Reinhard/Kurth, Undine/Neswald, Elizabeth/Reich, Jens/Stern, Cornelia/Strauch, Volkmar/Wunder, Dieter: Autonomie von Schule in der Wissensgesellschaft. Verantwortung in der Zivilgesellschaft. 3. Empfehlung der Bildungskommission der Heinrich-Böll-Stiftung. Berlin 2002

Haarmann, Dieter (Hrsg.): Handbuch Grundschule. Allgemeine Didaktik: Voraussetzungen und Formen grundlegender Bildung, Band 1. Weinheim/Basel 1996 (3)

Haas-Rietschel, Helga/Kanders, Michael: Länger gemeinsam Lernen. Aktuelle IFS-Umfrage zeigt Meinungsumschwung. In: Erziehung und Wissenschaft. Zeitschrift der Bildungsgewerkschaft GEW. 2006, H. 7–8, 41–42

Habermas, Jürgen: Zur Theorie kommunikativen Handelns. Frankfurt am Main 1981

Hahn, Manfred: Leseerziehung in der Grundschule. Baltmannsweiler 2000

Hänsel, Dagmar: Das Projektbuch Grundschule. Weinheim/Basel 1995 (5)

Hansen-Schaberg, Inge/Schonig, Bruno (Hrsg.): Waldorf-Pädagogik. Baltmannsweiler 2006

Harris, Thomas A.: Ich bin o.k. – Du bist o.k. Reinbek 1975

Hasemann, Klaus: Anfangsunterricht Mathematik. Heidelberg 2003

Hausmann, Andrés Oliva/Röhner, Charlotte: Kinder bewerten das Ganztagsangebot. Eine Studie zur Qualität der Ganztagsschule aus Kindersicht. In: Burk, Karlheinz/Deckert-Peaceman, Heike (Hrsg.): Auf dem Weg zur Ganztags-Grundschule. Frankfurt am Main 2006, 271–278

Hein, Anna Katharina: Perspektiven auf Kindheit im chronologischen Wandel. Die kulturkritische Perspektive als Herausforderung für die Grundschule im 21. Jahrhundert. Beiträge zur Welt der Kinder Bd. 12. Münster 2004

Heinrich, Karin: Kinder arbeiten (sich) frei. Wie Grundschule Schule der Kinder sein kann. Essen 1991

Heinrich, Ulrich: Gemeinsam lernen in Projekten. Bausteine für eine integrationsfähige Schule. Bad Heilbrunn 1999

Heinzel, Frederike: Der Blick auf die Kinder und der Blick zurück. In: Grundschulunterricht. 49. 2002, H. 9, 9–12

Hellberg-Rode, Gesine: Außerschulische Lernorte. In: Kaiser, Astrid/Pech, Detlef (Hrsg.): Unterrichtsplanung und Methoden. Basiswissen Sachunterricht, Band 5. Baltmannsweiler 2004, 145–150

Hellmich, Frank/Hanna Kiper: Einführung in die Grundschuldidaktik. Weinheim/Basel 2006

Hempel, Marlies (Hrsg.): Lernwege der Kinder. Baltmannsweiler 1999

Hempel, Marlies: Lernen durch Kooperieren. In: Hempel, Marlies (Hrsg.): Lernwege der Kinder. Baltmannsweiler 1999, 190–205

Hempel, Marlies: Planung offenen Unterrichts. In: Kaiser, Astrid/Pech, Detlef (Hrsg.): Unterrichtsplanung und Methoden. Basiswissen Sachunterricht, Band 5. Baltmannsweiler 2004, 53–61

Hentig, Hartmut von: Schule als Erfahrungsraum? Stuttgart 1973

Hepperle, Julia: Ganztagsschulen als Gestaltungschance. Eine neue Rolle des Darstellenden Spiels. In: Grundschule. 38. 2006, H. 9, 12–14

Heyer, Peter/Preuss-Lausitz, Ulf/Sack, Lothar (Hrsg.): Länger gemeinsam Lernen. Positionen – Forschungsergebnisse – Beispiele. Frankfurt am Main 2003

Hering, Jochen: Erzählen im Sachunterricht. Biografisches Lernen in der Grundschule und darüber hinaus. In: Kaiser, Astrid/Pech, Detlef (Hrsg.): Integrative Dimensionen für den Sachunterricht. Neuere Zugangsweisen. Basiswissen Sachunterricht, Band 3. Baltmannsweiler 2004, 91–111

Hermann, Gunnar: Projekte. In: Reekken, Dietmar von (Hrsg.): Methoden im Sachunterricht. Baltmannsweiler 2003, 217–222

Hinz, Renate/Sommerfeld, Dagmar: Jahrgangsübergreifende Klassen. In: Christiani, Reinhold (Hrsg.): Schuleingangsphase: neu gestalten. Berlin 2004 (2), 165–186

Hofer, Christine: Die pädagogische Anthropologie Maria Montessoris oder: Die Erziehung zum neuen Menschen. Würzburg 2001

Hogger, Birgitta: Gewaltfrei miteinander umgehen. Konfliktmanagement und Mediation in Schule und Unterricht. Baltmannsweiler 2007

Höink, Christiane: Kreatives Gestalten mit Naturmaterialien aus dem Schulgarten und Schulgelände. In: Lauterbach, Roland/Schwier, Hans-Joachim (Hrsg.): Sache-Wort-Zahl: Schulgarten und Schulgelände. 2001, H. 35, 39–46

Holtappels, Heinz Günther: Grundschulen mit erweitertem Zeitrahmen: Halbtagsgrundschule und Ganztagsschule. In: Einsiedler, Wolfgang u. a. (Hrsg.): Handbuch Grundschulpädagogik und Grundschuldidaktik. Bad Heilbrunn 2001, 73–77

Hopf, Arnulf/Zill-Sahm, Ivonne/Franken, Bernd: Vom Kindergarten in die Grundschule. Evaluationsinstrumente für einen erfolgreichen Übergang. Weinheim/Basel 2004 (3)

Hurrelmann, Klaus: FamilienStreß – SchulStreß – FreizeitStreß. Gesundheitsförderung für Kinder und Jugendliche. Weinheim/Basel 1990

Hüther, Gerald/Cornelia Nitsch: Kinder gezielt fördern. München 2004

Ingenkamp, Karlheinz: Lehrbuch der Pädagogischen Diagnostik. Weinheim 1985

Jennessen, Sven/Kastirke, Nicole: Die neue Schuleingangsphase als Thema der Schulentwicklung. Forschung – Stolpersteine – Praxisempfehlungen. Baltmannsweiler 2006

Jennessen, Sven: Manchmal muss man an den Tod denken… Wege der Enttabuisierung von Sterben, Tod und Trauer in der Grundschule. Baltmannsweiler 2007

Jung, Johannes: Reform- und Alternativschulen. In: Einsiedler, Wolfgang u. a. (Hrsg.): Handbuch Grundschulpädagogik und Grundschuldidaktik. Bad Heilbrunn 2001, 64–73

Jürgens, Eiko: Leistung und Beurteilung in der Schule. Eine Einführung in Leistungs- und Bewertungsfragen aus pädagogischer Sicht. Sankt Augustin 1992

Kahlert, Joachim: Der Sachunterricht und seine Didaktik. Studientexte zur Grundschulpädagogik und -didaktik. Bad Heilbrunnen 2005 (2)

Kahlert, Joachim: Sachunterricht als fächerübergreifender Lernbereich. In: Einsiedler, Wolfgang (Hrsg.) u. a.: Handbuch Grundschulpädagogik und Grundschuldidaktik. Bad Heilbrunn, 2005a (2), 550–559

Kaiser, Astrid: Mütter und Lehrerinnen im Konflikt. In: Grundschule, 17. 1985, H. 2, 26–29

Kaiser, Astrid: Das Konzept „Freie Arbeit" im Spannungsfeld zwischen Materialdifferenzierung und Projektlernen – kritische Anmerkungen zu Problemen neuerer grundschulpädagogischer Bestrebungen. In: Die deutsche Schule. 84. 1992a, H. 1, 42–49

Kaiser, Astrid: Mit den Sachen beginnen. Ein Plädoyer für handlungsorientierten Anfangsunterricht. In: Die Deutsche Schule. 1992b, 2. Beiheft, 62–70

Kaiser, Astrid: Lernvoraussetzungen von Mädchen und Jungen für sozialwissenschaftlichen Sachunterricht. Oldenburg 1996 (2)

Kaiser, Astrid/Röhner, Charlotte (Hrsg.): Kinder im 21. Jahrhundert. Münster 2000

Kaiser, Astrid: Praxisbuch Mädchen- und Jungenstunden. Baltmannsweiler 2001

Kaiser, Astrid: Zukunftsbilder von Kindern der Welt. Baltmannsweiler 2003

Kaiser, Astrid: Anders lehren lernen. Ein Übungskurs für emotional fundierte Lehrkompetenz. Baltmannsweiler 1999

Kaiser, Astrid: Kommunikativer Sachunterricht. In: Kaiser, Astrid/Pech, Detlef (Hrsg.): Neuere Konzeptionen und Zielsetzungen im Sachunterricht. Basiswissen Sachunterricht, Band 2. Baltmannsweiler 2004a, 48–57

Kaiser, Astrid: Sachunterricht aus der Gender-Perspektive. In: Kaiser, Astrid/Pech, Detlef (Hrsg.): Integrative Zugangsweisen für den Sachunterricht. Basiswissen Sachunterricht, Band 3. Baltmannsweiler 2004b, 146–168

Kaiser, Astrid: Caring Curriculum für den Sachunterricht. In: Kaiser, Astrid/Pech, Detlef (Hrsg.): Integrative Zugangsweisen für den Sachunterricht. Basiswissen Sachunterricht, Band 3. Baltmannsweiler 2004c, 188–205

Kaiser, Astrid: Sprache im Sachunterricht. In: Kaiser, Astrid/Pech, Detlef (Hrsg): Unterrichtsplanung und Methoden. Basiswissen Sachunterricht, Band 5. Baltmannsweiler 2004d, S. 78–82

Kaiser, Astrid: Schlüsselprobleme und umfassende Allgemeinbildung? In: Kaiser, Astrid/Pech, Detlef (Hrsg.): Die Welt als Ausgangspunkt des Sachunterrichts. Basiswissen Sachunterricht, Band 6. Baltmannsweiler 2004e, S. 70–80

Kaiser, Astrid: Lernen des Lernens. In: Kaiser, Astrid/Pech, Detlef (Hrsg.): Lernvoraussetzungen und Lernen im Sachunterricht. Basiswissen Sachunterricht, Band 4. Baltmannsweiler 2004f, 140–151

Kaiser, Astrid: Praxisbuch interkultureller Sachunterricht. Baltmannsweiler 2006a

Kaiser, Astrid: Neue Einführung in die Didaktik des Sachunterrichts. Baltmannsweiler 2006b (10)

Kaiser, Astrid: 1000 Rituale für die Grundschule. Baltmannsweiler 2006c (5)

Kaiser, Astrid: Möglichkeiten und Grenzen der Messung von naturwissenschaftlichen Kompetenzen im Sachunterricht. In: Lauterbach, Roland/Hartinger, Andreas/Feige, Bernd/Cech, Diethard (Hrsg.): Kompetenzerwerb im Sachunterricht fördern und erfassen. Bad Heilbrunn 2007, 173–181

Kalthoff, Herbert: Das Zensurenpanoptikum. Eine ethnografische Studie zur schulischen Bewertungspraxis. In: Zeitschrift für Soziologie. 25. 1996, H. 2, 106–129

Keller, Monika: Die Entwicklung der Entwicklungspsychologie. In: Psychologie heute. 10. 1982, H. 6, 44–55

Kerschensteiner, Georg: Grundfragen der Schulorganisation. München 1954 (7)

Klafki, Wolfgang u. a.: Schulnahe Curriculumentwicklung und Handlungsforschung im Marburger Grundschulprojekt. Weinheim 1982

Klafki, Wolfgang: Neue Studien zur Bildungstheorie und Didaktik. Zeitgemäße Allgemeinbildung und kritische Didaktik. Weinheim/Basel 1994 (4)

Klafki, Wolfgang: Sinn-Dimensionen allgemeiner Bildung in der Schule. In: Fiegert, Monika/Kunze, Ingrid (Hrsg.): Zwischen Lehrerbildung und Lehrerausbildung. Münster 2005, 181–199

Klein, Werner/Krey, Bodil: Umgang mit schwierigen Schülern. Konzeptionelle Überlegungen – Erfahrungen – Ergebnisse. Baltmannsweiler 2001 (2)

Kluge, Norbert: Anthropologie der Kindheit. Zugänge zu einem modernen Verständnis von Kindsein in pädagogischer Betrachtungsweise. Bad Heilbrunn 2003

Knauf, Tassilo: Anfangsunterricht. In: Becher, Hans Rudolf/Bennack, Jürgen/Jürgens, Eiko (Hrsg.): Taschenbuch Grundschule. Baltmannsweiler 2000 (4), 70–85

Knauf, Tassilo: Einführung in die Grundschuldidaktik. Lernen, Entwicklungsförderung und Erfahrungswelten in der Primarstufe. Stuttgart/Berlin/Köln 2001

Henning, Claudius/Knödler, Uwe/Ergenzinge, Ernst: Problemschüler-Problemfamilien: ein praktisches Lehrbuch zum systemischen Arbeiten mit schulschwierigen Kindern. Weinheim 1998

Kobi, Emil: Lernen und Lehren: Ergebnisse der Lernpsychologie und deren Verwertung im Unterricht. Bern 1975 (2)

Koch-Priewe, Barbara: Sachunterrichtsprojekte des Marburger Grundschulprojekts. In: Kaiser, Astrid/Pech, Detlef (Hrsg.): Geschichte und historische Konzeptionen des Sachunterrichts. Basiswissen Sachunterricht, Band 1. Baltmannsweiler 2004, 179–185

Kohler, Britta: Lerngänge. In Reeken, Ditmar von (Hrsg.): Handbuch Methoden im Sachunterricht. Baltmannsweiler 2003, 167–183

Köster, Claudia: Veränderte Kindheit. Qualitative und strukturelle Veränderungen in der Gesellschaft. Oldenburg 2005

Kraft, Peter (Hrsg.): Neue Schulhöfe. Berichte – Probleme – Anregungen. Braunschweig 1980

Kreienbaum, Maria A. u. a. (Hrsg.): Bildungslandschaft Europa. Bielefeld 1997

Krieger, Claus G.: Mut zur Freiarbeit. Baltmannsweiler 1998 (2)

Krieger, Claus G.: Wege zu offenen Arbeitsformen. Baltmannsweiler 2005

Kuhn, Peter: Was Kinder bewegt. Münster 2007

Kultusministerium der Freien und Hansestadt Hamburg (Hrsg.): Rahmenplan für das Fach Sport. Hamburg 2003

Kultusministerium der Freien und Hansestadt Hamburg (Hrsg.): Rahmenplan für das Fach Evangelische Religion. Hamburg 2004

Kultusministerium des Landes Sachsen-Anhalt (Hrsg.): Rahmenplan Grundschule Ethik. Magdeburg 2005

Kultusministerkonferenz: Bildungsstandards im Fach Deutsch für den Primarbereich. Beschluss vom 15.10.2004

Kultusministerkonferenz: Bildungsstandards im Fach Mathematik für den Primarbereich. Beschluss vom 15.10.2004

Laging, Ralf (Hrsg.): Altersgemischtes Lernen in der Schule. Baltmannsweiler 1999

Langer, Andreas (Hrsg.) u. a.: Ich übernehme eine 1. Klasse. München 2002

Langeveld, Martinus J.: Studien zur Anthropologie des Kindes. Tübingen (3)

Lauterbach, Roland: Sachunterricht zwischen Alltag und Wissenschaft. In: Hameyer, Uwe u. a. (Hrsg.): Innovationsprozesse in der Grundschule. Fallstudien, Analysen und Vorschläge zum Sachunterricht. Bad Heilbrunn 1992, 147–155

Laux, Hermann: Lernen durch Erkunden. In: Hempel, Marlies (Hrsg.): Lernwege der Kinder. Baltmannsweiler 1999, 132–145

Lichtenstein-Rother, Ilse: Schulanfang. Frankfurt 1969 (7)

Lichtenstein-Rother, Ilse/Röbe, Edeltraud: Grundschule, der pädagogische Raum für Grundlegung der Bildung. München 2005 (7)

Lichtenstein-Rother, Ilse: Die Bedeutung der ersten Schulerfahrung. In: Portmann, Rosemarie (Hrsg.): Kinder kommen zur Schule. Frankfurt 1988, 196–204

Lipman, Matthews: Philosophy in the classroom. Philadelphia 1978

Lipman, Matthews: Philosophy goes to school. Philadelphia 1988

Löwisch, Dieter-Jürgen: Kompetentes Handeln. Bausteine für eine lebensweltbezogene Bildung. Darmstadt 2000

Lipowsky, Frank: Unterrichtsqualität in der Grundschule – Ansätze und Befunde der nationalen und internationalen Forschung. Unveröff. Vortragsmanuskript DGfE Grundschulforschungstagung Münster 2006

Lueg, Cordula: Elternmitarbeit im Unterricht. Baltmannsweiler 1996

Ludwig, Harald (Hrsg.): Erziehen mit Maria Montessori – Ein reformpädagogisches Konzept in der Praxis. Freiburg 2003 (5)

Luhmann, Niklas: Konstruktivistische Perspektiven. Opladen 1990

Marsolek, Therese: Empirische Studien zum jahrgangsübergreifenden Unterricht. In: Heyer, Peter/Preuss-Lausitz, Ulf/Sack, Lothar (Hrsg.): Länger gemeinsam Lernen. Positionen – Forschungsergebnisse – Beispiele. Frankfurt am Main 2003, 67–74

Martens, Ekkehard: Philosophieren mit Kindern als Herzschlag (nicht nur) des Ethik-Unterrichts. In: Martens, Ekkehard/Schreier, Helmut (Hrsg.): Philosophieren mit Schulkindern. Philosophie und Ethik in Grundschule und Sekundarstufe I. Heinsberg 1994, 8–24

Matthews, Gareth B.: Mit Kindern über die Welt nachdenken. In: Grundschule 21. 1989, H. 3, 14–17

Matthews, Gareth B.: Denkproben. Berlin 1991

Mauermann, Lutz: Moralentwicklung und Werteerziehung. In: Einsiedler, Wolfgang u. a. (Hrsg.): Handbuch Grundschulpädagogik und Grundschuldidaktik. Bad Heilbrunn 2001, 238–243

Meier, Richard: Werkstattlernen. In: Grundschulunterricht 43. 1996, H. 10, 33–36

Meiers, Kurt: Sachunterricht – Überlegungen – Anregungen – Hilfen zur Praxis. Zug 1994 (2)

Meiers, Kurt: Sachunterricht für den Schulanfang. In: Kaiser, Astrid/Pech, Detlef (Hrsg.): Lernvoraussetzungen und Lernen im Sachunterricht. Baltmannsweiler 2004, 167–172

Meschenmoser, Helmut: Lernen mit Multimedia und Internet. Baltmannsweiler 2002

Messner, Rudolf: Pädagogisches Handeln angesichts der Lebenssituation junger Menschen. In: Forum Religion. 21. 1995, H. 3, 32–39

Meyer, Hilbert: Unterrichtsmethoden. II.: Praxisband. Frankfurt am Main 1987

Meyer, Hilbert: Was ist guter Unterricht? Berlin 2004 (2)

Miller, Susanne: Werkstattunterricht und Stationenlernen. In: Reeken, Dietmar von (Hrsg.): Handbuch Methoden im Sachunterricht. Baltmannsweiler 2004, 272–281

Miller, Susanne: Heterogene Lerngruppen aus grundschulpädagogischer Sicht unter besonderer Berücksichtigung von Kindern in Armutslagen. In: Hinz, Renate/Schumacher, Bianca (Hrsg.): Auf den Anfang kommt es an: Kompetenzen entwickeln – Kompetenzen stärken. Jahrbuch Grundschulforschung 2006, Band 10. Wiesbaden 2006, 135–144

Ministerium für Bildung, Jugend und Sport des Landes Brandenburg/Senatsverwaltung für Bildung, Jugend und Sport Berlin/Ministerium für Bildung, Wissenschaft und Kultur des Landes Mecklenburg-Vorpommern (Hrsg.): Rahmenplan Grundschule Kunst. Potsdam/Berlin/Schwerin 2004a

Ministerium für Bildung, Jugend und Sport des Landes Brandenburg/Senatsverwaltung für Bildung, Jugend und Sport Berlin/Ministerium für Bildung, Wissenschaft und Kultur des Landes Mecklenburg-Vorpommern (Hrsg.): Rahmenplan Grundschule Musik. Potsdam/Berlin/Schwerin 2004b

Mitzlaff, Hartmut/Speck-Hamdan, Angelika (Hrsg.): Grundschule und neue Medien. Frankfurt am Main 1998

Mohrhart, Dieter: Elternmitwirkung in der BRD. Frankfurt am Main 1979

Mollenhauer, Klaus: Erziehung und Emanzipation. Polemische Skizzen. München 1969 (2)

Mollenhauer, Klaus: Marginalien zur Lage der Erziehungswissenschaft. In: König, Eckard/Zedler, Peter (Hrsg.): Erziehungswissenschaftliche Forschung. Positionen, Perspektiven, Programme. Paderborn 1982, 252–265

Montessori, Maria: Schule des Kindes. Freiburg 1976

Müller, Hans-Joachim/Pfeiffer, Silke (Hrsg.): Denken als didaktische Zielkompetenz. Baltmannsweiler 2004

Nacken, Karola: Diagnostik und ihre Bedeutung für den Sachunterricht. In: Kaiser, Astrid/Pech, Detlef (Hrsg.): Lernvoraussetzungen und Lernen im Sachunterricht. Basiswissen Sachunterricht, Band 4. Baltmannsweiler 2004, 194–201

Neuhaus-Simon, Elisabeth: Die Gründungszeit der Grundschule. In: Wittenbruch, Wilhelm (Hrsg.): Grundschule. Texte und Bilder zur Geschichte einer jungen Schulstufe. Heinsberg 2000 (2), 79–93

Neuhaus-Simon, Elisabeth: Grundschulpädagogik. In: Kaiser, Astrid (Hrsg.): Lexikon Sachunterricht. Baltmannsweiler 2004 (3)

Neuner, Gerhart: Allgemeinbildung – Lehrplanwerk – Unterricht. Berlin (Ost) 1973

Niedersächsisches Kultusministerium: Das Niedersächsische Schulgesetz. Hannover 2006

Niedersächsisches Kultusministerium: Orientierungsrahmen. Schulqualität in Niedersachsen. Hannover 2006

Niedersächsisches Kultusministerium: Die Arbeit in der Grundschule. Hannover 2004

Niedersächsisches Kultusministerium: Kerncurriculum für die Grundschule. Schuljahrgänge 1–4. Sachunterricht. Hannover 2006, http://db2.nibis.de/1db/cuvo/datei/kc_gs_sachunterricht_nib.pdf

Noddings, Nel: The Challenge to Care in Schools. Columbia University. New York/London 1992

Nolting, Hans-Peter: Störungen in der Schulklasse. Ein Leitfaden zur Vorbeugung und Konfliktlösung. Weinheim/Basel/Berlin 2002

Osterhold, Gisela/Eckhard, Wolfgang: Schulschwierigkeiten – Auffällige Kinder und Jugendliche zwischen Elternhaus und Schule. In: Zeitschrift für systemische Therapie. 3. 1985, H. 4

Ott, Günther: Anstiften zum Lesen. In: Augsburger Allgemeine vom 23.04.1998

Pech, Detlef/Kaiser, Astrid: Problem und Welt. Ein Bildungsverständnis und seine Bedeutung für den Sachunterricht. In: Kaiser, Astrid/ Pech, Detlef (Hrsg.): Basiswissen Sachunterricht, Band 6. Die Welt als Ausgangspunkt des Sachunterrichts. Baltmannsweiler 2004, S. 3–25

Pestalozzi, Heinrich: Wie Gertrud ihre Kinder lehrt. In: Auswahl aus seinen Schriften. Berlin/Stuttgart 1979

Peter, Rudolf: Grundlegender Unterricht. Bad Heilbrunn 1954

Petersen, Else: Die Grundkräfte kindlicher Entwicklung und ihre Berücksichtigung im Schulunterricht. Paderborn 1965 (3)

Petersen, Peter: Der kleine Jena-Plan. Weinheim und Basel 1996 (61)

Petzold, Matthias/Schwarzer, Christine: Entwicklung und Lernen im Grundschulalter: Psychosoziale Entwicklung und gestörte Lernprozesse. In: Becher, Hans/Bennack, Jürgen/Jürgens, Eiko (Hrsg.): Taschenbuch Grundschule. Baltmannsweiler 2000 (4), 19–32

Pfeiffer, Silke: Philosophieren in der Grundschule? Versuch der Fundierung eines neuen Unterrichtsfaches. Göttingen 2002

Pfeiffer, Silke: Nachdenklichkeit und Orientierung fördern durch Philosophieren im Sachunterricht. In: Kaiser, Astrid/Pech, Detlef (Hrsg.): Integrative Zugangsweisen für den Sachunterricht. Neuere Zugangsweisen. Basiswissen Sachunterricht, Band 3. Baltmannsweiler 2004, 39–48

Pfeiffer, Silke: Schule und Sachunterricht in Ost- und Westdeutschland. Vergleich der Bundesländer Niedersachsen und Mecklenburg-Vorpommern. Wiesbaden 2006a

Pfeiffer, Silke: Ansprüche und Ziele eines Sachunterrichts der Vielfalt – Versuch einer begrifflichen Systematisierung verschiedener Perspektiven auf Sachunterricht. In: Pfeiffer, Silke (Hrsg.): Neue Wege im Sachunterricht. Oldenburg 2006b

Pfeiffer, Silke: Bewegung, Musik und Spiel. Improvisieren zum Thema Innen- und Außenwelten. In: Grundschulmagazin. 74. 2006c, H. 6, 24–28

Pfeiffer, Silke: Lernen an Stationen im Sachunterricht. Baltmannsweiler 2007

Piaget, John: Die geistige Entwicklung des Kindes. Zürich 1944

Piaget, John: Psychologie der Intelligenz. Stuttgart 1992 (3)

Plickat, Dirk: Volksschulpraxeologien gelenkter Anschauung und totaler Inszenierung – Walter Jeziorsky (1903–1992) in Einblicken und erlebten Unterrichtsrückblicken. In: Kaiser, Astrid/ Pech, Detlef (Hrsg.): Geschichte und historische Konzeptionen des Sachunterrichts. Basiswissen Sachunterricht, Band 1. Baltmannsweiler 2004, 156–160

Popp, Walter: Zur anthropologischen Begründung eines handlungsorientierten Sachunterrichts. In: Duncker, Ludwig/Popp, Walter (Hrsg.): Kind und Sache. Weinheim 1994, 57–78

Pörksen, Bernhard/Förster, Heinz von: Wahrheit ist die Erfindung eines Lügners. Heidelberg 2004 (7)

Postman, Neill: Das Verschwinden der Kindheit. Frankfurt 1983

Prengel, Annedore/Geiling, Ute/Carle, Ursula: Schulen für Kinder. Flexible Eingangsphase und feste Öffnungszeiten in der Grundschule. Bad Heilbrunn 2001

Prengel, Annedore: Heterogenität in der Bildung – Rückblick und Ausblick. In: Bräu, Karin/ Ulrich Schwerdt (Hrsg.): Heterogenität als Chance. Vom produktiven Umgang mit Gleichheit und Differenz in der Schule. Münster 2005, 19–35

Preuschoff, Gisela: Kinder zur Stille führen. Freiburg 1996 (2)

Prote, Ingrid: Partizipation als Schlüsselqualifikation für das Demokratie-lernen in der Grundschule. In: Kuhn, Hans-Werner (Hrsg.): Sozialwissenschaftlicher Sachunterricht. Konzepte, Forschungsfelder, Methoden. Ein Reader. Herbolzheim 2003, 39–51

Pütt, Heinz: Projektunterricht und Vorhabengestaltung. Essen 1982

Quellen zur Geschichte der Erziehung: Erweiterte und verbesserte Auflage. Berlin 1962

Ragaller, Sabine: Kinder lernen von Kindern. In: Kaiser, Astrid/Pech, Detlef (Hrsg.): Lernvoraussetzungen und Lernen im Sachunterricht. Basiswissen Sachunterricht, Band 4. Baltmannsweiler 2004, 159–167

Ramseger, Jörg: Lernprozesse differenziert beurteilen. In: Die Grundschulzeitschrift 7. 1993, H. 63, 6–8

Rausch, Edgar: Sprache im Unterricht. Berlin 1986

Rauschenberger, Hans: Wenn ein Kind auf dem Schrank sitzen bleibt. In: Die Grundschulzeitschrift 3. 1989, H. 23, 28–30

Reich, Kersten: Systemisch-konstruktivistische Pädagogik: Einführung in Grundlagen einer interaktionistisch-konstruktivistischen Pädagogik. Neuwied 1996

Reich, Kersten: Konstruktivistische Didaktik – ein Lehr- und Studienbuch. Weinheim 2006 (3)

Reichen, Jürgen: Lesen durch Schreiben. Leselehrgang, Schülermaterial und Lehrerkommentar. Zürich 1982

Reyer, Uwe (Hrsg.): Lernen außerhalb des Klassenzimmers. Außerschulische Lernorte mit Erfahrungsberichten und praktischen Hinweisen. München 1998

Reed, Ronald: Kinder wollen mit uns sprechen. Hamburg 1990

Richter, Dagmar: Sachunterricht. Ziele und Inhalte. Baltmannsweiler 2002

Richter, Sigrun: Mädchen- und Jungeninteressen beim Schreiben und Lesen. In: Grundschule. 31. 1999, H. 12, 38–40

Riege, Jochen: Die sechsjährige Grundschule. Frankfurt 1995

Rittelmeyer, Christian: Spiel. In: Lenzen, Dieter (Hrsg.): Enzyklopädie Erziehungswissenschaft, Band 1. Stuttgart 1993

Rodehüser, Franz: Epochen der Grundschulgeschichte. Bochum 1987

Rohlfs, Carsten: Freizeitwelten von Grundschulkindern. Eine qualitative Sekundäranalyse von Fallstudien. Weinheim/München 2006.

Röhner, Charlotte: Freie Texte als Selbstzeugnisse des Kinderlebens. In: Heinzel, Friederike (Hrsg.): Methoden der Kindheitsforschung. Ein Überblick über Forschungszugänge zur kindlichen Perspektive. Weinheim/München 2000, 205–215

Röhner, Charlotte: Kinder zwischen Selbstsozialisation und Pädagogik. Opladen 2003

Rossbach, Hans-Günther: Lage und Perspektiven der empirischen Grundschulforschung. In: Empirische Pädagogik. 10. 1996, H. 10, 167–190

Rousseau, Jean-Jacques: „Emile oder Über die Erziehung" Paderborn 1963 (3)

Rosenberg, Marshall B.: Erziehung, die das Leben bereichert. Wie Gewaltfreie Kommunikation (GFK) im Schulalltag dazu beiträgt, die Leistungsfähigkeit zu verbessern, Konfliktpotentiale abzubauen und Beziehungen zu fördern. Paderborn 2004

Roth, Heinrich (Hrsg.): Begabung und Lernen. Stuttgart 1963 (3)

Rusch, Heike: Suchen nach Identität – Kinder zwischen Acht und Zwölf. Grundlagen der Schulpädagogik, Band 25. Baltmannsweiler 1998

Rütz, Barbara: Hausaufgaben in der Ganztagsgrundschule. In: Burk, Karlheinz/Deckert-Peaceman, Heike (Hrsg.): Auf dem Weg zur Ganztags-Grundschule. Frankfurt am Main 2006, 180–185

Sacher, Werner: Leistung und Leistungserziehung. In: Einsiedler, Wolfgang u. a. (Hrsg.): Handbuch Grundschulpädagogik und Grundschuldidaktik. Bad Heilbrunn 2001, 218–229

Sandfuchs, Uwe: Interkulturelle Erziehung. In: Einsiedler, Wolfgang u. a. (Hrsg.): Handbuch Grundschulpädagogik und Grundschuldidaktik. Bad Heilbrunn 2001, 589–595

Sauerland, Petra: Heterogenität als Chance. GEW-Fachtagung Berufskolleg. In: Neue deutsche Schule. Das Magazin der Bildungsgewerkschaft. 2006, H. 6

Schäfer, Karl-Hermann/Schaller, Klaus: Kritische Erziehungswissenschaft und kommunikative Didaktik. Heidelberg 1971

Schäfer, Gerd: Aus der Perspektive des Kindes? In: Neue Sammlung. 37. 1997, H. 3, 377–394

Schlömerkemper, Jörg: Bildung braucht Erziehung! In: Die Deutsche Schule. 97. 2005, H. 3, 262–265

Scheller, Ingo: Szenisches Spiel. Handbuch für die pädagogische Praxis. Frankfurt am Main 1998

Schoenebeck, Hubertus von: Antipädagogik im Dialog. Eine Einführung in antipädagogisches Denken. Weinheim 1992 (3)

Scholz, Gerold: Kinder lernen von Kindern. Baltmannsweiler 1996

Scholz, Gerold: Perspektiven auf Kindheit und Kinder. Opladen 2001

Schomaker, Claudia: „Mit allen Sinnen ..., oder?" Über die Relevanz ästhetischer Zugangsweisen im Sachunterricht. In: Kaiser, Astrid/ Pech, Detlef (Hrsg.): Integrative Zugangsweisen für den Sachunterricht. Basiswissen Sachunterricht, Band 3. Baltmannsweiler 2004, 49–58

Schomaker, Claudia: „Aber bei Regen, das ist ja bei denen schön!"- Ästhetische Lernwege im Sachunterricht. In: Pfeiffer, Silke (Hrsg.): Neue Wege im Sachunterricht. Oldenburg 2006, 153–164

Schorch, Günther (Hrsg.): Grundlegende Bildung. Erziehung und Unterricht in der Grundschule. Bad Heilbrunn 1994

Schorch, Günther: Die Grundschule als Bildungsinstitution. Leitlinien einer systematischen Grundschulpädagogik. Regensburg 2006 (2)

Schreier, Helmut: Der Gegenstand des Sachunterrichts. Bad Heilbrunn 1994a

Schreier, Helmut: Möglichkeiten und Grenzen des Gesprächs beim Philosophieren mit Kindern. In: Martens, Ekkehart/Schreier, Helmut (Hrsg.): Philosophieren mit Schulkindern. Philosophie und Ethik in Grundschule und Sekundarstufe I. Heinsberg 1994b

Schreier, Helmut (Hrsg.): Mit Kindern über die Natur philosophieren. Heinsberg 1997

Schreier, Helmut (Hrsg.): Nachdenken mit Kindern. Aus der Praxis der Kinderphilosophie. Bad Heilbrunn 1999

Schröter, Gottfried: Zensuren? Zensuren! Allgemeine und fachspezifische Probleme: Grundkenntnisse und neue Forschungsergebnisse für Lehrer, Eltern und interessierte Schüler. Baltmannsweiler 1981 (3)

Schulz, Wolfgang: Selbständigkeit-Selbstbestimmung-Selbstverantwortung. Lernziele und Lehrziele in Schulen der Demokratie. In: Pädagogik. 42. 1990, H. 6, 34–40

Schulz von Thun, Friedemann: Störungen und Klärungen: allgemeine Psychologie der Kommunikation. Reinbek bei Hamburg 1992

Schulgesetz für das Land Nordrhein-Westfalen 2005, S. 10 (http://www.bildungsportal.nrw.de/BP/Schulrecht/Gesetze/SchulG_Info/SchulG_Text.pdf)

Schwarz, Hermann: Lebens- und Lernort Grundschule. Frankfurt am Main 1994

Schwier, Volker: Präsentationen. In: Reeken, Dietmar von (Hrsg.): Handbuch Methoden im Sachunterricht. Baltmannsweiler 2003, 206–216

Seel, Martin: Zur ästhetischen Praxis der Kunst. In: Welsch, Wolfgang (Hrsg.): Die Aktualität des Ästhetischen. München 1993, S. 398–416

Seitz, Simone: Zu einer inklusiven Didaktik des Sachunterrichts. In: Kaiser, Astrid/Pech, Detlef (Hrsg.): Integrative Dimensionen für den Sachunterricht. Neuere Zugangsweisen. Basiswissen Sachunterricht, Band 3. Baltmannsweiler 2004, S. 169–180

Seitz, Simone: Zeit für inklusiven Sachunterricht. Baltmannsweiler 2005

Seitz, Simone: Verschieden und doch ähnlich: Lernwege im inklusiven Sachunterricht. In: Pfeiffer, Silke (Hrsg.): Neue Wege im Sachunterricht. Oldenburger Vordrucke 551. Oldenburg 2006, 165–176

Selter, Christoph: Was heißt eigentlich rechnen lernen? In: Wolfgang Böttcher/Kalb, Peter (Hrsg.): Kerncurriculum: Was Kinder in der Grundschule lernen sollen – eine Streitschrift. Weinheim 2002, 169–197

Siller, Rolf: Selbstgesteuertes Lernen im Sachunterricht. In: Kaiser, Astrid/Pech, Detlef (Hrsg.): Lernvoraussetzungen und Lernen im Sachunterricht. Basiswissen Sachunterricht, Band 4. Baltmannsweiler 2004, 152–158

Skinner, Burrhus Frederic: Was ist Behaviorismus? Reinbek 1978

Somrei, Eva: Unterricht nicht nur in der Schule – Zum Stellenwert und den Möglichkeiten außerschulischer Lernorte. In: Gesing, Harald (Hrsg.): Pädagogik und Didaktik der Grundschule. Neuwied/Kriftel/Berlin 1997, 269–275

Soostmeyer, Michael: Lernen durch Entdecken. Warum werden die Wände über den Heizungen dunkel? In: Hempel, Marlies (Hrsg.): Lernwege der Kinder. Baltmannsweiler 1999, 102–131

Soostmeyer, Michael: Genetischer Sachunterricht. Baltmannsweiler 2002

Spiegel, Hartmut/Selter, Christoph: Kinder und Mathematik. Seelze 2003

Spranger, Eduard: Der Bildungswert der Heimatkunde. Stuttgart 1952 (7)

Spranger, Eduard: Grundlegende Bildung, Allgemeinbildung, Berufsbildung. Heidelberg 1965 (erstmals 1923)

Stähling, Reinhard: „Du gehörst zu uns" Inklusive Grundschule. Ein Praxisbuch für den Umbau der Schule. Baltmannsweiler 2006

Statistisches Bundesamt (Hrsg.): Alltag in Deutschland. Analysen zur Zeitverwendung. Forum der Bundesstatistik. Band 43. Statistisches Bundesamt. Wiesbaden 2004

Statistisches Bundesamt, Fachserie 11, Reihe 1: Bildung und Kultur. Allgemeinbildende Schulen. Schuljahr 2005/06. Wiesbaden 2006, 37

Steinthal, Hermann: Über Zensuren. In: Becker, Hellmut/Hentig, Hartmut von (Hrsg.): Zensuren. Lüge – Notwendigkeit – Alternativen. Frankfurt/Berlin/Wien 1983, 33 – 53

Steinhaus, Hubert: Die Grundschule in der nationalsozialistischen Zeit (1933–1945). In: Wittenbruch, Wilhelm (Hrsg.): Grundschule. Texte und Bilder zur Geschichte einer jungen Schulstufe. Heinsberg 2000 (2)

Stoltenberg, Ute/Michelsen, Gerd: Lernen mit der Agenda 21: Überlegungen zu einem Bildungskonzept für eine nachhaltige Entwicklung. In: Stoltenberg, Ute/Michelsen, Gerd/Schreiner Johannes: Umweltbildung – den Möglichkeitssinn wecken. NNA-Berichte. 1999, H. 1, S. 45 – 54

Stoltenberg, Ute: Nachhaltigkeit lernen mit Kindern. Wahrnehmung, Wissen und Erfahrungen von Grundschulkindern unter der Perspektive einer nachhaltigen Entwicklung. Bad Heilbrunn 2002

Thurn, Susanne/Tillmann, Klaus-Jürgen: Unsere Schule ist ein Haus des Lernens. Rowohlt 1997

Toman, Hans: Classroom Management in der Grundschule. Basiswissen Grundschule Band 25. Baltmannsweiler 2007

Toman, Hans: Die Didaktik des Anfangsunterrichts am Beispiel des offenen Unterrichts der neuen Medien und des Lesenslernens. Baltmannsweiler 2005

Topsch, Wilhelm: Einführung in die Grundschulpädagogik: verstehen, didaktisch handeln. Berlin 2004

Trautmann, Thomas: Wie redest du denn mit mir?: Kommunikation im Grundschulbereich. Baltmannsweiler 1997

Valtin, Renate: Dem Kind in seinem Denken begegnen – Ein altes, kaum eingelöstes Postulat der Grundschuldidaktik. In: Die Institutionalisierung von Lehren und Lernen; Hrsg. von Achim Leschinsky; Zeitschrift für Pädagogik. 1996, 34. Beiheft, 173–186

Valtin, Renate: Mit den Augen der Kinder. Freundschaft. Geheimnisse, Lügen, Streit und Strafe. Reinbek 1991

Ven, Bob van de: Niederlande. In: Döbert, Hans u.a.: Die Schulsysteme Europas. Grundlagen der Schulpädagogik, Band 46. Baltmannsweiler 2002, 329–346

Vester, Frederic: Denken, Lernen, Vergessen. Stuttgart 1975

Vogt, Hartmut: DDR. Theorie und Praxis der Lehrplanrevision in der Deutschen Demokratischen Republik. München 1972

Wagenschein, Martin: Verstehen lehren. Genetisch – Sokratisch – Exemplarisch. Mit einer Einführung von Hartmut von Hentig. Weinheim/Basel 1999

Wallrabenstein, Wulf: Offene Schule – offener Unterricht: Ratgeber für Eltern und Lehrer. Reinbek bei Hamburg 1993

Walter, Günter: Das Spiel – Spielen in der Grundschule. In: Becher, Hans Rudolf/Bennack, Jürgen/Jürgens, Eiko (Hrsg.): Taschenbuch Grundschule. Baltmannsweiler 2000 (4), 210–226

Watson, John B.: Behaviorismus. Köln 1968

Watzlawick, Paul/Beavin, Janet H./Jackson, Don D.: Menschliche Kommunikation. Formen, Störungen, Paradoxien. Bern 1993

Wedel-Wolff, Annegret von: Schritte zur Freiarbeit. Grundschule. 25. 1993, H. 2, 8–10

Westphal, Uwe: Welche Kinder wollen wir? Emotionale Kompetenz in der Grundschule. Baltmannsweiler 2003

Weitzel, Christa: „Es liegt nicht nur an den Kompetenzen, es sind (…) so schwierige Kinder in der Klasse". Der Blick auf Grundschulkinder in der Regelschule – eine empirische Studie zur Alltagspraxis von Grundschullehrerinnen. In: Carle, Ursula/Unckel, Anne (Hrsg.): Entwicklungszeiten – Forschungsperspektiven für die Grundschule. Wiesbaden 2004, 129–134

Wenzler, Ingrid: Eine gemeinsame Schule für alle! Position des Grundschulverbandes GGG e.V. In: Heyer, Peter/Preuss-Lausitz, Ulf/Sack, Lothar (Hrsg.): Länger gemeinsam Lernen. Positionen – Forschungsergebnisse – Beispiele. Frankfurt am Main 2003, 22–28

Werler, Tobias: Dänemark. In: Döbert, Hans u. a.: Die Schulsysteme Europas. Grundlagen der Schulpädagogik, Band 46. Baltmannsweiler 2002, 75–91

Weusmann, Birgit: Naturerfahrungen auf dem Pausenhof. Ein Plädoyer für naturnah gestaltete Schulgelände. In: Pfeiffer, Silke/Leopold, Joest (Hrsg.): Phänomene im Sachunterricht. Natur und Landschaft als Themen im mehrperspektivischen Sachunterricht. Oldenburg 2006, 60–68

Widmer, Manuela: 'Frederick' – Bausteine für ein Elementares Musiktheater. Gestaltungsmöglichkeiten in der Grundschule. In: Grundschulmagazin. 74. 2006, H. 6, 11–16

Winkel, Rainer: Antinomische Pädagogik und Kommunikative Didaktik. Berlin 1986

Winkel, Rainer: Offener oder Beweglicher Unterricht. Zur Klärung einer Misslichkeit. In: Grundschule. 25. 1993a, H. 2, 12–14

Winkel, Rainer (Hrsg.): Reformpädagogik konkret. Hamburg 1993b

Winter, Felix: Leistungsbewertung im Sachunterricht. In: Kaiser, Astrid/Pech, Detlef (Hrsg.): Unterrichtsplanung und Methoden. Baltmannsweiler: Schneider 2004, S. 220–227

Winter, Heinrich: Problemorientierung des Sachrechnens in der Primarstufe als Möglichkeit, entdeckendes Lernen zu fördern. In: Bardy, Peter (Hrsg.): Mathematische und mathematikdidaktische Ausbildung von Grundschullehrerinnen/-lehrern. Weinheim 1997, S. 57–92

Winter, Felix: Schüler lernen Selbstbewertung. Ein Weg zur Veränderung der Leistungsbeurteilung und des Lernens. Frankfurt am Main 1991

Wöll, Gerhard: Handeln: Lernen durch Erfahrung. Handlungsorientierung und Projektunterricht. Baltmannsweiler 2004 (2)

Wollring, Bernd: Animistische Vorstellungen von Vor- und Grundschulkindern in stochastischen Situationen. In: Journal für Mathematik-Didaktik. 15. 1994, H. 1–2, 3–34

Wunder, Dieter: Dienen Hausaufgaben der Bildung? Praxis Schule 5–10. 17. 2006, H. 1, 6–9

Wygotski, Lew Semjonowitsch: Denken und Sprechen. Berlin 1964

Zierer, Klaus: Grundschule als pädagogisch gestalteter Lebensraum. Am Beispiel: Außenanlagen. Baltmannsweiler 2003

Zierer, Klaus: Das Kind – anthropologische Grundlagen für den Sachunterricht. In: Kaiser, Astrid/Pech, Detlef (Hrsg.): Lernvoraussetzungen und Lernen im Sachunterricht. Basiswissen Sachunterricht, Band 4. Baltmannsweiler 2004, 30–37

Zubke, Friedhelm: Eltern und politische Arbeit. Stuttgart 1980

Basiswissen Grundschule

Band 21: Astrid Kaiser

Praxisbuch interkultureller Sachunterricht

2006. VIII, 188 Seiten. Kt. ISBN 9783834001511. € 16,—

Seit Jahrzehnten gibt es Migrantenkinder an unseren Schulen, doch kaum jemand hat sich darum Gedanken gemacht. Erst in den letzten Jahren tauchen diese Kinder in den Nachrichten auf. Jetzt wird das Problem aber wiederum dramatisiert.

Doch erfahrene Lehrerinnen und Lehrer haben schon viele Jahre in ihren Klassen versucht, Unterricht zu erproben, der allen Kindern gerecht wird und diesen Kindern besondere Förderung einräumt. Denn wir wissen aus den PISA-Studien, dass gerade diese Kinder es sind, die in der Schule scheitern. Viele dieser möglichen Praxisansätze für interkulturellen Sachunterricht werden in diesem Buch vorgestellt. Gerade der Sachunterricht bietet besondere Chancen der Integration, weil er auch nonverbale Erfahrungen ermöglicht. Gerade an diese handelnden Lernphasen wie Experimente, Exkursionen oder Beobachtungen lässt sich der Erwerb einer differenzierten deutschen Sprache sehr gut fördern.

Im Zentrum der Praxisbeispiele in diesem Buch steht deshalb der handlungsorientierte Sachunterricht, denn interkultureller Sachunterricht ist in besonderem Maß handelnder Sachunterricht. Integrativer interkultureller Sachunterricht stellt Migrantenkinder nicht als besondere Gruppe heraus, sondern sucht nach gemeinsamen Lernmöglichkeiten und legt eine Basis für stabiles soziales Verhalten.

Um produktiven interkulturellen Sachunterricht zu entwickeln, ist es nötig, mehr über den sozio-kulturellen Hintergrund dieser Kinder zu wissen, dazu gibt dieses Buch kompakte Überblicke. Auch das didaktische Konzept interkulturellen Sachunterrichts wird kurz und präzise erläutert.

Im Zentrum stehen aber Unterrichtsideen. Ob Schulgarten oder Kochen, Hüttenbau oder biografisches Lernen, Tierpflege oder technische Produktionsvorhaben, das Lernen mit Kinderbüchern zum Nachdenken über den Heimatverlust oder der Carnival der Kulturen – hier wird ein breites Praxisspektrum von interkulturellem Sachunterricht vorgestellt.

Band 20: Reinhard Stähling

„Du gehörst zu uns"

Inklusive Grundschule. Ein Praxisbuch für den Umbruch der Schule
2006. VIII, 183 Seiten. Kt. ISBN 3834001090. € 18,—

In keinem vergleichbaren Land haben die Kinder der Armen so geringe Chancen, einen guten Bildungsabschluss zu erlangen wie in Deutschland. Die Aussonderung der „Schwachen" in unseren Schulen trägt entscheidend zu diesem alarmierenden Befund bei.

An einer Grundschule im sozialen Brennpunkt werden Wege zur so genannten „inklusiven" Pädagogik beschritten, die grundsätzlich alle Kinder in der Schule willkommen heißt und ihnen einen verlässlichen Rahmen gibt.

Reinhard Stähling schreibt als Lehrer dieser Schule aus der Praxis für die Praxis. Das Buch ist eine Fundgrube für pädagogische Fachleute und bildungspolitisch Interessierte.

Schneider Verlag Hohengehren
Wilhelmstr. 13; D-73666 Baltmannsweiler

Band 22: Silke Pfeiffer
Lernen an Stationen im Sachunterricht
2007. X, 198 Seiten. Kt. ISBN 9783834001948. € 18,—

Stationenlernen ist der gegenwärtige Methodenhit in der Grundschule. Vor allem in einem so vielfältigen Unterrichtsfach wie dem Sachunterricht bietet es sich ausdrücklich an. Durch eine Auffächerung der Inhalte und Methoden, die ein ganzheitliches Lernen mit Kopf, Herz und Hand ermöglichen, kann es gelingen, Lernprozesse zu individualisieren und gleichzeitig soziales und kooperatives Lernen zu fördern.

Doch Lernen an Stationen auf hohem Niveau ist in der Unterrichtspraxis mit einem immensen Vorbereitungsaufwand verbunden. Im Zentrum dieses Buches stehen daher sechs Themenfelder, die didaktisch-methodisch so aufbereitet sind, dass sie von Lehrerinnen und Lehrern im Sachunterricht ohne zusätzliche Inhalts- oder Materialrecherche eingesetzt werden können. Jedes Unterrichtsthema beginnt mit der Rubrik „Was man wissen sollte", in der das Fachwissen zu den einzelnen Themen einfach und klar zusammengefasst ist und einer Darstellung der umzusetzenden Lernziele, die sich an den Kerncurricula und Rahmenplänen für das Fach Sachunterricht orientieren Daran schließen sich fünf Pflich-, zehn Wahlpflicht- und fünf Wahlstationen mit vielfältigen Aufgabenstellungen an, die z. B. Anleitung zum Experimentieren, Darstellen, Recherchieren und Erkunden geben. Klare Fragen, spannende Aufgabenstellungen, übersichtliche Anordnung und vielfältige Illustrationen mit ansprechenden Fotos zeichnen diesen Materialteil aus. Die Anregungen fördern die Kreativität der Kinder, es werden Geschichten erzählt oder ästhetische Präsentationen wie Steinmosaike angeregt.

Die Schülerinnen und Schüler werden angeleitet ihre Zeit- und Arbeitsorganisation in einem Plan festzuhalten. Die Lehrerinnen und Lehrer verfolgen den Lernprozess in einem Lern-Begleitbogen. So wird einerseits das selbstgesteuerte und eigenverantwortliche Lernen gefördert, andererseits kann es den pädagogisch Verantwortlichen so gelingen, die Lernprozesse des einzelnen Kindes helfend zu begleiten. Literaturhinweise für Erwachsene und Kinder, empfehlenswerte Internetseiten zu jedem der sechs Unterrichtsthemen ermöglichen es die Inhalte je nach den Interessen und Bedürfnissen der Lerngruppe zu vertiefen und zu erweitern.

Band 24: Sven Jennessen
Manchmal muss man an den Tod denken ...
Wege der Enttabuisierung von Sterben, Tod und Trauer in der Grundschule.
2007. VIII, 104 Seiten. Kt. ISBN 9783834001962. € 12,—

„Warum sterben Menschen?"

„Ist Oma denn jetzt im Sarg oder im Himmel?"

„Der Arzt hat gesagt, ich habe Krebs. Sterbe ich jetzt?"

Kinder jeden Alters interessieren sich für die Themen Sterben und Tod. Sie fragen, beobachten und sind neugierig auf diese Phänomene und nehmen sehr genau wahr, wie unsicher und hilflos Erwachsene häufig mit diesem Thema umgehen.

Dieses Buch möchte Mut machen, die Themen Sterben, Tod und Trauer in der Grundschule aufzugreifen und in vielfältiger Weise zu thematisieren. Hierfür wird vor allem die Institution Schule als Ganzes in den Blick genommen und aufgezeigt, wie dort Wege der Enttabuisierung entstehen können. Die Etablierung der Thematik in die Kultur einer Schule, hilfreiche Möglichkeiten der gemeinsamen Auseinandersetzung im Kollegium und Rituale der Trauer und des Abschieds werden auf der Grundlage wissenschaftlicher Erkenntnisse diskutiert und praxisnah dargestellt.

 Schneider Verlag Hohengehren
Wilhelmstr. 13; D-73666 Baltmannsweiler